अज्ञेय और उनका कथा-साहित्य

अज्ञेय और उनका कथा-साहित्य

गोपाल राय

वाणी प्रकाशन

वाणी प्रकाशन

'लोगो' वाणी प्रकाशन : मक़बूल फ़िदा हुसेन

वाणी प्रकाशन, 4695, 21-ए, दरियागंज, नयी दिल्ली-110002
वाणी प्रकाशन, अशोक राजपथ (पटना कॉलेज के सामने), पटना (बिहार)

AGYEYA AUR UNKA KATHA-SAHITYA
by Gopal Ray

Criticism

ISBN : 978-93-5000-453-1

प्रथम संस्करण

मूल्य : 395/-

वाणी प्रकाशन

फोन : 0091#11#23273167, 23275710

फैक्स : 0091#11#23275710

वेबसाइट : www.vaniprakashan.in

ई-मेल : vaniprakashan@gmail.com

आर.टेक ऑफसेट प्रिंटर्स द्वारा दिल्ली-110095 में मुद्रित

दिवंगता स्मृतिगन्धा करुणा राय को

प्राक्कथन

यद्यपि अज्ञेय यह लिखकर स्वीकार कर चुके थे कि 'शायद कविता ही उनकी सीमा है'[1] और व्यवहार में भी 1960 के बाद उन्होंने उपन्यास और कहानी लिखना छोड़ दिया था (1961 में उनका अन्तिम उपन्यास 'अपने-अपने अजनबी' प्रकाशित हुआ था और जनवरी, 1959 में अन्तिम कहानी 'हजामत का साबुन' लिखी गई थी), पर अज्ञेय बीसवीं शताब्दी के, हिन्दी के अकेले लेखक हैं जिन्होंने कविता, कहानी, उपन्यास, संस्मरण, व्यक्तिगत निबन्ध और अन्तःप्रक्रियाएँ, आत्मवृत्त, यात्रावृत्त, साहित्य-चिन्तन, नाटक, आलोचना आदि विधाओं में यशस्वी लेखन किया था। उनके मरणोपरान्त असमाप्त उपन्यासों–*छाया मेखल* और *बीनू भगत*–के प्रकाशन के बाद तो अज्ञेय के इस 'आत्मस्वीकार' को मानने में भी हिचक होती है कि सचमुच ही 'कविता' उनकी 'सीमा' थी। यदि ऐसा हो, तो भी यह तो स्वीकार करना ही होगा कि अज्ञेय के कथा-साहित्य को छोड़कर हिन्दी साहित्य का इतिहास नहीं लिखा जा सकता। 1931-1950 की अवधि की हिन्दी कहानी और 1940-1961 अवधि के हिन्दी उपन्यास में अज्ञेय की उपस्थिति बेमिसाल है। इतना ही नहीं, उनके उपन्यास और अनेक कहानियाँ आज भी प्रासंगिक हैं और उनकी कालजीविता प्रत्याशित है। निश्चय ही उनके कथा-साहित्य का विवेचन और मूल्यांकन आज भी अप्रासंगिक नहीं है।

अज्ञेय के उपन्यास-साहित्य से मेरा सम्बन्ध चार दशकों से ऊपर का है। पटना विश्वविद्यालय में जब मैं हिन्दी का प्राध्यापक नियुक्त हुआ (1957) तो मेरे जिम्मे अज्ञेय के *शेखर : एक जीवनी* का अध्यापन पड़ा। उस समय *शेखर : एक जीवनी* का अध्यापन एक चुनौतीपूर्ण काम था। उसकी संरचना इतनी जटिल थी कि उसमें प्रवेश करना और उसे समझते हुए बाहर निकल आना आसान नहीं था। मुझे सन्तोष है कि मैंने *शेखर : एक जीवनी* के अध्यापन से अपने छात्रों को सन्तुष्ट किया और उस पर एक किताब भी लिखी जो बहुत लोकप्रिय हुई। 1974 में मैकमिलन की एक 'मूल्यांकन माला' योजना के अन्तर्गत मैंने *अज्ञेय और उनके उपन्यास* नामक

---

1. अज्ञेय, *लिखि कागद कोरे*, 1972, पृ. 99-100

पुस्तक लिखी, जो उसी वर्ष छपी थी। दुर्भाग्यवश मैकमिलन की हिन्दी प्रकाशन-योजना कुछ दिनों के बाद समाप्त हो गयी और पुस्तक का दूसरा संस्करण, हल्के संशोधन के साथ 1984 में ग्रन्थ निकेतन, पटना से प्रकाशित हुआ। 1987 के लगभग ग्रन्थ निकेतन का अस्तित्व भी समाप्त हो गया और उसके साथ ही पुस्तक भी 'आउट ऑफ प्रिंट' हो गयी।

अब यह किताब, पूर्णतः संशोधित रूप में, और ईषत् भिन्न शीर्षक से प्रकाशित हो रही है। संशोधन अपरिहार्य था। जब यह पुस्तक दूसरी बार प्रकाशित हुई थी, तब अज्ञेय जी जीवित थे। 1987 में उनका निधन हो गया। स्वाभाविक है कि दूसरे संस्करण में सम्मिलित अज्ञेय की 'जीवन-रेखा' में भी आवश्यक संशोधन और परिवर्धन किया जाए। उस समय तक उनकी कुछ और पुस्तकें भी प्रकाशित हो चुकी थीं। सन् 2000 ई. में उनके दो 'असमाप्त' उपन्यास भी प्रकाशित हो चुके हैं। पुरानी पुस्तक केवल अज्ञेय के उपन्यासों पर आधारित थी। प्रायः अज्ञेय की कहानियाँ उनके उपन्यासों के प्रकाश-वृत्त में पड़कर उपेक्षित हो जाती हैं। अतः इस पुस्तक में अज्ञेय की कहानियों के विवेचन को भी शामिल कर लेना संगत जान पड़ा।

मुझे विश्वास है, यह पुस्तक अज्ञेय-साहित्य के पाठकों और विद्वानों को पसन्द आएगी। पुस्तक के सुरुचिपूर्ण प्रकाशन के लिए वाणी प्रकाशन के प्रोप्राइटर श्री अरुण माहेश्वरी का आभारी हूँ।

पौष पूर्णिमा, 2066 वि. सं. —गोपाल राय

31 दिसम्बर, 2009

अनुक्रम

अज्ञेय : जीवन-रेखा

किसी कलाकार अथवा साहित्यकार की रचना के विवेचन और मूल्यांकन के लिए उसके जीवन की जानकारी कहाँ तक आवश्यक है, यह विवाद का विषय है। दरअसल तो हमारे सामने कोई कृति होती है और आँखों के छपे हुए शब्दों से सम्पर्क द्वारा से हमारे मानस-पटल पर कोई बिम्ब, कोई अर्थ, कोई विचार, कोई दुनिया आकार ग्रहण करती है। इसकी खूबियों को दिखाना, रचनाकार के कौशल की व्याख्या करना अथवा त्रुटियों की ओर अंगुलिनिर्देश करके कृति का मूल्यांकन करना आलोचना-कर्म है। रचना प्रकाशित होते ही एक सार्वजनिक वस्तु हो जाती है और उसके मूल्यांकन के लिए एकमात्र माध्यम उसकी भाषा होती है। अतः कुछ आलोचकों के अनुसार रचना के अतिरिक्त और कोई भी जानकारी, जिसमें रचनाकार के जीवन से सम्बन्धित जानकारी भी है, आलोचना के लिए आवश्यक नहीं है।

पर एक दूसरी दृष्टि से रचनाकार की जीवनी पाठक के लिए आकर्षण की वस्तु होती है। जिस व्यक्ति के मस्तिष्क से कृति निकली है, उसका जीवन कैसा है, यह जिज्ञासा स्वाभाविक ही नहीं, संगत भी है। यही कारण है कि महान् लेखकों की जीवनियाँ लिखी जाती हैं और वे उन लेखकों की कृतियों की तुलना में कम रोचक नहीं होतीं। इस पुस्तक में अज्ञेय की जीवन-रेखा देने का उद्देश्य केवल इतना ही है कि कथा-साहित्य के पाठक, जिनके लिए यह किताब लिखी जा रही है, उस व्यक्ति को भी थोड़ा जान सकें जिसकी कृतियाँ उन्हें आन्दोलित करती हैं।

अज्ञेय की जीवनी लिखना मुश्किल काम है। सच पूछें तो किसी भी हिन्दी लेखक की जीवनी लिखना खतरे की जगह में प्रवेश करना है। अज्ञेय का व्यक्तित्व बहुत विवादास्पद भी है। इस संक्षिप्त 'जीवन-रेखा' में जानबूझ कर ही उस पहलू को छेड़ने की कोशिश नहीं की गयी है। यहाँ मुख्यतः अज्ञेय के जीवन की महत्त्वपूर्ण घटनाओं का ही उल्लेख किया गया है, जो पाठकों की जिज्ञासा शान्त करने के साथ उनके कथा-संसार के निर्माण पर भी थोड़ा-बहुत प्रकाश डालती है।

अज्ञेय के पूर्वज पंजाब के गुरुदासपुर के निवासी, भणोत सारस्वत ब्राह्मण थे।[1] उनके दादा संस्कृत के प्रकाण्ड पंडित थे, जो आर्थिक दृष्टि से सम्पन्न न होते हुए

भी अपनी विद्वत्ता के कारण समाज में सम्मान और प्रतिष्ठा के पात्र थे। अज्ञेय के पिता श्री हीरानन्द शास्त्री का बचपन भी विपन्नता में ही बीता। उन्होंने आरम्भिक शिक्षा एक संस्कृत टोल में, गुरु के साथ रहकर, उनकी सेवा करके प्राप्त की थी। किन्तु वे थे प्रतिभाशाली और मैट्रिक की परीक्षा में प्रथम स्थान और छात्रवृत्ति पाकर उन्होंने विश्वविद्यालय में प्रवेश किया। विश्वविद्यालय में भी वे प्रत्येक परीक्षा में प्रथम आते रहे और अन्ततः प्राध्यापक पद पर नियुक्त हुए। अनन्तर वे पुरातत्त्व विभाग में अनुसन्धानकर्ता और फिर अधिकारी बने।[2] अपने अवकाश-ग्रहण के समय वे पुरातत्त्व विभाग के एक उच्च पद पर आसीन थे।

कुल मिलाकर पारिवारिक दृष्टि से सच्चिदानन्द वात्स्यायन की स्थिति मध्यवित्तीय कही जा सकती है; चाहे तो उच्चमध्यवित्तीय भी कह लें। यह आर्थिक स्थिति पिता द्वारा अर्जित थी। अज्ञेय के शब्दों में 'दैन्य हमने नहीं जाना तो जिसे सम्पन्नता कहना चाहिए, अर्थात् जिसका आधार आर्थिक निश्चिन्तता हो, वैसी व्यय-क्षमता, वह भी हमारी नहीं थी।[3]

इसी मध्यवित्तीय, संस्कृतज्ञ परिवार में अज्ञेय का जन्म 7 मार्च, 1911 को (फाल्गुन, शुक्ल सप्तमी, सं. 1967 वि.) उत्तर प्रदेश के देवरिया जिले के कसिया नामक स्थान में हुआ। हीरानन्द जी शास्त्री उस समय तक पुरातत्त्व विभाग के अधिकारी नियुक्त हो चुके थे और कसिया में खुदाई का काम चल रहा था। रामकमल राय के अनुसार उसी दिन शास्त्री जी को खुदाई के समय बुद्ध की धातुओं की एक मंजूषा प्राप्त हुई थी। यह दोहरा सुखद संयोग था। उस दिन पिता के साथ दलाई लामा भी शिविर में पधारे थे और नवजात शिशु को उन्होंने अपना आशीर्वाद दिया था।[4]

इस प्रकार जन्मना अज्ञेय उत्तर प्रदेश के माने जा सकते हैं। उनका शैशव भी उत्तर प्रदेश (जिसका नाम उन दिनों 'संयुक्त प्रान्त' या 'यूनाइटेड प्रोविन्सेज' था) के ही लखनऊ नगर में विकसित हुआ। जन्म के पाँच महीने बाद ही कसिया (कुशी नगर) का शिविर उखड़ गया और पिता का तबादला लखनऊ हो गया।[5] एक स्थान पर अज्ञेय ने लिखा है कि घर में उनके माता-पिता आपस में पंजाबी में ही बोलते-बतियाते थे, पर बालक सच्चिदानन्द से, जो 'सच्चा' कह कर पुकारे जाते थे, वे हिन्दी में बात करते थे।[6] लखनऊ हिन्दी/उर्दू का तो घर ही माना जाता है, जहाँ सच्चिदानन्द या 'सच्चा' के शैशव के आरम्भिक वर्ष व्यतीत हुए। इस आधार पर अज्ञेय की प्रथम भाषा या शैशव की भाषा हिन्दी/उर्दू ही मानी जा सकती है और स्वयं अज्ञेय भी ऐसा ही मानते थे। पर उनकी अनौपचारिक शिक्षा-दीक्षा संस्कृत, अंग्रेजी और फारसी की ही हुई। कठिनाई यह थी कि हीरानन्द शास्त्री की नौकरी बदली वाली थी और स्वभावतः उनके साथ उनका सारा परिवार भारत के एक शहर से दूसरे शहर में जाने के लिए बाध्य था। अज्ञेय की प्रारम्भिक शिक्षा-दीक्षा कुलपरम्परानुरूप संस्कृत

में हुई थी, जिसमें बच्चों को विभिन्न प्रकार के मन्त्र, श्लोक, व्याकरण के नियम आदि रटा कर याद कराए जाते थे। संस्कृतज्ञ पिता के साथ-साथ संस्कृत के एक वयोवृद्ध पण्डित उन्हें संस्कृत पढ़ाते थे। इसके साथ ही पिता ने लखनऊ में ही अंग्रेजी की मौखिक शिक्षा भी आरम्भ करा दी थी और अक्षर-ज्ञान से पहले ही (लगभग छह वर्ष के वय तक) वे दो-ढाई सौ अंग्रेजी शब्द सीखकर अंग्रेजी में फटाफट बोलने भी लगे थे। अंग्रेजी में ही उन्होंने कुछ कविताएँ और तुकबन्दियाँ रट ली थीं और उन्हीं की तर्ज पर लोगों को चिढ़ाने वाली अंग्रेजी में कुछ तुकबन्दियाँ भी की थीं, जिनके लिए उन्हें बड़ों से दंड का भागी भी बनना पड़ा था।[7]

1915 में शास्त्री का तबादला श्रीनगर (कश्मीर) हो गया। इसी समय बालपन में प्रवेश करते सच्चिदानन्द ने, मात्र छह साल के वय में जम्मू से बनिहाल के रास्ते, जबकि बनिहाल की सड़क नहीं बनी थी और सुरंग के न होने से पीर पांचाल की शृंखला को, जो प्रायः बर्फ से ढँकी रहती थी, पैदल पार करना पड़ता था, श्रीनगर की यात्रा की थी। इस यात्रा में ऊधमपुर से वैरीनाग तक तो पैदल ही जाना पड़ा था, शेष यात्रा ताँगे में हुई थी।[8] 1915 से 1919 तक बालक सच्चिदानन्द का विकास श्रीनगर और कश्मीर के प्राकृतिक सौन्दर्य के बीच हुआ।

अज्ञेय की विधिवत् शिक्षा उनके कश्मीर-प्रवास में ही आरम्भ हुई। उनके पिता जी को स्कूली शिक्षा में विश्वास नहीं था और उनका स्थानान्तरण भी एक स्थान से दूसरे स्थान पर होता रहता था, अतः उन्होंने अपने बच्चों की शिक्षा की व्यवस्था घर पर ही की थी। अज्ञेय ने श्रीनगर में एक संस्कृत पंडित से *रघुवंश, रामायण, हितोपदेश* आदि तथा एक मौलवी से फारसी *शेख सादी* पढ़ी। एक अमेरिकी पादरी अंग्रेजी पढ़ाते थे। हिन्दी लिखने और पढ़ने का अभ्यास उन्होंने पिता के साथ कश्मीर से बिहार आने पर शुरू किया।

1919 में हीरानन्द जी शास्त्री का तबादला नालन्दा (बिहार) में हुआ और सारा परिवार बिहार आ गया। एक साल के भीतर ही शास्त्री जी का स्थानान्तरण पटना संग्रहालय में हो गया और वे सपरिवार पटना में रहने लगे। यहीं उनका सम्बन्ध इतिहास के प्रसिद्ध विद्वान काशीप्रसाद जायसवाल और राखालदास बन्द्योपाध्याय से हुआ। रामकमल राय के अनुसार, "एक बार जायसवाल जी उनके घर आये थे और उन्होंने सच्चिदानन्द से अंग्रेजी में एक-दो सवाल पूछे। बच्चे ने जानबूझ कर उन प्रश्नों के उत्तर हिन्दी में दिये। पिता जी ने घूरा, परन्तु उसका कोई प्रभाव बच्चे पर नहीं पड़ा और वे उत्तर हिन्दी में ही देते रहे। पिता को लगा कि जायसवाल जी यह समझते होंगे कि बच्चे को अंग्रेजी में उत्तर देना नहीं आता। पिता जी ने टिप्पणी की थी कि ये महाशय गाँधीवादी हो गये हैं। परिणाम यह भी हुआ कि पिता ने सच्चिदानन्द को थप्पड़ जमा दिया। उन्हें क्या पता कि बच्चे में एक प्रखर राष्ट्रप्रेम का उदय हो चुका है जिसकी एक माँग यह भी है कि अंग्रेजी भाषा में बोलना सम्मान

की बात न समझी जाय।"[9] यह वह समय था, जब गाँधी जी के नेतृत्व में आरम्भ किया गया सत्याग्रह आन्दोलन अपने उभार पर था। आठ साल के बालक सच्चिदानन्द पर इसका कितना प्रभाव पड़ा था, उसे इस घटना से समझा जा सकता है। 1921 में पटना छोड़ने के पहले उन्होंने अपने घर में ही विदेशी कपड़ों की होली जलायी थी। रामकमल राय के अनुसार, 'उत्साह के अतिरेक' में घर जलते-जलते बच गया था।[10]

इसी अवधि में शास्त्री जी के अभिन्न मित्र रायबहादुर हीरालाल जी सच्चिदानन्द की हिन्दी लिखाई की जाँच करते थे। इसी समय उन्होंने इंडियन प्रेस से छपी 'बाल रामायण', 'बाल महाभारत', 'बाल भोज', 'इन्दिरा' (बंकिमचन्द्र चटर्जी के इसी नाम के उपन्यास का अनुवाद) आदि पुस्तकें पढ़ीं। राखाल बाबू के सम्पर्क से उन्होंने बंगला सीखी।

1921 में शास्त्री जी का स्थानान्तरण ऊटकमंड (मद्रास, आज का तमिलनाडु) के लिए हो गया और वे सपरिवार वहाँ चले गये।[11] सच्चिदानन्द 1925 तक वहाँ रहे। 1921 में ही उडिपी के मध्वाचार्य द्वारा उनका यज्ञोपवीत संस्कार हुआ। उसी मठ के पंडित से उन्होंने छह महीने तक संस्कृत और तमिल पढ़ी। विद्यानिवास मिश्र के अनुसार यहीं उनके मूल नाम सच्चिदानन्द के साथ गोत्र नाम 'वात्स्यायन' जुड़ा।[12] पर स्वयं अज्ञेय के कथनों से इसका समर्थन नहीं होता। उनके अनुसार शुरू से ही यह उनके पिता द्वारा दिया हुआ नाम है।

ऊटकमंड में ही सच्चिदानन्द के गम्भीर अध्ययन की नींव पड़ी। इसी समय उन्होंने प्रथम बार गीता पढ़ी। पिता के आग्रह से उन्होंने अन्य धर्मों के भी कुछ ग्रन्थ पढ़े। शास्त्री जी का पुस्तकालय बहुत समृद्ध था, जिसका अज्ञेय ने भरपूर उपयोग किया। उन्होंने उसी काल में वर्ड्सवर्थ, टेनिसन, लौंगफेलो और ह्विटमैन की कविताएँ, शेक्सपीयर, मार्लो और वेब्स्टर के नाटक तथा लिटन, जॉर्ज इलियट, थैकरे, गोल्डस्मिथ, तोल्सतोय, तुर्गनेव, गोगोल, विक्टर ह्युगो और मेलविल के उपन्यास पढ़े।[13] विद्यानिवास मिश्र के अनुसार, उन्हें सर्वाधिक प्रभावित किया टेनिसन ने। टेनिसन के अनुकरण पर उन्होंने अंग्रेजी में कुछ कविताएँ भी लिखीं। उपन्यासकारों में ह्युगो का, विशेष रूप से उसकी कृति *टॉयलर्स ऑफ द सी* का, उन पर गहरा प्रभाव पड़ा। इसी अवधि में उन्होंने विश्वेश्वर नाथ रेऊ और गौरीशंकर हीराचन्द ओझा की इतिहास पुस्तकें तथा मीरा के पद और तुलसी की रचनाएँ भी पढ़ीं। इन्हीं दिनों अज्ञेय का परिचय मैथिलीशरण गुप्त, मुकुटधर पांडेय, श्रीधर पाठक, हरिऔध, रामचरित उपाध्याय और आरा के 'प्रेमयोगी' आदि की कविताओं से हुआ। इसी समय अज्ञेय को स्वामी दयानन्द सरस्वती की यह कविता पढ़ने को मिली :

गंगा उठो कि नींद में सदियाँ गुजर गयीं,
देखो तो सोते ही बरसें किधर गयीं।

इससे प्रेरणा पाकर उन्होंने भी गंगा की एक स्तुति लिखी, जो अंग्रेजी में थी और भाषा, शैली और छन्द की दृष्टि टेनिसन से प्रभावित थी। रामकमल राय के अनुसार इसी अवधि में उन्होंने अंग्रेजी में चालीस पृष्ठों का एक उपन्यास भी लिखा था, जिसकी पांडुलिपि उनके द्वारा लिये गये साक्षात्कार के समय अज्ञेय के पास थी।[14]

हिन्दी के प्राचीन और समकालीन कवियों से अज्ञेय को हिन्दी काव्य-रचना की प्रेरणा मिली और उन्होंने रोला, वीर, हरिगीतिका, गीतिका, मालिनी, शिखरिणी, बरवै आदि छन्दों में कविताएँ लिखीं, जिनमें से अधिकतर 'आनन्द बन्धु' में, जो स्वयं अज्ञेय द्वारा सम्पादित-प्रकाशित हस्तलिखित पत्रिका थी, प्रकाशित हुईं। अज्ञेय के अनुसार, 'आनन्द बन्धु' 'सरस्वती' के अनुकरण पर प्रकल्पित थी जिसमें प्रथम पृष्ठ पर कविता से लेकर सम्पादकीय और चित्र-परिचय सब कुछ रहता था।

अज्ञेय के व्यक्तित्व-निर्माण में ऊटकमंड का महत्त्वपूर्ण योगदान है। वे ऊटकमंड से तीन मील दूर फर्नहिल नामक स्थान के एक बँगले में प्राकृतिक सौन्दर्य और एकान्त के बीच रहते थे। अपरिचित स्थान, जनसमूह से अलगाव, अपरिचित भाषा, समवयस्क साथियों का अभाव आदि तत्त्वों ने मिलकर अज्ञेय को एकान्तप्रेमी बना दिया। सच पूछें तो इसकी भूमिका अज्ञेय के जीवन में पहले से ही बनती आ रही थी। देहात के इलाके में एक शिविर में जन्म, घर में ही शिक्षा प्राप्त करने के कारण सहपाठी-समाज से अलगाव, बचपन में किसी एक स्थान पर अधिक दिनों तक न रह पाने की लाचारी और श्रीनगर तथा ऊटकमंड के प्रवास ने उनके स्वभाव में एकान्त तथा प्रकृति के प्रति प्रेम पैदा किया। अज्ञेय ने लिखा है : ''मैं स्वभाव से ही एकान्तप्रिय था और परिस्थितियाँ भी अकेला रखती आयी थीं—पर ऊटकमंड में तीन मील दूर फर्नहिल नामक स्थान के एक बँगले में रहकर तो मानो एकान्त में डूब ही गया—यद्यपि प्रकृति के स्पन्दन भरे एकान्त में; जिसमें इस बात की चिन्ता नहीं थी कि परिवार के बाहर का कोई भी हमारा एक शब्द भर समझनेवाला नहीं था, न हम किसी का एक शब्द समझते थे।''[15] इस एकाकीपन में सच्चिदानन्द ने अवनीन्द्रनाथ ठाकुर और उनके नवबंग सम्प्रदाय की शिष्य-परम्परा के चित्रों का संग्रह करना भी आरम्भ किया और उनके अलबम तैयार किये। साहित्य का अध्ययन और 'आनन्द बन्धु' का सम्पादन-प्रकाशन भी इसी एकान्त की देन था।[16] ऊटकमंड में ही अज्ञेय ने मैट्रिकुलेशन की परीक्षा की तैयारी की और 1925 में उन्होंने पंजाब से मैट्रिक की परीक्षा प्रथम श्रेणी में पास की।

1919 में जब हीरानन्द जी शास्त्री बिहार में थे, तभी पंजाब में जलियाँवाला हत्याकांड घटित हुआ था। 1925 में जब वे अपनी माँ के साथ परीक्षा देने के लिए पंजाब गये तो वहाँ उस समय तक उस हत्याकांड का घाव ताजा था। इस कांड ने उनके मन में ब्रिटिश साम्राज्य के प्रति घृणा और विद्रोह का भाव पैदा किया जिसने

उन्हें अन्ततः आतंकवादी दल में शामिल होने की प्रेरणा दी।

मैट्रिक की परीक्षा पास करने के बाद 1925 ई. में ही उन्होंने मद्रास क्रिश्चियन कॉलेज में आई.एस-सी. कक्षा में दाखिला लिया। आई.एस-सी. में उनके अध्ययन के विषय थे गणित, भौतिकी और संस्कृत। उनके अंग्रेजी के प्रोफेसर हैंडरसन ने उन्हें साहित्य के अध्ययन की प्रेरणा दी। अज्ञेय ने उन्हीं के साथ टैगोर अध्ययन-मंडल की स्थापना की और रस्किन के सौन्दर्यशास्त्र तथा आचारशास्त्र का अध्ययन किया। इस अवधि में उन्होंने दक्षिण भारत के भ्रमण का भी कार्यक्रम बनाया और उसे पूरा किया। इस भ्रमण में दक्षिण के मन्दिरों और नीलगिरि की प्राकृतिक सुषमा ने उनके कला और प्रकृति प्रेम को और भी समृद्ध किया। दक्षिण के मन्दिरों के स्थापत्य तथा मूर्तिकला ने उनके कला तथा शिल्प बोध को परिपक्वता प्रदान की। दक्षिण भ्रमण के क्रम में उनका परिचय वहाँ की सामाजिक विषमता से भी हुआ और इसकी उनके मन पर गहरी प्रतिक्रिया हुई।

1927 में वात्स्यायन ने आई.एस-सी. की परीक्षा उत्तीर्ण की और आगे की शिक्षा के लिए पुनः पंजाब आ गये। उसी वर्ष उन्होंने लाहौर के फॉरमन कॉलेज में बी.एस-सी. में दाखिला लिया। रामकमल राय के अनुसार, कॉलेज में वात्स्यायन का भौतिक शास्त्र के प्रो.बनेड से सम्पर्क स्थापित हुआ, जो विश्व के भौतिकशास्त्र के मान्य वैज्ञानिकों में से थे। प्रो. बनेड ने कॉस्मिक किरणों के क्षेत्र में महत्त्वपूर्ण काम किया था। विज्ञान में स्नातक हो जाने के बाद प्रो. बनेड ने वात्स्यायन को अपनी अनुसन्धान-मंडली का सदस्य बनाया था, और पानी की गहराइयों में कॉस्मिक किरणों की सघनता नापने के लिए उन्हें हिमालय की ऊँचाइयों पर स्थित झीलों तक ले गये थे।[17] इस अभियान का प्रसंग अज्ञेय के संस्मरणों में ही नहीं, उनके उपन्यास *नदी के द्वीप* में भी किंचित् परिवर्तित रूप में प्राप्त होता है।

लगभग इसी समय वे गुप्त क्रान्तिकारियों की 'नवजवान भारत सभा' के सम्पर्क में आये और हिन्दुस्तान सोशलिस्ट रिपब्लिकन आर्मी के प्रमुख सदस्य चन्द्रशेखर आजाद, सुखदेव और भगवतीचरण बोहरा से उनका परिचय हुआ। 1929 ई. में पं. मोतीलाल नेहरू की अध्यक्षता में, लाहौर में, कांग्रेस का अधिवेशन हुआ जिसमें उन्होंने स्वयंसेवक के रूप में हिस्सा लिया।

रामकमल राय के अनुसार दक्षिण में ही (नगर का नाम उन्होंने नहीं लिखा है) एक दाक्षिणात्य पड़ोसी परिवार की लड़की से सच्चिदानन्द का प्रेम हो गया था, जिसकी मृत्यु समुद्र में डूब जाने से हो गयी।[18] *शेखर : एक जीवनी* की शारदा का मॉडल कदाचित् यही लड़की है।

1929 में अज्ञेय ने बी. एस-सी. की परीक्षा पास की और विज्ञान विषय को छोड़कर अंग्रेजी से एम. ए. करने का निश्चय किया। इसी वर्ष वे क्रान्तिकारी दल में सक्रिय रूप से शामिल हो गये। उनके साथ देवराज, वेदप्रकाश नन्दा और कमल

कृष्ण भी शामिल हुए। विद्यानिवास मिश्र के अनुसार इस दल का पहला कार्यक्रम भगत सिंह को जेल से छुड़ाना था, जो भगवतीचरण बोहरा की आकस्मिक मृत्यु के कारण कार्यान्वित नहीं हो सका। दूसरा कार्यक्रम दिल्ली हिमालय टॉयलेट्स फैक्टरी की आड़ में बम बनाने का कारखाना स्थापित करने का था। इस फैक्टरी में विमल प्रसाद जैन मैनेजर और अज्ञेय वैज्ञानिक सलाहकार थे। जैन साहब एक प्रतिष्ठित नागरिक थे, जिन्हें छिपने की जरूरत नहीं थी। इस फैक्टरी में बाहर साबुन, क्रीम वगैरह बिकते थे। भीतर रासायनिक कारखाना था, जिसमें गन काटन, अमोनियम पिकरेट, टी. एन. टी. पोटेशियम क्लोरेट आदि का भंडार रहता था, जिससे बम बनाया जाता था। तीसरा कार्यक्रम अमृतसर में एक ऐसी ही फैक्टरी कायम करने का था, जहाँ वे (मुहम्मद बक्श नाम से) देवराज और कमलकृष्ण के साथ 15 नवम्बर, 1930 को गिरफ्तार हुए। रामकमल राय द्वारा प्रदत्त विवरण इससे थोड़ा भिन्न है। उनके अनुसार, बम का कारखाना पूरी गर्मियों भर चला था। पर दल में यशपाल के प्रति अविश्वास का जो वातावरण उभर रहा था, उसे दृष्टि में रखकर धीरे-धीरे कारखाना तोड़ दिया गया। वात्स्यायन अमृतसर के अड्डे में चले गये, जहाँ मुख्य काम हथियार जुटाने तथा उनकी मरम्मत का था। इसी बीच लाहौर में क्रान्तिकारी दल के एक सदस्य केवल कृष्ण के घर तलाशी हो गयी, जिसमें केवल कृष्ण और वात्स्यायन के फोटो बरामद हुए और उनके नाम का भी पता चल गया। पुलिस उनके पीछे लग गयी। अमृतसर के दुर्ग्याना मुहल्ले में वात्स्यायन कश्मीरी पंडित के रूप में रहते थे। ऊपरी तौर पर बताया जाता था कि वे मेवे के व्यापारी हैं। बाद में वे जलियाँवाला बाग के पास मुहम्मद बख्श नाम से पेन्टर के रूप में रहने लगे। यह जगह एक घनी बस्ती के बीच थी, जो काम करने की दृष्टि से असुविधाजनक थी। बाद में शहर के छोर पर एक मकान मिला। वहीं पर वात्स्यायन, केवल कृष्ण और देवराज गिरफ्तार हो गये। गिरफ्तार करके उन्हें लाहौर किले ले जाया गया। रामकमल राय के अनुसार, "लाहौर किला की पुलिस हवालात पूरे भारत में यातना के लिए प्रसिद्ध थी। बड़े-से-बड़े मनोबल वाले व्यक्ति की वहाँ परीक्षा हो जाती थी। यातना की जितनी भी नयी से नयी और नायाब से नायाब पद्धतियाँ हो सकती थीं, सबका प्रयोग इस जेल में होता था।... यह सब वात्स्यायन के साथ भी हुआ। पर उनसे कुछ जाना न जा सका। एक महीने तक लाहौर किले में रखने के बाद उन्हें अमृतसर में मजिस्ट्रेट के सामने पेश किया गया। आर्म्स एक्ट में वात्स्यायन, केवल कृष्ण और देवराज को तीन-तीन साल की सजा हुई। परन्तु हाईकोर्ट ने सबों को बरी कर दिया। इसके तुरन्त बाद (1931 में) सरकार ने पुनः उन पर 'दिल्ली षड्यन्त्र केस' के नाम से नया मुकदमा चला दिया जो 1933 तक चलता रहा। उस अवधि में उन्हें दिल्ली जेल में रखा गया। इस अवधि में जैनेन्द्र कुमार भी तीन-चार महीने जेल में साथ थे। जैनेन्द्र जी छूटे तो वात्स्यायन की कुछ कहानियाँ साथ लेते आये।

जैनेन्द्र जी ने उनमें से एक कहानी 'अमरवल्लरी' प्रेमचन्द के पास 'जागरण' में छपने के लिए भेजी। साथ में पत्र लिखा कि लेखक का नाम बताना सम्भव नहीं है। वे अज्ञेय हैं। प्रेमचन्द ने 'अज्ञेय' नाम से ही कहानी छाप दी। बस, यह नाम वात्स्यायन के लिए चल पड़ा और जैनेन्द्र द्वारा भेजी वात्स्यायन की सभी कहानियाँ 'अज्ञेय' नाम से ही छपने लगीं। 'विशाल भारत' में भी एक कहानी इसी नाम के साथ छपी।[19]

रामकमल राय के अनुसार 'दिल्ली षड्यन्त्र केस' में तो सरकार उन्हें सजा नहीं दिला पायी, पर विस्फोटक सम्बन्धी मुकदमे में पाँच वर्ष की सजा हो गयी। सजा के बाद वात्स्यायन को मुल्तान भेज दिया गया। रामकमल राय के अनुसार, अज्ञेय ने उन्हें बताया था कि दिल्ली जेल में उन्हें छल से mercuric salts खिलाये गये थे। मुल्तान जेल में पहुँचने पर पता चला कि वे 'प्वायजनिंग' के शिकार हो चुके हैं। दिल्ली से उन्हें मुल्तान भेजने का एक कारण यह भी था। ढाई-तीन महीने दवा चलने के बाद उनके स्वास्थ्य में किसी प्रकार कुछ सुधार हुआ।

फरवरी, 1934 में हाईकोर्ट ने इस मुकदमे में भी वात्स्यायन को बरी कर दिया। पर पुलिस ने नजरबन्दी का आदेश दिखा कर हाईकोर्ट के प्रांगण में ही उन्हें गिरफ्तार कर लिया और लाहौर किला भेज दिया।[20] फिर घर में नजरबन्द रखने का सिलसिला शुरू हुआ। इस प्रकार वात्स्यायन बन्दी के रूप में 15 नवम्बर, 1930 से एक महीना लाहौर किले में, साढ़े तीन साल दिल्ली और पंजाब की जेलों में, रिहाई हो जाने के बाद भी दो महीने लाहौर किले में और दो वर्ष अपने घर में नजरबन्दी में बिताये। अगस्त, 1936 में वे पूर्ण रूप से स्वतन्त्र हुए; वैसे ब्रिटिश शासन उन पर खुफिया पुलिस की निगरानी तो काफी दिनों तक रखता रहा।

विद्यानिवास मिश्र के अनुसार, यह पूरी अवधि वात्स्यायन के लिए शारीरिक यातना, आत्ममन्थन और स्वप्नभंग की रही। 1934 में ही, जब वे नजरबन्दी की स्थिति से गुजर रहे थे, लगभग एक साथ ही छोटे भाई और माता का निधन हो गया। इसी वर्ष पिता भी सेवानिवृत्त हो गये। रामकमल राय ने अज्ञेय से लिये गए साक्षात्कार के आधार पर लिखा है कि 'क्रान्तिकारी जीवन को लेकर उनके मन में एक मोहभंग की स्थिति बन गयी थी।'[21] जेल और नजरबन्दी की स्थिति से निकलने के बाद अज्ञेय के विचारों और कहानियों में भी एक बदलाव आता दिखाई पड़ता है। स्वयं अज्ञेय के अनुसार, "चार-एक वर्ष जेल में और वर्ष भर नजरबन्दी में बिताकर[22] जब मुक्त हुआ तब यह नहीं कि क्रान्ति का उत्साह ठंडा पड़ चुका था, पर आतंकवाद और गुप्त आन्दोलन अवश्य पीछे छूट गये थे और हिंसा की उपयोगिता पर अनेक प्रश्नचिह्न लग चुके थे।[23]

जेल और नजरबन्दी से छुटकारा मिलने के बाद वात्स्यायन जीवन के एक नये मोड़ पर खड़े थे। उनके सामने रास्ता चुनने का सवाल था। जीविकोपार्जन की समस्या भी थी ही। पिता चाहते थे कि वे विदेश जाकर अपनी पढ़ाई पूरी कर लें। पर

वात्स्यायन की मानसिकता इसके अनुरूप नहीं थी। उनके मन में एक आश्रम स्थापित कर काम करने का विचार भी आया था। एक परिचित ने इसके लिए जमीन और उस पर बनी हुई इमारत भी उपलब्ध करा दी थी। पर अज्ञेय के पिता जी को यह प्रस्ताव पसन्द नहीं आया और इस कारण यह योजना कार्यान्वित नहीं हो पायी। तब जीविकोपार्जन के लिए अज्ञेय ने फोरमन कॉलेज की लाइब्रेरी में 'रीडर्स एडवाइजर' के पद पर नौकरी कर ली। प्राचार्य उनके प्रति सहानुभूति रखते थे, पर मिशन के लोगों की आँखों की वे किरकिरी बने हुए थे। अतः छह महीने के बाद ही उन्हें यह नौकरी छोड़नी पड़ी। इसके बाद लाहौर षड्यन्त्र केस के उनके वकील लाला श्यामलाल के प्रयत्न से उन्हें आगरा के 'सैनिक' पत्र में सहायक सम्पादक का काम मिला। अस्सी रुपये प्रतिमाह वेतन था। पर पत्र के स्वामी कृष्णदत्त पालीवाल के साथ उनका सामंजस्य स्थापित न हो सका। 'सैनिक' में काम करते समय ही उनका सम्पर्क मेरठ की श्रीमती होमवती देवी से हुआ जो एक सुरुचिसम्पन्न साहित्यकार महिला थीं। मेरठ में उनके परिचय-वृत्त के और भी कई लोग थे। रामकमल राय के अनुसार उन दिनों मेरठ एक सजीव सांस्कृतिक-राजनीतिक-सामाजिक जागरण का केन्द्र बन गया था।[24] वात्स्यायन 'सैनिक' की नौकरी छोड़कर मेरठ चले गये। वहाँ उन्होंने होमवती जी के साथ 'मेरठ साहित्य परिषद्' की स्थापना की। इस परिषद् के तत्त्वावधन में दो ऐतिहासिक महत्त्व के साहित्य-सम्मेलन हुए थे, जिनमें हजारी प्रसाद द्विवेदी, चन्द्रगुप्त विद्यालंकार, नरेन्द्र शर्मा, हरिवंशराय बच्चन, प्रेमचन्द की पत्नी शिवरानी देवी, जैनेन्द्र कुमार आदि ने भाग लिया था। स्वयं वात्स्यायन ने भी इसमें अपना पर्चा पढ़ा था।

मेरठ में वात्स्यायन का किसान आन्दोलन से गहरा सम्बन्ध स्थापित हुआ। रामकमल राय के अनुसार उन्होंने उसी सिलसिले में स्वामी सहजानन्द सरस्वती को भी मेरठ आमन्त्रित किया था जो बिहार तथा संयुक्त प्रान्त के पूर्वी जिलों में जोरदार किसान-आन्दोलन चला रहे थे। 1938 में कांग्रेस ने दिल्ली में एक 'ऑल पार्टी कॉन्फ्रेंस' बुलाया था, जिसमें वात्स्यायन ने उत्साहपूर्वक हिस्सा लिया था। मेरठ से पाँच सौ किसान पैदल चलकर दिल्ली पहुँचे थे।[25] इस सम्मेलन में वात्स्यायन का परिचय साम्यवादी दल से सम्बद्ध रामविलास शर्मा, प्रकाशचन्द्र गुप्त, भारतभूषण अग्रवाल, नेमिचन्द्र जैन आदि हिन्दी लेखकों से हुआ। प्रभाकर माचवे से उनका परिचय आगरा में ही हो चुका था।

विद्यानिवास मिश्र के अनुसार, 1937 के अन्त में वात्स्यायन बनारसीदास चतुर्वेदी के आग्रह पर 'विशाल भारत' के सम्पादक-मंडल में कलकत्ता आ गये।[26] दरअसल चतुर्वेदी जी उनके कहानीकार रूप से अत्यन्त प्रभावित थे। उनका अपने सहयोगियों को निर्देश था कि 'अज्ञेय' की कोई कहानी छपने को आये तो उसे बिना पढ़े ही छाप दो। पर इसके साथ ही एक विचित्र निर्देश यह था कि उनकी कविता

बिना पढ़े ही रद्दी में डाल दो! इसके कारण अज्ञेय और चतुर्वेदी जी के बीच हल्का-सा दुराव भी पैदा हुआ था। इसके बावजूद चतुर्वेदी के 'विशाल भारत' छोड़ने पर अज्ञेय को ब्रजमोहन वर्मा के साथ 'विशाल भारत' का सम्पादक नियुक्त किया गया। (थोड़े ही समय बाद वर्मा जी का निधन हो गया और अज्ञेय अकेले सम्पादक रह गये।) शायद यह 'विशाल भारत' के स्वत्त्वाधिकारी रामानन्द चटर्जी का निर्णय था। रामकमल राय के अनुसार सम्पादक के रूप में कार्यभार सँभालते ही चतुर्वेदी जी से अज्ञेय का मतभेद हो गया। चतुर्वेदी जी ने अज्ञेय को ऐसे लेखकों की एक सूची दी, जिनकी रचनाएँ 'विशाल भारत' में न छापने का निर्देश था। अज्ञेय इसे स्वीकार न कर सके। 'विशाल भारत' से जाने के बाद चतुर्वेदी जी ने उसके व्यवस्थापक केदार बाबू को पत्र लिखा कि वे या तो अज्ञेय को सम्पादक बनाये रखें या उनसे सम्बन्ध रखें। यह जानकर अज्ञेय त्यागपत्र देने को तैयार हो गये। उस समय तो बात आगे नहीं बढ़ी, पर 1939 के मध्य में अज्ञेय ने 'विशाल भारत' छोड़ दिया।[27] कुछ समय तक उन्होंने पटना में 'बिजली' नामक पत्र का सम्पादन भी किया। वहाँ से वे दिल्ली आ गये। एक बार फिर विदेश में शिक्षा प्राप्त करने की बात सामने आई। पेरिस जाने के लिए बुकिंग भी हो गई, पर द्वितीय विश्वयुद्ध छिड़ जाने के कारण योजना ठप्प हो गई। अज्ञेय पुनः मेरठ पहुँचे और होमवती जी के साथ मेरठ साहित्य परिषद् के विस्तार की योजना बनायी गयी। पर तभी होमवती जी का निधन हो जाने के कारण यह योजना भी आगे नहीं बढ़ पायी और 1940 में अज्ञेय दिल्ली आ गये। दिल्ली पहुँच कर अज्ञेय ने ऑल इण्डिया रेडियो में नौकरी कर ली, जहाँ वे फरवरी 1943 तक कार्यरत रहे।[28]

इसी बीच 1942 में अज्ञेय ने साम्यवादी लेखकों के साथ मिलकर, दिल्ली में अखिल भारतीय फासिस्ट विरोधी सम्मेलन का आयोजन किया। इसके तीन संयोजकों में अज्ञेय के अतिरिक्त कृश्नचन्दर और शाहिद अहमद थे। इस सम्मेलन की पृष्ठभूमि यह थी कि द्वितीय विश्वयुद्ध छिड़ चुका था, जिसमें ब्रिटेन पूरी तरह से शामिल था। कांग्रेस ने युद्ध में उसके साथ सहयोग करने से अस्वीकार कर दिया था। इतना ही नहीं, अगस्त 1942 में गाँधी जी ने 'अंग्रेजो, भारत छोड़ो' का आह्वान भी कर दिया था। इसके जवाब में सरकार ने दमन का रास्ता अख्तियार किया था और सारे देश में गाँधी जी के 'करो या मरो' आह्वान से प्रेरित निहत्थी जनता का हिंसक आन्दोलन आरम्भ हो गया था। अंग्रेज सरकार ने पाशविक बर्बरता के साथ इस आन्दोलन का दमन किया था, जिसमें अमेरिकी सैनिक भी शामिल थे। हुआ यह कि विश्वयुद्ध के आरम्भ में जर्मनी और रूस के बीच सन्धि थी। उस समय भारतीय साम्यवादी दल को इसकी चिन्ता नहीं थी कि भारत उस युद्ध में शामिल होता है या नहीं। पर जब जर्मनी ने रूस को भी अपने आक्रमण का लक्ष्य बना लिया तब साम्यवादी इस बात पर जोर देने लगे कि भारतीय जनता को युद्ध में ब्रिटेन का

साथ देना चाहिए। इधर भारतीय इस अवसर को भारत की आजादी के सुनहरे अवसर के रूप में देख रहे थे। सुभाषचन्द्र बोस ने जापान पहुँच कर उसकी सहायता से आजाद हिन्द फौज का संगठन कर लिया था, जिसमें ब्रिटिश फौज की अनेक टुकड़ियाँ भी विद्रोह करके शामिल हो गयी थीं। इससे भारतीय जनता उत्साह से भर गयी थी और उसे अपनी आजादी दरवाजे पर पहुँची दिखाई दे रही थी। पर साम्यवादियों को सुभाषचन्द्र बोस फासिस्ट दिखाई पड़ रहे थे और उनके विरुद्ध जोरदार अभियान आरम्भ कर रखा था। साम्यवादी दल भारतीय जनता को युद्ध में 'मित्र राष्ट्रों' का साथ देने का सन्देश दे रहा था। अखिल भारतीय फासिस्ट विरोधी सम्मेलन इसी प्रयास की एक कड़ी था। अज्ञेय इसमें क्यों शामिल हो गये, यह समझ से बाहर है। अपने पक्ष में अज्ञेय ने जो तर्क दिया है, वह प्रत्ययकारी नहीं है।[29] मुझे लगता है, जेल और नजरबन्दी से मुक्त होने के बाद अज्ञेय अपने जीवन में भटकाव के शिकार हो गये। उनका राजनीतिक स्वप्नभंग इस रूप में दिखाई पड़ता है कि 1937 में मेरठ के किसान-आन्दोलन में भाग लेने के अतिरिक्त, उसके बाद, उनके किसी राजनीतिक गतिविधि में शिकरत करने का कोई प्रमाण नहीं मिलता। उनका 'क्रान्ति का उत्साह' भले ही ठंडा न पड़ा हो, पर वह उनके व्यवहार में नहीं दिखाई पड़ता। इसके बाद उनके लिए देश की आजादी की समस्या गौण और अन्तरराष्ट्रीय राजनीति अधिक महत्त्वपूर्ण हो गयी। अपनी तर्क-प्रक्रिया में वे फासिस्टों के विरुद्ध और मित्र राष्ट्रों के साथ थे। इसी मानसिकता के तहत उन्होंने सुभाषचन्द्र बोस और 1942 के जन-आन्दोलन का विरोध किया और दिल्ली में साम्यवादियों के साथ मिलकर सम्मेलन का आयोजन किया। पर उनका स्पष्ट मत था कि इस आयोजन को किसी दल से जोड़ने का प्रयास नहीं होगा। पर प्रगतिशील लेखक संघ के सदस्यों ने, जिनमें कृश्नचन्दर, रामविलास शर्मा, शिवदान सिंह चौहान आदि थे, अपनी अलग बैठक करके इसे साम्यवादी दल के एजेन्डे के साथ जोड़ने की कोशिश की थी।

इस बीच अज्ञेय को अवसाद और मोहभंग की मानसिकता में डालने वाली एक और घटना हो गयी थी। लगभग डेढ़ वर्ष के कलकत्ता—प्रवास में उनका परिचय सुधीन्द्र दत्त, बुद्धदेव वसु, हजारी प्रसाद द्विवेदी, पुलिन सेन, बलराज साहनी आदि से हुआ था। बलराज साहनी से तो उनकी घनिष्ठ मित्रता हो गई थी। उनकी अनुशंसा पर अज्ञेय ने सन्तोष मलिक से, जो बलराज साहनी की दूर के सम्बन्ध में बहन थीं, अदालती विवाह किया। विद्यानिवास मिश्र के अनुसार यह प्रसंग 1940 में घटित हुआ था।[30]

पर सन्तोष मलिक, रामकमल राय के अनुसार, साहनी की प्रच्छन्न प्रेमिका भी थीं। बलराज अपने पारिवारिक जीवन को चलाते हुए सन्तोष मलिक को अपनी सखी और मित्र-पत्नी के रूप में बनाये रखना चाहते थे। अज्ञेय के लिए यह कितनी

निराशा और अपमानजनक स्थिति रही होगी, इसका अनुमान किया जा सकता है। अन्ततः इस विवाह की परिणति तलाक में हुई और कहा जाता है, इसके लिए अज्ञेय ने अदालत के सामने स्वयं को नपुंसक मान लेने का अपमान भी सह लिया। यदि यह सच है तो अज्ञेय के व्यक्तित्व के बड़प्पन का परिचायक है। विवाह के बाद और तलाक के पहले का समय उन्होंने अपनी पत्नी से अलग अधिकतर मेरठ और दिल्ली में बिताया था।[31] 1943 में अज्ञेय उसी ब्रिटिश शासन की फौज में भरती हो गये, जिसे उखाड़ फेंकने के लिए वे आतंकवादी क्रान्तिकारिता की शरण में गये थे। तर्क था कि फासीवादी शक्तियों को पराजित करने के लिए केवल विचारों से ही नहीं, बल्कि कार्य से भी उनका विरोध करना चाहिए। यद्यपि अज्ञेय के तर्क, कहीं से भी हमें आश्वस्त नहीं करते, पर निर्णय तो उनका अपना ही था। ब्रिटिश शासन द्वारा अज्ञेय को अपनी फौज के एक अफसर के रूप में स्वीकार करने का मतलब ही है, उसका, उनकी निष्ठा में विश्वास। रामकमल राय के अनुसार सेना में भरती होने की उनकी पहली अर्जी नामंजूर हो गयी थी। पर जब आजाद हिन्द की सेना पूर्व में भारतीय सीमा में प्रवेश कर गयी तो अंग्रेजों को लगा कि उन्हें ऐसे आदमियों की जरूरत है तो जनता को समझा सकें कि भारतीय सीमा में प्रवेश कर रही सेना उनकी दुश्मन है। इसके लिए उन्हें भारत की आजादी के लिए क्रान्तिकारी संघर्ष करने और जेल की सजा भुगतनेवाले सच्चिदानन्द वात्स्यायन से अधिक उपयोगी आदमी कहाँ मिलता। बस, अज्ञेय की अर्जी मंजूर हो गयी और उन्हें बुलावा आ गया। काम की शर्तों के मुताबिक उन्हें युद्ध में लड़ना नहीं था, बल्कि 'जनता में प्रतिरोधी शक्ति' का निर्माण करना था। अर्थात् उन्हें प्रचार माध्यमों से जनता को यह बताना था कि आजाद हिन्द फौज और जापानी सेना उन्हें आजादी देने के लिए नहीं, बल्कि उनका विनाश करने के लिए आ रही है। यही उन्होंने किया भी।[32] उनके सम्पादन में बंगला और असमिया में दो पत्र निकलते थे, जिनका उद्देश्य भी जनता को यही झूठ पिलाना था। उनके निर्देशन में एक नाटक-मंडली भी बनायी गयी थी, जिसका उद्देश्य भी जनता को यही बताना था। अज्ञेय की ये गतिविधियाँ उनके चरित्र को ऐसे कठघरे में खड़ा करती हैं, जिसका कोई युक्तिसंगत उत्तर नहीं दिया जा सकता। अज्ञेय ने अनेक स्थानों पर अपने पक्ष में जो तर्क दिये हैं, वे विश्वसनीय नहीं बन सके हैं।[33] पर यह एक अलग और विवादास्पद प्रश्न है।

1946 के आरम्भ में अज्ञेय को, उनकी ही पहल पर, फौज की नौकरी से मुक्ति मिल गयी। विद्यानिवास मिश्र के अनुसार, "अज्ञेय की दृष्टि में युद्ध में शामिल होने का उद्देश्य पूरा हो गया था। तानाशाही शक्तियों की पराजय तो हो ही गयी थी, युद्ध भी समाप्त हो गया था और वे शान्तिकाल के सैनिक बनकर रहना पसन्द नहीं करते थे। सैनिक जीवन उनकी प्रकृति के अनुकूल था भी नहीं; उसे तो उन्होंने सैद्धान्तिक रूप में, कर्त्तव्य के आग्रह से, स्वीकार किया था।"

सेना से लौटकर अज्ञेय अपने पिता के पास गुरुदासपुर गये। वहाँ वे एक महीना रहे। 1946 में ही उनके पिता का स्वर्गवास हो गया। इस दुःख से उबरते ही उन्होंने गुरुदासपुर से मेरठ जाकर वहाँ की साहित्य परिषद् को अपने साहित्यिक कार्यक्रम का केन्द्र बनाना चाहा। पर उसे सम्भव न पाकर वे पहले बनारस पहुँचे और रायकृष्ण दास तथा श्रीपत राय के साथ मिलकर आगे की योजनाओं पर विचार-विमर्श किया। मार्च, 1947 में श्रीपत राय के साथ ही वे बनारस से प्रयाग आये और साझे में एक बड़ा बँगला लिया। वहीं से 'प्रतीक' नामक पत्रिका का प्रकाशन आरम्भ हुआ। इसके प्रथम अंक के सम्पादक-मंडल में सच्चिदानन्द हीरानन्द वात्स्यायन, नगेन्द्र नगाइच, श्रीपत राय और नेमिचन्द्र जैन थे। नेमिचन्द्र जैन सहायक सम्पादक थे और वैतनिक रूप में काम करते थे। इसमें कोई सन्देह नहीं कि हिन्दी साहित्य के निर्माण में 'प्रतीक' की महत्त्वपूर्ण भूमिका है। इसके माध्यम से हिन्दी के अनेक युवा कवि, कहानीकार, निबन्धकार और आलोचक प्रकाश में आये। पर 'प्रतीक' को, रामकमल राय के अनुसार, प्रयाग से वह सहयोग नहीं मिल सका, जिसकी उसे जरूरत थी।[34] कहा जाता है कि 'प्रतीक' को प्रतिष्ठित करने में अज्ञेय ने अपनी गाँठ की सारी पूँजी लगा दी और उसमें इतना आर्थिक घाटा उठाया कि उसे पूरा करने के लिए उन्हें 1963 तक अतिरिक्त श्रम करना पड़ा।[35]

अज्ञेय ने 1949 में इलाहाबाद छोड़ दिया और दिल्ली आ गये। अज्ञेय के दिल्ली आने का एक कारण आर्थिक भी था। वहाँ इस समस्या के समाधान के अवसर थे। 1950 में उन्होंने पुनः आकाशवाणी में नौकरी कर ली। दिल्ली में उन्हें 'थॉट' पत्रिका के सम्पादन-मंडल में पाँच सौ रुपये प्रतिमाह मानदेय पर बुलाया गया था। 1950 से 1952 तक अज्ञेय 'थॉट' के सम्पादक-मंडल में रहे। 'प्रतीक' भी दिल्ली से ही निकलता रहा। 1952 में 'प्रतीक' बन्द हो गया। आकाशवाणी की सेवा में अज्ञेय 1955 तक रहे। उसके कुछ ही समय पहले उन्हें युनेस्को की तरफ से विदेश जाने का निमन्त्रण मिला था। जब मन्त्रालय उन्हें छुट्टी देने को तैयार नहीं हुआ तो उन्होंने त्यागपत्र दे दिया।

इस बीच अज्ञेय के सम्पादन में, 1951 में, 'तार सप्तक' की परम्परा में 'दूसरा सप्तक' का प्रकाशन हुआ, जिससे 'नयी कविता' का आरम्भ माना जाता है। इसके अतिरिक्त उपन्यास *नदी के द्वीप*, कविता संग्रह *हरी घास पर क्षण भर* (1949) और *बावरा अहेरी* (1954), कहानी संग्रह *शरणार्थी* (1948), *जयदोल* (1951) और *अमरवल्लरी तथा अन्य कहानियाँ* (1954) आदि प्रकाशित हो चुके थे और अज्ञेय हिन्दी के श्रेष्ठ लेखक के रूप में स्वीकृत हो चुके थे।

अज्ञेय के प्रयाग पहुँचने के कुछ ही समय पूर्व विशन टंडन, गिरिधर गोपाल और धर्मवीर भारती आदि ने 'परिमल' नामक साहित्यिक संगठन की स्थापना की थी जिसका उद्देश्य नवलेखन को विचार-विमर्श के लिए एक मंच उपलब्ध कराना

था। धीरे-धीरे प्रयाग की पूरी सर्जनात्मक नयी पीढ़ी, जिसमें धर्मवीर भारती, विजयदेव नारायण साही, लक्ष्मीकान्त वर्मा, विपिन कुमार अग्रवाल, जगदीश गुप्त, मलयज, शिवकुटीलाल वर्मा, रघुवंश, रामस्वरूप चतुर्वेदी आदि शामिल थे, 'परिमल' से जुड़ती गयी और 'परिमल' एक अखिल भारतीय स्तर की संस्था के रूप में प्रसिद्ध हो गयी। अज्ञेय इस संस्था से अपने प्रयाग-निवास में ही जुड़ गये थे और दिल्ली जाने के बाद भी उनका इसके साथ सक्रिय सम्बन्ध बना और वे उसकी गोष्ठियों में दिल्ली से आकर भाग लेते रहे।[36]

युनेस्को के बुलावे पर करीब छह महीने यूरोप का भ्रमण करके, वहाँ के लेखकों और कवियों से मिल कर, जब अज्ञेय भारत लौटे तो वे पहले प्रयाग गये। उनके सम्मान में, विशेष कर उनके संस्मरण सुनने और काव्यपाठ के लिए, परिमल की एक विशेष बैठक बुलाई गयी थी। तब तक धर्मवीर भारती 'परिमल' के केन्द्रीय व्यक्तित्व के रूप में उभर चुके थे और अज्ञेय के साथ उनकी आत्मीयता ने परिमल को प्राणवान बनाने में बहुत योगदान किया। रामकमल राय के अनुसार, "नयी कविता की मूल्यदृष्टि एवं मूल्यानुभूति को लेकर 'परिमल' एक महत्त्वपूर्ण संस्था के रूप में क्रियाशील रही' और अज्ञेय उसके साथ 'अत्यन्त सहज रूप से जुड़कर नयी कविता को सशक्त बनाने में लगातार सक्रिय रहे।"[37]

नयी कविता का दूसरा मंच था 'नयी कविता' नाम की पत्रिका। इसका आरम्भ परिमल के सदस्यों ने ही किया था। इसका पहला अंक जगदीश गुप्त और रामस्वरूप चतुर्वेदी के सम्पादन में प्रकाशित हुआ था। अज्ञेय इससे गहरे रूप में सम्बद्ध थे और इसके प्रायः प्रत्येक अंक में उनकी कविताएँ प्रकाशित होती थीं। रामकमल राय के अनुसार अज्ञेय नयी कविता के 'सबसे विशिष्ट और केन्द्रीय महत्त्व' के कवि थे।[38]

रामकमल राय के अनुसार, 1947-48 की अवधि में ही, अज्ञेय और कपिला मलिक का प्रणय-प्रसंग आरम्भ हो चुका था। अज्ञेय का कपिला जी से प्रथम परिचय कलकत्ता (अब कोलकाता) में, 1939-40 में हुआ था, जब वे आठ-नौ वर्ष की बालिका थीं। इस प्रकार कपिला जी के परिवार से अज्ञेय का परिचय पुराना था। कपिला जी एक कुशाग्र बुद्धि, संवेदनशील छात्रा थीं और अज्ञेय से उनका सम्बन्ध बना हुआ था। अज्ञेय के प्रति उनके मन में एक गहरा सम्मान भाव था जो धीरे-धीरे प्रणय में परिणत होता गया। अज्ञेय भी उनकी तरफ आकृष्ट होते गये जो लगातार गहराता गया, पर कई कारणों से इसकी परिणति विवाह में नहीं हो रही थी। कपिला जी के माता-पिता इस विवाह के पक्ष में नहीं थे। पर कपिला जी का संकल्प दृढ़ था। अन्ततः 7 जुलाई, 1956 को, युनेस्को द्वारा उपलब्ध करायी गयी यूरोप-यात्रा के तुरन्त बाद, बिना माता-पिता के सहयोग के, मन्दिर में, अज्ञेय और कपिला जी का विवाह सम्पन्न हो गया।[39] विवाह के दूसरे ही दिन कपिला जी छह सप्ताह के लिए रूस चली गयी। उनके लौटने पर दोनों प्रयाग में रहने लगे। प्रयाग में उन्होंने

टैगोर टाउन में घर लिया था। पास में ही धर्मवीर भारती रहते थे। उन दिनों भारती 'परिमल' के सचिव थे और अज्ञेय के प्रति उनके मन में गहरी श्रद्धा का भाव था। भारती के साथ बिताए वे दिन अज्ञेय के लिए बहुत सुखद थे। उसी वर्ष शरद् में उन्होंने कुल्लू और अल्मोड़ा की यात्रा की। लगभग नौ महीने बाद, अगस्त 1957 में, अज्ञेय पुनः जापान और फिलीपीन की यात्रा पर निकले। जापान में उन्होंने यासुनारी कावाबाटा, जूनी चीरो तानीजाकी, ओयामा, सुगियामा और माएडा आदि साहित्यकारों-कलाकारों से मुलाकात की। अप्रैल, 1958 में वे स्वदेश वापस लौटे और दिल्ली में रहने का निश्चय किया। रामकमल राय के साक्ष्य पर कहा जा सकता है कि 1958 से 1960 के बीच दिल्ली में कपिला जी के साथ उन्होंने सुखद दाम्पत्य जीवन व्यतीत किया। रचनात्मक क्रियाशीलता की दृष्टि से भी यह काल बहुत समृद्ध रहा।[40] इस अवधि में उन्होंने अंग्रेजी में 'वाक्' नामक पत्रिका निकाली, जो दो वर्षों तक निकली। इसी अवधि में *अरी ओ करुणा प्रभामय* काव्य-संकलन का प्रकाशन हुआ (1959) और *आत्मनेपद* का अधिकांश लिखा गया। इसी अवधि में उन्होंने मद्रास के अखिल भारतीय लेखक सम्मेलन में भारतीय कथा साहित्य के स्वरूप पर और इलाहाबाद विश्वविद्यालय में 'निराला व्याख्यान माला' शृंखला में, जिसकी अध्यक्षता सुमित्रानन्दन पन्त ने की थी, कविता की संरचना पर व्याख्यान दिया। इसी दौर में उन्होंने *रूपाम्बरा* का सम्पादन किया जो सुमित्रानन्दन पन्त की षष्ठिपूर्ति के अवसर पर उन्हें समर्पित की गयी थी। इसी दौर में *तीसरा सप्तक* का भी सम्पादन-प्रकाशन हुआ।

अप्रैल, 1960 में अज्ञेय दूसरी बार यूरोप-यात्रा पर निकले। विद्यानिवास मिश्र के अनुसार, "इस बार वे मसीही संस्कृति की साधना की गहराइयों में प्रविष्ट होने के लिए गये। इस यात्रा में इनकी भेंट पाल मसीन्यो से हुई जिन्होंने सहारा के रेगिस्तान में मठ बनाया था, गज्जाली के सूफी रहस्यवाद से प्रेरणा ग्रहण की थी और ईसाइयत के दायरे से बाहर जाकर साधना का पथ ग्रहण किया था। वे फ्रांस के कट्टर कैथलिक पादरी पियेर डनियल से मिले और एक महीने तक पियेर क्विवीर के मठ में भी रहे।"[41] मिश्र जी के अनुसार इस यात्रा ने अज्ञेय को भारतीय चिन्ताधारा की नयी पहचान दी और उन्हें हिन्दू धर्म की ओर अधिक आकृष्ट किया। उन्हें आनन्दकुमार स्वामी के चिन्तन, रामकृष्ण परमहंस के अनुभव तथा विवेकानन्द के उत्सर्ग ने अधिक प्रभावित किया।[42]

इस यात्रा से लौटने के लगभग साल भर ही बाद सितम्बर 1961 में अज्ञेय की कैलिफोर्निया विश्वविद्यालय, बर्कले में भारतीय साहित्य और संस्कृति के अध्यापक के रूप में नियुक्ति हो गयी और वे वहाँ चले गये। बीच-बीच में अवकाश लेकर वे भारत तो आते रहे, पर जुलाई, 1964 तक प्रायः वहीं रहे। रामकमल राय के अनुसार इस दौर में उन्होंने अमेरिका का व्यापक भ्रमण किया। साथ ही

विद्यानिवास मिश्र और कुछ अमेरिकी कवियों के सहयोग से उन्होंने पचास-साठ कविताओं का अनुवाद किया।

जुलाई, 1964 में भारत लौटते ही उन्हें दिल का दौरा पड़ा। महीनों अस्पताल में रहे। विद्यानिवास मिश्र के अनुसार, ''भीतर एक गहरी निराशा थी जो आत्मीयों को व्यथित करने वाली थी। कपिला जी की सेवा और उनके आत्मविश्वास से उन्हें स्वास्थ्य-लाभ हुआ।''[43] इसी वर्ष उन्हें उनके कविता-संग्रह *आँगन के पार द्वार* पर साहित्य अकादमी का पुरस्कार प्राप्त हुआ। विद्यानिवास मिश्र के अनुसार फरवरी, 1965 में अज्ञेय ने 'दिनमान' साप्ताहिक का सम्पादन आरम्भ किया और अपनी संगठन-क्षमता, कल्पना और निष्ठा से छह महीने के भीतर उसे हिन्दी का अन्यतम साप्ताहिक पत्र बना दिया।[44] उन्होंने अपने सहायकों की जो टीम बनायी, उसमें मनोहर श्याम जोशी, श्रीकान्त वर्मा, सर्वेश्वरदयाल सक्सेना, रघुवीर सहाय जैसे प्रतिष्ठित साहित्यकार शामिल थे।

'दिनमान' के कार्यकाल में ही, 1966 में, अज्ञेय पूर्वी यूरोप की यात्रा पर निकले और रूमानिया, युगोस्लाविया, रूस और मंगोलिया का भ्रमण किया। युगोस्लाविया में उनकी भेंट नोबेल पुरस्कार विजेता आन्द्रिच तथा स्लोवेनी कवि मातेई बोर से हुई। विदेश-भ्रमण से लौटकर उन्होंने बीकानेर, अजमेर, शिमला, दिल्ली और एर्णाकुलम के साहित्यिक आयोजनों में भाग लिया और समस्त भारतीय उपलब्धि के परिप्रेक्ष्य में आधुनिक हिन्दी साहित्य के सम्बन्ध में अपने विचार व्यक्त किये। जनवरी, 1967 में आस्ट्रेलिया में 'एशियाई देशों में साहित्य विनिमय' विषय पर एक अन्तरराष्ट्रीय संगोष्ठी आयोजित हुई, जिसमें अज्ञेय ने भारतीय प्रतिनिधि के रूप में शिरकत की। इस गोष्ठी में अज्ञेय ने जो परचा पढ़ा, उसमें यह विचार व्यक्त किया कि अंग्रेजी में लिखित भारतीय साहित्य केवल इस अर्थ में भारतीय है कि वह भारतीय द्वारा लिखा गया है, अन्यथा वह किसी भी रूप में भारतीय आकांक्षा की पूर्ति नहीं करता।

1968 में अज्ञेय 'दिनमान' से एक साल की छुट्टी लेकर पुनः कैलिफोर्निया विश्वविद्यालय, बर्कले के रेटॉरिक विभाग में 'रिजेन्ट प्रोफेसर' होकर चले गये। वहाँ उन्होंने 'कविता की श्रव्य परम्परा' विषय पर चार सार्वजनिक भाषण दिये और दो सार्वजनिक वाचन किये। इन कार्यक्रमों के बाद रेटॉरिक विभाग ने उनका कार्यकाल एक और वर्ष के लिए बढ़ा दिया और अज्ञेय ने इस अनुरोध को स्वीकार कर 'दिनमान' से त्यागपत्र दे दिया।[45] विद्यानिवास मिश्र के अनुसार उन्होंने एक वर्ष तक 'अन्तर सांस्कृतिक सम्प्रेषण' (कविता में) और 'आधुनिक उपन्यास' आदि विषयों का अध्यापन किया।[46]

जब अज्ञेय अमेरिका में ही थे, तभी उनके मित्र और प्रशंसक प्रो. जॉन जोधपुर विश्वविद्यालय के कुलपति नियुक्त हुए और उन्होंने अज्ञेय को हिन्दी विभाग के

अध्यक्ष पद पर आने का निमन्त्रण दिया, जिसे उन्होंने यह कह कर टाल देना चाहा कि यदि विश्वविद्यालय में तुलनात्मक अध्ययन जैसा कोई विषय होता तो वे उसमें अध्यापन करना पसन्द करते। फिर तो प्रो. जॉन ने तुलनात्मक साहित्य विभाग की विधिवत् स्थापना करा दी और उसकी अध्यक्षता के लिए पुनः अज्ञेय को निमन्त्रित किया। अज्ञेय ने यह अनुरोध स्वीकार कर लिया और 1971 में कार्यभार ग्रहण कर लिया। पर विभागीय परिस्थितियों और प्रो. जॉन के चले जाने के कारण अज्ञेय का वहाँ सार्थक रूप में बने रहना असम्भव हो गया। 1972 में उन्होंने इस पद से त्यागपत्र दे दिया। 1972 के अन्तिम दिनों में उन्होंने जयप्रकाश नारायण के आग्रह पर दिल्ली से प्रस्तावित 'एवरीमैन्स' के सम्पादन-संगठन का दायित्व स्वीकार कर लिया और 1973 का पूरा वर्ष उन्होंने इस काम में लगाया। पर जब दिसम्बर, 1973 में इसे 'इंडियन एक्सप्रेस' को सौंप देने का प्रस्ताव आया तो अज्ञेय उससे अलग हो गये।

अज्ञेय जब अमेरिका में ही थे, तो उनके जीवन में एक दूसरा चमत्कारी प्रसंग घटित हो गया। रामकमल राय के अनुसार 1968 के आसपास, जब वे दूसरी बार कैलिफोर्निया विश्वविद्यालय के अध्यापन-कार्य के सिलसिले में गये, उनके दाम्पत्य जीवन में कुछ खटास पैदा हो गयी थी। उनके अनुसार, "किसी पर कोई आरोप नहीं लगाता था, किन्तु मन में शिकायतें तह-ब-तह जमा होने लगी थीं।"[48] अज्ञेय भी, पहले, एक वर्ष के लिए विदेश गये थे, पर एक वर्ष और रहने का निमन्त्रण पाकर लौटे नहीं। रामकमल राय के अनुमानानुसार "कपिला जी के मन का संशय, उनके भीतर का पत्नीत्व का दर्प, विद्या एवं पद की सचेतनता—ये सब अज्ञेय के लिए निरन्तर क्लेशकारी अनुभव बनते चले गये होंगे। परन्तु इससे भी बड़ी वेदना उनके भीतर फिर से अकेले पड़ जाने की रही होगी।"[48]

इसी दौरान प्रसिद्ध उद्योगपति रामकृष्ण डालमिया की पुत्री इला डालमिया अज्ञेय के सम्पर्क में आयी। दिल्ली में ही "कैशौर्य-सुलभ उत्साह में कभी-कभी वे अज्ञेय जी से अपनी कहानियाँ या रचनाओं पर विचार-विमर्श के लिए उनके पास जाती रहीं। तब न अज्ञेय को, और न कपिला जी को यह भान रहा होगा कि आगे के सम्बन्धों की एक नयी कहानी बनने जा रही है। अज्ञेय जी अमेरिका में थे, उसी समय इला जी वहाँ चिकित्सा के उद्देश्य से गयीं। दोनों कहीं-न-कहीं गहरी टूटन के शिकार थे। अज्ञेय और कपिला जी के सम्बन्धों में बहुत दरार पड़ चुकी थी। ...इन्हीं मानसिक अवसाद के क्षणों में अज्ञेय जी और इला जी की मुलाकातें होती रहीं।...दोनों में एक गहरी मानसिक तड़प थी जो उन्हें पास ला रही थी।"[49] यद्यपि दोनों के वय में तीस वर्ष का अन्तराल था, पर इला किसी अज्ञात दुर्दम्य आकर्षण में दिनोदिन उनके निकट और निकटतर आती गयी। इस बार जब अज्ञेय अमेरिका से दिल्ली लौटे तो उन्होंने इसकी सूचना भी किसी को न दी और अपने घर, यानी

कपिला जी के घर, न जाकर, रामकमल राय के अनुसार, पहले कुछ दिन अपने मित्र श्रीपत राय के निवास-स्थान पर रहे और फिर दूसरा घर किराये पर ले लिया। इला जी अज्ञेय के साथ रहने लगी थीं; गृहिणी, सचिव और सखी के रूप में। इला जी अज्ञेय की समग्र गतिविधियों में उनके साथ चलने का प्रयास करती थीं। इसी क्रम में उन्होंने 'प्रतीक' को पुनरुज्जीवित करने के लिए 'नया प्रतीक' निकालना आरम्भ किया। उसके सम्पादकों में अज्ञेय के अतिरिक्त कुँवर नारायण, रमेशचन्द्र शाह, विद्यानिवास मिश्र, प्रफुल्लचन्द्र ओझा मुक्त आदि थे। पर 'नया प्रतीक' के प्रबन्धन में इला जी का मुख्य हाथ था। 'नया प्रतीक' दिसम्बर, 1972 से 1978 के अन्त तक चला था।

रामकमल राय के अनुसार 1974 से 1977 तक का समय अज्ञेय के लिए 'आत्यन्तिक अकेलेपन' का कालखंड रहा। इसका कारण मुख्यतः जून, 1975 में लागू आपातकालीन स्थिति थी। चारों तरफ आतंक का माहौल छाया हुआ था। जिनके साथ अज्ञेय का लिखना-पढ़ना चलता था, वे भी उनसे कटने लगे थे। उस दौर में इला जी भी प्रायः अनुपस्थित रहती थीं और अज्ञेय एक निपट अवसाद में डूबे हुए थे।[50] इसी मानसिकता में उन्होंने एक माह श्रीकृष्ण प्रेम आश्रम, उत्तर वृन्दावन (अल्मोड़ा के निकट) में व्यतीत किया। उसके कुछ महीने बाद, लोठार लुत्से के आग्रह पर, 1976 में, वे छह माह के लिए हाइडेलबर्ग विश्वविद्यालय में विजिटिंग प्रोफेसर होकर गये। बाद में दो महीने और वहाँ रहे। लौटते समय एक महीना ग्रीस में भी रहे। जब अज्ञेय भारत लौटे तब तक आपात् स्थिति समाप्त हो चुकी थी। रामकमल राय के अनुसार, "उनके चिन्तन और संवेदन में एक प्रकार की प्रशान्तता आ चुकी थी।"[51]

उसी समय दो ऐसी बातें हुईं, जिनसे अज्ञेय की क्रियाशीलता को एक नया उन्मेष प्राप्त हुआ। एक : 1978 में उनके काव्य-संग्रह *कितनी नावों में कितनी बार* पर ज्ञानपीठ पुरस्कार की घोषणा और दो : 'नवभारत टाइम्स' के सम्पादन का दायित्व सँभालने का अनुरोध। 'नवभारत टाइम्स' का सम्पादन अज्ञेय के लिए एक बहुआयामी अनुभव सिद्ध हुआ। इस चुनौती को अज्ञेय ने स्वीकार किया। उन्होंने थोड़े ही समय में 'नवभारत टाइम्स' को हिन्दी का अग्रणी दैनिक पत्र बना दिया। पर कई ऐसे कारण हुए जिनसे अंग्रेजी 'टाइम्स ऑफ इण्डिया' से उनकी ठन गयी। दो वर्ष बाद स्वाभाविक रूप से अज्ञेय का कार्यकाल समाप्त हो गया और वे उससे अलग हो गये।

1979 में ज्ञानपीठ पुरस्कार प्राप्त होने पर अज्ञेय ने पुरस्कार-राशि एक लाख रुपये में अपनी तरफ से भी उतनी ही राशि मिलाकर साहित्यिक और सांस्कृतिक गतिविधियों को चलाने के लिए एक ट्रस्ट का निर्माण किया, जिसका नाम 'वत्सल निधि' रखा गया। इला जी अज्ञेय को घर में 'वत्सल' नाम से ही सम्बोधित करती थीं इसलिए इस

नाम की सार्थकता है। जब से यह योजना कार्यान्वित हुई इला जी इसकी सूत्रधार रहीं। चाहे शिविरों का आयोजन हो या सांस्कृतिक यात्राओं अथवा व्याख्यान-मालाओं का आयोजन इला जी अपने को निरन्तर इन कामों में व्यस्त रखती थीं।

28 अगस्त, 1983 को अज्ञेय युगोस्लाविया के प्रसिद्ध अन्तरराष्ट्रीय पुरस्कार 'स्वर्णमाल' से सम्मानित किये गये। उनके पहले यह पुरस्कार अमेरिका के डब्ल्यू. एच. ओडन, इटली के युजीनियो मोंताले, चिली के पाब्लो नेरूदा, सेनेगल के लियोपोल्ड-से-होर, फ्रांस के यूजीं ग्लिलेविच, स्वीडन के लुंडक्विस्ट, जर्मनी के ऐन्त्सेन्सबर्गर, स्पेन के अलबेर्ती, रूमानिया के निकिता स्तोनेक जैसे प्रसिद्ध कवियों को प्राप्त हो चुका था। भारत के किसी कवि को यह पुरस्कार पहली बार मिला। इस पुरस्कार ने अज्ञेय को भारत के ही नहीं, बल्कि विश्व के बड़े कवियों की पंक्ति में ला खड़ा किया।

3 अप्रैल, 1987 तक अज्ञेय इला जी के साथ 'वत्सल निधि' के तत्त्वावधान में साहित्य-सृजन तथा साहित्य-शिविरों, सांस्कृतिक यात्राओं, व्याख्यान-मालाओं आदि के आयोजन में सक्रिय रहे। 1986 में उनकी सम्पूर्ण कविताओं का उन्हीं के द्वारा सुसम्पादित संस्करण *सदानीरा* (दो खंड) तथा अन्तिम कविता-संग्रह *ऐसा कोई घर देखा है आपने* प्रकाशित हुए। इला जी के अनुसार 1987 की ही गर्मियों में वे अपने दो अधूरे उपन्यास *छाया मेखल* और *बीनू भगत* पूरा करने वाले थे। 3 अप्रैल को कैवेन्टर्स ईस्ट (कैवेन्टर लेन, नयी दिल्ली) वाले बँगले में उनका वृक्ष पर टँगा 'नीड़' तैयार हो गया था। पर अगले ही दिन उसमें वास करने वाला पंछी सबको आश्चर्यचकित करता हुआ उड़ गया। 4 अप्रैल, 1987 को ही हृदयगति रुक जाने से अज्ञेय का निधन हो गया। कुछ दिन बाद इला डालमिया ने किसी कोइराला से विवाह कर लिया और अब तो उनका भी निधन हो गया है। अज्ञेय की औपचारिक पत्नी कपिला वात्स्यायन अभी भी उनकी उपाधि 'वात्स्यायन' के साथ विद्यमान हैं।

अज्ञेय का व्यक्तित्व औसत आदमी की तुलना में बहुत ज्यादा व्यापक, जटिल और रहस्यपूर्ण रहा है। ज्ञात तथ्यों की दृष्टि से भी देखें तो उनके जीवन में चौंकाने वाली घटनाओं का अम्बार लगा दीखता है। प्रेमचन्द की तरह उनका जीवन सपाट मैदान की तरह नहीं था। जन्म से लेकर मृत्यु तक उनके जीवन में असाधारण प्रसंगों का मेला लगा दीखता है। उनका जन्म एक निचाट देहात के शिविर में हुआ, जहाँ पुरातत्त्व विभाग की खुदाई चल रही थी; माता-पिता पंजाबी थे, पर शैशव उर्दू के गढ़ समझे जाने वाले लखनऊ में विकसित हुआ; प्रारम्भिक बालपन कश्मीर में और उत्तरवर्ती बालपन पटना में बीता; वयःसन्धि ऊटकमंड में और किशोरावस्था मद्रास के अनुभवों से गुजरी; युवावस्था के आरम्भ होते ही वे क्रान्तिकारी आन्दोलन में शरीक हो गये; मात्र उन्नीस वर्ष की उम्र में वे पकड़े गये और लगातार चार वर्ष विभिन्न जेलों में अमानवीय यातनाएँ सहीं, फिर लगभग दो वर्ष नजरबन्दी में बिताए; उसके

बाद लगभग छह वर्ष भटकाव के दिन रहे; इसी बीच धोखे से हुए प्रथम विवाह और तलाकवाली त्रासद घटना घटी; 32 वर्ष की अवस्था में वे युद्ध में भरती हो गये और 35 वर्ष की अवस्था में पुनः एक चुनौती भरी जिन्दगी का वरण किया; लगभग 36 वर्ष की अवस्था में प्रेम के प्रकरण का आरम्भ हुआ, जो 1956 में 45 वर्ष की उम्र में विवाह में परिणत हुआ; 1964 तक उनका दाम्पत्य जीवन प्रीतिकर रूप में व्यतीत हुआ, पर उसके बाद उसमें भी दरारें पड़ गयीं; इस बीच लगभग उनका आधा समय अकेले विदेश में व्यतीत हुआ; पुनः दो वर्ष की विदेश-यात्रा और भारत लौटने पर पत्नी से अनौपचारिक विच्छेद; उसके बाद मृत्युपर्यन्त इला डालमिया के साथ बिना विवाह की औपचारिकता पूरी किये गृहिणी, सखी, सहचरी और सचिव के रूप में सह-वास; और 1987 में हृदयाघात से निधन—मृत्यु से ठीक पहले वृक्ष पर नीड़ का निर्माण; और इस जीवन की इन सारी हलचलों के बीच अपने लगभग पचपन वर्षों के सक्रिय साहित्यिक-संस्कृतिक जीवन में तीन उपन्यासों, दर्जनों कहानियों, सैकड़ों कविताओं, ललित निबन्धों, संस्मरणों, यात्रा-निबन्धों, आलोचनात्मक लेखों, आत्मवृत्त, चिन्तनपरक टिप्पणियों और लेखों आदि का लेखन; युगान्तकारी कविता-संकलनों का सम्पादन; देश-विदेश के विश्वविद्यालयों और साहित्यिक मंचों पर व्याख्यान; हिन्दी और अँग्रेजी के पत्रों का सम्पादन और स्वयं भी 'प्रतीक' जैसी साहित्यिक पत्रिका का सम्पादन-संचालन; और सबसे उल्लेखनीय बात यह कि सभी क्षेत्रों में शीर्षस्थानीय उपलब्धि! भारत में साहित्य अकादमी और भारतीय ज्ञानपीठ जैसे पुरस्कारों और युगोस्लाविया के 'स्वर्णमाल' जैसे अलंकरणों से सम्मानित होना; यह मामूली उपलब्धि नहीं है।

1940 तक अज्ञेय हिन्दी साहित्य में अपनी प्रतिभा का सिक्का जमा चुके थे। विशेषकर कहानी और उपन्यास के क्षेत्र में उनकी अमिट पहचान बन चुकी थी। 1938 में उनके कहानी-संग्रह *विपथगा* का और 1940 में *शेखर : एक जीवनी* का प्रकाशन हो चुका था। 'सैनिक' और 'विशाल भारत' के सम्पादन तथा मेरठ के किसान आन्दोलन के दौरान हिन्दी के प्रमुख 'प्रगतिवादी' लेखकों से उनका निकट परिचय भी स्थापित हो चुका था। 1942 के अखिल भारतीय फासिस्ट-विरोधी सम्मेलन में भी प्रगतिवादी लेखकों से उनका सहभाव बना हुआ था। 1943 में जब उन्होंने 'तार सप्तक' का सम्पादन किया, तो उसमें भी मार्क्सवाद से प्रभावित कवियों का सहयोग उन्हें प्राप्त हुआ। पर इसी समय प्रगतिवादियों से उनका मोहभंग आरम्भ हो गया। प्रगतिवादी बलराज साहनी की तथाकथित धोखाधड़ी, फासिस्ट—विरोधी सम्मेलन में प्रगतिवादियों की भूमिका और 'तार सप्तक' के प्रगतिवादी कवियों के परवर्ती व्यवहार ने उनके मन में गाँठ पैदा कर दी। लगता है, तभी उन्होंने अपनी नियति पश्चिमी संसार के साथ जोड़ ली। ब्रिटिश सेना में भरती होने का एक कारण यह भी हो सकता है।

युद्ध-सेवा से मुक्त होने के बाद अज्ञेय का साहित्यिक जीवन 1947 में प्रयाग से शुरू हुआ। रामकमल राय के अनुसार वैचारिक आधार के रूप में अज्ञेय ने अपने को एम. एन. राय के 'रेडिकल ह्यूमनिज्म' के अधिक निकट पाया। जवाहरलाल नेहरू के विचारों से वे पहले से ही प्रभावित थे। इसी दौर में उनका परिचय बालकृष्ण शर्मा 'नवीन', डॉ. अहमद और डॉ. अशरफ से हुआ। ये सभी नेहरू के अनुयायियों और प्रशंसकों में से थे।[52] 1947 में वे मेरठ और बनारस होते हुए अमृत राय के साथ प्रयाग पहुँचे और एक योजना के साथ अपने साहित्यिक जीवन की शुरुआत की। उस समय प्रयाग हिन्दी साहित्य के केन्द्र के रूप में प्रतिष्ठित था। निराला, पन्त और महादेवी के अतिरिक्त हिन्दी के वरिष्ठ लेखकों में इलाचन्द्र जोशी और हरिवंशराय बच्चन भी प्रयागवासी थे। बालकृष्ण राव, लक्ष्मीकान्त वर्मा, विपिन अग्रवाल, केशव चन्द्र वर्मा आदि अनेक कवि-लेखक भी प्रयाग में थे। नये उभरते युवा और युवतर लेखकों में धर्मवीर भारती, विजयदेव नारायण साही, जगदीश गुप्त, सर्वेश्वर दयाल सक्सेना, शमशेर बहादुर सिंह, मलयज, मार्कण्डेय, रघुवंश, रामस्वरूप चतुर्वेदी आदि अज्ञेय के विशेष निकट थे। 'प्रतीक' का प्रकाशन आरम्भ हुआ। भारतभूषण अग्रवाल और नेमिचन्द्र जैन भी उनके साथ आ गये। उसके सम्पादकों में दो, अमृत राय और नेमिचन्द्र जैन, 'प्रगतिवादी' थे। पर 'प्रतिक' के तीसरे अंक से ही नेमिचन्द्र जैन 'प्रतीक' से अलग हो गये। साम्यवादी लेखकों ने अज्ञेय को, जो 1938-43 की अवधि में उनके साथ थे, अपनी पाँत से अलग कर दिया। रामकमल राय के अनुसार "प्रगतिशील लेखक-संघ के अधिवेशन में बाकायदा प्रस्ताव पारित हुआ कि वात्स्यायन हमारे शत्रु नं.-1 हैं तथा ज़ल्द से जल्द उन्हें साहित्यिक जगत् में नेस्तनाबूद कर देना है। भारतभूषण अग्रवाल ने बाद में वात्स्यायन से स्वीकार किया कि वे और नेमिचन्द्र जैन तो 'प्रतीक' में इसी उद्देश्य से आये थे कि उसे भीतर से कमजोर करना है।"[53] यह बात कितनी सच है, यह तो प्रामाणिक रूप से नहीं कहा जा सकता, पर अज्ञेय के साहित्यिक जीवन के निर्माण में इसका भी कम हाथ नहीं है।

प्रयाग-प्रवास के दौरान अज्ञेय ने *शरणार्थी* में प्रकाशित लगभग एक दर्जन कहानियों के अतिरिक्त 'हरी घास पर क्षण भर' की कविताएँ लिखीं। 1950-60 की अवधि में *बावरा अहेरी, इन्द्रधनु रौंदे हुए ये, अरी ओ करुणा प्रभामय* आदि मौलिक कविता-संग्रह, *दूसरा सप्तक, तीसरा सप्तक, रूपाम्बरा* आदि युगान्तरकारी और उल्लेखनीय सम्पादित कविता-संकलन, *नदी के द्वीप, जयदोल, अरे यायावर रहेगा याद, आत्मनेपद* जैसे उपन्यास, कहानी-संग्रह, यात्रा-संस्मरण, और आत्मवृत्त प्रकाशित हुए। 1961-70 के दशक में *आँगन के पार द्वार, पूर्वा, सुनहले शैवाल, कितनी नावों में कितनी बार, क्योंकि मैं उसे जानता हूँ* और *सागरमुद्रा* जैसे कविता-संग्रह तथा *उत्तर प्रियदर्शी* नामक नाटक प्रकाशित हुआ। 1971-80 के दशक में *पहले मैं*

सन्नाटा बुनता हूँ और *महावृक्ष के नीचे* शीर्षक कविता-संकलन तथा *सर्जना के क्षण आलबाल, भवन्ती, अन्तरा, अद्यतन, जोग लिखी, स्रोत और सेतु, शाश्वती* जैसे यात्रा-निबन्ध और प्रतिक्रियाएँ प्रकाशित हुईं। जीवन के अन्तिम दशक में, वत्सल निधि के कार्यक्रमों में व्यस्त रहने के बावजूद, अज्ञेय की सर्जनात्मकता धीमी नहीं हुई थी। इस अवधि में *नदी की बाँक पर छाया* और *ऐसा कोई घर आपने देखा है* नामक कविता-संग्रह तथा *कहाँ है द्वारका* शीर्षक निबन्ध-संग्रह प्रकाशित हुए। यह सर्जनात्मकता का ऐसा मानदंड है, जिसके सामने हिन्दी के समकालीन तमाम लेखक छोटे पड़ जाते हैं। 1940-1986 के काल में अज्ञेय हिन्दी के सर्वाधिक महत्त्वपूर्ण लेखक के रूप में सूर्य की तरह चमकते रहे, इस प्रायः सभी विवेकशील व्यक्ति स्वीकार करते हैं।

अज्ञेय उस किस्म के आदमी नहीं थे, जिन्हें सामान्यतः 'जिन्दादिल' कहते हैं। कम-से-कम उनकी जिन्दादिली समूह या मजमे में तो नहीं ही प्रकट होती थी। पर इस आधार पर अज्ञेय को मनहूस, दम्भी या आत्मलीन आदि मान लेना ठीक नहीं है। सामाजिकता दो तरह की होती है : एक, जो वाणी की प्रगल्भता, बाहरी प्रदर्शन और दिखाओं में व्यक्त होती है और दो, जो अमुखर, गम्भीर, सच्ची और मानवीय होती है; जो वाणी की प्रगल्भता में नहीं, व्यक्ति के मानवीय व्यवहार और संकेतों में प्रकट होती है। अज्ञेय की सामाजिकता दूसरी कोटि की थी। वे ज्यादा नहीं बोलते थे, प्रदर्शन नहीं करते थे, पर अपने व्यवहार में वे किसी भी दृष्टि से कम संवेदनशील, कम मानवीय और कम सामाजिक नहीं थे। प्रस्तुत पंक्तियों के लेखक को अज्ञेय के निकट सम्पर्क के अधिक अवसर तो नहीं मिले थे, पर उनसे मिलने या देखने-सुनने के जो भी अवसर मिले थे, उनसे उनकी असामाजिकता या 'मनहूसियत' प्रमाणित नहीं होती। इस सम्बन्ध में अज्ञेय ने एक स्थान पर थोड़ी सफाई भी दी है, जिसे उद्धृत करना असंगत न होगा :

"...हाँ, जब मैं काम करता हूँ तो एकाग्र होकर काम करता हूँ, हर दस मिनट पर पान-सिगरेट के लिए अवकाश निकालना, या टालकर दूसरे लोगों को काम से हटाकर उनसे गप्प लड़ाना—इसकी मुझे आवश्यकता भी नहीं महसूस होती और मैं इसे बुरी आदत भी समझता हूँ क्योंकि यह कार्यक्षमता को क्रमशः क्षीण करती जाती है। इतने से ही कुछ लोग नाराज हो जाते हैं कि मुझे मनहूस, दुर्विनीत आदि ठहरा देते हैं।"[54]

"...मुझे जो शिक्षा-दीक्षा मिली, उसमें सन्तुलन को—जीवन, कर्म और भावाभिव्यक्ति के सहज संयम को—विशेष महत्त्व दिया जाता रहा। और परिस्थितियों ने एकान्त इतना अधिक दिया कि एक आत्मनिर्भरता अभ्यास नहीं, चरित्र का अंग बन गयी, चिन्तन और अनुभूति कम नहीं हुई, पर कोई अनुभूति तत्काल दूसरों पर प्रकट हो ही जानी चाहिए, या चेहरे पर झलक आनी चाहिए, सामाजिकता की ऐसी

कोई परिभाषा भी सीखने को न मिली। अब, जब उतना एकान्त नहीं है, तब भी उस संस्कार की छाप तो है ही। लोग मुझे अच्छे लगते हैं; पर भीड़ें नहीं, उतने ही जितनों से एक साथ निजी सम्पर्क हो सके, जितनों से सभी मुक्त भाव से अपने को अभिव्यक्ति दे सकें और एक की अभिव्यक्ति दूसरे की बाधा न बने। समाज में जीवी बनकर आऊँ या रहूँ, यह मुझे ठीक लगता है, अभिनेता बनकर रहूँ, यह गलत।...अपने थोड़े से बन्धुओं से मुझे यथेष्ट सामाजिक तृप्ति मिल जाती है और बाकी बहुत-सी खुराफात से बचकर मैं दत्तचित्त होकर अपना काम कर सकता हूँ।"[55]

अज्ञेय खुद को अपनी नजर से देखते हुए एक स्थान पर लिखते हैं :

"अज्ञेय बड़ा संकोची और समाजभीरु है। समाजभीरु तो इतना है कि कभी-कभी दूकान में कुछ चीजें खरीदने के लिए घुसकर भी उल्टे पाँव लौट आता है क्योंकि खरीदारी के लिए दूकानदार से बातें करनी पड़ेंगी। लेकिन एक दूसरा पक्ष भी है जिसके मूल में निजीपन की तीव्र भावना है, वह जिसे अंग्रेजी में सेन्स ऑफ प्राइवेसी कहते हैं। किन चीजों को अपने तक, या अपनों तक सीमित रखना चाहिए, इसके बारे में अज्ञेय की बड़ी स्पष्ट और दृढ़ धारणाएँ हैं। एक सीमा है जिसके आगे अस्पृश्य रहना ही पसन्द करता है। जैसे कि एक सीमा से आगे वह दूसरों के जीवन में प्रवेश या हस्तक्षेप नहीं करता है। इस तरह का अधिकार वह बहुत थोड़े लोगों से चाहता है और बहुत थोड़े लोगों को देता है। जिन्हें देता है उन्हें अबाध रूप से देता है, जिनसे चाहता है, उनसे उतने ही निर्बाध भाव से चाहता है।...इससे गलतफहमी जरूर होती है। बहुत से लोग नाराज भी हो जाते हैं। कुछ को इसमें मनहूसियत की झलक मिलती है, कुछ अहम्मन्यता पाते हैं, कुछ आभिजात्य का दर्प, कुछ और कुछ। कुछ की समझ में यह निरा आडम्बर है और भीतर के शून्य को छिपाता है जैसे प्याज के छिलके पर छिलका। मैं साक्षी हूँ कि अज्ञेय को इन सब प्रतिक्रियाओं से अत्यन्त क्लेश होता है।"[56]

इसके बाद भी यदि अज्ञेय की यह चारित्रिक विशेषता किसी को समझ में नहीं आती, तो इसका कोई जवाब नहीं है।

प्रकृति-प्रेम अज्ञेय के व्यक्तित्व की अन्यतम विशेषता थी। वे समुद्र और पर्वत दोनों के, समान रूप से, प्रेमी थे और दोनों यदि एक साथ मिल जाएँ तो क्या कहना! स्वयं उन्हीं के शब्दों में :

"समुद्र मुझे अच्छा लगता है, बहुत अच्छा लगता है। पहाड़ भी मुझे अच्छे लगते हैं। जब कभी फुर्सत में कहीं बसने के दिवास्वप्न देखता हूँ, तो सोचता हूँ, पहाड़ पर ही रहूँगा। जी चाहता है, और जिसके लिए उद्यम भी करता रहा हूँ, चाहे अभी तक सफल नहीं हुआ, वह है, पहाड़ की तलहटी में कहीं रह पाना जहाँ बहते पानी का स्वर सुनाई पड़ता रहे, चाहे छोटे झरने का ही।..."

समुद्र मुझे अच्छा लगता है—बहुत अच्छा। रहना पहाड़ की तलहटी में ही

चाहूँगा झरने के पास पर समुद्र की पुकार जरूर सुनाई पड़ेगी और लगता है कि उसकी उपेक्षा नहीं कर पाऊँगा। नहीं, सागर, नहीं, मैं आऊँगा तुम्हारे पास, फिर आऊँगा, फिर फिर आऊँगा।"[57]

अज्ञेय यों तो एक संवेदनशील और सजग लेखक थे, पर शारीरिक कर्म से उन्हें गहरा लगाव था। उन्होंने लिखा है :

"मैं जानता हूँ कि मैं साधारण हिन्दी या भारतीय लेखक से अधिक परिश्रम करता हूँ ; अधिक समय पढ़ने-लिखने में बिताता हूँ, अधिक समय आत्म-प्रशिक्षण में जिसमें केवल मन का प्रशिक्षण नहीं, ज्ञानेन्द्रियों और हाथों का प्रशिक्षण भी शामिल है। मैं कपड़े सी लेता हूँ, जूते गाँठ लेता हूँ, फर्नीचर जोड़ लेता हूँ, मिठाई पक्वान्न बना लेता हूँ, जिल्दबन्दी कर लेता हूँ, पंखे, साइकिल, मोटर, बिजली के छोटे-मोटे यन्त्र—इनकी सफाई और थोड़ी-बहुत मरम्मत कर लेता हूँ...चाभियाँ खो जाएँ तो ताले खोल दे सकता हूँ, सूत कात लेता हूँ, काठ के ठप्पे खोद कर कपड़े छाप लेता हूँ, साँचे तैयार कर मूर्तियाँ बना लेता हूँ, प्रूफ देख लेता हूँ, कम्पोज कर लेता हूँ, प्रेस की मशीन चला लेता हूँ। फोटो खींचता हूँ, फिल्म और प्रिन्ट डेवलप कर लेता हूँ, हाथ से रंग लेता हूँ। घर की पुताई कर लेता हूँ, सीमेन्ट के गमले बना लेता हूँ। फूलों और तरकारी की खेती कर लेता हूँ, फावड़ा, कुल्हाड़ी, गैंती चला लेता हूँ, निराई कर लेता हूँ। बन्दूक-पिस्तौल चला लेता हूँ। तैर लेता हूँ, दौड़ लेता हूँ, पहाड़ चढ़ लेता हूँ।...और इन सबमें केवल शौक रखता होऊँ ऐसा नहीं है, अधिकांश में से किसी के सहारे आजीविका भी कमा ले सकता हूँ।"[58]

यह सब अज्ञेय के व्यक्तित्व का शुक्ल पक्ष है। पर, उनके इस चकित कर देने वाले उज्ज्वल व्यक्तित्व में एक बड़ा-सा मैला दाग भी है। जिस आदमी ने किशोरावस्था में ही अपना जीवन देश की आजादी को सौंप दिया था, वह जेल के यातनापूर्ण समय को झेल लेने के बावजूद, लगभग छब्बीस-सत्ताईस की उम्र में देश के लिए मरने-मिटने के महान् लक्ष्य से विरत हो गया और ऐसे क्षुद्र झमेलों में पड़ गया जिसकी परिणति उसकी उस ब्रिटिश सेना में भरती होने में हुई, जो अमानवीय दमन का सहारा लेकर लगभग दो सौ वर्षों से भारत को दासता के बन्धनों में जकड़े हुई थी। (अज्ञेय ने अपने बचाव में जो तर्क दिये हैं, उनमें कोई दम नहीं है।) युद्ध की समाप्ति के बाद भी उसने जो जीवन-पद्धति अपनायी वह सुविधा वाली पद्धति ही थी, साधना वाली नहीं। द्वितीय विश्वयुद्ध के बाद सोवियत संघ और पश्चिमी देशों के बीच शीतयुद्ध का जो सिलसिला चला उसमें उसने पश्चिमी देशों का पल्ला पकड़ा और इससे उसे स्पष्ट लाभ भी मिले। भारत पर चीन के आक्रमण, जयप्रकाश नारायण द्वारा जारी किये गये तथाकथित 'सम्पूर्ण क्रान्ति' आन्दोलन, 'आपात् स्थिति' और उसके बाद हुए राजनीतिक परिवर्तनों के प्रति भी उसकी उदासीनता आश्चर्यजनक है। देश की सामान्य जीवनधारा से असम्पृक्त रहकर व्यक्ति—आश्रित

संवेदनाओं का काव्य-सम्प्रेषण कितना महत्त्वपूर्ण है, इसका निर्णय तो शायद समय ही करेगा, पर देश की अट्ठानबे प्रतिशत (स्वयं अज्ञेय की गणना के अनुसार और भी ज्यादा) औपनिवेशिक शासन और सामन्तवादी–पूँजीवादी शोषण से निर्जीव बनी हिन्दी-भाषी जनता को अज्ञेय की प्रतिभा और कवि-संवेदना से क्या मिला, यह सवाल तो एक अवसाद के साथ पूछा ही जाता रहेगा। हमें यह मानकर ही सन्तोष करना होगा कि अज्ञेय इतने महान् व्यक्तित्व के कवि नहीं थे कि देश की जनता उन्हें हमेशा-हमेशा के लिए याद रखती; हाँ, इसमें कोई सन्देह नहीं कि हिन्दी साहित्य के इतिहास में एक बड़े रचनाकार के रूप में उनका स्थान सुरक्षित रहेगा।

अज्ञेय के जीवनीकारों में विद्यानिवास मिश्र और रामकमल राय प्रमुख हैं। अन्य लोगों ने जहाँ-तहाँ टिप्पणियों और प्रतिक्रियाओं के रूप में ही थोड़ा-बहुत लिखा है। श्री मिश्र और श्री राय ने भी खुलकर बहुत-सी बातें नहीं लिखी हैं। चूँकि ये जीवनियाँ अज्ञेय के जीवन-काल में ही लिखी गयी थीं और अज्ञेय से इन दोनों ही लेखकों का आत्मीय और भावुकतापूर्ण सम्बन्ध था, अतः उनसे तटस्थता की उम्मीद एक सीमा तक ही की जा सकती थी। सन्तोष मलिक, कपिला मलिक और इला डालमिया के साथ अज्ञेय के प्रणय-सम्बन्धों के बारे में अनेक बातें छिपा ली गयी हैं। श्री मिश्र और राय का प्रयत्न अज्ञेय को गौरवान्वित करने या उनका बचाव करने का रहा है। सन्तोष मलिक और अज्ञेय के विवाह में बलराज साहनी एक खलनायक के रूप में सामने आते हैं। सम्भव है, यह सच भी हो। पर उसका दूसरा पक्ष भी तो होगा ही। कपिला मलिक और अज्ञेय के प्रणय-सम्बन्धों के परवर्ती विकास के सम्बन्ध में भी ये दोनों जीवनीकार 'युधिष्ठिर-सत्य' का सहारा लेते दिखाई देते हैं। रामकमल राय के अनुसार, "अज्ञेय और जैनेन्द्र के बीच भी पारिवारिक सम्बन्धों को लेकर कुछ ऐसी खाईं बनती चली गयी जो फिर अत्यन्त सहज ढंग से पट नहीं सकी।"[59] जिज्ञासा होती है कि अज्ञेय और जैनेन्द्र के बीच 'पारिवारिक सम्बन्ध' कैसा था। क्या इसका संकेत अज्ञेय के सन्तोष मलिक या कपिला मलिक से प्रणय-सम्बन्ध की ओर है? श्री राय के अनुसार, "अज्ञेय और पं. हजारीप्रसाद द्विवेदी के सम्बन्धों की प्रगाढ़ता में जो संकोच का तत्त्व बीच में आया था, उसका कारण सम्भवतः अज्ञेय और कपिला जी के सम्बन्धों का तनाव और पार्थक्य था।"[60] इससे स्पष्ट है कि कपिला जी का भी एक पक्ष होगा ही। इला डालमिया और अज्ञेय के 'सम्बन्ध' को लेकर भी बहुत सारे प्रश्न अनुत्तरित ही रह गये हैं। अज्ञेय के द्वितीय विश्वयुद्ध में ब्रिटिश सेना में भरती होने और अचानक पश्चिमी दुनिया का 'लाड़ला' हो जाने को लेकर भी हिन्दी पाठक के मन में अनेक सवाल उठते हैं। कहा जा सकता है कि रचनाकार के रूप में मूल्यांकन के लिए इन सवालों का कोई महत्त्व नहीं है। पर साहित्य का इतिहास लिखते समय ये सवाल उठेंगे ही।

अज्ञेय की रचनाएँ

(कोष्ठकों में प्रकाशन-काल दिये गये हैं।)

कविता-संग्रह

भग्नदूत (1933); चिन्ता (1942); इत्यलम् (1946); हरी घास पर क्षण भर (1949); बावरा अहेरी (1954); इन्द्रधनु रौंदे हुए ये (1957); अरी ओ करुणा प्रभामय (1959); आँगन के पार द्वार (1961); पूर्वा (1965); सुनहले शैवाल (1965); कितनी नावों में कितनी बार (1967); क्योंकि मैं उसे जानता हूँ (1970); सागरमुद्रा (1970); पहले मैं सन्नाटा बुनता हूँ (1974); महावृक्ष के नीचे (1977); सर्जना के क्षण (1979); नदी की बाँक पर छाया (1981); ऐसा कोई घर आपने देखा है (1986); सदानीरा (सम्पूर्ण कविताओं का संकलन, दो खण्ड; 1986); प्रिजन डेज एंड अदर पोएम्स (अंग्रेजी, 1946); सेलेक्टेड पोएम्स (अनुवाद, 1969); मोर पोएम्स (अनु., 1969); फर्स्ट पर्सन, सेकन्ड पर्सन (अनु., 1971); प्रवो लिचे द्रुंगो लिचे (अनु. 1971); साइन्स एंड साइलेन्स (अनु., 1976); स्टांड आर्टे (अनु., 1976)

सम्पादित कविता-संग्रह

तार सप्तक (प्र. सं. 1943, द्वितीय परिवर्द्धित संस्करण 1966); दूसरा सप्तक (1951); तीसरा सप्तक (1959); पुष्करिणी (1959); रूपाम्बरा (1960); चौथा सप्तक (1979)

उपन्यास

शेखर एक जीवनी, भाग-1 (1940); भाग-2 (1944); नदी के द्वीप (1951); अपने अपने अजनबी (1961); छाया मेखल (असमाप्त, 2000); बीनू भगत (असमाप्त, 2000); व्साक इमा स्वोयेगा तुइचा (अनु., 1969)

कहानी-संग्रह

विपथगा (1938); परम्परा (1944); कोठरी की बात (1945); शरणार्थी (1948); जयदोल (1951); अमरवल्लरी तथा अन्य कहानियाँ (1954); कड़ियाँ तथा अन्य कहानियाँ (1957); अछूते फूल तथा अन्य कहानियाँ (1960); ये तेरे प्रतिरूप(1961); जिज्ञासा तथा अन्य कहानियाँ (1965); अज्ञेय की सम्पूर्ण कहानियाँ : भाग-1 (छोड़ा हुआ रास्ता, 1975); अज्ञेय की सम्पूर्ण कहानियाँ : भाग-2 (लौटती पगडंडियाँ, 1975); मेरी प्रिय कहानियाँ (1975)

नाटक

उत्तर प्रियदर्शी (1967)

यात्रा-निबन्ध और प्रतिक्रियाएँ

अरे यायावर रहेगा याद (1953); एक बूँद सहसा उछली (1961)

ललित निबन्ध और अन्तःप्रतिक्रियाएँ

सब रंग और कुछ राग (प्र. सं. 1956, द्वि. परिवर्द्धित संस्करण 1970); आलबाल (1971); भवन्ती (1972); अन्तरा (1975); अद्यतन (1977); जोग लिखी (1977); स्रोत और सेतु (1978); शाश्वती (1979); कहाँ है द्वारका (1982)

आत्मवृत्त, साहित्य-चिन्तन तथा आलोचना

त्रिशंकु (1945); आत्मने पद (1960); हिन्दी साहित्य : एक आधुनिक परिदृश्य (1967); लिखि कागद कोरे (1972); संवत्सर (1978); अपरोक्ष (1979); व्यक्ति और व्यवस्था (1979); स्मृति लेखा (1982); धार और किनारे (1982); आत्मपरक (1983)

सन्दर्भ

1. यह जीवन-रेखा मुख्यतः विद्यानिवास मिश्र की भूमिका *हिन्दी के लोकप्रिय कवि : अज्ञेय* (राजपाल एण्ड संज, दिल्ली, 1971, पर आधारित है। बीच-बीच में छूटी हुई कड़ियो को मिलाने के लिए रामकमल राय की पुस्तक *शिखर से सागर* तक (नेशनल पब्लिशिंग हाउस, नयी दिल्ली, 1986) की सहायता ली गयी है। रामकमल राय के अनुसार अज्ञेय का गोत्र 'वसस्' (वत्स्य?) था।
2. उपरिवत्, पृ. 6
3. अज्ञेय, *आत्मनेपद,* 1960, पृ. 178
4. रामकमल राय, *शिखर से सागर तक,* नेशनल पब्लिशिंग हाउस, दिल्ली, 1986, पृ. 22
5. उपरिवत्, पृ. 22
6. अज्ञेय, *आत्मनेपद,* 1960, पृ. 21
7. उपरिवत्, पृ. 21
8. अज्ञेय, *आत्मनेपद,* पृ. 187-88
9. रामकमल राय, *शिखर से सागर तक,* नेशनल पब्लिशिंग हाउस, दिल्ली, 1986, पृ. 25
10. उपरिवत् (रामकल राय द्वारा प्रदत्त बहुत सारी सूचनाएँ उन्हें अज्ञेय से 'साक्षात्कार' के रूप में प्राप्त प्रतीत होती हैं। ये सूचनाएँ *शेखर : एक जीवनी* के प्रसंगों से भी मिलती-जुलती हैं।)
11. रामकमल राय के अनुसार यह तबादला 1922 में हुआ था, पर यह सूचना सही नहीं लगती।
12. विद्यानिवास मिश्र, *आज के लोकप्रिय हिन्दी कवि : अज्ञेय,* राजपाल एण्ड संज, दिल्ली, 1971, पृ. 6-7
13. उपरिवत्, पृ. 7
14. रामकमल राय, *शिखर से सागर तक,* नेशनल पब्लिशिंग हाउस, 1986, पृ. 27

15. अज्ञेय, *आत्मनेपद*, पृ. 22-23
16. उपरिवत्
17. रामकमल राय, *शिखर से सागर तक*, नेशनल पब्लिशिंग हाउस, दिल्ली, 1986, पृ. 35-38
18. उपरिवत्, पृ. 30
19. रामकमल राय, *शिखर से सागर तक*, पृ. 56 (रामकमल राय ने अपनी किताब में पृ. 56 पर लिखा है कि 'अमरवल्लरी' 'जागरण' में छपी थी, पर उसी किताब में पृ. 184 पर सूचित किया है कि वह 'विशाल भारत' में छपी थी।)
20. रामकमल राय, *शिखर से सागर* तक नेशनल पब्लिशिंग हाउस, दिल्ली, 1986, पृ. 53
21. रामकमल राय, *शिखर से सागर तक*, पृ. 57
22. यहाँ और स्वयं अज्ञेय के दिये गये विवरणों में किंचित् अन्तर दिखाई देता है, पर उसका कोई विशेष महत्त्व नहीं है।
23. *अज्ञेय की सम्पूर्ण कहानियाँ* : भाग-2, (*लौटती पगडंडियाँ*), पृ. 8
24. रामकमल राय, *शिखर से सागर तक*, पृ. 60
25. उपरिवत्
26. रामकमल राय के अनुसार अज्ञेय 1938 में कलकत्ता गये थे।
27. रामकमल राय, *शिखर से सागर तक*, पृ. 62
28. विद्यानिवास मिश्र के अनुसार उन्होंने 1942 में रेडियो की नौकरी छोड़ी। (*अज्ञेय*, राजपाल एण्ड संज, दिल्ली)
29. अज्ञेय, *आत्मनेपद*, कठघरे से
30. विद्यानिवास मिश्र, *आज के लोकप्रिय हिन्दी कवि : अज्ञेय*, राजपाल एण्ड संज, दिल्ली, पृ. 12
31. उपरिवत्, पृ. 12
32. रामकमल राय, *शिखर से सागर तक*, पृ. 75-76
33. रामकमल राय, *शिखर से सागर तक*, पृ. 74-75 : अज्ञेय ने लिखा है कि "...मैं युद्ध का समर्थक न था, न हूँ : पर यह तर्क मुझे ग्राह्य नहीं लगता था कि भारत क्योंकि पराधीन है इसलिए शत्रु से उसकी रक्षा हमारा काम नहीं है।...आज भी मैं नहीं मानता कि विगत महायुद्ध में यदि जापान की विजय हुई होती और भारत उसके हाथ चला गया होता तो हमारे लिए अच्छा हुआ होता या हमें इससे जल्दी या इससे अच्छी आजादी मिली होती—इसके बावजूद कि जो आजादी मिली वह अभी तक वैसी सम्पूर्णता नहीं पा सकी जैसी मैं चाहता हूँ।" (*लौटती पगडंडियाँ*, 1975, पृ. 10)
34. रामकमल राय, *शिखर से सागर तक, पृ. 83*
35. विद्यानिवास मिश्र, *आज के लोकप्रिय हिन्दी कवि : अज्ञेय*, भूमिका, पृ. 17
36. रामकमल राय, *शिखर से सागर तक*, पृ. 96-98
37. उपरिवत्, पृ. 97-98
38. रामकमल राय, *शिखर से सागर तक*, पृ. 100
39. उपरिवत्, पृ. 113

40. रामकमल राय, *शिखर से सागर तक,* पृ. 124-125
41. *आज के लोकप्रिय हिन्दी कवि : अज्ञेय,* पृ. 20
42. उपरिवत्
43. उपरिवत, पृ. 22-23
44. राम कमल राय ने नवम्बर, 1964 में अज्ञेय द्वारा 'दिनमान' का सम्पादन स्वीकार किये जाने की सूचना दी है। (*शिखर से सागर तक,* पृ. 134)
45. रामकमल राय उपरिवत्
46. *आज के लोकप्रिय हिन्दी कवि : अज्ञेय*
47. रामकमल राय, *शिखर से सागर तक,* पृ. 138
48. उपरिवत, पृ. 141
49. रामकमल राय, *शिखर से सागर तक,* पृ. 142
50. उपरिवत, पृ. 158
51. उपरिवत, पृ. 164
52. रामकमल राय, *शिखर से सागर तक,* पृ. 60
53. रामकमल राय, *शिखर से सागर तक,* पृ. 82
54. *आत्मनेपद,* पृ. 172
55. उपरिवत् पृ. 172-73
56. अज्ञेय, *लिखि कागद कोरे,* पृ. 24
57. अज्ञेय, *भवन्ती,* पृ. 109-111
58. अज्ञेय, *आत्मनेपद,* पृ. 174
59. उपरिवत् पृ. 193
60. उपरिवत्, पृ. 96

रचना परिवेश

रचनाकार के परिवेश की चर्चा अक्सर बहुत सरलीकृत रूप में की जाती रही है। शोध-प्रबन्धों और साहित्येतिहास ग्रन्थों में परिवेश या समसामयिक परिस्थिति सम्बन्धी एक अध्ययन जोड़ने की परिपाटी-सी है, चाहे उसका साहित्य से अनिवार्य सम्बन्ध हो, या न हो। इस निरर्थक परिपाटी से बचने के लिए जरूरी है कि 'परिवेश' का अर्थ समझा जाए और उसकी चर्चा रचनाकार के लेखन के सही सन्दर्भ में की जाए।

'परिवेश' का अर्थ है लेखक के चारों ओर फैला हुआ दिक् और काल जो उसकी समस्त जीवन-पद्धति को प्रभावित और कभी-कभी नियन्त्रित भी करता है। इतना ही नहीं, अतीत की समस्त उपलब्धियाँ, संस्कृति, मूल्य, परम्परा, इतिहास आदि तक इसके अन्तर्गत आ जाते हैं। केवल दिक् की ही बात लें तो आज का लेखक एक बहुत बड़े दिक् का दबाव झेल रहा है। विज्ञान ने दुनिया को बहुत छोटा बना दिया है। अब किसी लेखक पर प्राचीन काल की तरह एक छोटे जनपद या अधिक से अधिक राज्य या देश का प्रभाव नहीं पड़ता; अब तो सारी दुनिया, अन्तरिक्ष का एक अंश भी उसके परिवेश का अंग है, उसकी चेतना को प्रभावित करता है। दुनिया के किसी कोने में कोई घटना घटती है और रेडियो तथा अखबारों के द्वारा तुरन्त वह खबर चारों ओर फैल जाती है। अणु या उद्जन बम का भूमिगत विस्फोट होता है तो उसका कम्पन धरती के एक बड़े भूभाग तक महसूस किया जाता है। इसी प्रकार काल का वर्तमान क्षण ही हमारा परिवेश नहीं है, हमारा सारा अतीत, बल्कि हमारी सारी परम्परा हमारे वर्तमान पर छायी रहती है और इस प्रकार हमारे परिवेश का अंग बनती है।

अतः परिवेश केवल दिक् और काल ही नहीं, उसका बोध भी है। जैसा स्वयं अज्ञेय का भी कहना है, संसार और इससे भी आगे बढ़कर सारा ब्रह्मांड और उसके साथ जुड़ा अनन्त काल लेखक के चारों ओर होकर भी तब तक उसका परिवेश नहीं बनता जब तक वह उसकी चेतना को स्पर्श और आन्दोलित नहीं करता। आज भी बहुत से लोग हैं जो चैतन्य रूप से देश काल की अत्यन्त सीमित परिधि में जीते हैं और इस बात का दावा तो कोई कर ही नहीं सकता कि समस्त ब्रह्मांड और सारा अतीत उसका परिवेश बन चुका है। दिक् और काल का कितना अंश रचनाकार का

परिवेश बनता है यह उसकी संवेदन-क्षमता पर निर्भर है। इतना ही नहीं, देश और काल का सम्बन्ध, जो रचनाकार के परिवेश का निर्माण करता है, सतत परिवर्तनशील है। परिणामस्वरूप लेखक का परिवेश भी निरन्तर बदलता रहता है। इस सम्बन्ध में स्वयं अज्ञेय ने लिखा है :

"परिवेश मेरे लिए देशकाल का सतत परिवर्तनशील सम्बन्ध है–बल्कि उस सम्बन्ध का भी वह रूप है जो मेरी चेतना को छूता है। क्योंकि निस्सन्देह ऐसा भी बहुत कुछ हो रहा होगा–हो रहा है–जो मेरी चेतना से परे है; उसे मैं अपना परिवेश कहने का दम कैसे भरूँ? जब जहाँ वह मेरी चेतना को छुएगा, चाहे उसके बढ़ते हुए दबाव के कारण तब और वहाँ वह मेरा परिवेश हो जाएगा।[1]...आज की बड़ी दुनिया में मेरा परिवेश स्थितिशील नहीं है, वह सतत चलनशील है! सभी सम्बन्ध भी गतिशील हैं। उसका जो रूप मेरी चेतना को छूता है वह छूने-छूने में बदलता जाता है।...मेरा जो परिवेश है वह एक असन्तुलन से दूसरे असन्तुलन तक का है।"[2]

आधुनिक विज्ञान ने एक और काम किया है। उसने प्रकृति के भीतर छिपे रहस्यों का उद्घाटन करके हमारी दुनिया को और भी बड़ा कर दिया है। विज्ञान ने ज्ञान की परिधि का विस्तार करके लेखक के परिवेश को विस्तार दे दिया है। इतना ही नहीं, जैसा अज्ञेय ने लिखा है : "विकासवाद के सिद्धान्त ने जीव-जन्तुओं के विकास की बात से आरम्भ करके केवल प्राणियों को ही नहीं, हर चीज को सापेक्षता के एक क्रम में रख दिया है; जीव को, मन को, नैतिकता को, मूल्यों को, यथार्थ को। जो कुछ भी हमारे ज्ञान की पकड़ में आ रहा है या आता है सब बदल रहा है।"[3] इतना ही क्यों, लेखक खुद ही कालान्तर में अपना परिवेश बन जाता है। उसका अपना पहले का किया, सोचा, लिखा सब कुछ उसके वर्तमान परिवेश का अंग बन जाता है।

"आज का लेखक इस प्रकार अपने परिवेश से दबा है–अपने परिवेश के उस भाग से जो कि वह स्वयं है। और जितना ही अच्छा लेखक है उतना ही अधिक वह अपना परिवेश है।...यह नहीं कि अच्छा लेखक उस बन्धन को काट नहीं सकता; बल्कि एक तरह से यह उसकी प्रतिभा और उसके सामर्थ्य को ललकार है कि अपना परिवेश बन जाना स्वीकार न करके उसके बन्धन से मुक्त हो और उसे बदले।"[4]

इसके साथ ही अतीत के समस्त मूल्य जो नवीन मूल्यों से टकरा रहे हैं, पूर्व और पश्चिम की संस्कृतियों का संघर्ष, यह सब कुछ लेखक का परिवेश बन जाता है। अज्ञेय के अनुसार मूल्य भी परिवेश बन जाते हैं। अपने निजी परिवेश के सम्बन्ध में अज्ञेय लिखते हैं :

"...मैंने कहा कि मेरा परिवेश बहुत बड़ा है। यह बात आपेक्षिक रूप से भी सच है और आत्यन्तिक रूप से भी। मेरा परिवेश प्राचीन लेखक के परिवेश की तुलना में बहुत बड़ा और अपने आप में भी बहुत बड़ा है। उसमें एटमबम है और भूदान है; ई. ई. सी. है और नाटो है, पी. एल. 480 है और वियतनाम है, 'हिन्दी-चीनी

भाई-भाई' है और नाथू-ला है, कांचिका चेकला और तिम्मा रेड्डी हैं और लूनिक और यूरी गगारिन हैं, अफ्रो-एशियाई एकता और कांगो और अंगोला हैं, भारत का स्वाधीन राष्ट्र है और पीलू मोदी हैं, हाइपोथालामस ग्रन्थि है और शतदल पद्म है—सभी कुछ है। जो बहुत से लोगों के लिए 'था' हो गया है, वह भी है, जो बहुत से लोगों के लिए 'होगा' की कोटि का है वह भी है, और जो है वह भी तो है ही और निरन्तर फैलता जा रहा है जैसे कि यह विश्व ब्रह्मांड भी फैलता जा रहा है।...मेरा परिवेश जितना बड़ा है और बड़ा होता जाता है, उतना ही मैं छोटा और छोटा होता जाता हूँ, यह तो ठीक ही है। बल्कि इसे तो स्वयंसिद्ध मान लिया जा सकता है। पर सन्दर्भ के नाते वह जितना बड़ा है या होता जाता है, उतना मेरा संवेदन भी विस्तृत और गहरा होता जाता है, और उतना ही मेरा सम्प्रेषण भी विशालतर और गम्भीरतर होता जाता है।"[5]

परिवेश के इस व्यापक अर्थ और सन्दर्भ में अज्ञेय के परिवेश की सीमा-रेखा खींचना या उसे ठीक-ठीक निर्धारित करना कितना कठिन है, इसका अनुमान सहज है। परिवेश के इस व्यापक अर्थ को हम छोड़ भी दें तो 1911 (अज्ञेय के जन्म) से लेकर 1987 तक की विश्व की समस्त घटनाओं (निधन) का लेखा-जोखा प्रस्तुत करना असम्भवप्राय व्यापार है। अतः प्रथम तो हम केवल उनके भारतीय परिवेश की चर्चा करेंगे और दूसरे अपने को उनके परिवेश की, उनके कथा-साहित्य के सन्दर्भ में, चर्चा तक सीमित रखने की कोशिश करेंगे। अज्ञेय के अनुसार आलोचक को लेखक के चैतन्य परिवेश का पता उसके साहित्य से ही चल सकता है और अज्ञेय उपन्यासकार के अलावा कवि (प्रमुख रूप से), कहानीकार, ललित निबन्ध लेखक और नाटककार भी हैं। पर उतने विस्तार में जाना हमारा लक्ष्य नहीं। हम अज्ञेय की विचारधारा के चारों ओर घटने वाली प्रमुख घटनाओं का विवरण प्रस्तुत करके सन्तोष करेंगे।

अज्ञेय का जन्म एक शिविर में हुआ जहाँ पुरातत्त्व विषयक खुदाई का काम चल रहा था। इसका प्रभाव उनके व्यक्तित्व पर पड़ा या नहीं या किस मात्रा में पड़ा, इसका निर्धारण कठिन है। अज्ञेय का प्रारम्भिक शैशव, जो प्रभाव-ग्रहण की दृष्टि से बहुत ही संवेदनशील होता है, एक नगर, लखनऊ, में बिता। स्वाभाविक है कि नगर जीवन की छाया उनके मन पर पड़ी होगी। अज्ञेय के व्यक्तित्व में नागर संस्कार और मनोवृत्ति की प्रधानता का कारण उनका महानागरिक परिवेश हो सकता है। इसी अवधि में लखनऊ (1911-1915) में गोमती नदी में भयंकर बाढ़ आयी थी और अज्ञेय ने अपने पिता के साथ घूम-घूमकर बाढ़ पीड़ितों की भयानक दुरवस्था देखी थी और निश्चय ही उनके बाल मन पर इसकी छाया, मनुष्य मात्र के प्रति सहानुभूति के रूप में, पड़ी होगी। अज्ञेय जब तीन-चार वर्ष के थे तो 1914 में प्रथम विश्वयुद्ध छिड़ गया, जो 1918 तक चलता रहा। यद्यपि महायुद्ध भारत से दूर यूरोप में लड़ा जा रहा था पर अंग्रेजों का उपनिवेश होने के कारण भारत का धन और जनबल इस युद्ध में झोंका जा रहा था। स्वयं भारतीयों ने इस युद्ध में स्वेच्छा से हिस्सा लेकर अपनी

राजभक्ति का परिचय दिया था। कुल मिलाकर बारह लाख भारतीयों ने सैनिक रूप में इस युद्ध में भाग लिया जिनमें से एक लाख पचास हजार सैनिक मारे गये थे। लाखों सैनिक घायल और अपंग होकर वापस लौटे। इनमें पंजाब के निवासियों की संख्या स्वभावतः अधिक थी। उस समय के अखबार युद्ध के समाचारों और चित्रों से भरे रहते थे। युद्ध सामान्य बातचीत का विषय बन गया था। लोग अपने सम्बन्धियों और स्वजनों के लिए चिन्तित और आशंकित रहते थे। ठीक इसी अवधि में पाँच वर्षीय अज्ञेय, अपने माता-पिता के साथ कश्मीर में थे। उनके शिशु मन पर इसका प्रभाव अवश्य पड़ा होगा। 'शेखर : एक जीवनी' में इस प्रभाव के संकेत भी मिलते हैं।

1918 में युद्ध समाप्त हुआ। इसके साथ ही भारतीय जीवन पर इसके दुष्परिणाम दिखाई पड़ने लगे। खाद्य सामग्री की कमी पड़ गयी, कीमतों में तीखी वृद्धि हो गयी, बड़ी संख्या में सैनिकों के मारे जाने और अपंग हो जाने की वजह से अनेक परिवारों में, विशेषकर पंजाब में, उपार्जन करने वालों की संख्या कम हो गयी। इसी समय वर्षा न होने तथा इन्फ्लुएंजा के प्रकोप से स्थिति और भी गम्भीर हो गयी। कहा जाता है कि इस महामारी से लगभग 50-60 लाख लोगों की मृत्यु हुई। कुल जनसंख्या का दो-तिहाई अंश इस बीमारी का शिकार बना जिसके कारण कृषि और उद्योग को भारी क्षति पहुँची।[6] आठ वर्षीय बालक सच्चिदानन्द इस प्रभाव से भी सर्वथा अछूते नहीं रह सकते थे।

इस समय तक भारतीय स्वाधीनता संग्राम भी एक विशेष दौर में पहुँच चुका था। 1914 के पहले कांग्रेस में नर्ममार्गियों का बहुमत था और राष्ट्रवादी या आजादी की माँग करने वाले अल्पमत में थे। नर्ममार्गियों का जिनके नेता फिरोजशाह मेहता, गोपालकृष्ण गोखले, सुरेन्द्रनाथ बनर्जी आदि थे, अंग्रेजों की न्यायशीलता, उदारता और प्रगतिशीलता में अखण्ड विश्वास था और वे ब्रिटिश साम्राज्य में सुधार के आग्रही थे। दूसरी ओर बी.सी. पाल, लाला लाजपत राय और बालगंगाधर तिलक आदि स्वराज्य के आग्रही थे। ब्रिटिश शासक उग्रवादियों की गतिविधियों से सशंक तो थे पर कांग्रेस में नर्ममार्गियों के बहुमत के कारण उन्हें विशेष चिन्ता न थी। इसी बीच प्रथम महायुद्ध आ धमका जिसने स्वाधीनता आन्दोलन को एक मोड़ पर ला खड़ा किया। भारतीय नेताओं ने इस संकट के अवसर पर ब्रिटिश सरकार की सहायता करना अपना धर्म समझा। तिलक जैसे उग्रवादी और ब्रिटिश शासन के विरोधी नेता तक ने भारतीयों को इस संकट काल में सरकार की सहायता करने का आह्वान किया। गाँधी जी ने स्वयं लोगों से सेना में भरती होने की अपील की।

भारतीय नेताओं को आशा थी कि भारतीयों की इस राजभक्ति से प्रसन्न होकर ब्रिटिश सरकार उनकी राजनीतिक माँगें स्वीकार कर लेगी। यहाँ तक कि भूपेन्द्रनाथ बसु और कुछ अन्य नर्ममार्गियों तक ने भारतीयों के लिए स्वशासन की माँग की। श्रीमती एनी बेसेन्ट और तिलक ने होमरूल की आवाज उठायी। पर सरकार ने उनकी

आशा पर पानी फेर दिया। मौंटेगू-चेम्सफोर्ड सुधार ने, जिसकी रिपोर्ट 8 जुलाई, 1918 को प्रकाशित हुई, भारतीय नेताओं को यथार्थ की भूमि पर ला खड़ा किया। तिलक, श्रीमती एनी बेसेन्ट आदि ने इस योजना की निन्दा की और उसे ठुकरा दिया। इस योजना का जोरों से विरोध शुरू हुआ। 1919 में जब 'गवर्नमेन्ट ऑफ इण्डिया एक्ट' पास हुआ तो भारतीय नेताओं में उनकी जबर्दस्त प्रतिक्रिया हुई। महायुद्ध के कारण उत्पन्न आर्थिक परिस्थिति ने उस प्रतिक्रिया को और उग्र बना दिया।

इसी समय भारतीय राजनीति के मंच पर गाँधी जी का आगमन हुआ। 1915 में अफ्रीका से लौटने पर उन्होंने चम्पारण (बिहार), खेड़ा (गुजराज), अहमदाबाद आदि स्थानों में किसानों तथा मजदूरों पर होने वाले अत्याचारों के विरुद्ध आन्दोलन खड़ा करने तथा उनकी समस्याओं का यथासम्भव समाधान करने में सफलता प्राप्त की थी। रोलेट कमेटी की रिपोर्ट पढ़ कर उन्हें विश्वास हो गया था कि ब्रिटिश साम्राज्य शैतान का प्रतिनिधित्व करता है। 1919 में गवर्नमेन्ट ऑफ इण्डिया एक्ट पास होने पर गाँधी जी ने इसके खिलाफ सत्याग्रह आन्दोलन छेड़ दिया। 6 अप्रैल, 1919 को विरोध दिवस मनाया गया। सारे देश में उस दिन हड़ताल रही। चारों तरफ अजीब उत्साह की लहर व्याप्त थी। हिन्दुओं और मुसलमानों ने समान रूप से प्रदर्शनों में भाग लिया। प्रार्थना सभाएँ हुईं, मस्जिदों में बड़ी-बड़ी सभाएँ आयोजित की गयीं जिनमें हिन्दू नेताओं ने भाषण दिये। सरकार ने आन्दोलन को दबाने के लिए दमन नीति का सहारा लिया। प्रदर्शनकारी सभाओं को तितर-बितर करने के लिए पुलिस ने लाठियाँ और गोलियाँ चलायीं। नेताओं के आने-जाने पर रोक लगा दी गयी। पंजाब में तो माइकेल ओ डायर ने सत्याग्रह आन्दोलन को दबाने के लिए पाशविकता का नग्न रूप उपस्थित कर दिया। 13 अप्रैल, 1919 को जलियाँवाला बाग की वह दर्दनाक घटना घटी जिसमें डायर ने एक शान्तिपूर्ण सभा को चारों ओर से घेर कर मशीनगन की गोलियों से भुनवा दिया। इस हत्याकांड में 379 व्यक्ति मारे गये और एक हजार व्यक्ति घायल हुए।

इस भयानक नर हत्या इसके साथ घटी अन्य घटनाओं ने भारतीय मानस को क्षुब्ध और आन्दोलित कर दिया। जलियाँवाला बाग ने सारे भारत को क्रोध, अपमान और क्षोभ की ज्वाला से भर दिया। चारों तरफ से इस घटना पर निन्दा की बौछारें हुईं। रवीन्द्रनाथ ठाकुर ने इसके विरोध में 'नाइटहुड' की पदवी त्याग दी। चेम्सफोर्ड और ओ डायर को भारत से वापस बुला लेने तथा घटना की जाँच करने की माँग उठायी गयी।

पर इसके बावजूद सरकार की नीति में कोई परिवर्तन नहीं हुआ। डायर को कार्यनिवृत्त कराकर इंग्लैण्ड तो भेज दिया गया पर दमन की नीति ज्यों की त्यों बरकरार रही। इधर सत्याग्रह आन्दोलन भी पूरे जोश, उत्साह और लगन के साथ चलता रहा। हिन्दू और मुसलमान दोनों कन्धे से कन्धा मिला कर हड़ताल और

सत्याग्रह में शामिल होते रहे, पुलिस की लाठियों और गोलियों का सामना करते रहे तथा जेल और जुर्माने की सजा भुगतते रहे।

दिसम्बर 1919 में भारतीय राष्ट्रीय कांग्रेस का अधिवेशन अमृतसर में हुआ जहाँ जलियाँवाला बाग का हत्याकाण्ड हुआ था। इस अधिवेशन का सभापतित्व मोतीलाल नेहरू ने किया था। इस अधिवेशन में श्रीनिवास शास्त्री, मदनमोहन मालवीय, श्रीमती एनी बेसेन्ट, तिलक, अलीबन्धु, स्वामी श्रद्धानन्द, सी. आर. दास आदि नेताओं ने भी भाग लिया था। गाँधी जी इसमें अग्रणी थे जो अब तक स्वाधीनता संग्राम में प्रमुख स्थान बना चुके थे। इस अधिवेशन में पंजाब की समस्याओं, 1919 के गवर्नमेन्ट ऑफ इण्डिया एक्ट तथा कांग्रेस के पुनर्गठन पर विचार हुआ। गाँधी जी तथा अन्य नेताओं ने खिलाफत आन्दोलन के नेताओं से भी मुसलामानों की शिकायत दूर करने की योजना पर विचार किया। गाँधी जी का सहयोग पाकर खिलाफत आन्दोलन जोरों से भड़क उठा। जुलाई 1920 में सिन्ध में खिलाफत अधिवेशन हुआ जिसमें गाँधी जी ने भी भाग लिया तथा उन्होंने तेईस करोड़ हिन्दुओं को अपने सात करोड़ मुसलमान भाइयों का साथ देने तथा सरकार से सहयोग न करने का आह्वान किया। 28 जुलाई को गाँधी जी ने 1 अगस्त से उपवास और प्रार्थना के साथ सत्याग्रह के आरम्भ की घोषणा की। 1 अगस्त को सत्याग्रह आन्दोलन आरम्भ हो गया। 4 सितम्बर को लाला लाजपत राय के सभापतित्व में कांग्रेस का विशेष अधिवेशन कलकत्ता में हुआ, जिसमें असहयोग आन्दोलन प्रस्ताव पारित हो गया। आगामी नागपुर अधिवेशन में असहयोग प्रस्ताव की एकमत से सम्पुष्टि हो गयी।

असहयोग की घोषणा वस्तुतः सरकार से युद्ध की घोषणा थी। इस कार्यक्रम को चलाने, स्वयंसेवकों की नियुक्ति तथा अन्य रचनात्मक कार्यों के सम्पादन के लिए तिलक के नाम पर, जो हाल में ही दिवंगत हो गये थे, एक करोड़ की राशि एकत्र करने का निश्चय किया गया। इसके साथ ही वकीलों को सरकारी कचहरियों और विद्यार्थियों तथा शिक्षकों को सरकारी स्कूलों और कॉलेजों का त्याग करने का आह्वान किया गया। एसेम्बली और प्रान्तीय कौंसिलों के चुनावों का बहिष्कार, सरकारी पदवियों और सम्मानों का त्याग, सरकारी समारोहों और विदेशी वस्तुओं का बहिष्कार तथा स्वदेशी वस्तुओं, विशेष कर खादी का प्रचार, शराबबन्दी आदि का कार्यक्रम जोरों से चल पड़ा।[7] इस असहयोग आन्दोलन ने सारे देश को आन्दोलित कर दिया। उत्साह की एक अद्धितीय लहर चारों ओर फैल गयी। मोतीलाल नेहरू, चित्तरंजन दास, राजेन्द्र प्रसाद और राजगोपालचारी जैसे विख्यात वकीलों और बैरिस्टरों ने वकालत छोड़ दी। हजारों विद्यार्थियों ने स्कूलों और कॉलेजों का बहिष्कार किया। सुभाषचन्द्र बोस ने आई.सी.एस. की नौकरी से इस्तीफा दे दिया और जवाहरलाल नेहरू ने इलाहाबाद हाईकोर्ट को नमस्कार कर दिया।

अगस्त 1920 से 6 फरवरी, 1922 तक असहयोग आन्दोलन जोरों से चला।

इन बीस महीनों में हिन्दुओं और मुसलमानों ने एक साथ मिलकर खिलाफत और स्वराज्य की लड़ाई लड़ी। जुलाई 1921 तक असहयोग आन्दोलन ने पूरे देश में जागरण की लहर फैला दी पर ब्रिटिश शासकों के कान पर जूँ तक नहीं रेंगी। नवम्बर 1921 में प्रिन्स ऑफ वेल्स भारत पहुँचे। अखिल भारतीय कांग्रेस कमेटी ने उनकी यात्रा का बहिष्कार करने का निश्चय किया। जहाँ-जहाँ प्रिन्स गये वहाँ-वहाँ उनका स्वागत हड़तालों, प्रदर्शनों और सभाओं से हुआ। कलकत्ता में चित्तरंजन दास के नेतृत्व में सविनय अवज्ञा का कार्यक्रम आरम्भ हुआ। परिणामस्वरूप गिरफ्तारियाँ शुरू हुईं। स्वयं चित्तरंजन दास अपने पुत्र और पत्नी के साथ गिरफ्तार हुए। पर प्रिन्स ऑफ वेल्स का बायकाट होता रहा। मोतीलाल नेहरू, जवाहरलाल नेहरू, लाला लाजपत राय आदि की गिरफ्तारी के बावजूद स्वयंसेवकों की संख्या में वृद्धि होती गयी। 1921 के दिसम्बर में अहमदाबाद में कांग्रेस की बैठक हुई और अठारह वर्ष से अधिक उम्र वाले युवकों को स्वयंसेवक दल में सम्मिलित होने का आह्वान किया गया। व्यक्तिगत और सामूहिक सत्याग्रह जारी रखने का निश्चय हुआ और गाँधी जी को इस कार्यक्रम को चलाने के लिए समस्त अधिकार सौंप दिये गये। इस बीच सरकार से समझौते की बात भी चलती रही, पर सरकार ने अपनी जिद नहीं छोड़ी। देश अगली लड़ाई के लिए तैयार हो ही रहा था कि इसी बीच 5 फरवरी, 1922 को उत्तर प्रदेश के गोरखपुर जिले के चौरीचौरा नामक स्थान में वह दुर्घटना हो गयी, जिसने स्वाधीनता आन्दोलन की दिशा ही बदल दी। वहाँ उत्तेजित सत्याग्रहियों की एक भीड़ ने पुलिस थाने को कुछ सिपाहियों के साथ जला दिया। हिंसा की कई घटनाएँ अन्यत्र भी हुईं। इसे देखकर गाँधी जी ने असहयोग आन्दोलन की समाप्ति की घोषणा कर दी।

गाँधी जी की इस घोषणा की कांग्रेस नेताओं में तीखी प्रतिक्रिया हुई। चित्तरंजन दास और मोतीलाल नेहरू ने इसका विरोध किया। जवाहरलाल नेहरू को भी इससे आश्चर्य और दुःख हुआ। इसके परिणामस्वरूप कांग्रेसी नेता दो दलों में विभक्त हो गये और एक समस्या-सी पैदा हो गयी। इस प्रकार भारतीय इतिहास में पहली शस्त्रहीन क्रान्ति मार्च 1922 में समाप्त हो गयी, यद्यपि 1924 तक यह आन्दोलन थोड़ा-बहुत जीवित रहा। दिसम्बर 1922 में चित्तरंजन दास और मोतीलाल नेहरू ने स्वराज्य पार्टी की स्थापना की जो नवम्बर 1923 के चुनावों में बयालीस सीटें जीतकर केन्द्रीय लेजिस्लेटिव एसेम्बली में प्रवेश किया।

जिस समय पंजाब में डायर का दमनचक्र जारी था उस समय अज्ञेय की उम्र लगभग 8 वर्ष की थी। जलियाँवाला बाग के हत्याकांड के समय वे कश्मीर में थे या बिहार में (1919 में उनके पिता का तबादला बिहार में हुआ था) इसका ठीक पता तो प्रस्तुत पंक्तियों के लेखक को नहीं है, पर इतना निश्चित है कि उस दमनचक्र की खबरें उनके कानों में पड़ती होंगी। सच्चिदानन्द जैसे संवेदनशील और

प्रखर मेधा वाले बालक के कच्चे मस्तिष्क पर इस घटना का प्रभाव न पड़ा होगा, यह नामुमकिन है। 1919 से 1921 तक अज्ञेय अपने पिता के साथ नालन्दा और पटना में थे। जैसा हम देख चुके हैं, इस अवधि में असहयोग आन्दोलन जोरों पर था और बालक सच्चिदानन्द इसके प्रभाव से अछूते न रहे। गाँधी जी के व्यक्तित्व और भाषणों तथा उनकी कार्यपद्धति ने उन्हें प्रभावित किया। स्वदेशी वस्तुओं और हिन्दी भाषा के प्रति प्रेम पैदा हुआ। अपने देश को स्वतन्त्र करने की चेतना जागी। 1921 में इस प्रभाव को लेकर ही सच्चिदानन्द अपने पिता के साथ ऊटकमंड गये।

ऊटकमंड पहुँचने के बाद अज्ञेय स्वभावतः स्वाधीनता संग्राम की धारा से अलग पड़ गये और प्रकृति के एकान्त वातावरण में रहने के फलस्वरूप उनमें प्रकृति-प्रेम, एकान्त वास, अध्ययन तथा लेखन आदि की प्रवृत्तियाँ विकसित हुईं, जो उनके परवर्ती जीवन और साहित्य में स्पष्टतः दिखाई पड़ती हैं। लगभग चार वर्षों तक स्वाधीनता-संग्राम की जलती हुई समरभूमि से अलग रहने के बाद 1925 में जब वे मैट्रिकुलेशन की परीक्षा देने के लिए लाहौर आये तो पंजाब अपमान, क्रोध और प्रतिहिंसा की ज्वाला से धधक रहा था। उस समय अज्ञेय की उम्र 14 वर्ष की थी। गाँधी जी 1922 में ही सत्याग्रह आन्दोलन वापस ले चुके थे। युवकों का हृदय आक्रोश से भरा था। 1924 तक असहयोग आन्दोलन छिटपुट रूप से चलता रहा पर नेतृत्व के अभाव में धीरे-धीरे वह समाप्त हो गया। गाँधी जी राजनीतिक आन्दोलन को छोड़ कर सामाजिक सुधार में जुट गये थे। युवकों का नेतृत्व करने में कांग्रेस असफल सिद्ध हो रही थी। परिणामस्वरूप सशस्त्र क्रान्तिकारियों और आतंकवादियों के गुप्त दल उत्तर भारत में भी, विशेष कर पंजाब और बंगाल में, संगठित हो रहे थे।

डॉ. विद्यानिवास मिश्र का कथन है कि पंजाब की इस यात्रा ने अज्ञेय के मन में ब्रिटिश साम्राज्यवाद के विरुद्ध घृणा और विद्रोह का भाव पैदा किया था जिसने अन्ततः उन्हें आतंकवादी दल में सम्मिलित होने को प्रेरित किया। पर वास्तविकता यह है कि ब्रिटिश साम्राज्यवाद के विरुद्ध घृणा और विद्रोह की भावना अज्ञेय के मन में 1919-21 की अवधि में ही पड़ चुकी थी। 1925 की पंजाब यात्रा ने उनके विद्रोह भाव को पुष्ट किया होगा, ऐसा माना जा सकता है।

जैसा हम अज्ञेय की जीवनी के सिलसिले में देख चुके हैं 1925 में ही अज्ञेय पुनः दक्षिण भारत लौट गये और मद्रास में क्रिश्चियन कॉलेज में पढ़ते रहे। यों तो स्वाधीनता संग्राम की मुख्य रंगभूमि उत्तर भारत था, पर दक्षिण भारत भी इससे अछूता नहीं था। इस अवधि में उत्तर भारत में भी स्वाधीनता आन्दोलन कुछ मन्द पड़ गया था और गाँधी जी राजनीति से विरत होकर, आश्रमों की स्थापना, खद्दर के प्रचार, अछूतोद्धार तथा अन्य सामाजिक बुराइयों को दूर करने के प्रयत्नों में लगे थे। अज्ञेय दक्षिण में हरिजनों की दयनीय स्थिति और उन पर ब्राह्मण वर्ग के अत्याचार देख कर तिलमिला उठे।

1927 में अज्ञेय आई.एस-सी. की परीक्षा में उत्तीर्ण होकर उच्चतर अध्ययन के लिए पुनः पंजाब पहुँचे। इस समय गाँधी जी खद्दर और चरखे के प्रचार के लिए समस्त भारत की यात्रा कर रहे थे। इसी वर्ष संवैधानिक सुधारों के लिए साइमन कमीशन की नियुक्ति की घोषणा हुई। कांग्रेसी नेताओं ने इस आयोग का बहिष्कार करने की घोषणा की। साइमन कमीशन की नियुक्ति ने भारतीय राजनीति में व्याप्त जड़ता और निष्क्रियता की स्थिति को समाप्त कर दिया। 3 फरवरी, 1928 को साइमन कमीशन भारत पहुँचा तो उसका विरोध हड़ताल, काले झंडों, विरोध सभाओं और प्रदर्शनों से हुआ। सारे भारत में, जहाँ-जहाँ आयोग ने अपनी बैठकें कीं, उनका जोरदार विरोध और बहिष्कार हुआ। दूसरी ओर सरकार ने आन्दोलन को दबाने के लिए दमन की नीति अपनायी। 30 अक्तूबर, 1928 को लाहौर में पुलिस की लाठी से लाला लाजपत राय घायल हुए जो अन्ततः उनकी मृत्यु का कारण बना। 30 नवम्बर को लखनऊ में जवाहरलाल नेहरू और अन्य प्रमुख नेता पुलिस जुल्म के शिकार बने। इस आन्दोलन में प्रदर्शनकारियों ने अद्‌भुत शान्तिप्रियता का परिचय दिया; केवल मद्रास और कलकत्ता में कमीशन के आगमन पर थोड़ी अशान्ति फैली। 13 अप्रैल, 1929 को साइमन कमीशन इंग्लैण्ड लौट गया।

इस बीच दिसम्बर 1928 में, कलकत्ता में, कांग्रेस की बैठक हुई जिसमें डोमिनियन स्टेटस की माँग दोहराई गयी। तत्काल ही यह माँग 'पूर्ण स्वराज' की माँग में परिणत हो गयी। 29 दिसम्बर, 1929 को लाहौर के कांग्रेस अधिवेशन में सभापति के पद से बोलते हुए जवाहरलाल नेहरू ने 'पूर्ण स्वराज' की माँग की ऐतिहासिक घोषणा की। उसी दिन रात के ठीक बारह बजे पूर्ण स्वराज का प्रस्ताव पारित हो गया। 31 दिसम्बर, 1929 को आजादी के प्रतीक के रूप में अपनाया गया तिरंगा झंडा फहराया गया।

26 जनवरी, 1930 स्वाधीनता दिवस के रूप में मनाया गया। उस दिन सारे देश में लोगों ने जगह-जगह एकत्र होकर अहिंसा, असहयोग, सविनय अवज्ञा, लगानबन्दी और पूर्ण स्वराज का व्रत लिया। इसके बाद ही गाँधी जी ने नमक सत्याग्रह आरम्भ कर दिया। 12 मार्च, 1930 को प्रातःकाल साढ़े छह बजे गाँधी जी 78 आश्रमवासियों के साथ दांडी यात्रा पर निकल पड़े और 6 अप्रैल को समुद्र तट पर पहुँच कर उन्होंने नमक कानून भंग किया। आरम्भ में लोगों को नमक सत्याग्रह की सफलता पर सन्देह हुआ पर बहुत शीघ्र इसमें अन्तर्निहित सम्भावनाओं का प्रमाण मिल गया। बड़ी तेजी से नमक-सत्याग्रह आन्दोलन ने जोर पकड़ लिया। इसे दबाने के लिए सरकार को दमन के सभी साधनों का प्रयोग करना पड़ा। सभी बड़े नेता गिरफ्तार कर लिये गये। 1910 का प्रेस कानून पुनः लागू कर दिया गया। 4 मई को गाँधी जी गिरफ्तार कर लिये गये और उन्हें यरवदा जेल में डाल दिया गया। इस आन्दोलन में लगभग एक लाख लोगों ने नमक कानून तोड़कर जेलयात्रा की।

पुलिस ने अनेक निहत्थे सत्याग्रहियों पर लाठियाँ बरसायीं और लोगों ने उन्हें फूल की तरह ग्रहण किया। इसी समय कांग्रेस वर्किंग कमेटी ने बहिष्कार-कार्यकलापों को भी तेज कर दिया। सरकार और भी नाराज हुई और दमनचक्र तेजी से घूमने लगा। तीन महीनों के भीतर सभी प्रमुख नेता गिरफ्तार कर लिये गये और कांग्रेस पर प्रतिबन्ध लगा दिया गया।

इस अवधि में आतंकवादियों की गतिविधियों में भी तेजी आयी। 1922 में गाँधी जी द्वारा असहयोग आन्दोलन के वापस लिये जाने से युवकों में तीव्र असन्तोष का भाव फैल गया था। यों तो आतंकवादियों का गुप्त आन्दोलन पहले से ही सक्रिय था, पर इस अवधि में इसकी गतिविधियाँ और भी तेज हो गयीं। 1927 में जब अज्ञेय उच्च अध्ययन के लिए लहौर पहुँचे तब वहाँ आतंकवादियों का गुप्त संगठन सक्रिय था। धीरे-धीरे वे इस गुप्त संगठन के प्रभाव में आते गये और थोड़े ही दिनों में इसके सक्रिय सदस्य बन गये। जेल में रहने के कारण लगभग चार वर्षों तक पूर्ण रूप से और दो वर्षों तक आंशिक रूप से अज्ञेय राजनीतिक हलचलों से दूर रहे। नये कैदियों से ही बाहरी गतिविधियों का थोड़ा-बहुत पता चल पाता था। समाचार-पत्रों पर भी रोक लगी हुई थी और जेल में मुश्किल से ही कोई अखबार मिल पाता था। अतः इस अवधि का उपयोग अज्ञेय ने अध्ययन और लेखन में किया।

इस अवधि (1931-1936) की राजनीतिक घटनाओं का ब्योरा प्रस्तुत करना बहुत आवश्यक नहीं जान पड़ता। संक्षेप में, कहा जा सकता है कि राजनीतिक समस्याओं के समाधान के लिए 12 नवम्बर, 1930 को पहली गोलमेज कॉन्फ्रेंस हुई जिसका कोई नतीजा नहीं निकला। इधर सविनय अवज्ञा का आन्दोलन अपने उग्र रूप पर था। सरकारी दमनचक्र भी उसी अनुपात में था। आतंकवादी भी चुप नहीं थे। उधर खान अब्दुल गफ्फ़ार खाँ की गिरफ्तारी के फलस्वरूप पेशावर में गोली चली। रायल गढ़वाल राइफल्स ने बगावत कर दी। दस दिनों तक पेशावर बागियों के कब्जे में रहा। शान्ति स्थापित करने के लिए 26 जनवरी, 1931 को गाँधी जी अन्य नेताओं के साथ जेल से छोड़ गये। 5 मार्च को गाँधी-इरविन समझौता हुआ। लोगों में उत्साह भरा हुआ था। पर इसी समय कानपुर में हिन्दू-मुस्लिम दंगे में गणेशशंकर विद्यार्थी मारे गये और भगतसिंह, राजगुरु और सुखदेव को फाँसी दे दी गयी। इन घटनाओं ने जनमानस को अवसाद में डुबो दिया।

गाँधी-इरविन समझौते के अनुसार गाँधी जी ने गोलमेज कॉन्फ्रेंस की दूसरी बैठक में भाग लिया पर इसका भी कोई परिणाम न निकला। फलतः सविनय अवज्ञा और लगानबन्दी का आन्दोलन पुनः शुरू हो गया। सरकार ने कांग्रेस संगठन पर निषेध लगा दिया (जनवरी 1932) और महात्मा गाँधी, जवाहरलाल नेहरू, वल्लभभाई पटेल, राजेन्द्र प्रसाद आदि नेता जेलों में ठूँस दिये गये। 10 अगस्त, 1932 को कम्यूनल एवार्ड की घोषणा हुई जिसके जवाब में गाँधी जी ने

जेल में आमरण अनशन आरम्भ कर दिया। मालवीय जी और अन्य नेताओं के प्रयत्न से 'एवार्ड' वापस लिया गया और गाँधी जी ने अनशन तोड़ा। 18 मई, 1933 को हरिजन समस्या को लेकर गाँधी जी ने पुनः इक्कीस दिनों का अनशन आरम्भ किया और वे जेल से छोड़ दिये गये।

अक्तूबर 1934 में राजेन्द्र प्रसाद के सभापतित्व में भारतीय राष्ट्रीय कांग्रेस का अधिवेशन बम्बई में हुआ। इसके बाद ही चुनाव अभियान आरम्भ हो गया। चुनावों ने सिद्ध कर दिया कि जनता पूर्णतः कांग्रेस के साथ है। कांग्रेस इस चुनाव में भारी बहुमत से विजयी हुई।

1934 के अन्त में अज्ञेय जेल में छूटे। 1931-1934 की राष्ट्रीय घटनाएँ उनके परिवेश का अंग भावनात्मक स्तर पर किस मात्रा में बनीं, कहना मुश्किल है। पर इन घटनाओं से वे सीधे नहीं जुड़ पाये।

अज्ञेय की नजरबन्दी के दौरान (1931-1936 में) सरकार कुछ नियन्त्रणों के साथ डोमिनियन स्टेटस देने की आवश्यकता पर विचार करने लगी, पर इसमें भी बहुत हिचक बनी रही। 1935 का गवर्नमेन्ट ऑफ इण्डिया एक्ट भारतीय नेताओं को सन्तुष्ट नहीं कर पाया; फिर भी सभी राजनीतिक दलों ने उस एक्ट के अन्तर्गत होने वाले चुनावों में भाग लिया। इस चुनाव में कांग्रेस की भारी बहुमत से विजय हुई और प्रान्तों में कांग्रेस की सरकारें बनीं। 7 जुलाई, 1937 को कांग्रेस मन्त्रिमण्डलों ने कार्यभार सँभाल लिया।

1936 के अन्त में, नजरबन्दी से मुक्त होने के बाद, अज्ञेय का पहला विचार एक आश्रम खोलने का हुआ। इससे स्पष्ट है कि वह समसामयिक राजनीतिक और सामाजिक स्थितियों से मानसिक रूप से पूर्णतः जुड़े थे और स्वयं भी कुछ करना चाहते थे। व्यक्तिगत कारणों से यह योजना क्रियान्वित न हो पायी। 1937 में अज्ञेय 'सैनिक' (आगरा) के सम्पादक मण्डल में रहे और उन्होंने मेरठ के किसान आन्दोलन में भाग लिया। 1937 के अन्त में अज्ञेय 'विशाल भारत' के सम्पादक मण्डल में कलकत्ता पहुँचे और लगभग 1939 के आरम्भ तक वहाँ रहे। उसी वर्ष वे अपने पिताजी के पास बड़ौदा गये। उसी वर्ष द्वितीय महायुद्ध छिड़ गया।

जैसा कहा जा चुका है, 7 जुलाई, 1937 को कांग्रेस ने सात प्रान्तों में शासनभार सँभाला। पर ब्रिटिश सरकार की साम्राज्यवादी नीति, संविधान की आन्तरिक त्रुटियों तथा मुस्लिम लीग के सतत विरोध के कारण सरकारें सफल न हो सकीं। सितम्बर 1939 में कांग्रेस मन्त्रिमण्डलों ने इस्तीफा दे दिया।

सितम्बर 1939 में दूसरा विश्वयुद्ध छिड़ गया जो लगभग 6 वर्षों तक, (सितम्बर 1945 तक) चलता रहा। दिसम्बर, 1942 तक जर्मन सेनाएँ विजय पर विजय प्राप्त करती गयीं। उसके बाद उनकी पराजय शुरू हो गयी। इसके पहले जापानियों ने भी दिसम्बर 1941 में प्रशान्त महासागर में मोर्चा खोल दिया था और

उनकी विजय पर विजय हो रही थी। 9 मार्च 1945 को जर्मन सेनाओं ने और 2 सितम्बर, 1945 को जापानी सेनाओं ने आत्मसमर्पण कर दिया।

इस अवधि में भारत की राजनीतिक स्थिति बहुत तनावपूर्ण रही। भारतीय नेता ब्रिटिश साम्राज्य का विघटन तो चाहते थे पर द्वितीय महायुद्ध के सन्दर्भ में उनकी सहानुभूति अंग्रेजों के ही साथ थी। किन्तु ब्रिटिश शासन भारत के साथ कोई भी रियायत करने को तैयार नहीं था। कांग्रेस अपनी स्वराज की माँग पर दृढ़ थी। 23 अप्रैल, 1939 का दिन युद्ध विरोधी दिवस के रूप में मनाया गया। 9 अगस्त को ऑल इण्डिया कांग्रेस कमेटी ने कांग्रेसी मन्त्रियों को युद्ध की तैयारी में कोई भी सहायता न देने का निर्देश दिया। कांग्रेस ने सरकार को भारत की ओर से युद्ध की घोषणा न करने के लिए सावधान किया। सरकार ने 8 अक्तूबर, 1939 को कुछ राजनीतिक रियायतें देने की घोषणा की जिसे कांग्रेस ने ठुकरा दिया। नवम्बर 1939 तक प्रान्तीय कांग्रेसी मन्त्रिमण्डलों ने वर्किंग कमेटी के आदेश पर इस्तीफा दे दिया।

अक्तूबर 1940 में कांग्रेस वर्किंग कमेटी ने व्यक्तिगत सविनय अवज्ञा आन्दोलन आरम्भ करने का निश्चय किया। इस आन्दोलन में विनोबा भावे, जवाहरलाल नेहरू, वल्लभभाई पटेल आदि गिरफ्तार हो गये। जून 1941 तक प्रमुख नेताओं के साथ लगभग 20,000 व्यक्तियों ने अपने को गिरफ्तार कराया। रवीन्द्रनाथ ठाकुर ने भी आन्दोलन को अपना समर्थन प्रदान किया।

30 दिसम्बर, 1941 को कांग्रेस वर्किंग कमेटी ने ब्रिटेन को युद्ध में इस शर्त पर सहयोग देने का प्रस्ताव रखा कि वह भारत को स्वतन्त्रता प्रदान करने के लिए उपयुक्त वातावरण तैयार करे। 9 जनवरी, 1942 को अखिल भारतीय कांग्रेस कमेटी ने इस प्रस्ताव की पुष्टि कर दी। राष्ट्रीय और अन्तर्राष्ट्रीय परिस्थितियों से बाध्य होकर ब्रिटिश सरकार ने भारत को राजनीतिक अधिकार देने के उद्देश्य से मार्च 1942 में क्रिप्स मिशन भेजा, जो अपने प्रयत्न में असफल रहा।

जिस समय क्रिप्स मिशन दिल्ली में राजनीतिक मसलों पर विचार-विमर्श कर रहा था उस समय युद्ध अपने चरमोत्कर्ष पर था। 15 जनवरी, 1942 को सिंगापुर पर, 7 मार्च को रंगून पर और 12 मार्च को अंडमन पर जापानियों का अधिकार हो चुका था। यहाँ तक कि भारत के पूर्ववर्ती तट स्थित नगरों पर भी युद्ध के बम गिरने लगे थे। पूर्वी समुद्र तट पर तिंकोमाली से कलकत्ता तक घबराहट फैली हुई थी। अधिकांश लोगों को विश्वास हो गया था कि अंग्रेज युद्ध में हार जाएँगे और जनता अंग्रेजों के अत्याचार और स्वाधीनता आन्दोलन के दमन से इस प्रकार क्षुब्ध थी कि वह जापानियों का स्वागत करने तक को तैयार थी। जापानियों की ओर से सुभाषचन्द्र बोस की आजाद हिन्द फौज के लड़ने की खबर सुनकर जनता और भी उत्तेजित थी। लड़ाई के कारण पैदा हुई महँगाई, अन्न तथा अन्य जरूरत की वस्तुओं के अभाव ने जनता को ब्रिटिश सरकार के खिलाफ उत्तेजित कर दिया था। इसी स्थिति में

7 अगस्त, 1942 को क्रिप्स मिशन के असफल होने तथा सरकार द्वारा कांग्रेस की माँगों को अस्वीकार किये जाने पर 'भारत छोड़ो' का प्रस्ताव पारित हुआ। उसके एक दिन पूर्व गाँधी जी ने सविनय अवज्ञा आन्दोलन के लिए आवश्यक निर्देश तैयार कर लिये थे। 9 अगस्त को इन पर विचार होने वाला था, पर उसी दिन प्रातःकाल पुलिस ने बिड़ला हाउस को घेर लिया और सभी नेताओं को गिरफ्तार कर लिया।

इसका परिणाम हुआ अगस्त 1942 का विद्रोह, जिसने समस्त भारत को आन्दोलित कर दिया। ब्रिटिश सरकार ने इस विद्रोह को क्रूरतापूर्वक दबाया। जनता को आतंकित करने तथा पाठ पढ़ाने के उद्देश्य से सरकार ने जिस क्रूरता और नृशंसता का परिचय दिया वह ब्रिटिश शासन के इतिहास में अद्वितीय है।

1940 से 1942 तक अज्ञेय दिल्ली में ऑल इण्डिया रेडियो की सेवा में थे। इस बीच आजादी की लड़ाई में उनके हिस्सा लेने का कोई प्रमाण नहीं मिलता। 1942 में उन्होंने दिल्ली में अखिल भारतीय फासिस्ट विरोधी सम्मेलन का आयोजन किया। यह भी सरकार के लिए आश्वस्त होने वाली बात थी। सम्भवतः सरकार को विश्वास हो गया था कि अज्ञेय उसके विरुद्ध जारी आन्दोलन में शामिल नहीं हैं। अज्ञेय भारत की आजादी चाहते थे, पर फासिस्टों की सहायता से नहीं। उनकी सोच में इस बात का कोई आश्वासन नहीं था कि जापानी भारत को आजाद कर ही देंगे। इसके साथ ही जापान की विजय के साथ भारत का विनाश भी जुड़ा हुआ था। सामान्य जनता इस बात को नहीं समझती थी, क्योंकि अंग्रेजों के शोषण और अत्याचार के कारण उनके सब्र का प्याला भर चुका था। सुभाषचन्द्र बोस की आजाद हिन्द फौज ने उसकी आशाओं को और भी बढ़ा दिया था। जनता को विश्वास हो चला था कि सुभाषचन्द्र बोस की आजाद हिन्द फौज भारत को आजादी दिला कर ही रहेगी। दूसरी तरफ कम्युनिस्ट पार्टी तथा अनेक बुद्धिजीवियों और लेखकों की, जिनमें अज्ञेय भी शामिल थे, सोच इससे भिन्न थी। इसी सोच के तहत अज्ञेय ने फासीवाद का विरोध करना अपना कर्त्तव्य समझा। इतना ही नहीं, अपने विरोध को सक्रियता प्रदान करने के लिए वे 1943 में ब्रिटिश फौज में भरती हो गये। इसके ठीक पहले ब्रिटिश शासन ने भारतीय जनता पर जो दमन-चक्र चलाया था, उससे अज्ञेय अप्रभावित ही रहे। इसी अवधि में, यानी 1943 के उत्तरार्ध में, जिस समय अज्ञेय सेना में थे, बंगाल में भयानक अकाल पड़ा, जिसमें 'फेमीन इन्क्वायरी कमीशन' के अनुसार 15 लाख व्यक्ति भूख से मर गये। जिस समय अज्ञेय सेना में भरती हुए उस समय भारत की पूर्वी सीमा पर सुभाषचन्द्र बोस की आजाद हिन्द फौज ब्रिटिश सेना से लड़ रही थी। पर 1945 में जापान को आत्मसमर्पण करना पड़ा और आजाद हिन्द फौज भी हथियार डालने को विवश हो गयी। सुभाषचन्द्र बोस की, कथित वायुयान दुर्घटना में, मृत्यु ने सेना की सहायता से भारत को आजाद करने के स्वप्न को भी मिट्टी में मिला दिया। 1940-46 की अवधि में अज्ञेय का ब्रिटिश

शासन का साथ देना सही था या गलत, यह विवादास्पद है। पर उनका यह निर्णय जन-विरोधी तो था ही। फासीवादी शासन से बचाव की आड़ में भारतीय जनता पर ब्रिटिश शासन के अत्याचार और दमन के प्रति आँखें मूँद लेना कत्तई प्रशंसनीय नहीं माना जा सकता।

1946 में जब अज्ञेय सैनिक सेवा से मुक्ति लेकर वापस लौटे तब देश की राजनीतिक स्थिति एक मोड़ ले चुकी थी। बदली हुई परिस्थितियों में ब्रिटिश सरकार के लिए भारत को स्वतन्त्रता प्रदान करना उनकी मजबूरी बन चुकी थी और अन्ततः अनेक विघ्न-बाधाओं और भारत-विभाजन के बाद 15 अगस्त, 1947 को भारत आजाद हो गया। इसके पूर्व, 1946 में, देश के विभिन्न भागों, विशेषकर बंगाल और बिहार में भयानक हिन्दू-मुस्लिम दंगे हुए। इसकी प्रतिक्रिया और मुस्लिम लीग के विषैले प्रचार के फलस्वरूप 1947 में पश्चिमोतर प्रान्त, सिन्ध और पंजाब में भीषण नरसंहार हुआ। इन दंगों में 5 लाख व्यक्ति मारे गये, दस लाख व्यक्ति विस्थापित हो गये, तथा हजारों स्त्रियों के साथ बलात्कार और अमानवीय अत्याचार हुआ।

जिस समय पंजाब और दिल्ली में मानवता को कलंकित और लज्जित करने वाली ये घटनाएँ घट रही थीं उस समय अज्ञेय इलाहाबाद में अपने कई मित्रों और सहयोगियों के साथ 'प्रतीक' के सम्पादन में लगे हुए थे। 1949 में अज्ञेय दिल्ली आ गये और 'प्रतीक' भी वहीं से निकलने लगा। 1955 तक अज्ञेय दिल्ली में रहे।

इस अवधि में अनेक महत्त्वपूर्ण घटनाएँ घटीं। हिन्दू-मुस्लिम दंगों के फलस्वरुप उत्पन्न अवसाद, क्रोध, घृणा तथा अन्य समस्याओं ने समस्त भारतीय मानस को झकझोर दिया था। इसी तनावपूर्ण वातावरण में 30 जनवरी, 1948 को महात्मा गाँधी की हत्या हो गयी, जिससे सारा देश अवसाद के गहरे वातावरण में डूब गया। 21 जून, 1948 को भारत के अन्तिम वायसराय और पहले अंग्रेज गवर्नर जनरल लॉर्ड माउन्टबेटन चक्रवर्ती राजगोपालाचारी को कार्यभार सौंप कर इंग्लैण्ड लौटे। इसी बीच पाकिस्तान ने कश्मीर पर आक्रमण किया और भारत पाकिस्तान के सम्बन्धों में तनाव पैदा हुआ। इसी समय सरदार वल्लभभाई पटेल के प्रयत्न से देशी रियासतों का, विशेषकर हैदराबाद का, भारतीय गणराज्य में विलयन हुआ। 26 जनवरी, 1950 को भारत का नया संविधान लागू हुआ और भारतीय गणराज्य की स्थापना हुई। 1952 में पहला आम चुनाव हुआ। जिसमें कांग्रेस दल की भारी बहुमत से विजय हुई और केन्द्र तथा राज्यों में कांग्रेसी सरकारें बनीं।

महात्मा गाँधी और सरदार पटेल की मृत्यु (1950) के बाद जवाहरलाल नेहरू कांग्रेस के सर्वेसर्वा हो गये और 'नेहरू युग' का प्रारम्भ हो गया।

नेहरू सरकार की स्थापना के बाद देश के आर्थिक विकास के लिए प्रयत्न शुरू हुआ। 1952 में प्रथम पंचवर्षीय योजना लागू की गयी। देश के औद्योगीकरण के लिए बड़े-बड़े कल-कारखाने, उद्योग-धन्धे, नदी घाटी योजनाएँ आदि चालू की गयीं।

जमींदारी उन्मूलन हुआ। 1955 में सामुदायिक विकास योजना आरम्भ हुई। 1957 में दूसरा आम चुनाव हुआ और पुनः कांग्रेस विजयी हुई। दूसरी पंचवर्षीय योजना भी लागू हुई।

प्रथम दो पंचवर्षीय योजनाओं में विकास की गति प्रायः सन्तोषजनक रही। नेहरू के प्रारम्भिक उत्साह और विदेशों से आर्थिक सहायता के फलस्वरूप योजनाओं के कार्यान्वयन में सफलता मिली। पर दूसरी ओर नेताओं, अफसरों, इंजीनियरों, ठेकेदारों और छोटे स्तर के कर्मचारियों को सरकारी सम्पत्ति की लूट का सुनहरा मौका मिल गया। नेहरू अपने प्रभावशाली व्यक्तित्व के बावजूद इस प्रवृत्ति पर अंकुश न लगा सके। पूँजीपतियों, बड़े-बड़े उद्योगपतियों, ठेकेदारों, व्यापारियों आदि ने मन्त्रियों और उच्च पदाधिकारियों को भ्रष्ट कर दिया। अयोग्य और चरित्रशून्य व्यक्ति खुशामद और पैसे के बल पर चुनाव का टिकट प्राप्त करने लगे और चुनाव जीत कर मन्त्रिमण्डल में स्थान पाने अथवा महत्त्वपूर्ण पदों पर जमने लगे। पूँजीपतियों-उद्योगपतियों ने इसमें उनकी सहायता की। यह प्रवृत्ति बढ़ती ही गयी और इसके साथ ही आम आदमी की तकलीफों में बेरोजगारी, महँगाई, भ्रष्टाचार, आदि के कारण वृद्धि होती गयी।

इस माहौल में संवेदनशील, स्वाभिमानी, ईमानदारी और कर्त्तव्यपरायण बुद्धिजीवी या लेखक अकेला पड़ जाए तो आश्चर्य नहीं होना चाहिए। अज्ञेय एक तो स्वभाव से ही एकान्तप्रिय, छोटे वृत्त में सुविधा का अनुभव करने वाले व्यक्ति ठहरे, दूसरे स्वतन्त्र भारत की परिस्थितियों से उनका सामंजस्य न हो सका और वे व्यापक सामाजिक, राजनीतिक जिन्दगी के अंग नहीं बने। उनका 1951 में प्रकाशित उपन्यास 'नदी के द्वीप' और 1961 में प्रकाशित 'अपने अपने अजनबी' दोनों उनकी इस मनःस्थिति के परिचायक हैं।

1952 से 1955 के बीच वे साहित्य रचना के साथ-साथ देश के विभिन्न भागों की यात्रा करते रहे। अपने इस भारत भ्रमण में उन्होंने प्राकृतिक सुषमा के साथ विभिन्न कलातीर्थों में भारतीय स्थापत्य और मूर्तिकला का अवलोकन किया। 1955 में अज्ञेय यूनेस्को के निमन्त्रण पर पश्चिमी यूरोप की यात्रा पर गये।

1962 में तीसरा आम चुनाव हुआ जिसमें पुनः कांग्रेस की विजय हुई। पर इसी वर्ष भारत पर चीन ने आक्रमण किया और भारत की पराजय ने नेहरू और कांग्रेस सरकार दोनों को जनता की नजरों में बहुत गिरा दिया। 27 मई, 1964 को जवाहरलाल नेहरू का देहान्त हुआ और उनके स्थान पर लालबहादुर शास्त्री प्रधानमन्त्री बने। 1965 में भारत पाकिस्तान युद्ध छिड़ा जिसमें भारत विजयी रहा। इसके बाद ताशकन्द समझौता, लालबहादुर शास्त्री की अचानक मृत्यु, श्रीमती इन्दिरा गाँधी का प्रधानमन्त्री बनना आदि घटनाएँ बहुत तेजी से घटीं।

1965 में अज्ञेय ने 'दिनमान' का कार्यभार सँभाल लिया था। 'दिनमान' के

सम्पादक के नाते अज्ञेय देश के समसामयिक जीवन के साथ बहुत गहरे रूप से जुड़े। जब इन्दिरा गाँधी ने प्रधानमन्त्रित्व सँभाला तब देश की आर्थिक और राजनीतिक स्थिति बहुत डावाँडोल थी। 1967 के आम चुनाव में कई राज्यों में कांग्रेस की हार हुई। इसी वर्ष बिहार, पूर्वी उत्तर प्रदेश तथा देश के अन्य कई भागों में अकाल की स्थिति पैदा हुई। जिसका सामना वहाँ की राज्य सरकारों ने, केन्द्रीय सहायता से, सफलतापूर्वक किया। 1969 में मध्यवर्ती आम चुनाव हुआ। अन्य महत्त्वपूर्ण घटनाओं में कांग्रेस विभाजन, बंगलादेश का विद्रोह, 1971 का भारत-पाकिस्तान युद्ध और भारत की विजय, प्रिवी पर्स का खात्मा, बैंकों का राष्ट्रीयकरण, आदि घटनाएँ हैं।

देश की निरन्तर बिगड़ती हुई आर्थिक-राजनीतिक स्थिति के परिणामस्वरूप 1974 में जयप्रकाश नारायण के नेतृत्व में 'सम्पूर्ण क्रान्ति' का आन्दोलन आरम्भ हुआ जिसका उत्तर श्रीमती गाँधी ने जून, 1975 में आन्तरिक आपात् स्थिति की घोषणा करके दिया। देश की जनता में इसकी बड़ी तीव्र प्रतिक्रिया हुई। इसका असर 1977 में सम्पन्न आम चुनाव पर पड़ा जिसमें उत्तर भारत में इन्दिरा कांग्रेस की करारी हार हुई। यहाँ तक कि स्वयं श्रीमती गाँधी श्री राजनारायण से चुनाव हार गयीं। चुनाव के परिणामस्वरूप केन्द्र में जनता पार्टी की सरकार बनी। इसके बाद राज्य विधानसभाओं के लिए चुनाव हुए और उत्तर भारत के सभी राज्य इन्दिरा कांग्रेस के हाथ से निकल गये। पर यह स्थिति ज्यादा दिनों तक न रही। जनता पार्टी आन्तरिक कलह से टूट गयी और 1980 के चुनाव में पुनः इन्दिरा कांग्रेस की सरकार बनी।

1968 में अज्ञेय अमेरिका गये और लगभग तीन वर्षों तक वहाँ अध्यापन करने के बाद 1971 में भारत लौटे। जब वे अमेरिका में ही थे तो मानव की प्रथम चन्द्रयात्रा सम्पन्न हुई। 1971 के बाद से अज्ञेय भारत में रहे।

आलोचक के लिए रचनाकार के चारों ओर घटने वाली घटनाओं का ब्योरा दे देना अपेक्षाकृत आसान है और प्रस्तुत विवेचन में भरसक यही करने का प्रयास किया गया है। यह पूरे विश्वास के साथ नहीं कहा जा सकता कि यह विवरण अज्ञेय के परिवेश की सही पहचान करा सकने में समर्थ है ही। प्रायः ऐसा भी होता है कि इतिहास की घटनाएँ हमारी चेतना को छूती हुई निकल जाती हैं और छोटी-मोटी, दूसरों की दृष्टि में नगण्य प्रतीत होने वाली घटनाएँ हमारी चेतना को झकझोर कर हमारे परिवेश का अभिन्न हिस्सा बन जाती हैं। अज्ञेय के प्रसंग में यह भी महत्त्वपूर्ण बात है कि 1960 के बाद वे काफी समय तक विदेश में, विशेषकर अमेरिका में, रहे जहाँ के परिवेश का विवरण दे पाना भी कठिन है। हमारा अज्ञेय का अध्ययन, काल-सीमा की दृष्टि से, 1961 के बाद नहीं जाता, क्योंकि उपन्यास के रूप में उनकी अन्तिम रचना 1961 में प्रकाशित हुई थी। 1965 में उनका अन्तिम कहानी-संग्रह प्रकाशित हुआ था पर उसकी सारी कहानियाँ 1959 के पहले लिखी जा चुकी थीं।

अज्ञेय के परिवेश के बारे में दो-एक बातें बिना किसी द्विधा के साथ कही जा सकती हैं। वे सही अर्थों में नागर व्यक्ति हैं। बचपन से लेकर आज तक उनका सारा जीवन नगरों में—जिनमें कसबे से लेकर महानगर तक शामिल हैं—बीता है। मुझे नहीं मालूम कि वे कभी किसी गाँव में रहे हैं; वैसे कभी भ्रमण या किसी दूसरे सिलसिले में उनका गाँवों में जाना और दो-चार दिनों के लिए रहना हुआ हो, यह दूसरी बात है।

नगर से दूर जंगल, पहाड़ और समुद्र की प्राकृतिक सुषमा के बीच अज्ञेय के जीवन का बहुत बड़ा अंश व्यतीत हुआ है। अपनी शैशवावस्था में वे कश्मीर, नीलगिरि और दक्षिण के सागर तट पर तो रहे ही, परवर्ती जीवन में भी जब कभी उन्हें अवसर मिला नगर से सागरतट या पर्वत की ओर भागते रहे हैं। यहाँ तक कि विदेश यात्रा में भी नगर दर्शन की तुलना में उन्होंने सागर दर्शन को ही वरीयता दी और वे स्थान उन्हें सर्वाधिक भाये जहाँ एक साथ समुद्र और गिरि श्रृंखला का संयोग है।

भावात्मक रूप से मनुष्य मात्र से बहुत गहरे जुड़े होने पर भी अज्ञेय एकान्तप्रेमी थे। वे न भीड़ का हिस्सा बन सकते थे न उसका नेतृत्व कर सकते थे। वे बड़े समूह के साथ तादात्म्य स्थापित नहीं कर सकते थे। कुछ थोड़े से व्यक्तियों के बीच वे सहज भाव से रह सकते थे पर बड़े समुदाय के बीच उनका दम घुटने लगता था। अज्ञेय का सारा जीवन इसका प्रमाण है।

अज्ञेय की ये परिवेशगत विशेषताएँ उनके साहित्य में भी परिलक्षित होती हैं। उनके उपन्यासों और कहानियों में ग्राम जीवन का चित्रण बिलकुल नहीं हुआ है, न ही किसी व्यापक समाज का सर्वांगीण चित्रण उनमें प्राप्त होता है। पर व्यक्तियों की संवेदनाओं के चित्रण में उन्हें बहुत सफलता मिली है। प्रकृति अनेक रूपों में उनकी कविताओं का विषय बनी है।

अज्ञेय का परिवेश बहुत व्यापक, जटिल और संश्लिष्ट था। यदि उपर्युक्त विवरण से उस पर कोई प्रकाश पड़ता है, तो यह संयोग है।

सन्दर्भ

1. अज्ञेय : लेखक और परिवेश *आलवाल*, पृ. 17
2. वही, पृ. 19
3. वही, पृ. 20
4. वही, पृ. 21
5. वही, पृ. 26
6. ताराचन्द : *हिस्ट्री ऑफ दि फ्रीडम मूवमेन्ट इन इण्डिया*, भाग-3, पृ. 471
7. वही, भाग-3, पृ. 493

अज्ञेय के साहित्य सम्बन्धी विचार

अज्ञेय मुख्य रूप से रचनाकार हैं, आलोचक नहीं। उन्होंने स्वयं भी इस तथ्य को एक स्थान पर स्वीकार किया है। उन्होंने लिखा है : "मैंने आलोचक होना कभी नहीं चाहा; चाहा तो 'लेखक' होना ही चाहा। 'लेखक' में कभी उपन्यासकार होने की आकांक्षा प्रधान रही तो कभी कवि होने की, यह दूसरी बात है।"[1] वस्तुतः हिन्दी साहित्य में अज्ञेय मुख्यतः कवि और उपन्यासकार के रूप में ही जाने जाते हैं, आलोचक रूप में नहीं। बाद की रचनाओं में उनका चिन्तक-विचारक का रूप भी सामने आया। पर अज्ञेय मुख्यतः कवि, उपन्यासकार और कहानीकार के रूप में ही जाने जाते हैं।

वस्तुतः कोई भी बड़ा रचनाकार आलोचनात्मक क्षमता से सर्वथा रहित नहीं हो सकता। बिना आलोचनात्मक क्षमता के श्रेष्ठ साहित्य की सृष्टि सम्भव ही नहीं है। अज्ञेय इस नियम के अपवाद नहीं हैं। उनका चिन्तन उनकी रचनाओं में ही नहीं, अनेक छिटपुट निबन्धों, अन्तःप्रतिक्रियाओं, साक्षात्कारों और भूमिकाओं के रूप में, जो *'आत्मनेपद'*, *'आलवाल'*, *'भवन्ती'*, *'लिखी कागर कोरे'*, *'अन्तरा'*, *'शेखर : एक जीवनी'* (भूमिका) तथा *'तारसप्तक'* (भूमिका) आदि में संगृहीत हैं, अभिव्यक्त हुआ है। इनके अलावा उन्होंने 'हिन्दी साहित्य : एक आधुनिक परिदृश्य' नामक पुस्तक भी लिखी है। इन पुस्तकों में अज्ञेय का साहित्य विषयक चिन्तन देखा जा सकता है।

अज्ञेय साहित्य को 'आत्माभिव्यक्ति' या 'समाज का चित्रण' नहीं, 'सम्प्रेषण' मानते हैं। इसका तात्पर्य यह नहीं कि अज्ञेय के अनुसार साहित्य में 'आत्माभिव्यक्ति' या 'समाज का चित्रण' होता ही नहीं। साहित्य में ये दोनों चीजें अनिवार्य रूप में होती हैं। अज्ञेय के अनुसार 'साहित्य रचना में—किसी भी कलासृष्टि में—आत्माभिव्यक्ति भी होती है, और न हो तो कृतिकार या रचयिता अपने को कुंठित अनुभव करता है या असफलता का बोध करता है।'[2] अज्ञेय के अनुसार 'समाज पर कल्याणकर प्रभाव भी साहित्यिक कृति का पड़ता है...; पर वह भी कृतिकार का लक्ष्य नहीं होता—वह समाज को सुधारने के लिए रचना नहीं करता, रुचि का, सामाजिक प्रवृत्तियों का, परिष्कार कलाकृति का आनुषांगिक परिणाम ही होता है।'[3] पर ये दोनों ही साहित्य के लक्ष्य नहीं हो सकते। साहित्य को आत्माभिव्यक्ति तक सीमित रखना उसे 'बहुत

छोटे सन्दर्भ में रखना है'। अज्ञेय के मतानुसार "कृतिकार का उद्देश्य या लक्ष्य केवल 'अनुभव का सम्प्रेषण' है। सहज बोध द्वारा अपनी अनुभूतियों से व्यापकतर अनुभवों में प्रवेश, उन अनुभवों की पकड़ और उनका सम्प्रेषण—यही उसका लक्ष्य है।"[4]

अज्ञेय की सोच का असर उनकी कृतियों में भलीभाँति देखा जा सकता है। उनकी कविताएँ और औपन्यासिक कृतियाँ 'अनुभव के सम्प्रेषण' के रूप में ही सामने आती हैं। चूँकि अज्ञेय को बृहत् सामाजिक जीवन का कोई अनुभव नहीं है, या बहुत सीमित अनुभव है, इसलिए उनकी रचनाओं में समाज के व्यापक अनुभव के सम्प्रेषण का प्रयत्न नहीं दीखता, या बहुत कम दीखता है। इसी कारण अज्ञेय तीन-तीन उपन्यासों के रचयिता होने के बावजूद अपने को कवि ही मानते हैं।[5]

साहित्य रचना विषयक सिद्धान्त में अज्ञेय टी.एस. इलियट के समर्थक और अनुयायी हैं। उन्होंने इलियट की प्रायः उद्धृत होने वाली उक्ति : 'देयर इज ऑलवेज अ सेपरेशन बिटविन द मैन हू सफर्स एण्ड द आर्टिस्ट हू क्रिएट्स; एण्ड द ग्रेटर द आर्टिस्ट द ग्रेटर द सेपरेशन' (भोगने वाले प्राणी और सृजन करने वाले कलाकार में सदा एक अन्तर रहता है और जितना बड़ा कलाकार होता है उतना ही भारी यह अन्तर होता है) स्वयं भी उद्धृत की है और उसकी व्याख्या की है।[6] टी. एस. इलियट के अनुसार कविता द्वारा सम्प्रेषित अनुभूति, संवेग या विजन कवि के मस्तिष्क में उत्पन्न अनुभूति, संवेग या विजन कवि से किंचित् भिन्न होते हैं।[7] कवि जिस रूप में वास्तविक जगत में नाना प्रकार के अनुभव प्राप्त करता है, वे उसी रूप में, ज्यों के त्यों, कविता में शब्दबद्ध नहीं हो जाते। कवि का मस्तिष्क प्लाटिनम की उस धातु की तरह होता है जो विभिन्न रासायनिक परिस्थितियों से गुजरकर और स्वयं निर्लिप्त रह कर भी अनेक महत्त्वपूर्ण परिवर्तनों का जनक होता है। कवि अपने व्यक्तिगत जीवन में अनेक अनुभवों और प्रतिक्रियाओं से गुजरता है जो रचनाशील मस्तिष्क के सम्पर्क में आकर कलारूप में परिणत होते हैं। 'कवि के व्यक्तित्व का इसलिए महत्त्व है कि यह एक ऐसा ग्रहणशील 'माध्यम' है, जिसमें अगणित संवेग, अनुभव तथा स्मृतियाँ तब तक संगृहीत होती रहती हैं, जब तक कि वे सब मिल कर एक नया सम्मिश्रण नहीं बना लेतीं।'[8]

लेखक का जीवन में अनुभूत सत्य किस प्रकार काव्य में फलीभूत होता है, इस पर अज्ञेय ने अपने विचार स्पष्ट शब्दों में व्यक्त किये हैं। उनके अनुसार, "भोक्ता से द्रष्टा होने का परिवर्तन-क्षण अत्यन्त महत्त्वपूर्ण क्षण है, वही स्रष्टा होने की पहली शर्त है। ऐसा ही क्षण साहित्य का असल 'वर्तमान' है। जो भोक्ता है और पहचानता नहीं कि मैं भोग रहा हूँ, वह अभी केवल ग्रहीता है, सम्प्रेषक न वह है, न हो सकता है। दूसरी ओर जब वह पूरी तरह अनुभूति को पहचान लेता है, आप्त कर लेता है, तब वह उससे अलग हो चुका होता है—यानी तब वह अनुभूति उसका वर्तमान नहीं, अतीत अनुभव होता है। सच्चा वर्तमान ऐसा क्षण है जिसके साथ न तो स्मृति का

आभास है और न प्रत्याशा या अपेक्षा का—क्योंकि एक अतीत का लक्षण है और दूसरा भविष्य का। दोनों प्रकार की छायाओं से मुक्त असम्पृक्त क्षण ही वर्तमान है।. ..कवि का काम इसी क्षण को पकड़ना है या कि ऐसे क्षणों की शृंखला को पकड़ते चलना है।"[9]

अज्ञेय की कविताओं, कहानियों और उपन्यासों में इस साहित्य-रचना विषयक दृष्टिकोण को सर्वत्र देखा जा सकता है। वस्तुतः बिना इस दृष्टिकोण को सामने रखे हम अज्ञेय की रचनाओं का सम्यक् आशंसन कर ही नहीं सकते।

जैसा हम पहले कह चुके हैं, अज्ञेय मुख्यतः कवि हैं। वे स्वयं भी अपने को कवि ही मानते हैं वे लिखते हैं : "...कालान्तर में मैंने मान लिया कि मेरी जैसी दृष्टि है—उसकी जो विशिष्टता है और जो सीमा है—उसे देखते हुए मैं कवि ही रहूँगा, उपन्यासकार नहीं बनूँगा।"[10] इस दृष्टि से अज्ञेय के कविता विषयक विचारों का विशेष महत्त्व स्वीकार किया जा सकता है।

अज्ञेय के अनुसार, 'कविता ही कवि का परम वक्तव्य है'[11] यों तो कवि की समस्याएँ अनेक हैं, मसलन काव्य विषय की, सामाजिक उत्तरदायित्व, संवेदन के पुनःसंस्कार आदि की, किन्तु उसकी सबसे प्रमुख और मौलिक समस्या है, साधारणीकरण और कम्युनिकेशन (सम्प्रेषण) की। इसी लक्ष्य से प्रेरित होकर कवि प्रयोगशीलता की ओर अग्रसर होता है : "कवि अनुभव करता है कि भाषा का पुराना व्यापकत्व उसमें नहीं है—शब्दों के साधारण अर्थ से बड़ा अर्थ हम उसमें भरना चाहते हैं, पर उस बड़े अर्थ को पाठक के मन में उतार देने के साधन अपर्याप्त हैं। वह या तो अर्थ कम पाता है या बिलकुल भिन्न पाता है।"[12] अतः कवि नये-नये प्रयोग करता है, शब्दों में नये अर्थ भरता है।

अज्ञेय के विचार से "काव्य सबसे पहले शब्द है। और सबसे अन्त में भी यही बात बच जाती है कि काव्य शब्द है। सारे कवि-धर्म इसी परिभाषा से निःसृत होते हैं। शब्द का ज्ञान—शब्द की अर्थवत्ता की सही पकड़—ही कृतिकार को कृती बनाती है। ध्वनि, लय, छन्द आदि के सभी प्रश्न इसी में से निकलते हैं।"[13] अज्ञेय तो यहाँ तक मानते हैं कि सारे सामाजिक सन्दर्भ, कवि की युगसम्पृक्ति और उसका सामाजिक उत्तरदायित्व, इसी से—शब्द की अर्थवत्ता की सही पकड़ से—निःसृत होते हैं। वे लिखते हैं : "जो कवि शब्द के संस्कार के प्रति सजग नहीं है वह अर्थवान शब्द का साधक नहीं है और मैं कहूँगा कि वह कवि नहीं है, न होगा।"[14]

अज्ञेय कविता में 'शब्द' को ही सम्प्रेषण का एकमात्र माध्यम मानते हैं, भाषा को नहीं। वे शब्द और भाषा में भेद करते हैं। भाषा वस्तुतः शब्द और व्याकरण की एक विशिष्ट व्यवस्था है, जिसके अपने नियम हैं और जिसकी बहुत दूर तक उपेक्षा नहीं की जा सकती। इस 'व्यवस्था' के कारण कवि को सम्प्रेषण में बाधा होती है, इसलिए वह इसे तोड़ता है, दूसरी ओर शब्द निर्बन्ध होते हैं और उनमें नाना प्रकार के

अर्थ भरे जा सकते हैं; उनकी अर्थसम्भावनाएँ असीमित हैं। अज्ञेय लिखते हैं : "मेरी खोज भाषा की खोज नहीं है, केवल शब्दों की खोज है। भाषा का उपयोग मैं करता हूँ, निस्सन्देह; लेकिन कवि के नाते जो मैं कहता हूँ वह भाषा के द्वारा नहीं, केवल शब्दों के द्वारा।"[15] अज्ञेय के मतानुसार कवि एक तरफ तो शब्द में निहित शक्ति का पूरा उपयोग करता है और दूसरी तरफ उसकी समस्त ज्ञात-अज्ञात सम्भावनाओं की कर्षणा करता है। वह न केवल शब्दों का भरपूर सार्थक प्रयोग करता है, वरन् कभी-कभी शब्दों, वर्णों का उपयोग न करके ही अर्थ की वृद्धि करता है। अज्ञेय उसी को भाषा का श्रेष्ठ कलात्मक उपयोग मानते हैं 'जिसमें न केवल शब्दों के निहित और सम्भाव्य अर्थों का पूरा उपयोग किया जाता है बल्कि उन अर्थों का भी जो कि शब्दों के बीच के शब्दहीन अन्तराल में भरे जा सकते हैं।' अज्ञेय की दृष्टि में 'कविता शब्दों के बीच की नीरवताओं में होती है।'[16]

अज्ञेय कविता में 'मौन' का महत्त्व प्रतिपादित करते हुए उसे 'अन्तिम उक्ति' मानते हैं। कविता में प्रयुक्त होने वाले शब्द, उपमाएँ, वक्र उक्तियाँ, नयी सूझें आदि धीरे-धीरे अति परिचय के कारण धूमिल और शक्तिहीन हो जाती हैं। कवि के सामने शब्द परम्परा का एक विशाल रिक्थ होता है, पर वह उसकी निर्जीव कड़ी न बनकर, व्यंजना के नये माध्यम की खोज में अग्रसर होता है। इस प्रक्रिया में कभी वह पाता है कि 'उसे जो कहना है, वह मौन में ही कहा जा सकता है।'[17] अज्ञेय इसे कवि की शक्ति मानते हैं। जो कवि मौन मन्थन का सफल प्रयोग कर पाता है, उसकी श्रेष्ठता निर्विवाद है।

भारतीय काव्य-चिन्तन शब्दों की क्षमता, शक्ति और महत्त्व को स्वीकार करता है और अज्ञेय के कविता सम्बन्धी दृष्टिकोण में उसकी किंचित् नवीन व्याख्या देखी जा सकती है। जिसे अज्ञेय शब्दों के बीच की 'नीरवता' या 'मौन' कहते हैं, वही भारतीय काव्यशास्त्रियों की 'व्यंजना शक्ति' है। अज्ञेय का यह दृष्टिकोण पूर्णतः मौलिक न होकर अपनी नयी व्याख्या के कारण मौलिक प्रतीत होता है।

कविता जीवन से किस अर्थ में और किस सीमा तक जुड़े, इसे लेकर अज्ञेय की कविता और उनके कविता विषयक विचार दोनों विवाद्य हैं। अज्ञेय लिखते हैं : "कविता का वास्तविकता से सम्बन्ध है, घनिष्ठ सम्बन्ध है। कल्पना, प्रातिभ ज्ञान, पर्यवेक्षण, सभी से कविता वास्तविकता को स्वायत्त, आत्मसात् करती है, संवेद्य और बहुजन सम्प्रेष्य बनाती हुई फिर से रचती है।"[18]

पर 'वास्तविकता' क्या है, इस सम्बन्ध में अज्ञेय की दृष्टि सामान्य से भिन्न है। वे मानते हैं कि : "कविता की वास्तविकता स्थूल जीवन की वास्तविकता नहीं है, न उसकी प्रतिस्थानीय हो सकती है। वैसे ही कविता भी कर्म की प्रतिस्थानीय या प्रतिभू नहीं है और न हो सकती है। जो कवि-कर्म को ही सामाजिक कर्म मान लेता है, यह फिर कुछ-एक भोंड़े शब्द और ढेर-सा फिचकुर लोगों के आगे डालकर अपने

दायित्व को पूरा हो गया मान ले सकता है।"[19]

इससे स्पष्ट है कि अज्ञेय काव्य रचना में कवि का कोई सामाजिक दायित्व स्वीकार नहीं करते। यह तो सही है कि किसी 'सामाजिक दायित्व' को ही लक्ष्य मानकर कविता लिखने की कोशिश सपाट कथन का शब्दजाल मात्र होगी; पर सामाजिक अन्तर्विरोधों, आर्थिक शोषण और किसी व्यवस्था विशेष की असंगतियों से उत्पन्न कवि की पीड़ा, यानी अज्ञेय के शब्दों में 'अनुभूति', जब शब्दों के माध्यम से सम्प्रेषित हो, जब कवि की यह पीड़ानुभूति पाठकवर्ग या समाज के व्यापकतर अनुभवों में प्रवेश करे, उन अनुभवों को पकड़े और उनका सम्प्रेषण करे तो यह अज्ञेय की कसौटी पर भी श्रेष्ठ काव्य होगा और मेरी दृष्टि में यह कविता उस कविता से निश्चय ही श्रेष्ठतर होगी जो कुछ थोड़े से खाते-पीते व्यक्तियों की झूठी मानसिक पीड़ा, अप्रामाणिक रहस्यानुभूति या कुण्ठा को अभिव्यक्ति प्रदान करती है। अज्ञेय ने अपनी कविता की प्रतिरक्षा में जो सिद्धान्त प्रतिपादित किया है वह संगत होते हुए भी अधूरा है। शब्द की महत्ता अस्वीकार्य नहीं हो सकती, पर कविता उसमें निहित अर्थ से बड़ी बनती है; और वह अर्थ उसी व्यक्ति के पास हो सकता है जो भारत जैसे देश में सामान्य जन की जिन्दगी से जुड़ा हुआ है। स्वयं अज्ञेय अपने काव्य सामर्थ्य के बावजूद इस कारण 'महान' कवि नहीं बन सके हैं क्योंकि व्यापक भारतीय जीवन की पीड़ा से वे अपने को एकाकार नहीं कर सके हैं।

अज्ञेय की दृष्टि में वेदना, यातना या पीड़ा का कलासृष्टि में अद्वितीय स्थान है। *'शेखर : एक जीवनी'* की भूमिका में वे लिखते हैं : 'वेदना में एक शक्ति है, जो दृष्टि देती है। जो यातना में है, वह द्रष्टा हो सकता है।' *नदी के द्वीप* के आरम्भ में अज्ञेय ने अपनी निम्नलिखित कविता-पंक्तियाँ उद्धृत की हैं, जो उनके इस दृष्टिकोण की पुष्टि करती हैं।

दुःख सबको माँजता है
और
चाहे स्वयं सबको मुक्ति देना वह न जाने, किन्तु
जिनको माँजता है
उन्हें यह सीख देता है कि सबको मुक्त रखें।

अज्ञेय गहरी पीड़ा को ही अनुभूति मानते हैं जो कविता या उपन्यास का प्राण तत्त्व है : वस्तुतः यह भारतीय दृष्टि है जो कालिदास के 'निषाद विद्धाण्डजदर्शनोत्थः श्लोकत्वमापद्यत यस्य शोकः' उक्ति में निहित है। अज्ञेय की कविताओं तथा औपन्यासिक कृतियों में यह दृष्टि सर्वत्र विद्यमान है।

प्राचीन काल में भारतीय काव्यशास्त्रियों ने कविता को श्रव्य काव्य की संज्ञा दी थी, पर आधुनिक काल में स्थिति सर्वथा बदल गयी है। यों आज भी पुराने ढंग के कवि सम्मेलन होते हैं और रेडियो पर भी कविताओं का पाठ होता है, पर आज

कविता मुख्यतः पाठ्य ही है। मुद्रण ने कविता के स्वरूप को किस सीमा तक प्रभावित किया है इस पर अज्ञेय ने अपने 'कविता : श्रव्य से पाठ्य तक' शीर्षक निबन्ध में विचार किया है। उनके मतानुसार छपाई का जितना व्यापक और गहरा प्रभाव कविता पर पड़ा है, उतना अन्य कलाओं पर नहीं। (यों उपन्यास का तो जन्म ही मुद्रण कला की देन है।) छपाई ने एक नये कालबोध को जन्म दिया जिससे कविता का स्वभाव ही बदल गया। अज्ञेय इस कालबोध को 'नया' न कह कर 'निरवधि और आवर्तीकाल के बदले एक सावधि और ऋजु रेखानुसारी काल की परिकल्पना' कहना पसन्द करते हैं।[20]

अज्ञेय के शब्दों में 'वाचन की स्थिति में आविर्भूत होने वाली एक सत्ता' होने के नाते वाचिक कविता सम्पूर्णतया कालजीवी होती थी; सम्पूर्णतया कालजीवी होने के नाते वह एक साथ ही काल के दो आयामों में जी सकती थी : एक वह काल जो वाचन के सम्प्रेषण की अवस्थिति का था, यानी जिसमें कवि और सामाजिकों का साझा था; दूसरा वह काल जिसका वृत्त कविता प्रस्तुत करती थी, यानी जिसमें कविता की वर्णित वस्तु घटित हुई थी। दूसरे शब्दों में वह एक साथ ऐतिहासिक काल और सनातन काल में, आवर्ती और रेखानुसारी काल यामों में, 'उस' और 'इस' काल में, जी सकती थी। कवि और सामाजिक दोनों के बीच दोनों आयामों का साझा था।... किन्तु मुद्रित कविता के चाक्षुष ग्रहण के लिए निर्मित कविता में यह सम्भव नहीं रहता। दृश्य होकर वह एक स्थूल आयाम पा लेती है; और दिक् (स्पेस) के इस आयाम के बदले काल का एक आयाम खो देती है।'[21]

अज्ञेय के इस विचार से किसी को असहमति नहीं हो सकती कि आधुनिक काव्य में 'दृश्य' और 'श्रव्य' का भेद महत्त्वपूर्ण नहीं रह गया है। आधुनिक कविता न केवल दृश्य है, न केवल श्रव्य; "उसका प्रयास है कि वह सीधी-सादी बोधगम्य हो। ... वह सीधी चेतना को छूना चाहती है, इसलिए निरे शब्दों के निरे अर्थ से आगे जाकर वह ध्वनियों और अन्तर्ध्वनियों, स्वरों और अन्तःस्वरों से उलझती है, और संवादी और विवादी स्वरों को लेकर अन्वेषण करती है...एक तरफ वह छन्द के बन्ध तोड़ती है तो दूसरी तरफ वह संगीत यानी गेय तत्त्व को अधिक अपनाना चाहती है।"[22]

उपन्यास के सम्बन्ध में अज्ञेय ने बहुत अधिक नहीं लिखा है, यों सामान्यतः उनके कविता सम्बन्धी विचार उपन्यास पर भी लागू हो सकते हैं। अज्ञेय अपने को मूलतः 'कवि' मानते हैं। इसका कारण वे अपनी 'दृष्टि की विशेषता' और 'सीमा' को स्वीकारते हैं। अज्ञेय की 'सीमा', मेरी समझ से, यह है कि वे एकान्तप्रिय व्यक्ति हैं और अपने को बृहत् समाज का अंग नहीं बना पाते। उनका व्यापक समाज से सम्पर्क, और इसलिए सामाजिक जीवन का अनुभव, अपेक्षाकृत सीमित है। अज्ञेय के इस स्वीकार के पीछे सम्भवतः यह प्रचलित धारणा है कि उपन्यास से अनुभव की

तीव्रता और गहराई के साथ-साथ व्यापकता, विस्तार और वैविध्य भी जरूरी है, जो समाज से कटकर रहने वाले एकान्तप्रिय व्यक्ति के लिए दुर्लभ है। उपन्यास पूरे समाज का चित्र हो या व्यक्ति मानस का, या कुछ व्यक्तियों की संवेदनाओं का, इस सम्बन्ध में कोई नियम नहीं बनाया जा सकता। यह उपन्यासकार पर निर्भर है कि वह अपने अनुभव और अनुभूति के अनुसार कौन सा विषय उपन्यास के लिए चुनता है। स्वयं अज्ञेय के अनुसार, 'उपन्यास अनिवार्यतया पूरे समाज का चित्र हो, यह माँग बिलकुल गलत है। उपन्यास की परिभाषा के बारे में यह भ्रान्ति (जो देश में या कम-से-कम हिन्दी में काफी फैली हुई मालूम होती है). साहित्य के सामाजिक तत्त्व को गलत समझने का परिणाम है।'[23]

वस्तुतः व्यक्ति और समाज दोनों उपन्यास के चित्रणीय विषय हैं और दोनों को एक दूसरे से अलग किया भी नहीं जा सकता। जो उपन्यासकार व्यक्ति को समाज से पूर्णतः काटकर उसका चित्रण मनोवैज्ञानिक रोगी या 'अनोखे' व्यक्ति के रूप में करता है, उसे 'उपन्यास' हम भले मान लें, श्रेष्ठ उपन्यास नहीं मान सकते। इस प्रकार समाज के चित्रण में यदि व्यक्ति निर्जीव और तन्त्र का पुरजा मात्र बना दिया जाता है तो वह उपन्यास भी सही अर्थ में उपन्यास नहीं बन पाता। दरअसल उपन्यास में व्यक्ति और समाज एक दूसरे के विरोधी नहीं है। प्रश्न दोनों के सापेक्ष महत्त्व को लेकर है। व्यक्ति और समाज के परस्पर सम्बन्ध विभिन्न समाज और अर्थव्यवस्थाओं में बदल जाते हैं। जहाँ पूँजीवादी अर्थव्यवस्था में व्यक्ति प्रधान हो जाता है वहाँ समाजवादी व्यवस्था में समाज प्रमुख और व्यक्ति गौण हो जाता है। उपन्यास में भी व्यक्ति और समाज की सापेक्ष प्रधानता पूँजीवादी और समाजवादी मनोवृत्ति का परिणाम होती है। मेरी दृष्टि में उपन्यास व्यापक जनसमुदाय की जिन्दगी को, उसकी समस्याओं, तकलीफों, उलझनों और सम्बन्धों को अभिव्यक्ति प्रदान करने वाला एकमात्र रूप है। साहित्य हजारों वर्षों के साहित्येतिहास में पहली बार, आधुनिक युग में, जनसामान्य को एक अपनी काव्यविधा मिली है और वह 'उपन्यास' है। अतः उपन्यास का व्यापक 'सामाजिक जीवन' से सम्बन्ध निर्विवाद है। कदाचित् स्वयं अज्ञेय भी इसे किसी न किसी अंश में मानते हैं अन्यथा वे तीन-तीन महत्त्वपूर्ण उपन्यास लिख कर भी अपने को केवल 'कवि' न कहते। इसके बावजूद हम व्यक्ति सत्य के उद्घाटन को उपन्यास के लिए वर्जित या द्वितीय कोटि की उपलब्धि नहीं मान सकते। यहाँ भी हम अपने विचार को दोहराना पसन्द करेंगे कि भारत जैसे देश में कोई कलाकार अपने को सामान्य जीवन धारा से काटकर महान् लेखक नहीं बन सकता। अज्ञेय के 'उपन्यास' श्रेष्ठ कृतियाँ होने पर भी इस कारण महान कृतियाँ नहीं हैं क्योंकि वे सामान्य भारतीय जीवनधारा से कटे हुए हैं।

अज्ञेय के अनुसार : 'उपन्यास मूलतः एक कालबद्ध रचना है। काल में घटित का ही रूपयुक्त वृत्तान्त उपन्यास है। इसलिए अगर कालबोध भिन्न है तो उपन्यास

का रूप भी भिन्न होगा; अगर उपन्यास-रूप विशिष्ट है तो कालबोध भी विशिष्ट होगा।'[24]

अज्ञेय मानते हैं कि 'पश्चिम की काल कल्पना मूलतः ऋजु रेखानुसारी' है, इसलिए पाश्चात्य कथा में काल की सीधी गति दिखाई पड़ती है, जबकि 'भारतीय आख्यान साहित्य में आवर्तन होता है, कथा वहीं लौट आती है जहाँ से आरम्भ हुई थी; बीच में और आवर्तन भी हो सकते हैं और एक वृत्त के भीतर फिर और भी वृत्त हो सकते हैं।'[25] पश्चिम का कालबोध, अज्ञेय के अनुसार, ऐतिहासिक, ऋजुरेखानुसारी, अप्रत्यावर्त्य हैं। उस कालबोध में 'हो चुके' या 'हो रहा' वरीयता पाता है, 'और हर घटना का एक अन्त होता है, परिणति होती है; भारतीय कथाकार या किस्सागो इतमीनान में है, मजे-मजे चलता है, उसकी दृष्टि संग्राहक है; उसका कालबोध सांस्कृतिक और वृत्तानुसारी है। उसमें आना और जाना तो है, पर अन्त या चुक जाना नहीं है। जो हो चुका है, वह घटित के नाते ही निरन्तर घटमान है। न कोई आदि है, न अन्त है।'[26]

अज्ञेय काल का आरम्भ सुदूर अतीत से न मानकर वर्तमान की चेतना से, वर्तमान के अद्यतन क्षण से मानते हैं। उनके अनुसार काल की गति वर्तमान के क्षण से आरम्भ होकर अतीत या भविष्य की ओर होती है। इस प्रकार काल के सभी क्षण सर्वथा वर्तमान या सहकालिक हो जाते हैं। अज्ञेय की इस कालधारणा का प्रभाव उनके उपन्यासों पर ही नहीं, उनके उपन्यास विषयक चिन्तन पर भी देखा जा सकता है।[27] कालधारणा के इसी परिप्रेक्ष्य में अज्ञेय आधुनिक उपन्यास विधा को मूलतः भारतीय सिद्ध करते हैं। उनके अनुसार, 'आख्यान का अगर कोई विशिष्ट रूपाकार है जिसे भारतीय प्रतिभा की अनन्य उपज माना जा सके तो वह 'शृंखलाबद्ध कथा' या 'कहानी के भीतर कहानी' ही है। 'हितोपदेश'-'पंचतन्त्र' इसके प्राक्तन रूप हैं। 'कथासरित्सागर', 'ईसप की कहानियाँ', 'अलिफ लैला', 'बैताल पचीसी' और 'सिंहासन बत्तीसी', 'डेकामेरॉन' और 'तोता मैना' उसी शृंखला की कड़ियाँ हैं। सम्बद्ध वृत्तों—दृष्टान्तों के द्वारा ठोस व्यावहारिक ज्ञान दर्शन की परम्परा के रक्षण, प्रचार और प्रसार की ऐसी कथाएँ तो सारे संसार में मिलती हैं, पर यह मानना संगत है कि एक सुष्ठु और परिपक्व, परिमार्जित साहित्यिक विधा के रूप में इसका विकास विशिष्टतः भारतीय है।'[28]

पर आधुनिक उपन्यास पश्चिम की देन है। प्रत्येक भारतीय भाषा में उपन्यास का उदय पश्चिम के प्रभाव के फलस्वरूप ही हुआ। यही कारण है कि हिन्दी या भारतीय उपन्यास में पश्चिमी कालबोध का ही प्राधान्य है। हम प्रेमचन्द के उपन्यासों को लें या भगवतीचरण वर्मा, यशपाल आदि के उपन्यासों को, उनमें काल की गति ऋजुरेखानुसारी है। ऐतिहासिक उपन्यास तो इस कालबोध के अच्छे उदाहरण हैं ही। उसके बाद 'कालबोध के खंडित, कालाणुपरक, निर्व्यक्तिक होने के साथ-साथ उपन्यास

में भी वही चीज प्रकट हुई; खंडित बोध के, क्षण गत जीवन के, निर्व्यक्तिक 'अनुभूति' के उपन्यास अत्याधुनिक (पश्चिमी) कालबोध के साथ अनिवार्यतः बँधे हैं'[29]

इसके बावजूद अज्ञेय मानते हैं कि यद्यपि भारतीय लेखक पश्चिमी कालधारणा का अनुसरण करता है, फिर भी काल की चक्रगति उसके मानसिक संसार का अंग है। हिन्दी में ही ऐसे अनेक उपन्यास मिलेंगे जिनमें कालगति का द्विविध बोध क्रियाशील दिखाई पड़ता है : एक ओर आवर्ती काल का बोध, दूसरी ओर एकान्त ऐतिहासिक का भी। स्वयं अज्ञेय के उपन्यास इस कालबोध को उदाहृत करते हैं। अज्ञेय के अतिरिक्त अमृतलाल नागर, निर्मल वर्मा, मन्नू भंडारी आदि के उपन्यासों में इस कालबोध को देखा जा सकता है। अज्ञेय के अनुसार, 'ऐसे साहित्य में चक्रगति और निरन्तर पुनरागमन प्रत्यावर्त्तन की पहचान भी है और अत्यन्त वर्तमान, छायारहित जीवन्त क्षण की खोज भी।...यह तो मानना होगा कि जिस कृति में ऐसी काल चेतना लक्षित होगी उसे न केवल मानवीय नियति के प्रति दृष्टिकोण के लिहाज से नयी अर्थवत्ता रखने वाला मानना होगा, वरन् साहित्यिक अथवा औपन्यासिक रूपाकार की दृष्टि से भी नयी उपलब्धि मानना होगा।'[30]

'मनोवैज्ञानिक उपन्यास' पर विचार करते हुए अज्ञेय 'मनोविज्ञान' को 'सेक्स मनोविज्ञान' का पर्याय मानकर उपन्यास में उसके वर्णन को महत्त्व नहीं देते। उनके अनुसार, 'मनोविज्ञान का ज्ञान वात्स्यायन कामसूत्रकार को या अमरु को या क्षेमेन्द्र को या दामोदार गुप्त को कम नहीं था—सेक्स मनोविज्ञान का भी। नयी बात मनोविज्ञान की या सेक्स-मनोविज्ञान की नहीं है; नयी बात है मनोवैज्ञानिक विशेषताओं/प्रवृत्तियों को परिवेशगत/समाजगत कारणों से जोड़ना, उनके अन्योन्य सम्बन्ध को विश्लिष्ट करके रखना। इस तरह मनोवैज्ञानिक प्रस्तुतीकरण निरे ब्योरे या वर्गीकरण से बढ़कर एक स्वस्तिकर, स्वास्थ्यप्रद सम्भावना रखने लगता है। इस दृष्टि से अब तक फ्रायड भी पीछे छूट चुका है। उपन्यासकार का सामाजिक स्वास्थ्य के साथ अधिक लगाव हो सकता है। विकृतियों का चित्रण भी अधिक मुक्त है, अवश्य।'[31]

अज्ञेय ने एक स्थान पर किसी लेखक की श्रेष्ठता की कसौटी पर भी विचार किया है। उनके अनुसार लेखक वह है जो : 'सहज बोध द्वारा अपने घटित से परे के अनुभव में भी प्रवेश करता है, और उस अनुभव का सम्प्रेषण करता है, चाहे इसके लिए अपनी अनुभूति का सहारा लेकर ही।'[32] जो यह नहीं कर सकता उसे अज्ञेय लेखक ही नहीं मानते, उसके अच्छा या बड़ा लेखक होने का तो कोई सवाल ही नहीं उठता।

लेखक के सम्बन्ध में दूसरा प्रश्न यह उठता है कि 'जिस अनुभव का सम्प्रेषण वह करता है, वह कहाँ तक उसके अपने घटित से बड़ा है। कहाँ तक ऐसा है कि पूरे समाज के या मानवजाति के अनुभव के समक्ष और समकक्ष उसे रखा जा सके? यानी कहाँ तक वह अपने जीवन से बढ़कर समाज के जीवन में पैठ सका है; और उन

अनुभवों का सम्प्रेषण कर सका है जो समाज के लिए भी महत्त्व रखते हैं।' जो लेखक इस कसौटी पर खरा उतरता है उसे अच्छा लेखक माना जा सकता है। लेखक जितना अधिक व्यापक मूल्यवत्ता का संस्पर्श पाठक को देता है–उसके द्वारा पाठक तक पहुँचता है–उतना ही अच्छा लेखक वह होता है।[33]

पर वह कौन सी विशेषता है जो किसी 'अच्छे लेखक' को 'महान् लेखक' बनाती है। अज्ञेय के अनुसार, 'लेखक हमें जिस व्यापकतर सत्य से, सामाजिक अनुभव से सम्पृक्त करता है, अगर उसकी व्याप्ति, गहराई, सच्चाई की पहचान के साथ-साथ हमें पाठक की हैसियत से यह लगे कि यह सच, या कि यह अनुभव, है तो हमारा ही, हमारे जीवन का, हमारे बीच का है; पर यदि इस लेखक की प्रतिभा ने उसका सम्प्रेषण हम तक न किया होता, उसकी ऐसी सजीव पहचान हमें न करायी होती, तो वह अलक्षित ही रह जाता, तो वह लेखक महान् लेखक है।'[34]

इस सम्बन्ध में अज्ञेय का अन्तिम निष्कर्ष है : "अर्थात् जिस लेखक के बारे में हम यह कह सकें कि इसने हमें जो सत्य दिया वह न केवल हमारे व्यापकतम अनुभव के क्षेत्र का है, बल्कि इसने हमें न दिखाया होता तो यह अनदेखा रह जाता, पर एक बार दिखा दिया जाने के बाद कभी ओझल होने का नहीं है–वही लेखक महान् है। जिसके बारे में हम यह सब न कह सकें पर इतना मानें कि उसका दिया हुआ सत्य हमारे व्यापक अनुभव के क्षेत्र का है–वह अच्छा लेखक है, महान् नहीं है। कितना अच्छा है, वह इस पर है कि वह सत्य कितना सार्वलौकिक और व्याप्ति के अर्थ में 'साधारण' है।"[35]

अज्ञेय ने एक स्थान पर कविता की आलोचना प्रक्रिया पर भी विचार किया है। उनके अनुसार कविता को समझने, परखने, उसका मूल्यांकन करने के लिए चार प्रश्नों पर विचार करना आवश्यक है :

1. कवि ने क्या करना चाहा है?
2. वैसा उसने क्यों चाहा है?
3. अपने उद्देश्य में वह कहाँ तक सफल हुआ है?
4. जो कुछ कवि ने करना चाहा, वह करने योग्य या महत्त्वपूर्ण था या नहीं?

अज्ञेय के अनुसार : 'अन्तिम प्रश्न के सही उत्तर की खोज पूरी तटस्थता और ईमानदारी के साथ की जानी चाहिए। प्रथम तीन प्रश्नों का उत्तर ठीक और सन्तोषजनक मिल जाने पर भी यदि चौथे प्रश्न के उत्तर में अनुभव के खरेपन का प्रमाण नहीं मिलता तो वैसी कविता को विशेष उपलब्धि नहीं माना जा सकता। चारों में से किसी भी प्रश्न का उत्तर : व्यवहार में इसका अर्थ हो जाता है पिछले दो प्रश्नों का उत्तर, क्योंकि पहले दो प्रश्न कविता को समझने के लिए हैं, अन्तिम दो उसका मूल्य निर्धारित करने के लिए–सन्तोषजनक न हो तो कविता को फेंक दीजिए; केवल प्रयोग को, वैचित्र्य को, शिल्प की कलाबाजी को, हस्तलाघव को कविता मत मानिए।'[36]

कविता को परखने की यह कसौटी काफी संगत है और इसका उपयोग साहित्य की अन्य विधाओं के लिए भी किया जा सकता है। इसमें केवल इतना भर जोड़ देना आवश्यक प्रतीत होता है कि कवि ने अपने अनुभव को सम्प्रेषित करने के लिए जो शब्द, भाषा या शिल्पप्रविधि अपनायी है, वह सम्प्रेषण को किस हद तक और किस तरह पूर्ण बनाती है।

इस विवेचन से अज्ञेय का जो चिन्तक रूप सामने आता है, वह पर्याप्त प्रत्ययकारी है। अज्ञेय के साहित्य चिन्तन के माध्यम से उनके रचनात्मक साहित्य को अधिक सही ढंग से और सुगमतापूर्वक समझा जा सकता है, ऐसा मेरा विश्वास है।

सन्दर्भ

1. अज्ञेय : *भवन्ती,* 1972, पृ. 42
2. वही. पृ. 80
3. वही
4. वही
5. वही, पृ. 42
6. *शेखर एक जीवनी,* भाग-1, भूमिका, पृ. 10
7. *सेक्रेड वूड,* भूमिका
8. केशव आनन्द, 'टी.एस.इलियट के काव्य सिद्धान्त', *आलोचना* 9, पृ. 210
9. अज्ञेय, *लिखि कागद कोरे,* पृ. 82-83
10. अज्ञेय, *भवन्ती,* पृ. 42
11. अज्ञेय, *तारसप्तक,* द्वितीय संस्करण, 1966, पृ. 275
12. वही, पृ. 276
13. वही, पृ. 308
14. वही, पृ. 309
15. अज्ञेय, *आलवाल,* पृ. 10-11
16. वही, पृ. 12
17. अज्ञेय *आत्मनेपद,* पृ. 33
18. अज्ञेय, *भवन्ती,* पृ. 64-65
19. वही, पृ. 65
20. अज्ञेय, *आलवाल,* पृ. 78
21. वही. पृ. 78
22. अज्ञेय, *आत्मनेपद.* 1960, पृ. 28
23. वही, पृ. 86
24. अज्ञेय, *आलवाल,* पृ. 49
25. वही, पृ. 106
26. वही, पृ. 50

27. वही, पृ. 109
28. वही, पृ. 49
29. वही, पृ. 50
30. वही, पृ. 107-8
31. अज्ञेय, *भवन्ती*, पृ. 77
32. वही. पृ. 81
33. वही
34. वही. पृ. 83
35. वही, पृ. 84
36. अज्ञेय, *लिखि कागद कोरे.* पृ. 69-70

अज्ञेय के उपन्यास : परिचय

अज्ञेय के अब तक केवल दो 'पूरे' और तीन 'अधूरे' उपन्यास प्रकाशित हुए हैं। वैसे उन्होंने पहला उपन्यास 1927-29 की अवधि में लिखा था जब वे लाहौर में बी. एस-सी. के छात्र थे और गुप्त क्रान्तिकारी आन्दोलन में भाग ले रहे थे। पर यह उपन्यास किसी सहयोगी के पास पकड़ा गया और फिर खुफिया पुलिस के दफ्तर में कहीं गुम हो गया जिसका उद्धार नहीं हो सका।

अज्ञेय का पहला प्रकाशित उपन्यास *'शेखर एक जीवनी'* है, जिसके दो भाग प्रकाशित हो चुके हैं और तीसरे भाग के बारे में यह मान लेने को विवश होना पड़ता है कि अब वह प्रकाश में आने को नहीं है। इस उपन्यास की रचना अज्ञेय ने अपने जेल-प्रवास में, 1930-34 की अवधि में की, और कई वर्षों तक उसे माँजने के बाद लगभग 1939 ई. में पूरा किया। इसका पहला भाग 'उत्थान' 1940 ई. में सरस्वती प्रेस, बनारस कैंट से प्रकाशित हुआ। मैंने इसका प्रथम संस्करण स्वयं अज्ञेय जी के पास देखा था। यह डबल क्राउन आकार की, 356 पृष्ठों की, बहुत ही सुन्दर जिल्द बँधी पुस्तक थी, जिसका मूल्य केवल तीन रुपये था। पुस्तक में प्रकाशक का नाम और प्रकाशन-काल मुद्रित नहीं थे। श्रीपत राय, सरस्वती प्रेस, बनारस कैंट को 'मुद्रक' बताया गया था पर कदाचित् वे ही इसके प्रकाशक भी थे। मुखपृष्ठ पर 'कॉपीराइट 1940' मुद्रित था, जो इसका प्रथग प्रकाशन काल भी सूचित करता है।

'शेखर : एक जीवनी' का दूसरा भाग 'संघर्ष' 1944 ई. में सरस्वती प्रेस, बनारस से ही प्रकाशित हुआ। इसका प्रथम संस्करण भी अज्ञेय जी के संग्रह में विद्यमान था, जिसे देखने का अवसर प्रस्तुत पंक्तियों के लेखक को मिला था। यह डिमाई आकार की 259 पृष्ठों की पुस्तक थी जिसका मूल्य पाँच रुपये था। इसमें प्रकाशक का नाम और 'कॉपीराइट 1944' मुद्रित था।

'शेखर : एक जीवनी' का तीसरा भाग अब तक प्रकाशित नहीं हुआ है। इसकी सूचना अज्ञेय ने कई स्थानों पर दी है। प्रथम भाग की 'भूमिका' में उन्होंने लिखा है : 'शेखर : एक जीवनी' तीन भागों में विभक्त है। तीनों भाग एक ही कथा सूत्र

में गुँथे होकर भी अलग-अलग भी प्रायः सम्पूर्ण हैं। कहा जा सकता है कि जीवनी वास्तव में तीन स्वतन्त्र उपन्यासों का अनुक्रम है।' (पृ. 11)

पर जब बहुत दिनों तक 'शेखर' का तीसरा भाग प्रकाशित नहीं हुआ और इस बीच अज्ञेय का एक दूसरा बड़ा उपन्यास 'नदी के द्वीप' भी प्रकाशित हो गया तो 'शेखर' के तीसरे भाग के सम्बन्ध में हिन्दी जगत् में कई तरह की चर्चाएँ चलने लगीं। कुछ लोग तो 'नदी के द्वीप' को ही 'शेखर' का तीसरा भाग कहने लगे। अन्ततः दूसरे भाग के प्रकाशित होने के सोलह वर्ष बाद *'आत्मनेपद'* (1960) में अज्ञेय ने मुँह खोला। काल्पनिक 'शेखर से साक्षात्कार' में शेखर के पूछने पर कि 'तीसरा भाग क्या लिखा गया है?' अज्ञेय जवाब देते हैं : 'हाँ, लिख गया है, पर लिखा जाकर ही अकारथ भी हो गया है, क्योंकि अलग होकर जिसे लिख पाया, लिख डालकर उससे और अलग हो गया—और यह अलगाव अब इतना अधिक हो गया है कि पुस्तक को छापने देते संकोच होता है। तभी का तभी छप जाता तो एक बात थी, अब—अब दूसरी बात है। तुम्हीं ने कहा कि रचना अभिव्यक्ति भर नहीं है, सम्प्रेषण है—और आज जब मुझे लगता है कि पहले की अभिव्यक्ति अधूरी है—यानी आज की दृष्टि से अभिव्यक्ति नहीं है, तो सहृदय समाज के सामने मैं क्या प्रकाशित करूँ—सम्प्रेषण किसका करूँ? यही आज की मेरी समस्या है—मेरी कला की समस्या।'[1] उसी काल्पनिक बातचीत में अज्ञेय आगे कहते हैं, 'तीसरा भाग मैं दुबारा लिख रहा हूँ।' *'आत्मनेपद'* में ही 'शेखर : एक प्रश्नोत्तरी' में अज्ञेय लिखते हैं : "'शेखर' के तीसरे भाग में चित्र पूरा हो जाता है, पर वह अभी प्रकाशित नहीं हुआ है। आप पूछते हैं, तो कहूँ कि अन्त तक उसकी शिक्षा (मेरी दृष्टि में) पूरी हो जाती है; वह हिंसावाद से आगे बढ़ जाता है। मैं समझता हूँ कि वह मरता है तो एक स्वतन्त्र और सम्पूर्ण मानव बन कर। यों उसे फाँसी होती है ऐसे अपराध के लिए जो उसने नहीं किया है।'[2]

पर इस बात को लिखे फिर लगभग छियालीस वर्ष बीत रहे हैं। मैं 2 अक्तूबर, 1974 को दिल्ली में अज्ञेय जी से मिला था। उनकी बातचीत से लगा कि 'शेखर' का तीसरा भाग अभी पूरा नहीं हुआ है, पर वे उससे निराश भी नहीं हुए हैं। उसके न पूरा होने का कारण उन्होंने यह बताया कि 'हिंसाबाद' और 'क्रान्ति' के सम्बन्ध में उनकी धारणाएँ बदल चुकी हैं और जब तक उस बदली हुई धारणा से 'शेखर' का सामंजस्य नहीं हो जाता तब तक वह पूरा नहीं हो सकता। अज्ञेय के अनुसार, यह कला की समस्या है, जिसका हल निकालने में वे सम्भवतः लगे हुए हैं।

पर लगता है, अज्ञेय अपने वाचन-काल में इस समस्या को हल नहीं कर सके, और 'शेखर' का तीसरा भाग अपूर्ण ही रह गया उसकी अधूरी पाण्डुलिपि भी कहीं सुरक्षित है या नहीं, इसे बताने वाला कोई नहीं है।

अज्ञेय ने *'शेखर : एक जीवनी'* को घनीभूत वेदना की केवल एक रात में देखे

हुए 'विजन' को शब्दबद्ध करने का प्रयास कहा है। 'विजन' अधूरा नहीं होता और उसका देखना शब्द के माध्यम से ही व्यक्त हो सकता है। अर्थात् जब तक वह 'विजन' शब्दों के माध्यम से पूर्णतः 'सम्प्रेषित' नहीं हो जाता, और पाठक भी उसे पूरी तरह देख नहीं लेता तब तक लेखक द्वारा उसे देखना विश्वसनीय नहीं माना जा सकता। तीसरे भाग के प्रकाश में न आने के कारण केवल दो भागों में, पाठक उस 'विजन' को सम्पूर्ण रूप में देखने में असमर्थ रहता है, अतः 'शेखर' के तीसरे भाग का प्रकाशित न होना है। उपन्यास के अधूरा होने का प्रमाण है।

शेखर : एक जीवनी के दो भागों में एक क्रान्तिकारी पात्र, जिसे फाँसी की सजा हो चुकी है, बहुत ही निर्मम और तटस्थ भाव से, अपने जीवन का पुनरवलोकन लिपिबद्ध कर रहा है। इस पुनरवलोकन के रूप में उसका जन्म से लेकर लगभग बीस वर्षों तक का जीवन हमारे सामने प्रत्यक्ष हो उठता है। अज्ञेय ने *आत्मनेपद*, में लिखा है : 'मुझे इसमें बड़ी दिलचस्पी रही कि आतंकवादी का मन कैसे बनता है। 'शेखर' की रचना इसी से आरम्भ हुई।'[3] इसमें सन्देह नहीं कि *शेखर : एक जीवनी* के प्रथम दो खण्डों में अज्ञेय को इस अन्वेषण में सफलता मिली है।

अज्ञेय की दूसरी औपन्यासिक कृति *नदी के द्वीप* है, जो 1951 में प्रोग्रेसिव पब्लिशर्स, 14 डी, फिरोजशाह रोड, दिल्ली (अब यह प्रकाशक दिल्ली में नहीं है) से प्रकाशित हुआ था। मैंने इस पुस्तक का प्रथम संस्करण अज्ञेय जी के यहाँ देखा था यह डिमाई आकार की 444 पृष्ठों की पुस्तक थी, जिसका मूल्य सात रुपये था। इसमें प्रकाशक 'प्रोग्रेसिव पब्लिशर्स', 14 डी, फिरोजशाह रोड, दिल्ली और प्रकाशन 'प्रथमावृत्ति 1951' मुद्रित था। इसके परवर्ती संस्करण सरस्वती प्रेस, वाराणसी, इलाहाबाद, दिल्ली से प्रकाशित हुए हैं।

नदी के द्वीप भी *शेखर : एक जीवनी* की तरह व्यक्ति चरित्र का उपन्यास है। 'शेखर' से इसका अन्तर यह है कि जहाँ उसमें एक ही पात्र प्रमुख है, अन्य पात्र गौण और शेखर के चरित्र को उभारने वाले हैं, वहाँ *नदी के द्वीप* में कम-से-कम चार पात्र समान महत्त्व के हैं! *शेखर : एक जीवनी* में जहाँ प्रमुख पात्र का चरित्र विभिन्न परिस्थितियों से टकरा कर विकसित होता है, व्यक्ति चरित्र का क्रमशः उद्घाटन होता है, वहाँ *नदी के द्वीप* के पात्र आरम्भ से ही सुगठित चरित्र लेकर उपस्थित होते हैं। *नदी के द्वीप* में कुल चार ही उल्लेखनीय पात्र हैं, शेष अन्य पात्र इतने गौण हैं कि उनकी तरफ मुश्किल से ध्यान जाता है। ये प्रमुख पात्र हैं भुवन, चन्द्रमाधव, रेखा और गौरा। इनमें गौरा और चन्द्रमाधव के चरित्र में थोड़ा विकास भी परिलक्षित होता है पर रेखा और भुवन के चरित्र प्रायः बिलकुल सुनिर्मित हैं। कुल मिलाकर *नदी के द्वीप* में पात्रों के चरित्र का विकास नहीं होता, उनका उद्घाटन भर होता है। अज्ञेय के अनुसार यह चार संवेदनाओं का अध्ययन है। उनमें जो विकास है, वह चरित्र का नहीं, संवेदना का ही है।[4] *नदी के द्वीप* के विषय में यह भी कहा जा सकता है

कि यह 'एक दर्द भरी प्रेम कहानी' है। इसकी सविस्तार चर्चा हम अगले अध्याय में करेंगे।

अज्ञेय का तीसरा उपन्यास है *अपने अपने अजनबी,* जो 1961 में प्रकाशित हुआ। इस उपन्यास में कतिपय विदेशी पात्रों और विदेशी ही परिवेश को आधार तथा 'मृत्यु से साक्षात्कार' को विषय बनाकर मनुष्य की नियति, मृत्युबोध, जिजीविषा, अजनबीपन, आस्था आदि के सवालों को उभारा गया है। मृत्यु के प्रति पश्चिम और पूर्वी जीवन दृष्टियों की टकराहट इसमें साफ झलकती है। अज्ञेय ने इस उपन्यास में अस्तित्ववादी जीवनदृष्टि का निषेध और भारतीय जीवनदृष्टि का प्रतिपादन किया है।

अज्ञेय अपने को मुख्यतः कवि ही मानते हैं। एक स्थान पर उन्होंने लिखा है : 'अब अपने मनोभाव को सबसे अच्छी तरह शायद यह कह कर व्यक्त कर सकता हूँ कि मैंने स्वीकार कर लिया है कि शायद कविता ही मेरी सीमा है। इस स्वीकार में यह ज्ञान भी है कि परिस्थितियों से भी और मन से भी मेरा अधिकांश जीवन अकेले में बीता है। अकेले में कविता फिर भी हो सकती है लेकिन उपन्यास के लिए ऐसा जीवन नाकाफी है। या यों कह लीजिए कि वैसा रहने वाले के लिए एक खास ढंग के उपन्यास लिखना ही सम्भव है।'[5] अज्ञेय के उपन्यासों को देखते हुए यह कथन उनकी ईमानदारी का प्रमाण है।

इसके बावजूद आठवें दशक में उन्होंने फिर उपन्यास लिखना आरम्भ किया। लगता है, उनके अनुभव और संवेदना कोश में कुछ रह गया था, जिसे उपन्यास के रूप में ही प्रस्तुत किया जा सकता था। इसके परिचायक हैं *छाया मेखल* और *बीनू भगत* नामक दो 'असमाप्त' उपन्यास जिनकी नींव तो आठवें दशक में ही पड़ गयी थी[6], और इला डालमिया-कोइराला को यदि प्रमाण मानें (न मानने का कोई कारण नहीं है) तो 1987 की 'गर्मियों' में अज्ञेय उन्हें पूरा करने का संकल्प भी कर चुके थे, पर 'उस गर्मी के शुरू होते न होते' वे स्वयं चले गये थे। सन् 2000 ई. में इला जी के ही प्रयत्न से ये दोनों उपन्यास एक ही जिल्द में प्रभात प्रकाशन, दिल्ली से प्रकाशित हुए हैं।[7] कथ्य की दृष्टि से देखें तो *छाया मेखल* भारतीय क्रान्तिकारियों के जीवन पर आधारित उपन्यास है। असमाप्त रह जाने के कारण यह कहना कठिन है कि पूरा होने पर उपन्यास का 'विजन' किस रूप में सामने आता ; वह नारी-विमर्श का रूप लेता या प्रेम-संवेदना के अंकन का, कहना मुश्किल है। मेरी समझ से वह प्रेम की संवेदना का ही आख्यान बनता। क्रान्ति की पृष्ठभूमि उसे तीव्रता प्रदान करती, यह भी अनुमान से कहा जा सकता है। जो हो, लगभग इकतीस हजार शब्दों का यह 'असमाप्त' उपन्यास एक श्रेष्ठ उपन्यास की सम्भावनाओं से युक्त तो था ही।

बीनू भगत भी मात्र 5500 शब्दों का एक 'असमाप्त' उपन्यास है। लगता है, यही स्त्री-विमर्श का उपन्यास होता, ऐसी स्त्री का जो निःसन्तान होती है।

उपन्यास के केवल तीन ही अध्याय लिखे जा सके हैं। पहले परिच्छेद में आईने को बीच में लाकर व्यक्ति का—जो केन्द्रीय पात्र 'मैं' है—स्वयं से संवाद प्रस्तुत किया गया है, जिसका निष्कर्ष यह है कि 'जिन्हें हम तथ्य समझते हैं वे पूर्वग्रह हैं या कि जिन्हें हम पूर्वग्रह मान रहे हैं वे तथ्य हैं।' यह एक दार्शनिक ऊहापोह है, जो केवल शब्द-संरचना के बल पर प्रभावशाली बना दिया गया है, अन्यथा पाठक के लिए उसे झेलना मुश्किल हो जाता। इसे पढ़ते हुए जैनेन्द्र की याद आये बिना नहीं रहती। यहाँ एक मनोसंसार, जो संवेदना से नहीं बल्कि संशयात्मक चेतना से जुड़ा हुआ है, अपने समस्त ऊहापोह और प्रश्नाकुलता के साथ प्रस्तुत है।

दूसरे अध्याय का आरम्भ भी 'मैं' के स्वप्न-विमर्श से होता है। इस विमर्श में भी प्रश्नाकुलता ही प्रमुख है। कुछ कहानियाँ सपनों के रूप में आती हैं। 'मैं' के अनुसार, "इस सपनों में ऐसा होता है कि कहानी अधूरी रह जाती है, हम जाग जाते हैं और एक जीवन्त चित्र हमारी स्मृति में बना रहता है।...स्वप्न में दीखते हुए ऐसे जीवन्त चरित्रों को कैसे अधूरा कहा जाय, यह मेरी समझ में नहीं आता।"[8] 'मैं' के पास कई ऐसे चरित्र हैं, जिनके बारे में वह सोचता रहता है, कभी-कभी उनसे बातचीत भी करता है, कभी-कभी उनमें से एक-आध को बुलाकर अपने सामने बिठा लेता है और उसी से पूछ बैठता है : "अच्छा, तुम ही बताओ, इससे आगे क्या हुआ?"[9]

बीनू भगत के रूप में 'मैं' के सामने स्वप्न में आया हुआ एक ऐसा ही 'जीवन्त' चरित्र है। इसे उसने पहले पहल 'एक लम्बे कथा—सपने में देखा था।' उसके बाद उसकी जाग्रत दुनिया में कई दिनों तक उससे बातचीत होती रही। उसने सवाल किया था कि क्या 'मैं'—जो कवि और कहानीकार है—उसके लायक कोई काम बता सकता है? क्या उसके पास कोई विकल्प है? बीनू का सवाल और उसका दर्द 'मैं' की चेतना में जमा हुआ है। कहानी इसी सवाल और दर्द से जुड़ी हुई है।

कहना न होगा कि यह कथा-प्रस्तुति का एक प्रकार है, जिसमें कथा को 'विश्वसनीय' बनाने की आकांक्षा भी है और थोड़ा-बहुत क्रीड़ा भाव भी। खाते-पीते समाज को क्रीड़ा बहुत पसन्द आती है। अज्ञेय ने यह उपन्यास वैसे ही लोगों के लिए लिखा है, जिन्हें क्रीड़ा पसन्द आती है।

कहानी में 'मैं' को एक ऐतिहासिक नगर देखने के लिए गाइड की जरूरत होती है और उसे जो गाइड मिलता है वह एक युवकवेशधारी लड़की है, जिसकी वास्तविकता को जानने में भी 'मैं' को काफी समय लग जाता है। यही बीनू भगत है। बीनू ही बताती है कि "मैं उन्नीस वर्ष की थी जब मेरा विवाह कर दिया गया, इक्कीस की होते-होते मुझे घर से निकाल दिया गया, क्योंकि मुझमें बच्चे पैदा करने की क्षमता नहीं थी।" 'मैं' ने उससे पूछा था कि वह कोई दूसरा काम क्यों नहीं करता? (तब 'मैं' नहीं जानता था कि वह लड़की है!) अब बीनू ही सवाल करती है कि क्या उसके लिए कोई विकल्प है? यह सारी कथा 'मैं' के सपने के रूप में

'घटित' होती है। जगने के बाद वह अनुभव करता है कि बीनू भगत तो बराबर उसके पास विद्यमान है और लगातार यह सवाल करती जा रही है कि क्या उसके लिए कोई विकल्प है? वस्तुतः यह सवाल पूरी पुरुष-व्यवस्था के मुँह पर तमाचे की तरह जड़ा हुआ है कि स्त्री के सामने जीने का कोई विकल्प है क्या?

तीसरे अध्याय का कथ्य भी इसी से मिलता-जुलता है। 'मैं' विदेश में है : अमेरिकी सरकार का मेहमान। उसका प्राधिकृत मेजबान जॉन बैनसन विवाहित व्यक्ति है, पर सन्तानोत्पत्ति में असमर्थ है, और उसकी पत्नी विवाह से पहले से ही इस तथ्य से अवगत है। बैनसन 'मैं' को विशेष अनुरोध के साथ एक नाटक दिखाता है, जिसमें पति-पात्र सन्तानोत्पत्ति में असमर्थ है, पर अपनी इस असमर्थता से अवगत नहीं है, जबकि उसकी पत्नी इसे जानती है और पति को सुखी देखने के लिए गुप्त रीति से अपने पति के एक सहकर्मी के साथ नियोग करके पुत्र जन लेती है। यह परिच्छेद बैनसन की, उसी के मुँह से कही गयी, अपनी कथा पर समाप्त हो जाता है और उसी के साथ उपन्यास भी। पाठक यह नहीं जान पाता कि ऐन—बैनसन की पत्नी—इस स्थिति को किस रूप में ग्रहण करती है; वह नाटक की पत्नी की तरह 'नियोग' द्वारा इसका समाधान करती है या कोई दूसरा विकल्प अपनाती है। बैनसन-दम्पति की स्थिति नाटक के दम्पति से तनिक भिन्न है, अतः उसका विकल्प भी भिन्न होगा ही, पर वह विकल्प क्या होता, इसे प्रस्तुत करने का समय लेखक को नहीं मिल सका।

अज्ञेय के ये दोनों ही उपन्यास, 'असमाप्त' होने पर भी पढ़े जा सकते हैं। दोनों ही अनन्त सम्भावनाओं से युक्त, खुले उपन्यास हैं। यदि पाठक में सर्जनात्मक क्षमता है तो वह अपने लिए आसानी से एक कहानी घड़ ले सकता है। कोई लेखक इन्हें 'पूरा' करने का बीड़ा भी उठा सकता है, बशर्ते कि उसमें प्रतिभा हो।

सन्दर्भ

1. अज्ञेय, *आत्मनेपद,* 1960, पृ. 61-62
2. उपरिवत्, पृ. 65
3. *आत्मनेपद,* पृ. 64
4. उपरिवत् पृ. 73
5. अज्ञेय, *लिखि कागद कोरे,* दिल्ली, 1972 पृ. 99-100
6. *छाया मेखल* के कुछ अंश 'नया प्रतीक' में प्रकाशित भी हुए थे।
7. *छाया मेखल/बीनू भगत, प्रभात प्रकाशन,* दिल्ली, 2000
8. *बीनू भगत,* पृ. 16

वस्तु

अब तक अज्ञेय के तीन उपन्यास, *शेखर : एक जीवनी*, *नदी के द्वीप* और *अपने अपने अजनबी*, प्रकाशित हुए हैं। यों तो *शेखर : एक जीवनी* भी 'असमाप्त उपन्यास' है, पर उनके दो और असमाप्त उपन्यास *मेखल छाया* और *बीनूभगत* प्रकाशित हुए हैं। *मेखल छाया* के कुछ अंश 'नया प्रतीक' में धारावाहिक रूप में प्रकाशित हुए थे। इन उपन्यासों के अध्ययन से स्पष्ट है कि अज्ञेय व्यक्ति चेतना या संवेदना के उपन्यासकार हैं। समाज का व्यापक परिप्रेक्ष्य, उसकी संघर्षपूर्ण जटिल समस्याएँ और अन्तर्विरोध, सामाजिक-आर्थिक-राजनीतिक शोषण, आम आदमी का अस्तित्व-संघर्ष और मनोदशाएँ, निम्न वर्ग और मध्य वर्ग की जिन्दगी का सैलाब...यह सब अज्ञेय के उपन्यासों का विषय नहीं बनता। अज्ञेय के जीवन पर दृष्टि डालने पर यह स्वाभाविक भी प्रतीत होता है। एकान्तप्रिय और एक बहुत सीमित, निजी, परिवेश के भीतर जीने वाले लेखक के पास अनुभव की वह पूँजी नहीं होती जिससे वह बाहर की संघर्षपूर्ण, खलबलाती हुई, दूर-दूर तक पसरी जिन्दगी का चित्र प्रस्तुत कर सके। अज्ञेय की ईमानदारी इस बात में है कि उन्होंने सामाजिक उपन्यासकार होने का दावा नहीं किया है। इतना जरूर है कि केवल तथाकथित 'सामाजिक' उपन्यासों को ही उपन्यास मानने की धारणा को उन्होंने अस्वीकार किया है और व्यक्तिवादी या मनोवैज्ञानिक उपन्यास को उपन्यास के एक महत्त्वपूर्ण प्रकार को उपन्यास के रूप में प्रतिष्ठित किया है।

शेखर : एक जीवनी

शेखर : एक जीवनी का केन्द्रीय विषय 'शेखर' नाम के एक कल्पित पात्र का चरित्र है। अज्ञेय ने खुद भी इस तथ्य को अनेकत्र स्वीकार किया है। *आत्मनेपद* में वे लिखते हैं : "जैसे 'क्रिस्ताफ' में लेखक एक आत्मान्वेषी के पीछे उसका चित्र खींचता चला है, वैसे ही मैं एक दूसरे आत्मान्वेषी के पीछे चला हूँ।...मुझे इसमें बड़ी दिलचस्पी रही कि आतंकवादी का मन कैसे बनता है। शेखर की रचना इसी से आरम्भ हुई।[1]...शेखर की खोज अन्ततोगत्वा 'स्वातन्त्र्य' की खोज है।"[2]

'शेखर : एक जीवनी' की 'भूमिका' में अज्ञेय लिखते हैं : "क्रान्तिकारी अन्ततोगत्वा एक प्रकार के नियतिवादी होते हैं। लेकिन यह नियतिवाद उन्हें अक्षम और निकम्मा बनाने वाला कोरा भाग्यवाद नहीं होता, वह उन्हें अधिक निर्मम होकर कार्य करने की प्रेरणा देता है। इसमें वह गीता के कर्मयोग से एक सीढ़ी आगे होता है—क्योंकि वह कर्त्ता को निरा निमित्त नहीं बना देता। यदि यों कहा जाय कि क्रान्तिकारी का नियतिवाद अटल नियति की स्वीकृति न होकर जीवन की विज्ञानसंगत कार्यकारण परम्परा पर गहरा (यद्यपि अस्पष्ट) विश्वास होता है तो शायद सच्चाई के निकट होगा।... *शेखर : एक जीवनी* के क्रान्तिकारी नायक ने अपने जीवन में इसी नियति के सूत्र को पहचानने का प्रयत्न किया है।"[3]

स्वयं शेखर अपनी 'जीवनी' लिखना आरम्भ करने के पूर्व आत्मचिन्तन करता है : "मैं एक सन्देश लाया हूँ, जो कि मेरा अपना नहीं है, जो मैंने अपने वंश विकास से पाया है, और जिसे में एक बाह्य प्रेरणा से बाध्य होकर कहूँगा। मेरे सब कर्म उसी प्रेरणा के फल हैं जो मुझसे बाह्य हैं, जिससे मैं विभिन्न हूँ। मैं चाहता हूँ, उसी प्रेरणा के भविष्य को इंगित कर जाऊँ—उसे अपने व्यक्तित्व से अलग एक शक्ति, एक विभूति समझ कर।"

शेखर से पाठक की पहली मुलाकात जेल की कालकोठरी में होती है, जहाँ वह फाँसी की सजा पाए हुए कैदी के रूप में मृत्यु की प्रतीक्षा कर रहा है। शेखर यह तो जानता है कि उसकी मृत्यु बहुत निकट है, ध्रुव है, पर यह तथ्य उसे विचलित नहीं करता।..."मुझे तो फाँसी की कल्पना सदा मुग्ध ही करती रही है—उसमें साँप की आँखों-सा एक अत्यन्त तुषारमय, किन्तु अमोघ सम्मोहन होता है...एक सम्मोहन, एक निमन्त्रण जो कि प्रतिहिंसा के इस यन्त्र को भी कवितामय बना देता है, जो कि उस पर बलिदान होते हुए अभागे—या अतिशय भाग्यशाली!—को जीवन की एक सिद्धि दे देता है, और उसके असमय अवसान को भी सम्पूर्ण कर देता है...। (*शेखर : एक जीवनी*, पृ. 15)

जाहिर है कि शेखर के जीवन को झपट लेने की प्रतीक्षा करती आसन्न मृत्यु उसे विचलित नहीं करती। हम उसे आत्मचिन्तन में रत पाते हैं : "मैं क्या हूँ? मेरा ममत्व क्या है? जिसके अन्त के लिए इतनी शक्ति व्यय की जा रही है, इतना आयोजन हो रहा है, उस जीवन की सत्यता क्या थी? वायु में उड़ती धूल पर खिंची रेखा, और बस?...नित्यता क्षणों की है : पर क्षण, क्षणभंगुर है। मैं भी हूँ। मुझमें जो कुछ नूतनता है, उसे मुझे इसी क्षण में कह डालना है, क्योंकि वह भविष्य की वस्तु है, मैं उसे कहे बिना रुक नहीं सकता..." (*शेखर : एक जीवनी*, पृ. 36,37)

स्पष्ट है कि शेखर की काल चेतना (या कि अज्ञेय की) पश्चिमी काल-चेतना नहीं है जो मूलतः ऋजु रेखानुसारी है, वरन् वह उस डमरू की तरह है जो एक बड़े वृत्त में घूमता है। काल की बृहत्तर, चक्राकार गति के साथ अत्यन्त वर्तमान क्षण के

प्रति गहरा लगाव—"काल का वृत्त भी, और उस पर डमरू द्वारा प्रतीकित क्षण चेतना भी जो अतीत-वर्तमान-भविष्यत् की नित्य शृंखला स्वीकार करती हुई भी अपनी दृष्टि केन्द्रित कर रही है उस क्षण पर ही जो यथाशक्य छायारहित क्षण है—स्मृति और आकांक्षा दोनों के संस्पर्श से यथासम्भव मुक्त है। यह एक निरवधि, प्रवहमान अस्ति है—प्रत्यावर्त्ती सनातन काल के चक्र पर अविखंडनीय कालाणुओं का अजस्र क्रम।"[4]

अज्ञेय की इस काल-चेतना को, जो कि शेखर की भी काल-चेतना है, बिना ध्यान में रखे *शेखर : एक जीवनी* के कथ्य और शिल्प का आशंसन सम्भव नहीं।

इस काल-चेतना से युक्त मनःस्थिति में शेखर अपने जीवन का प्रत्यवलोकन करता है, 'अपनी विद्रोह शक्ति की, अपनी क्रान्ति शक्ति (विल टू रिवोल्यूशन) की गाथा' प्रस्तुत करता है। वह अपने अतीत को याद नहीं करता, उसे पुनः जीता है। शेखर अपनी जीवन यात्रा के अन्तिम पड़ाव पर पहुँचकर पीछे देखता है कि कहाँ से चलकर किधर-किधर भूल-भटक कर, कैसे-कैसे विचित्र अनुभव प्राप्त करके यहाँ तक आया है। उसे दीखता है कि उसकी भटकन में भी एक प्रेरणा थी, जिसमें विजय का अंकुर था। वह एक क्रान्तिकारी है, जिसे न्यायालय ने फाँसी की सजा दी है। यद्यपि अज्ञेय के अनुसार उसे फाँसी होती है एक ऐसे अपराध के लिए जो उसने नहीं किया है और उपन्यास के तीसरे भाग में वह हिंसावाद से आगे बढ़ जाता है तथा एक स्वतन्त्र और पूर्ण मानव बनकर मरता है,[5] पर यह हमारा विचारणीय विषय नहीं है, क्योंकि 'शेखर' का तीसरा भाग अभी प्रकाशित नहीं हुआ है। दूसरे भाग तक शेखर मुख्यतः हमारे समक्ष स्वातन्त्र्य की खोज में लगे विद्रोही के रूप में ही आता है और यही हमारा विवेच्य विषय हो सकता है।

'शेखर' के प्रथम और द्वितीय भाग में उसके जन्म से लेकर बीस वर्षों की जिन्दगी प्रस्तुत हुई है। प्रारम्भ में हमारे सामने अनेक दृश्यों के रूप में उसका प्रारम्भिक शैशव (जन्म से छह वर्ष तक) आता है। शेखर मानता है कि "विद्रोही बनते नहीं, उत्पन्न होते हैं। विद्रोहबुद्धि परिस्थितियों से संघर्ष की सामर्थ्य, जीवन की क्रियाओं से, परिस्थितियों के घात-प्रतिघात से, नहीं निर्मित होती। वह आत्मा का कृत्रिम परिवेष्टन नहीं है, उसका अभिन्नतम अंग है।"[6]

शेखर स्वयं एक जन्मना विद्रोही है और उपर्युक्त विचार को पूरी तरह से उदाहृत करता है। प्रत्येक शिशु की तरह शेखर में भी 'काम', 'अहं' और 'भय' की आदिम सहज वृत्तियाँ विद्यमान हैं जिनका चित्रण अज्ञेय ने मनोवैज्ञानिक अन्तर्दृष्टि और पूरी यथार्थता से किया है। इनमें अहं और भय (भय-मुक्ति) की वृत्तियाँ शेखर को क्रान्तिकारी बनाती हैं। अहं भाव की प्रबलता शेखर को बचपन से ही विद्रोही बना देती है। इसकी पुष्टि उसके जीवन के अनेक प्रसंगों से होती है। मात्र तीन वर्ष की उम्र में वह सहज बालक्रीड़ा वश लेटरबॉक्स पर घोड़े की तरह सवार होता है और जब डाकिया उसे उतरने को बाध्य करता है तो वह इस प्रकार कूदता है कि

डाकिए का पैर कुचल जाता है। प्रतिशोध की यह भावना विद्रोह-चेतना का ही परिचायक है। लगभग इसी उम्र में वह अजायबघर के चर्मव्याघ्र को देख कर भयभीत होता है और कई दिनों तक उसके प्रभाव में बुखार ग्रस्त रहता है तथा स्वप्न में भय से चीखता है। यह डर तब समाप्त होता है जब शेखर अपने घर में आये एक वैसे ही चर्मव्याघ्र को फाड़ कर उसके भीतर भरे घास-फूस को बिखेर देता है और हँसता है। यह घटना शेखर की विद्रोह चेतना पर मानो शान चढ़ा देती है :...'शिशु ने जाना, डर डरने से होता है। संसार की सब वस्तुएँ भयानक हैं, केवल एक घास-फूस से भरा निर्जीव चाम, डरना मूर्खता है।' शेखर के बचपन का यह विश्वास, यह उपलब्ध सत्य उसके सारे जीवन को दिशा देता रहता है। इस सत्योपलब्धि के बिना क्रान्तिकारी बनना सम्भव ही नहीं है। शेखर अपने लिए इस सूत्र की खोज करता है कि 'जब भी कोई भयानक वस्तु देखो, तब डरो मत, उसका बाह्य चाम काट डालो, उसके भीतर भरी हुई घास-फूस निकाल कर बिखरा दो, और हँसो।' यह सूत्र शेखर के जीवन की प्रमुख प्रेरणा बन जाता है। वह जीवन भर इसी सूत्र पर चलता है, जिसके फलस्वरूप वह दूसरों की नजर में उद्धत, विध्वंसक और हिंस्र भी बन जाता है। उसके, अन्त में, आतंकवादियों के दल में सम्मिलित होने की प्रेरणा का बीज इस घटना में देखा जा सकता है।

शेखर की जन्मजात विद्रोह भावना उसके शैशव की अन्य अनेक घटनाओं में देखी जा सकती है। उसका विद्रोह व्यक्त होता है अपने कॉनवेन्ट स्कूल में, जहाँ वह 'सिस्टर' की उपेक्षा करने में, उससे प्रतिशोध लेने में सफल होता है। शेखर को कोई 'मास्टर' पढ़ा नहीं पाता और न वह किसी स्कूल में टिक पाता है। कोई उससे सिर लड़ाकर भागता है, कोई अपमानित होकर, कोई बेवकूफ बन कर। स्कूल में वह अपने शिक्षक को अपमानित करता है, गाली देकर चला जाता है और उसकी पढ़ाई छूट जाती है। शेखर अपने बचपन की इन घटनाओं के आधार पर इस मनोवैज्ञानिक निष्कर्ष पर पहुँचता है कि 'बालक' को जब 'पढ़ाया' जाता है तब वह विद्रोह करता है, किन्तु जब विद्रोही को छोड़ दिया जाता है तब उसकी स्वाभाविक जिज्ञासा उसे बाध्य करती है। वैसे तो यह मनोवैज्ञानिक तथ्य कमोबेश सभी बालकों पर लागू होता है, पर विद्रोही स्वभाव के बालकों में उग्रतर रूप में दिखाई पड़ता है। कहना नहीं होगा कि स्कूली और परम्परागत शिक्षा के प्रति शेखर का यह विद्रोह उस भावी विद्रोह और स्वातन्त्र्य की खोज से अनिवार्य रूप से जुड़ा हुआ है, जिसे वह बाद में चल कर पूर्णतः समर्पित होता है।

शेखर की यह शैशवकालीन विद्रोह भावना अन्तर्मुखीनता और चिन्तनशीलता के रूप में दिखाई पड़ती है। अपने चारों ओर के वातावरण से टकरा कर, बाहर से हार कर, कछुए की तरह अपने अहं के खोल में प्रविष्ट हो जाता है, स्वनिष्ठ हो जाता है। वह सोचता है : 'मैं अकेला इसलिए हूँ कि मैं उस प्रकार का नहीं हूँ, जिसे लोग

अच्छा कहते हैं, मैं पढ़ता नहीं हूँ, किसी का कहना नहीं मानता, डीठ लड़का हूँ, शैतान हूँ।'[7] वस्तुतः ये निर्णय समाज के हैं, बाहरी हैं, जो शेखर पर आरोपित कर दिये गये हैं और शेखर आत्मलीन होकर, अपने से समाज को काटकर 'सविनय अवज्ञा' के ढंग का विद्रोह करता है। वह एकान्त में 'अच्छे' और 'बुरे' के बारे में, 'ईश्वर' के बारे में सोचता रहता है।

शिशु शेखर बन्धनों से घृणा करता है जो उसकी विद्रोह चेतना का परिचायक है। उसके आसपास फैला हुआ संसार उसके लिए केवल बन्धनों की सृष्टि करता है और इसलिए शेखर प्रकृति प्रेमी हो जाता है। वह पाता है कि 'उसके संसार के अलावा एक और संसार है, जिसमें पक्षी रहते हैं, जिसमें स्वच्छन्दता है। जिसमें विश्वास है, जिसमें स्नेह है, जिसमें सोचने की या खेलने की अबाध स्वतन्त्रता है, जिसका एकमात्र नियम है, वही होओ जो कि तुम हो।'[8] पक्षियों से शेखर को स्वातन्त्र्य की खोज की प्रेरणा मिलती है। यही उसका जीवन-दर्शन बन जाता है। एक दिन शेखर को अपने बाग के माली से बाग और जंगल का भेद मालूम होता है और तब जंगल उसकी कल्पना का स्वर्ग बन जाता है, जहाँ पूर्ण उन्मुक्तता, निचाट बन्धनहीनता होती है।

शेखर की विद्रोह चेतना उसके बचपन की अवस्था (7-12) में भी अनेक रूपों में दिखाई पड़ती है। धीरे-धीरे यह चेतना बाहरी परिस्थितियों से भी जुड़ने, और प्रेरित होने, लगती है। शेखर के बाग में एक कलमी आम है जिस पर कुछ फल पके से दीखते हैं, जिनके पकने की प्रतीक्षा शेखर महीनों से कर रहा है। जब वह माली से आम तोड़ देने को कहता है तो वह साहब (शेखर के पिता) के पास डाली लगाकर आम ले जाने की बात कह कर उसके प्रस्ताव को अस्वीकार कर देता है। शेखर इसे अन्याय, अपने अधिकार का हनन, समझता है और उसके विरोध में वह पेड़ पर चढ़ कर न केवल पके आम खा जाता है वरन् कच्चे फल भी तोड़ कर बरबाद कर देता है। ऐसा है शेखर का उग्र प्रतिशोध और प्रचंड विद्रोह का भाव।

बालक शेखर अपमान सह कर चुप नहीं लगा सकता चाहे अपमान करने वाला कोई भी क्यों न हो। वह अपनी माँ से इसीलिए घृणा करने लगता है कि वह बार-बार उसके अहं को चोट पहुँचाती है। अपनी बाल साथी प्रतिमा में उसकी मैत्री गहरे स्तर पर होती है, किन्तु एक बार उसके घर पर अपमानित होने पर वह उसे सदा के लिए भूल जाता है और जाते-जाते प्रतिशोध लेने से भी बाज नहीं आता। वह अपने पिता के मित्र के लड़के को सबकी उपस्थिति में ही इसलिए पीट देता है कि वह उसके भारतीय ढंग से नमस्ते किये जाने के जवाब में हिकारत से मुस्कराकर, 'गुड नाइट डियर' कह कर, उसे अपमानित करता है। इसके लिए वह बाद में अपने पिता से खूब पिटता है, पर उससे सन्तोष ही मिलता है। ये सारी स्थितियाँ शेखर की विद्रोही प्रकृति की सूचना देती हैं।

मृत्यु के प्रति उपेक्षा और निर्भयता का भाव क्रान्तिकारियों की विशेषता है। शेखर कहता है : 'मुझे तो फाँसी की कल्पना सदा मुग्ध ही करती रही है।...एक सम्मोहन, एक निमन्त्रण जो कि प्रतिहिंसा के इस यन्त्र को भी कवितामय बना देता है।'[9] इस मनोवृत्ति की भी झलक हमें शेखर के शैशव और किशोरावस्था में मिल जाती है। तैरना न जानने पर भी अपने भाइयों की देखा-देखी झील में कूद जाना और मरणासन्न स्थिति में बाहर निकाला जाना, महाबलिपुरम में समुद्र में डूबने से किसी प्रकार बच जाना आदि घटनाएँ इस मनोवृत्ति की सूचक हैं। शिशु शेखर को इस बात से बड़ा आश्चर्य होता है कि लोग मृत्यु से क्यों डरते हैं? अपने माता-पिता को मृत्यु से आतंकित होते देख कर, उसके मन में मृत्यु के प्रति जिज्ञासा और अन्ततः आकर्षण का भाव पैदा हो जाता है। अपने बाल-साथियों से वह बड़े गर्व के साथ कहता है : 'अरे, अभी हुआ क्या है, अभी तो मैं फिर किसी दिन यह करूँगा। डूब कर देखूँगा, मरना क्या होता है। मैं जरूर किसी दिन ऐसे ही करूँगा।' (*शेखर : एक जीवनी*, पृ. 42)

क्रान्तिकारी नास्तिक होते हैं या आस्तिक इस सम्बन्ध में निश्चय के साथ कुछ नहीं कहा जा सकता। पर वे भाग्यवादी या कर्मफलवादी नहीं होते, यह निश्चित है। वे ईश्वर के नाम पर अन्याय को चुपचाप सह लेना भी पसन्द नहीं करते। शेखर चूँकि जन्मना विद्रोही है, इसलिए वह ईश्वर के प्रति भी विद्रोह करता है। ईश्वर—लड़ाई भेजता है, महँगाई भेजता है, महामारी भेजता है, और वही ईश्वर सब कुछ अच्छा करता है, वही बच्चा भेजता है, जैसी परस्पर विरोधी, असंगत बातें शेखर को आश्वस्त नहीं कर पातीं और धीरे-धीरे वह ईश्वर के अस्तित्व के प्रति शंकालु होता जाता है। वह फट पड़ना चाहता है और पूछना चाहता है : 'क्या युद्ध अच्छा हुआ है। क्या भूख अच्छी हुई है? मामा नहीं आये वह अच्छा हुआ है! वह घोड़ा मर गया अच्छा हुआ है। इतने सारे बीमार पड़े अच्छा हुआ? मरे, अच्छा हुआ है? सब कुछ ईश्वर करता है इसमें उसे आपत्ति नहीं, वह सब कुछ अच्छा करता है, यह उस पर अत्याचार है, इसे वह किसी तरह नहीं सह सकता कि...' (*शेखर : एक जीवनी* पृ. 88)

शेखर एक बार अपने माता-पिता के साथ खीर भवानी के दर्शन करने जाता है। वहाँ रात को सुनाई जाने वाली कहानियों में हर प्रकार से ईश्वर का अस्तित्व सिद्ध किये जाने के बावजूद उसके मन की शंका नहीं मिटती। मानस बल पर बिछी चाँदनी के अवर्णनीय सौन्दर्य को देख कर वह इस निश्चय पर पहुँचता है कि जो ईश्वर भूख और लड़ाई की सृष्टि करता है, वह ऐसे सौन्दर्य का निर्माण नहीं कर सकता। उसका मन ईश्वर के प्रति इतना शंकालु हो चुका है कि वह पिता के बुलाने पर भी भवानी के मन्दिर में पूजा करने नहीं जाता। कारण पूछे जाने पर वह बड़े साहस से कह जाता है कि : 'मैं ईश्वर को नहीं मानता। भवानी झूठी है। ईश्वर नहीं है।' यह कहने के

लिए वह पिता से पिटता है पर इस पिटने में भी उसे एक 'प्रज्वलित आनन्द' मिलता है।[10] इस वाक्य को कह सकने की सामर्थ्य के अभिमान, आत्मसम्मान की लहर से शेखर को अभूतपूर्व प्रसन्नता होती है। अब शेखर ईश्वर को अपने बराबर के प्रतिद्वन्द्वी से अधिक नहीं समझता।

एक और घटना से ईश्वर पर से शेखर का विश्वास उठ जाता है। उसके सामने ही देवी का पुजारी साँप के काटने से मर जाता है। पुजारी साँप से डँस लिए जाने पर भी इलाज कराने के बदले 'जय देवी माता' चिल्लाता हुआ मन्दिर में पूजा करने चला ज़ाता है, पर मन्दिर से बाहर निकलते ही उसकी मृत्यु हो जाती है, देवी उसे बचा नहीं पाती।

ईश्वर और देवी-देवताओं के अस्तित्व के प्रति बालक शेखर की यह अनास्था उसकी विद्रोह चेतना का ज्वलन्त प्रमाण है।

जैसा अज्ञेय ने 'आत्मनेपद' में संकेतित किया है, स्वातन्त्र्य की खोज शेखर के व्यक्तित्व की सबसे प्रमुख प्रेरणा है और इसकी झलक उसके बचपन की अनेक घटनाओं में देखी जा सकती है। उसका पाले हुए पक्षियों को मुक्त कर देना, घर के बन्द, घुटनपूर्ण परिवेश से भाग कर प्रकृति के उन्मुक्त वातावरण में शरण लेना, स्कूल के कायदों और बन्धनों को अस्वीकार करना, सामाजिक निषेधों का उल्लंघन आदि, इसी मनोवृत्ति के परिचायक हैं। कमरे में आ फँसने वाली तितली का मुक्ति की खोज में बार-बार बन्द खिड़की के शीशे से टकराना, बेचैनी से चक्कर काटना, पंख फड़फड़ाना शेखर को मुक्ति की अदम्य आकांक्षा से भर देता है। वह स्वतन्त्रता का इतना दुराग्रही है कि वर्जित कार्यों को करने में उसे विशेष तृप्ति मिलती है।

उत्तरवर्ती बाल्यावस्था (10-12 की उम्र) में ही शेखर की स्वातन्त्र्य की खोज अधिक व्यापक सामाजिक भूमि में प्रवेश करती है। देश में असहयोग की लहर आने पर (1920 के आसपास) वह महसूस करता है कि उसका देश पराधीन है : 'और तब शेखर भी उस लहर में बहने की चेष्टा करने लगा और जब नहीं बह पाया तब हाथों से खेकर अपने को बहाने लगा...उसने विदेशी कपड़े उतार कर रख दिये, जो दो-चार मोटे देशी कपड़े उसके पास थे, वही पहनने लगा।'[11] जब उसके निकट से कोई जुलूस गुजरता है तो वह उसके साथ स्वर मिला कर गाँधी जी की जयकार करता है। इससे आगे बढ़ने की अनुमति उसे नहीं है; पर अनुमति का न होना ही तो एक अंकुश है, जो निरन्तर उसे कोई मार्ग ढूँढ़ने के लिए प्रेरित किया करता है। शेखर इस चुनौती को स्वीकार करता है और एक दिन जब उसकी माँ कहीं बाहर गयी हुई है, वह घर के सब विदेशी कीमती कपड़ों की होली जला डालता है, जिसके लिए वह पिटता है। इस प्रकार स्वातन्त्र्य का मूल्य चुकाना भी वह घर से सीखने लगता है, जिसकी परिणति होती है फाँसी की सजा में, जिससे बढ़ कर किसी चीज की और कोई कीमत नहीं हो सकती।

शेखर के मन में 'विदेशी' मात्र के प्रति घृणा हो जाती है। वह पाता है कि उसकी सारी शिक्षा-दीक्षा अंग्रेजी में हो रही है–उस अंग्रजी में जो अंग्रेजों की भाषा है, जिन्होंने देश को गुलाम बना रखा है। उसी दिन से वह बड़ी लगन से हिन्दी पढ़ना आरम्भ करता है और अपनी बातचीत से सावधानीपूर्वक अंग्रेजी शब्दों का बहिष्कार करने लगता है। वह अपने हिन्दी ज्ञान को ही नहीं, राष्ट्रप्रेम को भी व्यक्त करने के लिए एक नाटक लिख डालता है, जिसमें स्वाधीन लोकतन्त्रीय भारत का स्वप्न साकार होता है।

शेखर की विद्रोह चेतना आरम्भ में ही सामाजिक विषमता से जुड़कर उसे क्रान्तिकारिता के मार्ग की ओर उन्मुख करती है। सामाजिक विषमता से शेखर का परिचय उसके शैशव में ही हो जाता है। उसकी खेल की एक सखी फूलाँ किसी दलित जाति की लड़की है। शेखर को उसके साथ खेलने से मना किया जाता है। वह कारण पूछता है तो डाँट कर चुप कर दिया जाता है। शेखर मान जाता है, पर अनमना हो जाता है। और एक दिन फूलाँ की माँ को स्वाभिमानपूर्वक अपनी जाति का उल्लेख करते सुन उसकी पूजा तक करने लगता है। पीड़ित और दलित मानवता के प्रति सहानुभूति का यह पहला पाठ है जो शेखर को अपने पड़ोस में ही मिल जाता है। तथाकथित सवर्णों के खोखले और दयनीय दम्भ का दूसरा उदाहरण भी शेखर को अपने घर में ही मिल जाता है–ब्राह्मण रसोइये के हास्यास्पद आचरण के रूप में। पुनः गोमती की बाढ़ में डूबे लखनऊ शहर का नाव से भ्रमण करते समय शेखर के मन में गरीबों के प्रति सहानुभूति का भाव पैदा होता है। पर सामाजिक और आर्थिक विषमता का सबसे तीखा अहसास होता है उसे मद्रास में, लगभग तेरह-चौदह वर्ष की अवस्था में, जब वह वहाँ कॉलेज में पढ़ने के लिए जाता है। वहाँ ब्राह्मण और शूद्र छात्रों के अलग-अलग छात्रावास हैं। चूँकि शेखर शिखा नहीं रखता, जनेऊ नहीं पहनता, पूजा-पाठ नहीं करता, अतः अन्य ब्राह्मण छात्र उसे ब्राह्मणों के छात्रावास से निकाल देने के लिए प्रिन्सिपल के पास आवेदन भेजते हैं। यद्यपि प्रिन्सिपल का फैसला शेखर के पक्ष में होता है पर वह इस घटना से बहुत ही अपमान और क्षोभ का अनुभव करता है और अपने अवसाद को मिटाने के लिए एक दलित मित्र के साथ मालाबार घूमने चला जाता है। वहीं वह दलितों के प्रति ब्राह्मणों के नृशंस अत्याचार से परिचित होता है। किसी 'वर्जित' सड़क पर चलने के लिए एक दलित स्त्री की कोई हत्या कर डालता है। शेखर उस स्त्री को कन्धे पर लाद कर रामकृष्ण मिशन भवन ले जाता है, पर वह बच नहीं पाती। यह घटना शेखर को झकझोर जाती है, उसकी शिक्षा पूरी हो जाती है। वह मद्रास लौटते ही ब्राह्मण छात्रावास छोड़ कर हरिजन छात्रावास में चला जाता है। उस दिन से दलित छात्र उसके मित्र और सखा बन जाते हैं। शेखर दलित छात्रों से मिल कर एक दल की स्थापना करता है जिसका लक्ष्य समाज सुधार है। वह दलितों के मुहल्ले में बच्चों

के लिए एक स्कूल खोलता है और वहाँ नियमित रूप से पढ़ाने जाता है।

एक अन्य घटना से शेखर को समाज में नारी की स्थिति का अहसास होता है। रेलयात्रा में एक अपरिचित महिला का अपमान करने वाले गुण्डे की मरम्मत करने पर सहयात्रियों की प्रतिक्रियाओं को देख सुनकर शेखर इस निष्कर्ष पर पहुँचता है कि 'नौजवानों में जितना गम्भीर असन्तोष और परिवर्तनशीलता जगाने की जरूरत है, उतना ही स्त्रियों में भी जगाना चाहिए।....नारी मात्र में अविश्वास, नारीतत्त्व को ही पापात्मा मानने का संगठित षड्यन्त्र नष्ट करना होगा।'[12] वह अपने कैशोर विद्रोह को 'ऐंटिगोनम क्लब' की बैठकों में अभिव्यक्त करता है। ऐंटिगोनम क्लब के सदस्य स्वयं विवाह न कर स्त्रियों को आत्मनिर्भर और स्वाधीन बनाने का संकल्प करते हैं। पर जब शेखर का अपना ही एक साथी, राघवन, अपने पिता के आदेश पर विवाह करने को तैयार हो जाता है तो शेखर का आक्रोश दबा नहीं रह पाता। यह आक्रोश क्लब की हस्तलिखित पत्रिका के सम्पादकीय के रूप में व्यक्त होता है।

इस प्रकार *शेखर : एक जीवनी* के प्रथम भाग में शेखर के जीवन के लगभग 17 वर्षों की कहानी आती है और इसमें, पर्याप्त सफलता के साथ, उसके जीवन में नियति के सूत्र को ढूँढने तथा 'उसका मन कैसा बनता है'—इस प्रश्न को हल करने की कोशिश की गयी है। पर दूसरे भाग में पहुँचकर यह खोज भटकन में बदल जाती है और शेखर का चरित्र, जो उपन्यास का विषय है, असंगतियों और कलात्मक स्खलन का शिकार हो जाता है। लाहौर में बी.ए. में पढ़ते वक्त शेखर कांग्रेस के एक अधिवेशन में स्वयंसेवक के रूप में भाग लेता है और पुलिस द्वारा पकड़ लिया जाता है। इसके बाद लगभग दस महीने उसे हवालाती कैदी के रूप में, जेल में, बिताने पड़ते हैं। इस अवधि में शेखर बहुत कुछ सीखता है, अनेक प्रकार के अनुभवों से, घोर यातना की मनःस्थिति और पीड़ाबोध से, गुजरता है। जेल की दीवारों के भीतर उसे 'स्वाधीनता' और 'मुक्ति' का सही अर्थ समझ में आता है। जेल की घोर यातनाओं की उपेक्षा कर मनमानी करनेवाला मोहसिन, अपनी भौजाई और उसके प्रेमी की हत्या करके फाँसी की सजा पानेवाला रामजी, लगभग बीस वर्षों तक जेल की कोठरी में चिन्तन मनन करके, पीड़ाबोध से गुजरकर, अनुभव-सत्य प्राप्त करने वाले मदन सिंह—ये सभी शेखर पर अपनी अमिट छाप छोड़ जाते हैं। और जब वह जेल से तीव्र पीड़ाबोध, गहरी संवेदनशीलता और अनुभव लेकर बाहर निकलता है तो संकल्प करता है कि वह क्रान्ति करेगा। शशि से बातचीत करते हुए वह कहता है : 'कुछ करूँगा जिसे क्रान्ति कहते हैं। सब चीज उलट पुलट कर रख दूँगा, कुछ टूट फूट जाएगी तो कहूँगा पुरानी सड़ी हुई थी।'[13] वह लिखकर क्रान्ति करना चाहता है। अपने संकल्प को कार्यान्वित करने के लिए वह एक कमरा लेकर स्वतन्त्र लेखन की वृत्ति अपनाता है पर प्रकाशन जगत् में फैले भ्रष्टाचार और धाँधली से, प्रत्येक

नये लेखक की तरह, उसकी भी टक्कर होती है और इतना निराश होता है कि आत्महत्या करने से बाल-बाल बच जाता है। इसके बाद शशि की प्रेरणा से वह पुनः साहित्य-सृजन में तो लगता है, पर क्रान्ति-लेखन के नाम पर एक छोटा-सा उपन्यास मात्र लिख पाता है, 'जिसमें कला गौण थी, उस जीवन को ज्वलन्त रूप से जनता के आगे उपस्थित करना, और उसको निमित्त बना कर उग्र असन्तोषकारी विद्रोहात्मक विचारों का प्रचार करना ही मुख्य उद्देश्य था।'[14]

शेखर किस प्रकार का क्रान्तिकारी बनता है, उसका लक्ष्य क्या है, उसकी विचारधारा क्या है, ये सब बातें *शेखर : एक जीवनी* के तीसरे भाग के अप्रकाशित रहने के कारण अज्ञात हैं। उपन्यास के दूसरे भाग में क्रान्तिकारी के रूप में शेखर का चरित्र कोई प्रभाव नहीं छोड़ता। हम उसके क्रान्तिकारी दल में शामिल होने की सूचना अवश्य पाते हैं, पर क्रान्तिकारी के रूप में कुछ करते हम उसे नहीं पाते। दल के लिए पैम्फलेट या 'उपन्यास' लिख देना या दादा के साथ यमुना के पार जाकर रिवॉल्वरों की जाँच के समय पुलिस की निगरानी करना, इनका कोई विशेष महत्त्व नहीं है। उपन्यास के पहले भाग में हम शेखर को जिस सामाजिक और राजनीतिक चेतना से जुड़ते पाते हैं, दूसरे भाग में उसका फिर आभास तक नहीं मिलता। सामाजिक विषमता, राजनीतिक पराधीनता और नारी की गुलामी के प्रति उसका आक्रोश भाव कहाँ गायब हो जाता है? तर्क पेश किया जा सकता है कि इसीलिए तो शेखर क्रान्तिकारी दल में प्रवेश करता है। पर कहाँ है वह विचारधारा, कार्यक्रम और रणनीति जिसके माध्यम से ही समकालीन ब्रिटिश शासन और सामन्तवादी समाज-व्यवस्था बदली जा सकती थी। मेरी दृष्टि में शेखर के चरित्र का विकास सही दिशा में नहीं हुआ है, अथवा अधूरा रह गया है। मैं पुनः अपनी आशंका दुहराना चाहता हूँ कि *शेखर : एक जीवनी* के तीसरे भाग का प्रकाशन अज्ञेय के लिए कला की चुनौती थी। जिसका सामना वे नहीं कर सके। अभी तो हम यह कहने को बाध्य हैं कि शेखर की 'स्वातन्त्र्य की खोज', 'क्रान्तिकारी का मन कैसे बनता है' की जिज्ञासा, 'अपने जीवन में नियति के सूत्र को पहचानने का प्रयत्न' अधूरा और अविश्वसनीय है।

शेखर : एक जीवनी में शेखर के क्रान्तिकारी रूप से अधिक प्रभावशाली उसका प्रेमी रूप है। शशि और शेखर का प्रेम-सम्बन्ध हिन्दी उपन्यास के प्रेम-चित्रण में विशिष्ट स्थान रखता है। शेखर का क्रान्तिकारी रूप चाहे जितना भी अविश्वसनीय और प्रभावहीन हो—उसे हम थोड़ी देर के लिए भूल जाएँ—उसका प्रेमी रूप अत्यन्त प्रौढ़ और कलात्मक रूप में चित्रित हुआ है।

शिशु शेखर में अहं, भय और काम की वृत्तियाँ प्रारम्भ से ही प्रखर रूप में विद्यमान हैं। अहं और भय की वृत्तियों से जहाँ उसके क्रान्तिकारी रूप का विकास होता है, वहाँ उसकी कामवृत्ति अन्ततः प्रौढ़ प्रेम में परिणत होती है। उपन्यास में

इस विकास को कलात्मक और सधे रूप में अंकित किया गया है। अपनी 'जीवनी' लिखने के प्रयत्न में शेखर के मन में जो तीसरी स्मृति (पहली शेखर के लेटरबॉक्स पर सवारी करने और दूसरी चर्मव्याघ्र से डरने की है) उगती है वह किसी वीभत्स दृश्य की है, जो 'कुछ अनुचित, कुछ वर्जित, कुछ घृणास्पद और कुछ जुगुप्साजनक' है। इससे शेखर की कामवृत्ति का संकेत मिलता है। कतिपय आलोचकों ने अज्ञेय पर 'अश्लील' होने का आरोप लगाया है, जबकि मुझे लगता है अज्ञेय ने काम-दृश्यों के चित्रण में जरूरत से ज्यादा संयम और संकोच बरता है, जिसके फलस्वरूप उपन्यास में अंकित काम-दृश्य उतने जीवन्त और मार्मिक नहीं बन पाये हैं, जितने अन्य दृश्य। जिस दृश्य के प्रसंग में यह बात कही जा रही है वह स्पष्टवादिता की कमी के कारण ही अस्पष्ट और धूमिल रह गया है, बल्कि यह कहना ज्यादा ठीक होगा कि वह 'दृश्य' बन ही नहीं पाया है।

शेखर का प्रथम परिचय जिन नारियों से होता है, वे हैं उसकी माँ और बड़ी बहन सरस्वती। माँ के साथ तो उसका सम्बन्ध कटुता और घृणा का हो जाता है, पर सरस्वती के साथ आरम्भ से ही उसके सम्बन्ध में मधुरता बनी रहती है। शेखर को कोई मास्टर पढ़ा नहीं पाता पर सरस्वती से पढ.कर वह अपने को कृतार्थ अनुभव करता है : 'और बालक ने देखा, शिक्षा भी ग्राह्य हो सकती है और शिक्षक भी उपास्य हो सकता है। और वह अपनी बहन की पूजा करने लगा और सीखने लगा, बिना किसी के जाने...'[15] और यह सरस्वती धीरे-धीरे शेखर के लिए 'सरस' हो जाती है। वह अनुभव करने लगता है कि 'जो वांछित है, प्रिय है और समझने और सहानुभूति करने वाला है, उसका पूँजीभूत रूप सरस्वती है।' वह सरस्वती का उपासक बन जाता है, और उसके साथ गहरे तादात्म्य का अनुभव करने लगता है। सरस्वती से उसका सम्बन्ध इतना गहरा और आन्तरिक हो जाता है कि उसकी शादी तय होने की सूचना पाकर वह बेचैन हो उठता है। उसका अन्तर्मन इस घटना को बर्दाश्त नहीं कर पाता और सरस्वती के विवाह के दिन उसे 103 डिग्री बुखार हो जाता है। इसके बाद वह एक महीने तक बीमार रहता है और बीमारी से उठने पर उसकी गनःस्थिति ऐसी हो जाती है कि जो कभी रोता नहीं था, अब अकारण रोने लग पड़ता। कभी रोटी खाते-खाते छोड़ कर उठ जाता और कमरे में आकर रोने लगता; कभी रोटी खाता जाता और आँसू पोंछता जाता, कभी माँ पूछती : 'शेखर, आज तो तुमने कुछ नहीं खाया' तो एकाएक फूट पड़ता, कभी पिता कहते : 'जाओ, लेटर बॉक्स में से डाक निकाल लाओ, तो उसकी खिड़की खोल कर रो उठता।'[16]

शेखर का सरस्वती के प्रति यह प्रेम प्रचलित नैतिक मान्यताओं के प्रतिकूल होने पर भी मनोविज्ञान, समर्थित है, यहाँ तक कि कुछ आलोचकों को यह 'किताबी' तक प्रतीत होता है। अज्ञेय ने साहस के साथ ही नहीं, कलात्मकता के भी साथ बहन के प्रति भाई के प्रेम को एक नया आयाम प्रदान किया है। शेखर और सरस्वती का

प्रेम भाई-बहन के सामान्य प्रेम की तुलना में अधिक अन्तरंग, अधिक गहरा, अधिक तीव्र है, जिसका कारण कदाचित, शेखर का कामाकर्षण ही है।

सरस्वती के बाद शेखर के परिचय-क्षेत्र में आने वाली दूसरी लड़की शशि है, जिससे बाद में चल कर शेखर का बहुत ही गहरा और अन्तरंग सम्बन्ध स्थापित होता है। उपन्यास में शशि और शेखर की पहली मुलाकात के प्रसंग का निर्माण बहुत ही कलात्मक ढंग से हुआ है। इस मुलाकात में दोनों एक दूसरे से बहुत गहरे रूप में जुड़ते हैं, यद्यपि इसे 'प्यार' की संज्ञा नहीं दी जा सकती। इस मुलाकात के समय शेखर की उम्र लगभग चार वर्ष की और शशि की तीन वर्ष की है। इस मुलाकात के बाद अगले दस वर्षों तक शेखर और शशि की मुलाकात नहीं होती और इस बीच शेखर कई दूसरी लड़कियों के सम्पर्क में आता है। उसके सम्पर्क में आने वाली अपने परिवार के बाहर की पहली लड़की प्रतिमा है जिससे वह किसी आन्तरिक स्तर पर नहीं जुड़ पाता। इसके बाद वयःसन्धि की दहलीज पर पाँव रखते ही उसका परिचय शारदा से होता है। वस्तुतः शेखर की वयःसन्धि की काम भावना का, जिसे शुद्ध प्यार कहते हैं, वास्तविक आलम्बन शारदा ही बनती है। वह शारदा को सहज भाव से प्यार करने लगता है, जिसका अंकन उपन्यासकार ने अत्यन्त प्रौढ़ और कलात्मक रूप में किया है। हिन्दी के किसी अन्य उपन्यास में कैशोर प्रेम का इतना यथार्थ और मार्मिक चित्रण देखने को नहीं मिलता।

अज्ञेय ने शेखर और शारदा के वयःसन्धि के प्रेम के विकास तथा उनकी तज्जन्य मनःस्थितियों का अंकन बड़े कलात्मक और सधे हाथों से प्रस्तुत किया है। इस प्रसंग से गुजरते समय 'ज्याँ क्रिस्ताफ' में वर्णित क्रिस्ताफ और मिना के प्रेमचित्रण का स्मरण हो आता है और अज्ञेय रोम्याँ रोलाँ की तुलना में कमजोर नहीं दीखते। वयःसन्धि से गुजरता हुआ शेखर पहले तो शारदा के सम्पर्क से पैदा हुई अपने भीतर की भावदशा, आवेग, उद्वेलन और उपद्रव को समझ ही नहीं पाता और उसकी अभिव्यक्ति असंगत कार्य व्यापारों में होती है। पर ज्योंही वह अपने भीतर के उपद्रव को पढ़ लेता है, जान जाता है कि वह शारदा को प्यार करता है, उसमें एक आनन्दमय स्थिरता आ जाती है।

पर यह कैशोर प्रेम अपने भावात्मक उत्कर्ष पर पहुँचने के बावजूद शारदा की माँ के हस्तक्षेप के फलस्वरूप गड़बड़ा जाता है। अज्ञेय का वैशिष्ट्य इस बात में है कि उन्होंने इस प्रेम प्रसंग का मनोवैज्ञानिक चित्रण करते हुए भी कलात्मक संयम का परिचय दिया है, जो नीतिवादी आलोचकों के लिए, जो अज्ञेय पर अश्लीलता का आरोप लगाते हैं, चुनौती है।

जिस समय शेखर शारदा के प्रेम में अपनी समूची चेतना के साथ डूबा हुआ है, उसी समय शशि से उसकी दूसरी मुलाकात उसके घर होती है। शेखर मैट्रिक की परीक्षा देने के निमित्त अपनी मौसी के घर रह रहा है और शशि उसे खाना आदि देती

है। वे दोनों एक-दूसरे के लिए 'भाई जी' और 'बहन जी' हैं। चूँकि शेखर की चेतना में शारदा पूरी तरह से समाई हुई है, अतः किसी दूसरी लड़की का ध्यान या तो उसे आता ही नहीं या आता है तो वह उसे शीघ्र निकाल बाहर करता है और अपने को कोसता है। यद्यपि धीरे-धीरे शशि और शेखर के सम्बन्ध में अन्तरंगता बढ़ती है, पर वह परिचित भाई-बहन के प्रेम की सीमा में ही रहता है।

दक्षिण लौटने पर शेखर पाता है कि शारदा अपने माता-पिता के साथ स्थान छोड़ कर चली गयी है। उसकी वयःसन्धि का ज्वार समाप्त हो जाता है।

इस बीच शेखर का परिचय एक और लड़की से होता है। वह है शान्ति, यक्ष्माग्रस्त एक अठारह-उन्नीस वर्ष की संवेदनशील, सुसंस्कृत लड़की, जो अपनी नियति से भलीभाँति परिचित ही नहीं है, उससे पूरी तरह समझौता भी किये हुए है। शान्ति और शेखर की मुलाकात केवल एक दिन होती है, पर उस छोटी-सी अवधि में वे जिस घनीभूत प्रेम की तीव्र मनोदशा से गुजरते हैं, वह अद्वितीय है। चरम प्रेम की भाषा मौन है और मौन की भाषा लिखने में अज्ञेय माहिर हैं। यह मौन की भाषा ही शान्ति और शेखर के प्रेम की सबसे बड़ी विशेषता है।

प्रारम्भिक किशोरवस्था में शेखर समलैंगिक प्रेम के ज्वार से भी गुजरता है। मद्रास में कॉलेज में पढ़ते हुए, कुमार से शेखर का प्रेम इसी मनोवैज्ञानिक स्थिति का उदाहरण है। अज्ञेय ने कुमार के प्रति शेखर के प्रेम का बड़ा ही संयत, पर यथार्थ, चित्रण किया है। ठीक ऐसा ही चित्रण हमें रोम्याँ रोलाँ के 'ज्याँ क्रिस्तोफ' में मिलता है, ज्याँ क्रिस्तोफ और ओतो के समलैंगिक प्रेम के रूप में। अज्ञेय पर रोम्याँ रोलाँ का प्रभाव निर्विवाद है।

इन प्रेम प्रसंगों के अतिरिक्त शेखर के कामभाव की अभिव्यक्ति और कई छोटे-मोटे कार्य व्यापारों के रूप में होती है, जिनका यहाँ विवरण देना अनावश्यक है। इतना जरूर कहा जा सकता है कि यह सारा का सारा विवरण मनोवैज्ञानिक यथार्थ से पूर्ण है।

इस प्रकार शेखर अपनी प्रारम्भिक किशोरावस्था (13-17 की उम्र) पार करके अपने वय के दूसरे दौर में पहुँचता है। वह लाहौर में बी.ए. में नाम लिखाता है। उसकी मौसी विद्यावती और शशि पंजाब के ही किसी गाँव में रहती हैं। शेखर छात्रावास में रहता है। इस बात की सूचना उपन्यास में नहीं मिलती कि शेखर अपनी मौसी के घर आता-जाता रहता है। पर जब शशि के पिता बीमार पड़ते हैं तो वह वहाँ जाता है और इतने समय तक रहता है कि घर से एकरस हो जाता है।[17] पर इस बीच शशि के साथ उसके सम्बन्ध में कोई नयापन, कोई विशेष अन्तरंगता आने की सूचना नहीं मिलती।

जब शेखर कश्मीर-भ्रमण में है तभी उसे शशि के पिता की मृत्यु की सूचना मिलती है और वह उसके घर पहुँचता है। शेखर लगभग एक महीना मौसी विद्यावती

और शशि के साथ रहता है। इस बीच शशि और शेखर के सम्बन्धों में अन्तरंगता तो आती है, पर वह शब्दों के माध्यम से कहीं व्यक्त नहीं होती। यहाँ भी मौन की भाषा ही दोनों के बीच बनते हुए नये सम्बन्ध को व्यंजित करती है। सामान्य बातचीत में दोनों अभी 'आप' और 'तुम' की औपचारिकता में बँधे हैं, यद्यपि शशि इसे तोड़ना चाहती है और अन्ततः उसे ही कहना पड़ता है : 'और देखो, खबरदार जो अब कभी मुझे 'आप' कहा तो।' मेरा नाम शशि है और तुम्हारा शेखर।' फिर भी यहाँ तक शशि और शेखर का सम्बन्ध भाई-बहन के सामान्य, औपचारिक प्रेम के किसी नवीन आयाम से जुड़ता नहीं दीखता।

जब शेखर कांग्रेस अधिवेशन में पकड़े जाकर जेल में है तो उसके मन में गहरी आकांक्षा जगती है कि शशि उसे देखने आती। और शशि आती है। उनमें बातें बहुत थोड़ी, संक्षिप्त, औपचारिक-सी होती हैं पर उनका मौन वह सब कह जाता है, जो शब्दातीत है। जाते-जाते शशि कह जाती है : 'वीर कभी अपराधी नहीं होते।' यह छोटा-सा वाक्य शेखर के प्रति शशि के समस्त प्रेम, वात्सल्य, विश्वास—इसे हम जो नाम दें—को उद्‌भासित कर जाता है। लेखक (जो स्वयं शेखर ही है) शेखर की उस समय की मनःस्थिति का वर्णन करता है : 'शेखर ने उसकी आँखों की वत्सलता से रोमांचित होकर मन ही मन उस आदिम बहन को प्रणाम किया जिसने पहले पहल भाई के लिए 'वीर' शब्द का आविष्कार किया था।'[18]

इसके बाद शशि शेखर की चेतना का अभिन्न अंग हो जाती है। 'अदालत में बैठे-बैठे प्रायः शेखर पाता कि उसका ध्यान शशि की ओर चला गया है। वह उसके कहे हुए एक-एक शब्द को याद करता और मानो मन का प्रकाश उन पर केन्द्रित करके उनका चित्र लिया करता; फिर विस्मय से सोचा करता कि क्या यह लड़की उसके भीतर इतना महत्त्व पाती जा रही है...वह उसकी बहन लगती थी? अवश्य, पर शेखर की बड़ी बहन सरस्वती की तरह वह क्यों नहीं थी?... सरस्वती से भी शेखर ने बराबर का सहज विश्वासी बन्धुत्व पाया था, पर...शेखर ने होश सँभालने के समय से ही उसको अपने आसपास देखा था—पर शशि मानो उसकी अपनी खोज का परिणाम थी,...वह बेहिन, यानी अपनी होकर भी नयी, कुछ अपरिचित, कुछ आयाससिद्ध थी...जैसे उसे अपनाने के लिए हमेशा सतर्क रहना पड़ता था... ।[19]

शेखर के इस अन्तःदर्शन से इतना तो स्पष्ट मालूम पड़ता है कि शशि के प्रति शेखर का प्रेम भाई-बहन के सामान्य प्रेम से कुछ विशिष्ट है। उसमें थोड़ी दूरी भी है, और आयासलब्धता भी, जो भाई-बहन के प्रेम में नहीं होती। वैसे सम्बन्ध की दृष्टि से शशि विद्यावती की लड़की है, जो शेखर की माँ की 'बहिन लगती है।' इस नाते वह शेखर की बहन है। शशि और शेखर दोनों बचपन से ही एक दूसरे को भाई-बहन के रूप में जानते हैं, यद्यपि भाई-बहन की तरह दोनों साथ नहीं रहते। जब उनका प्रथम परिचय होता है तो शेखर शशि के प्रति असहिष्णु भी है, और नहाते

वक्त लोटे से उसका सिर भी फोड़ देता है। पर उस छोटी-सी अवस्था में ही शशि उसके प्रति जो 'अपनत्व' व्यक्त करती है, वह उद्धत शेखर को सदा के लिए उससे जोड़ देता है। इसके बाद शेखर और शशि जानते तो हैं एक दूसरे को भाई-बहन के रूप में ही, और यह जानना उनके सम्बन्ध को एक विशेष रूप भी देता है, पर आन्तरिक रूप में उनका प्रेम भाई-बहन के सामान्य प्रेम से निरन्तर विशिष्ट बनता जाता है।

शशि शेखर से मिलने फिर आती है और इस बार भी उनमें ज्यादा बातें नहीं होतीं। शेखर अनुभव करता है : 'जैसे दूर के भाई-बहन होकर भी एक ही धमनी का रक्त दोनों में प्रवाहित हो रहा है और उस सम्पूर्ण ज्ञानैक्य में कथोपकथन को स्थान नहीं है...।' शेखर अनुभव करता है कि शशि किसी दुःख की मनःस्थिति से गुजर रही है, पर वह कुछ भी बताए बिना ही चली जाती है। शशि के चले जाने पर उस रात जब कैदियों की गिनती समाप्त हो जाती है और दरवाजे बन्द हो जाते हैं 'तब उसने दोनों हाथों से कोठरी के द्वार के दो सींखचे पकड़े और अपने तन के समूचे जोर से उसे झकझोरने लगा उसका शरीर झनझना उठा, दाँत जैसे रेत की रड़कन से किचकिचा उठे; ताला, सींखचे, चौखट सब खड़क उठे...मैं इस बन्धन को तोड़ना चाहता हूँ, मुक्त होना चाहता हूँ, क्योंकि किसी को मुझे कुछ कहना है और वह जानना मेरे लिए आवश्यक है, सुख से अधिक आवश्यक, शान्ति से अधिक आवश्यक...जीवन से अधिक आवश्यक, मेरे बल से, पुरुषार्थ से भी अधिक आवश्यक...विवश, विवश, विवश, मूर्ख क्रोध...व्यर्थ, व्यर्थ उद्भ्रान्त अहंकार।'[20] और इसके बाद औंधे लेट कर घंटों रोता है।

शेखर का यह मानसिक उद्वेग उसके अवचेतन में विद्यमान शशि के प्रति उसके प्रेयसी-प्रेम और चेतन मन द्वारा उसे स्वीकार न किये जाने का, बल्कि समझ ही न पाने का, प्रतिफलन है।

इसके कुछ दिन बाद शेखर को शशि का पत्र मिलता है जिसमें वह अपना विवाह तय हो जाने की सूचना देती है। शशि विवाह नहीं करना चाहती। पर जिस समाज में वह रहती है और उसकी विधवा माँ पर जो सामाजिक दबाव है उसके कारण उसके लिए कोई फैसला करना कठिन हो रहा है। वह शेखर से सलाह माँगती है। शेखर यह चिट्ठी पाकर उद्विग्न हो उठता है। वह बहुत सोचता है, पर समस्या का कोई समाधान नहीं मिलता। शशि की अनिच्छा के बावजूद उसका विवाह किसी से कर दिया जाए, यह शेखर को असह्य है, पर सामाजिक दबाव, परम्परा, स्त्रियों के सम्बन्ध में लोगों का दृष्टिकोण और माँ की असहायता; इन सबका क्या समाधान है? शेखर सोचते-सोचते बेचैन हो उठता है, उसका मानसिक तनाव बढ़ जाता है : 'वह द्रुत गति से चक्कर काटने लगा, और हर कदम पर मुट्ठियाँ बाँध कर पूछने लगा, क्या करूँ—क्या करूँ—क्या करूँ?...गति द्रुततर होती गयी, कदम भी पाँच की

बजाय तीन पड़ने लगे, इतनी जल्दी से रुख बदलने से सिर भी घूम गया, पर प्रश्न का उत्तर नहीं मिला...उसका आवेश, उसकी पराजित बुद्धि का आक्रोश बढ़ने लगा–उसने दोनों हाथों से सिर पकड़ कर मींज लिया, फिर मुट्ठियों में बाल भर कर मुट्ठियाँ जोर से घोंट लीं...बाल खिंचने लगे, उनकी पीड़ा से सिर को कुछ शान्ति मिली, पर प्रश्न...क्या करूँ...क्या करूँ?'[21]

पाठक के सामने प्रश्न उठता है कि आखिर शशि क्यों विवाह नहीं करना चाहती और शेखर क्यों शशि की अनिच्छा जान कर इतना उद्विग्न हो उठता है। यद्यपि इस सारी उद्विग्नता में भी शेखर शशि को बहन के रूप में ही देखता है पर उस उद्विग्नता के पीछे छिपा अवचेतन का उत्पात स्पष्ट है। शशि के भी विवाह के लिए अप्रस्तुत होने के मूल में उसके अवचेतन में विद्यमान शेखर के लिए प्रेम ही प्रतीत होता है।

शेखर शशि के पत्र का जवाब देता है। वह लिखता है : "जीवन में हर एक को अपना मार्ग स्वयं खोजना होता है, हम किसी को मार्ग बता नहीं सकते, किसी को प्रकाश भी नहीं दिखा सकते, हम कर सकते हैं तो इतना ही कि पथिक के पैर दाब दें, उसका कवच कस दें, अगर उसके पास दीया है तो बत्ती कुछ उकसा दें।" वह सलाह देता है : "...शशि, तुम विवाह हो जाने दो, अपने भविष्य को किसी और के भविष्य में मिटा दो, तब भी मेरी सारी शक्ति तुम्हारे साथ होगी कि तुम अपने चुने हुए मार्ग में अडिग रहो; वैसा तुम नहीं करो, एक व्यक्ति पर अपने को मिटाने की बजाय समाज के विरोध से ही टक्कर लेना चाहो, तो भी मैं तुम्हारे साथ हूँ। वह तुम्हें अलग कर दे, घर-बार भी तुमसे छूट जाए; तो मेरा अकिंचन सहयोग तुम्हें मिलेगा; अगर अपने हाथों के परिश्रम से मुझे तुम्हारी रोटी प्राप्त करनी पड़ेगी तो वह मेरा गौरव होगा...।" (शेखर; भाग 2, पृ. 78)

शशि अपनी सम्पूर्ण अनिच्छा के बावजूद विवाह के प्रति तटस्थता का भाव अपना लेती है जिसे उसकी स्वीकृति मान लिया जाता है। वह शेखर को लिखती है : "भविष्य क्या है, नहीं जानती; और मैंने जो मार्ग अपने लिए निर्धारित किया है, उसमें भविष्य होने न होने का प्रश्न भी नहीं है। वह इतना ज्वलित है; पर इतना मैं आज तुम्हें कहती हूँ कि तुमने जो मुझे दिया वह मैं उसमें नहीं भूलूँगी।" (शेखर; भाग 2, पृ. 77)

विवाह के ठीक पहले लिखा शशि का पत्र शेखर को प्राप्त होता है : "आज मेरी उस अवस्था का अन्तिम दिन है जिसमें अपने आत्मीयों से अलग एक सम्बन्धी मेरा था...मेरे बहिनापे में घिरे हुए तुम! कल से मेरा पहिला परिचय होगा, अमुक की स्त्री; और सब सम्बन्ध उसके बाद आएँगे।...तुम उस शशि को आशीर्वाद देना जो अब तक तुम्हारी बहन थी और उसके अतिरिक्त किसी की कुछ नहीं थी; किन्तु कल वैसा नहीं रहेगी और जो आज इस पद से अन्तिम बार तुम्हें प्रणाम करती है।" (शेखर; भाग 2, पृ. 79-80)

इसके बाद की शेखर की प्रतिक्रिया है : "वेदना...कोई उसके भीतर कहता है, वह नहीं थी सहोदरा, नहीं थी बहिन; जो हुआ वह होना ही था...दुःख उसको मेरी स्नेह की भेंट है, जैसे बहिनापा उसका मुझे स्नेह का दान था! नहीं है वह सहोदरा; वह सहजन्मा है; एक खडित आत्मा दो क्षेत्रों में अंकुरित हुई है...तभी तो...तभी तो...शेखर अपने को देखता है और नहीं समझ पाता कि कहाँ वह अपंग हो गया है—यद्यपि एक गहरी टीस उसमें उठती है और एक मूर्च्छना भी उसके बचे हुए गात पर छाई जा रही है।"[22]

और इसके बाद शेखर आत्मपीड़न के निमित्त फाँसी के कैदियों की कोठरी में रहने की अनुमति प्राप्त करता है और दिन भर बन्द रहता है : 'कभी-कभी व्याकुलता इतनी उग्र हो उठती कि वह दाँत भींच कर, मुट्ठी बाँध कर, फर्श पर, जँगले पर, दे मारता, एक बार, दो बार, तीन बार...जब तक कि जोड़ों पर से खून न फूट आता—तब उस खून को वह माथे पर पोंछ लेता और उसकी ललाई से उसे कुछ शान्ति मिलती!' (शेखर ; भाग 2, पृ. 81)

शेखर और शशि की इन मनःस्थितियों और प्रतिक्रियाओं से यह अस्पष्ट नहीं रह जाता कि उनका प्रेम प्रेमी-प्रेमिका भाव का ही है, यद्यपि वह नितान्त अवचेतन के गह्वर में है, और जिसे वे खुद भी नहीं पहचानते। चेतना के धरातल पर यह प्रेम भाई-बहन के स्नेह और वात्सल्य के रूप में ही व्यक्त होता है, यद्यपि एक विशिष्ट तीव्रता और अन्तरंगता के साथ, जो भाई-बहन के प्रेम में नहीं होता।

शशि का दाम्पत्य जीवन सुखमय नहीं होता, शायद हो भी नहीं सकता था; उसकी सारी कर्त्तव्यपरायणता, चारित्रिक ईमानदारी और पतिनिष्ठा के बावजूद। जेल में ही वह शेखर को लिखती है कि वह बहुत कष्ट में है, और चाहती है कि शीघ्र उसे जीवन से छुटकारा मिल जाए। जेल से छूटने के बाद शेखर शशि से मिलने जाता है। राह में वह सोचता जा रहा है : "क्यों उसने शशि की सब चिट्ठियाँ फाड़ दी थीं? इस समय उनकी कितनी जरूरत थी उसे—उनकी घनिष्ठता की, उनके प्यार की, उनकी समीपता की, 'जो अन्तिम प्रणाम कर गयी है।' उफ, यदि वे पत्र होते, तो शेखर फिर खींच ला सकता उस बीती हुई स्थिति को—जैसे पत्र कभी प्यार का स्थान ले सकते हैं! मूर्ख कहीं का!"[23] इस प्रकार शेखर पहली बार शशि के प्रति अपने भाव को 'प्यार' की संज्ञा देता है।

शेखर शशि से मिलता है और उसे समझने में देर नहीं लगती कि उसका वैवाहिक जीवन सुखमय नहीं है, कि वह तिल-तिल करके जल रही है। उसका पति रामेश्वर उस पर विश्वास नहीं करता। वह शशि से पुनः-पुनः मिलता है। दोनों का आन्तरिक स्नेह भाव गहन से गहनतर होता जाता है। जब शेखर साहित्य रचना को अपने पेशे के रूप में अपनाता है तो शशि न केवल उसमें रुचि लेती है वरन् अपनी माँ को पत्र लिख कर अपनी पुस्तकें भी शेखर के पास भिजवा देती है। शेखर अनुभव

करता है कि इस आलमारी के (जिसमें पुस्तकें रखी हैं) दो खानों में शशि की अनुग्रह भरी सौम्य और वत्सल आँखें उसके कमरे को देख रही हैं, और उस दृष्टि से कमरे का वातावरण आर्द्र हो गया है। पर रामेश्वर, शशि के पति, को यह सब अच्छा नहीं लगता। उसे शेखर के चरित्र पर सन्देह है। यद्यपि वह औपचारिकता निभाने के लिए शशि के साथ शेखर के कमरे में भी हो आता है, पर उसके मन में शेखर के प्रति सन्देह का कीड़ा घुस गया है। शशि इस बात को जानते हुए भी शेखर के कमरे में अकेले जाती है। जिस दिन शेखर को अपनी माँ की मृत्यु का तार मिलता है, उस दिन भी शशि शेखर के पास जाती है और शेखर को अपने स्नेह का शीतल स्पर्श देती हुई कहती है : 'धीरज से सहना भइया मेरे।' शशि के इस सारे व्यवहार में कहीं भी, किंचित् मात्र भी, वासना का भाव नहीं है, यह भाई के प्रति बहन का ही प्यार है। इसके पहले भी जब शशि शेखर के लेखन की प्रेरणा के लिए स्वयं को निमित्त बनाना चाहती है तो उस विश्वास के पीछे एक उदात्त प्रेम ही है, नाम चाहे हम उसे जो दें।

इसके बाद एक ऐसा प्रसंग आता है, जब शेखर और शशि विवाह के सम्बन्ध में बातें करते हैं। शेखर अविवाहित है और उसके पिता तथा समाज के अन्य लोग उसके विवाह में रुचि रखते हैं; पर शेखर के विवाह सम्बन्धी तर्क अकाट्य हैं। अन्ततः शशि कहती है : 'तुम्हें एक साथी खोजना चाहिए जो बराबर साथ चल सके, साथ क्लेश भोग सके और साथ सुख पा सके—क्लेश या सुख बड़ी बात नहीं है, बड़ी बात साथ की है...साझा करने और सहने की क्षमता की। पर ऐसा साथी तो स्वयं शशि ही हो सकती थी शेखर के लिए, और लगता है, शशि और शेखर दोनों ही मन की भीतरी पर्तों में इस तथ्य को स्वीकार करके चल रहे हैं। नीचे का यह उद्धरण उनकी इस मनःस्थिति का प्रमाण है :

"...शेखर ने भी कुछ खोये-से पर साथ ही कुछ कौतुक भरे स्वर में कहा, 'और जब राह चलते मोती मुझे मिलेगा, तब मैं कोई प्रश्न नहीं पूछूँगा, संशय नहीं करूँगा, शर्तें नहीं बधूँगा। जो देवता देते हैं...

शशि बिलकुल नहीं सुन रही थी। शेखर ने जान-बूझ कर उसे चौंकाने के लिए कहा : 'जो देवता देते हैं, उसके लिए शास्त्रों की साक्षी क्यों माँगी जाय?'

शशि ने सहसा जाग कर कहा : 'क्या'?

उनकी आँखें मिलीं और जैसे जकड़ी गयीं। शेखर ने बलात् कल्पना कह कर उसे निकाल देना चाहा, पर फिर भी वह देखता रहा कि उन खुले कपाटों के पीछे आलोक है, उसे आलोक के भीतर गहरी वेदना है, उस वेदना के भीतर और गहरा आहत आलोक... ।" (शेखर; भाग 2, पृ. 156)

यह उद्धरण शशि और शेखर के वास्तविक अन्तरंग सम्बन्ध की ओर इंगित करता है, जो सामाजिक मान्यताओं और मूल्यों के कारण चेतन धरातल पर नहीं आ पाता।

इसके बाद ही शशि और शेखर के सम्बन्धों को निर्णायक दौर में ले जाने वाली एक घटना घटती है। प्रकाशकों के नृशंस व्यवहार के कारण शेखर आत्महत्या के लिए उतारू हो जाता है—एक अपरिचित स्त्री की चेष्टा से ही वह मोटर के नीचे आने से रह जाता है। और इस मनःस्थिति में जब वह अपने कमरे में लौटता है तो वहाँ शशि को मौजूद पाता है।

इसके बाद का जो प्रसंग है, वह अत्यन्त मार्मिक होने के साथ-साथ शशि और शेखर के सम्बन्ध की वास्तविकता का उद्घाटन करने वाला है। शेखर को असामान्य मनःस्थिति में वापस आते देख कर शशि को सन्देह हो जाता है कि वह कुछ अकरणीय करने गया था। वह पूछती है, पर शेखर नहीं बताता। पर, जब शेखर को शशि की आँखों से गिरे हुए आँसू की 'टप' सुनाई पड़ती है, तो शेखर चौंक कर खड़ा हो जाता है...किन्तु शशि की पीठ लैम्प की ओर थी, उसका मुँह अँधेरे में था...शेखर ने एकाग्र दृष्टि से उसकी ओर देखते हुए कन्धे से पकड़ कर शशि को घुमाना चाहा, पर उसके स्पर्श करते ही शशि का शरीर कठोर पड़ गया और वह हिली नहीं...शेखर ने एकाएक उसका कन्धा छोड़ दिया; चारपाई के पास जाकर धपू से बैठा और फिर लेट गया; उसके बुझते हुए मन ने जाना कि आगे कुछ गति नहीं है...।'

फिर 'शशि अपने आप आकर उसके सिरहाने खड़ी हो गयी। एक अनिश्चित स्वर में उसने पुकारा : 'शेखर?' और उसके ऊपर को तनिक-सा झुकी—टप से एक बूँद शेखर के माथे पर गिरी...

'एकाएक शेखर ने हाथ बढ़ा कर उसे धीरे-धीरे नीचे झुका लिया, उसकी छाती में मुँह छिपा कर फूट कर रो पड़ा...उसका पिंजर बेतरह हिलने लगा, उसकी मुट्ठियाँ शशि के कन्धों पर जकड़ गयीं। शशि एक शब्द भी बोले बिना वैसे ही उस पर झुकी रही ... जैसे पहाड़ी सोते के ऊपर छायादार सप्तपर्ण का वृक्ष... ।' (शेखर ; भाग 2, पृ. 163)

शेखर बता देता है कि वह आत्महत्या करने को उतारू था। शशि यह सुन कर काँप जाती है। वह शेखर को समझाती है कि उसका जीना व्यर्थ नहीं है। वह अपने क्रिया व्यापारों से शेखर के प्रति अपना प्रेम व्यक्त कर देती है। शेखर के सिरहाने बैठ कर उसके माथे की सलवटें दूर करने का प्रयास करती है। जब इसमें सफल नहीं होती तो उँगलियों से उसकी पलकें बन्द कर देती है। शेखर बहुत धीमे स्वर में कहता है : 'कब से तुम्हें बहिन कहता आया हूँ, पर बहिन जितनी पास होती है, उतनी पास तुम नहीं हो, इसलिए वह जितनी दूर होती है—उतनी—दूर तुम नहीं हो।' और 'एकाएक उसने शशि की उँगलियों को दोनों हाथों से अपनी आँखों पर जोर से दाब लिया, मानो आँखें खुलने से कुछ अनर्थ हो जाएगा... ।'[24]

शशि 'काँपती हुई आवाज में' इसका अभिप्राय पूछती है और शेखर उसे अपने ऊपर झुका कर कहता है : 'अभिप्राय मैं नहीं जानता, तुम्हें जानता हूँ, और जानता हूँ कि जितने स्वप्न मैंने देखे हैं सब तुममें आकर घुल जाते हैं।' शेखर इसी स्थिति

में सो जाता है। शशि उसके ऊपर झुकी रहती है। शेखर बीच में एक बार जाग कर देर होने की बात कह कर शशि को वापस जाने को कहता है। पर 'शशि हिली नहीं; उनकी निश्चलता में पौष की हिम-शीत वर्षा ने ही उत्तर दिया कि अब वापस जाने के लिए भी अधिक देर हो गयी है', और शेखर फिर सो जाता है। पुनः तन्द्रा की अवस्था में ही शेखर और शशि में वार्तालाप आरम्भ हो जाता है। शशि कहती है : "तुमने जो दिया है, उसमें लज्जा नहीं है। वह वरदान है, यह मैं भी बिना लज्जा के देखती हूँ। वरदान में अस्वीकार का विकल्प नहीं है।...मैं विवाहिता हूँ। अपना आप मैंने स्वेच्छा से दे दिया है, अपने का, इह का संकल्प कर दिया है—आहुति दे दी है। जो दे दिया है, मेरा नहीं है, उसकी ओर से मैं कुछ नहीं कह सकती; न कुछ स्वीकार ही कर सकती हूँ, न प्रतिवाद कर सकती हूँ, और—न कुछ दे सकती हूँ।...पर तुम में मेरा यह जीवन है, जो मैं हूँ, और जो मेरा मैं है।...और वह मूर्त्त नहीं है, इसलिए कम सच नहीं है, कम जीता नहीं है। शेखर, तुम मुझे बहिन, माँ, भाई, बेटा कुछ मत समझो, क्योंकि मैं—अब—कुछ नहीं हूँ। एक छाया हूँ।' और फिर किसी आन्तरिक तेज से भर कर—'और अमूर्त्त होकर मैं—तुम्हारा अपना-आप हूँ जिसे तुम नाम नहीं दोगे।' (शेखर; भाग 2, पृ. 166)

इस घटना और वार्तालाप के बाद शशि और शेखर अपने सम्बन्धों को अच्छी तरह पहचान लेते हैं और शेखर के जीवन में एक उल्लास भर आता है। शशि शेखर के आग्रह पर एक वैदिक ऋचा का पाठ करती है जो अभय का सन्देश देती है और उसके बाद रवीन्द्रनाथ ठाकुर का एक गीत गुनगुना उठती है जो हृदय में उठने वाली अनिर्वचनीय 'मर्मर ध्वनि' को व्यंजित करता है।

इसके बाद शेखर को एक बार फिर आत्महत्या की धुन सवार होती है—चरम सुख की दशा में मृत्यु को वरण करने की इच्छा से प्रेरित होकर। पर शशि शेखर की मनःस्थिति भाँप लेती है और कहती है : 'मेरी तरफ देखो, शेखर—मेरी आँखों की तरफ। क्या तुम मनमानी कर सकते हो—अकेले हो?'

इसके बाद शशि अपने घर के लिए प्रस्थान करती है और प्रसंग समाप्त होता है। इस प्रसंग से शशि और शेखर का प्रेम एक निश्चित दिशा प्राप्त कर लेता है जो भाई-बहन के प्रेम से भिन्न है। निश्चय ही भाई-बहन के प्रेम में इतनी अन्तरंगता, एकाकार होने की इतनी आकुलता और तड़प नहीं होती। पर इस प्रेम में वासना की गन्ध भी नहीं है। हम इस प्रेम सम्बन्ध की श्लीलता-अश्लीलता या नैतिकता-अनैतिकता पर तनिक बाद में विचार करेंगे, फिलहाल इतना ही कहना पर्याप्त है कि अज्ञेय ने शशि और शेखर के सम्बन्ध के माध्यम से प्रेम का एक सर्वथा नवीन आयाम उद्घाटित किया है, जो रोमानी होने पर भी अयथार्थ नहीं है।

शशि अपने पतिगृह पहुँच कर तिरस्कृत ही नहीं होती, पति रामेश्वर द्वारा सांघातिक प्रहार के साथ घर से निकाल भी दी जाती है। रामेश्वर मानो अवसर की

ताक में ही था। उसमें इतनी चारित्रिक उदारता नहीं कि वह रात भर घर के बाहर रहने वाली पत्नी पर विश्वास कर सके। तिरस्कृत शशि शेखर के ही पास लौटती है। शेखर एक बार रामेश्वर के घर भी जाता है, पर उसे भी वहाँ अपमान ही हाथ लगता है। इसके बाद इसके सिवा कोई दूसरा चारा नहीं रहता कि शशि शेखर के साथ रहे। शेखर उसे अपने पास रख लेता है।

शशि को देखने के लिए उसकी माँ विद्यावती आती है। डॉक्टर शशि को देखता है। डॉक्टर बताता है कि शशि का गुर्दा फट गया है और 'असाध्य' है। 'विश्राम और सहनशक्ति-हिम्मत, मुख्यतया हिम्मत' और कुछ दवाएँ निर्धारित कर डॉक्टर उन्हें वापस भेजता है।

विद्यावती शशि और शेखर के साथ दो-चार दिन रह कर और शशि को शेखर को सौंप कर वापस लौट जाती है। अज्ञेय ने इस प्रसंग के निर्माण में अपनी अदभुत कलात्मक क्षमता का परिचय दिया है।

यहाँ से शशि और शेखर की दिनचर्या नये ढंग से शुरू होती है। शशि तो बीमार है अतः शेखर खुद ही घर के सब काम करता है और शशि की परिचर्या भी। शशि उसे लिखने के लिए उत्प्रेरित करती रहती है।

शशि और शेखर समाज द्वारा परित्यक्त हैं। पड़ोसी अपने बच्चों को शेखर के पास जाने से रोकते हैं और यदि वे सहज बाल स्वभाववश उनके पास चले जाते हैं तो मार खाते हैं। बाहर भी शेखर का अपमान होता है। प्रकाशक उसका लिखा इसलिए भी स्वीकार नहीं करते कि वह समाज में बदनाम व्यक्ति है। गृहस्थी चलाने के लिए शेखर के पास कुछ नहीं है। विवश शेखर को अपनी पुस्तक 'हमारा समाज' की पाण्डुलिपि एक प्रकाशक को केवल साठ रुपये में बेचनी पड़ती है।

और इसी मनःस्थिति में शेखर आतंकवादियों के सम्पर्क में आता है। वह शशि के साथ दल द्वारा प्रदत्त नये घर में आ जाता है। भोजन की व्यवस्था हो जाती है। शेखर गुप्त आन्दोलन के फैले हुए जाल में अधिकाधिक उलझता जाता है और शशि भीतर से रुग्ण होने पर भी पूरी तरह से उसका साथ देती है। दल के कार्यक्रमों में भी वह हिस्सा लेने लगती है। वह छोटी-बड़ी सभाओं तक में जाने लगती है और एक सभा में तो वह भाषण तक देती है। इस सभा में बोलते-बोलते शशि उत्तेजित हो जाती है, सम्भवतः कुछ लोग, जो उसके अतीत से परिचित हैं, उसका उपहास करते हैं। शेखर शशि को घर लाता है और वह उस उत्तेजना और थकान के कारण ज्वरग्रस्त हो जाती है।

इसके बाद शेखर को पुलिस की नजरों से बचे रहने के लिए एहतियात के तौर पर शशि के साथ दिल्ली आना पड़ता है।

दिल्ली में शशि-शेखर की गृहस्थी चल निकलती है। शेखर शशि की परिचर्या को ही अपना दायित्व मानता है, पर शशि इससे सन्तुष्ट नहीं है। जिस उद्देश्य के

लिए उसने आत्मदान किया है, वह पूरा नहीं हो रहा है। शेखर का लिखना बन्द है और शशि इस स्थिति से दुःखी है। एक ऐसी ही मनःस्थिति में, जब शशि और शेखर इसी प्रसंग में बातें कर रहे हैं, शेखर तीव्र संवेदना के क्षण में 'हठात् आगे बढ़ कर केशों और त्वचा के संगम स्थल पर, शशि का माथा चूम लेता है और 'फिर साँस के से स्पर्श से उसके होठ...।' शशि स्तब्ध रह जाती है। (शेखर; भाग 2, पृ. 216)

शशि और शेखर के सम्बन्ध का यह बिल्कुल नया (यद्यपि पूर्णतः अप्रत्याशित नहीं) मोड़ हैं। भीतर से शशि और शेखर एक दूसरे को प्यार ही करते हैं, भाई-बहन का सम्बन्ध तो उनके परिवेश ने उन पर डाल दिया है और चेतन धरातल पर वे उसे स्वीकार भी कर चुके हैं। पर जब वे अपने परिवेश से पूर्णतः कट जाते हैं और सर्वथा नये अपरिचित परिवेश में आ जाते हैं तो उनका मौलिक प्रेम-सम्बन्ध अवचेतन की दीवार तोड़ कर ऊपर आ जाता है। शेखर का शशि को चूमना इसी स्थिति का द्योतक है। पर शशि अपने पूर्व संस्कारों से मुक्त नहीं है; वह शेखर को रोकती है, पर इसलिए नहीं कि इसे 'पाप' समझती है, इसलिए कि 'वे जूठे हैं।' वह शेखर से पीड़ानुभूति-सिक्त वाणी में कहती है, 'शेखर, मुझे क्षमा करो–वह नहीं...तुम नहीं जानते, मेरे जीवन का एक अंग है जो जूठा हो गया है, और एक ऐसे व्यक्ति के स्पर्श से–जिसकी–छाँह से भी तुम्हें बचाना चाहती हूँ।'

शशि अपने जीवन की व्यर्थता की, निराशा की, पीड़ा की मनःस्थिति से गुजर रही है। इसी मनःस्थिति में वह एक दिन शेखर से 'वापस लौट जाने' का निरर्थक प्रस्ताव भी करती है। शेखर के प्रतिवाद करने पर वह कहती है : "मेरी आत्मा उसमें नहीं मरेगी, शेखर। मैं वहाँ भी जी लूँगी–जी सकूँगी–क्योंकि तुम्हें बचाती रहूँगी–तुम्हें बढ़ाती रहूँगी।...तुमसे दूर हटती हूँ, शेखर, क्योंकि पंगु हो गयी हूँ; इसलिए नहीं कि प्यार का अर्थ नहीं जानती। कोई स्त्री प्यार नहीं जानती जो एक साथ ही बहिन, स्त्री और माँ का प्यार नहीं देना जानती–और मैं लौट कर इसलिए जी सकूँगी कि–माँ की तरह तुम्हें पाल सकूँगी।' (शेखर; भाग 2, पृ. 221)

पर शेखर उसे नहीं जाने देता। वह शशि को 'पराजित न होने देने', 'धुल नहीं जाने देने', उसकी ओर से लड़ने का संकल्प करता है। इसी मनःस्थिति में वह फिर एक बार शशि के होठों को अपने होठों से 'छू' देता है।...शशि का सिर पीछे को ऐंठा हुआ था, सारी देह काँप रही थी, और आँखें बन्द थीं, सिर उठा कर शेखर ने शशि की बन्द गीली काँपती हुई पलकों को देखा और एक बार फिर आगे झुक कर उसके होठ चूम लिए। होठ काँप भी रहे थे और आसुओं से खारे थे।' इसके बाद शशि की कुण्ठा जैसे समाप्त हो जाती है। पर उसकी हालत फिर गिरने लगती है। शेखर उसे डॉक्टर को दिखाता है जो चिन्ता व्यक्त करता है और 'पूरा विश्राम, और मानसिक शान्ति, और फल और नरम शाक, और किसी तरह की भी उत्तेजना का निवारण' आदि की सलाह देता है। पर शशि की हालत दिनोदिन गिरती ही जाती

है। शेखर उसकी परिचर्या में जुट जाता है।

इस बीच शेखर के प्रति शशि का प्रेम और भी प्रगाढ़तर हो जाता है। जब वह बाहर होता है और उसके आने का समय होता है तो रुग्ण होने पर भी शशि द्वार पर खड़ी प्रतीक्षा करती रहती है। और जब शेखर 'दादा' के साथ यमुना पार पिस्तौलों की परीक्षा के सिलसिले में जाता है, तो शशि दूर से पिस्तौल से गोली छूटने की आवाज से आशंकित हो जाती है। वह रुग्ण अवस्था में ही दरवाजे पर ठण्ड में खड़ी शेखर की प्रतीक्षा कर रही है। शशि को फिर बुखार हो आता है।

इस अवस्था में शशि और शेखर के बीच जो वार्तालाप होता है, वह अत्यन्त मार्मिक, दर्द की अनुभूति से सिक्त और जीवन्त है।[25] शशि प्यार भरे आग्रह से शेखर को अपने पास बिठाती है और 'बिना एक शब्द कहे अपनी ठोढ़ी उठाती है; उसकी आँखें अर्धनिमीलित हैं और होठ अधखुले, वह निश्चल मुद्रा बोलती नहीं...'

'क्षण भर शेखर कुछ नहीं समझता, फिर एक बाढ़ उसके भीतर उमड़ आती है और वह उन उठे हुए अर्धमुकुलित होठों की ओर झुकता है—झुकते-झुकते उसकी आप्लावनकारी आतुरता ही उसे संयत कर देती है, एक वत्सल कोमलता उसमें जागती है कि बेले के अधखिले सम्पुट को स्निग्धतम स्पर्श से ही छूना चाहिए और होठों के निकट पहुँचते-पहुँचते वह ग्रीवा कुछ मोड़ कर अपना कर्णमूल शशि के होठों से छुआ देता है। होठ सख्त हैं—ज्वर से; उस रोमिल स्पर्श से एक सिहरन-सी उसके माथे में दौड़ आती है, तब चेतना की एक नयी लहर से बाधित वह फिर झुकता है और शशि के स्निग्ध, स्तब्ध किन्तु बेझिझक होठ चूम लेता है...निर्द्वन्द्व, वरद, दीर्घ चुम्बन...'[26]

इसके बाद शशि शेखर से अपनी कॉपी से, जिसमें उसने अंग्रेजी की अपनी मनपसन्द कविताएँ नकल कर रखी हैं, एक विशेष पृष्ठ पढ़ने का अनुरोध करती है। शेखर पढ़ना शुरू करता है :

आइ वान्ट टु डाई ह्वाइल यू लव मी,
ह्वाइल यट यू होल्ड मी फेयर,
ह्वाइल लाफ्टर लाइज अपॉन माइ लिप्स,
एण्ड लाइट्स आर इन माइ हेयर

इससे शेखर के प्रति शशि के मनोभाव के सम्बन्ध में कोई सन्देह नहीं रह जाता। शेखर को आभास मिल जाता है कि शशि अब बचेगी नहीं। वह सब काम छोड़ कर दिन-रात उसके पास बैठा रहता है। वह शशि के अनुरोध से उसका वह पत्र पढ़ता है जिसे उसने शेखर को इस उद्देश्य से लिखा है कि वह उसकी मृत्यु के बाद उसे पढ़ेगा। वह पत्र अत्यन्त मार्मिक है, दर्द से भरा है और शेखर के प्रति शशि की तीव्र भावना की, जो कर्त्तव्य बोध से जुड़ी होने के कारण और भी मार्मिक हो गयी है, व्यंजना करता है।

इसके बाद शशि की मृत्यु हो जाती है।

शेखर और शशि के प्रेम को लेकर हिन्दी आलोचकों में, किसी समय, तीखी प्रतिक्रिया का भाव रहा। बिना इस सम्बन्ध की गहराई में प्रवेश किये, मैं कहूँगा, बिना इसे समझे, आलोचकों से इसे 'अनैतिक', 'अश्लील' आदि की संज्ञा दे डाली। इसका आधार यह था कि शशि और शेखर मौसेरे भाई-बहन हैं और भाई-बहन के बीच प्रेमी-प्रेमिका का प्रेम दिखाना अनैतिक है, अश्लील है। वस्तुतः यह निर्णय बहुत ही सतही दृष्टि का परिचायक है। नैतिकता की दृष्टि से ही देखें तो किसी भी विवेकशील पाठक को यह तो स्वीकार करना ही पड़ेगा कि नैतिकता के मानदण्ड काल और परिस्थिति सापेक्ष हैं। शेखर और शशि यदि मौसेरे भाई-बहन हैं तो भी उनका प्रेम जिन परिस्थितियों में, जिस पीड़ा और चोट की मनःस्थिति में, उपजता है, वह अनैतिक नहीं लगता। ध्यान देने की बात है कि अपने तीव्रतम रूप में होने पर भी यह प्रेम वासना से सर्वथा रहित है। शेखर का शशि को चूमना किसी कामुक प्रेमी के वासनादग्ध चुम्बन से सर्वथा भिन्न है। इस चुम्बन में गहरा दर्द, विश्वास, आत्मदान-आश्वस्ति का भाव है। शेखर के प्रति शशि के प्यार में बहन, माँ, सखी, प्रेमिका, सबका प्रेमभाव अपनी तीव्रतम अवस्था में मिला हुआ है। वासना उसमें कहीं नहीं है। कहीं भी संयम न शशि के हाथ से छूटता है न शेखर के हाथ से। यह भी ध्यातव्य है कि जब शेखर शशि को चूमता है तब वह मृत्यु की प्रतीक्षा कर रही है। इस स्थिति के चुम्बन में वासना क़ी कल्पना करना और उसे अनैतिक या अश्लील मानना स्वयं में अश्लील है।

शशि और शेखर के सम्बन्ध पर विचार करते समय आलोचकों का ध्यान एक बहुत मोटी बात की ओर नहीं गया है। शशि और शेखर कैसे मौसेरे भाई-बहन हैं? क्या शेखर की माँ और विद्यावती सगी बहनें हैं? ऐसा उपन्यास में कहीं भी संकेतित नहीं है। एक जगह कहा गया है : 'शशि की माँ विद्यावती शेखर की माँ की बहन लगती थी।'[27] एक दूसरे स्थान पर विद्यावती (शशि की माँ) शेखर से कहती है : 'लोग मुझे कहा करते थे, पर मैंने बराबर सबको यही उत्तर दिया है कि इन दोनों की एक धमनी है—मैंने तुम्हें कभी अलग नहीं माना, शेखर चाहे लोकाचार की दृष्टि से हमारा रिश्ता न कुछ के बराबर है।'[28] सच पूछें तो लोकाचार की दृष्टि से कोई निकट का रिश्ता न होने के कारण ही रामेश्वर (शशि का पति) शेखर और शशि के सम्बन्धों को सन्देह की नजर से देखता है। इस स्थिति में यह संगत नहीं लगता कि पहले तो शेखर-शशि को भाई-बहन मान लिया जाए, और फिर उनके प्रेम सम्बन्ध की आलोचना की जाए। मुझे लगता है कि उनका प्रेम सम्बन्ध ही सच्चा और भाई-बहन वाला सम्बन्ध ही आरोपित है। तीन-चार वर्ष की अवस्था में जब शशि और शेखर की पहली भेंट होती है और शशि शेखर को मार खाने से बचाने के लिए झूठ बोलती है तभी से उनका प्रेम और शशि का आत्मदान शुरू होता है। यह

अयत्नज, नैसर्गिक भाव है जो शशि और शेखर के बीच अंकुरित होता है। प्रकृति ने शेखर और शशि को भाई-बहन बनाकर नहीं, प्रेमी-प्रेमिका बनाकर ही भेजा है। यह तो उनके माँ-बाप हैं जो उन पर भाई-बहन का सम्बन्ध लाद देते हैं और शशि-शेखर भी चूंकि तब प्रेम को कोई नाम नहीं देना जानते, प्रेम की 'कोटियों' का ज्ञान उन्हें नहीं है, और माँ-बाप या परिवेश के द्वारा दिया हुआ ज्ञान ही उनकी एक मात्र पूँजी है, इसलिए वे अपने को भाई बहन मानकर ही एक-दूसरे से भावनात्मक रूप से जुड़े रहते हैं। शेखर जब अपनी वयःसन्धि (कामात्मक प्रौढ़ता) की अवस्था में पहुँचता है तो उसका सम्बन्ध शारदा से होता है और शशि उस वृत्त में नहीं आती, शेखर जान-बूझ कर शशि को उस वृत्त में नहीं आने देता। उनकी मुलाकात जरूर होती है (एक ही बार, जब शेखर पंजाब में परीक्षा देने गया है) पर उस समय शेखर शारदा के प्रेम में डूबा हुआ है और शशि से आत्मीयता और निकटता का अनुभव करता हुआ भी उसे अपनी चेतना का अंग नहीं बनने देता। और शशि? उपन्यासकार ने शशि की शेखर के प्रति भावनाओं का अंकन नहीं किया है, पर उसके प्रत्येक व्यवहार में शेखर के प्रति गम्भीर, शान्त, स्निग्ध प्रेम की झलक देखी जा सकती है। शशि एक परम्परावादी ब्राह्मण परिवार की लड़की है और माँ-बाप ने उसे शेखर के प्रति 'भ्रातृ प्रेम' से बाँध दिया है। उसके लिए यह स्वाभाविक ही है कि वह शेखर के प्रति अपने गम्भीर प्रेम को 'भाई के प्रति प्रेम' का नाम दे दे। इस प्रकार समाज ही शशि-शेखर के प्रेम को एक गलत नाम देकर दोनों को एक दूसरे से स्वाभाविक प्रेम में बँधने नहीं देता। मैं तो मानता हूँ कि एक सर्वथा झूठा भाव, मिथ्या सम्बन्ध शेखर और शशि की चेतना पर मढ़ दिया जाता है, अन्यथा उन दोनों के विवाह में भी हिन्दू नैतिक विधान का खण्डन नहीं होता।

पर धीरे-धीरे यह आरोपित सम्बन्ध इतना स्वीकृत हो जाता है कि शशि की माँ शेखर से शशि के विवाह की बात सोच भी नहीं पाती और शशि भी अपने आन्तरिक प्रेम को, जो शायद अवचेतना या उपचेतन में विद्यमान है, चेतन धरातल पर नहीं ला पाती। शेखर भी, जो जेल में है, शशि के प्रति अपने प्रेम को समझ नहीं पाता और शशि को समाज द्वारा प्रदत्त विवाह-सम्बन्ध को स्वीकार कर लेने की सलाह देता है। बाद में परिस्थितियों के मोड़ लेने पर जब वे अपने प्रेम को सही ढंग से पहचानते हैं तब तक देर हो चुकी है। फिर परिस्थितियाँ ही उन्हें एक साथ रहने को बाध्य करती हैं और तब उनका मौलिक, नैसर्गिक प्रेम अपने वास्तविक रूप में प्रकट होता है।

इस स्पष्टीकरण के बाद शशि और शेखर के प्रेम को अनैतिक मानने की असंगति बिलकुल स्पष्ट हो जाती है।

प्रो. विजयेन्द्र स्नातक ने शशि और शेखर के सम्बन्धों पर तनिक भिन्न दृष्टिकोण से विचार किया है। उन्होंने उपन्यास से उद्धरण देकर प्रतिपादित किया है कि शशि और शेखर का सम्बन्ध उद्दाम प्रणय-लीला नहीं बना है, अतः न शशि

प्रेमिका बन सकी है न शेखर ही उसे प्रेयसी के धरातल पर ला सका है। उनके अनुसार जो अव्यक्त समर्पित है, जो अवदात आत्मनिवेदित है और जो काम-कालुष्य से सर्वथा असम्पृक्त है, वह अनिर्वचनीय तो लगता है, किन्तु भगिनीत्व और प्रेयसीत्व से भी परे अवश्य है।[29] उनका निष्कर्ष है : "शेखर और शशि दोनों अखण्ड विश्वास में बँधे दो प्राणी हैं, जो प्रेमी-प्रेमिका के अभिधान को सार्थक रूप में स्वीकार नहीं करते। लोकाचार में भाई-बहन का उनका रिश्ता है, किन्तु वह सम्बन्ध-सीमा भी उन्हें बाँधती नहीं। शेखर का प्रेम रति रूप में परिणत होने पर बहन की मर्यादा को छोड़ जाता है, किन्तु उस प्यार में अपराध डूब जाता है, प्यार की वह तन्मयता सांसारिक रति तक ही अपने को सीमित नहीं बनाती।"[30]

डॉ. स्नातक के इस निष्कर्ष से किसी को भी असहमति नहीं हो सकती। वस्तुतः शशि और शेखर का सम्बन्ध जिस रूप में प्रस्तुत हुआ है, उसे कोई नाम नहीं दिया जा सकता, वह 'स्वस्थ संयत सम्बन्धातीत सम्बन्ध' है, जिसके लिए समाज अब तक कोई नाम गढ़ने में समर्थ नहीं हो पाया है। सच पूछें तो शशि-शेखर का सम्बन्ध समाज द्वारा निर्धारित प्रेम सम्बन्ध की गहरी चुनौती है। वे समाज द्वारा निर्धारित सम्बन्ध-मर्यादाओं के शिकार तो होते हैं, पर ज्योंही उन्हें स्थिति का सही बोध होता है वे उस जड़ सीमा-मर्यादा को चुनौती देते हैं। समाज द्वारा निर्धारित मर्यादाएँ, विधि-विधान, आचार-संहिताएँ शाश्वत नहीं होतीं। आचार्य हजारी प्रसाद द्विवेदी के एक औपन्यासिक पात्र के शब्दों में : 'सामाजिक व्यवस्थाएँ ऐसी ब्रह्मरेख नहीं हैं जो मिट ही नहीं सकतीं...यदि निरन्तर शास्त्रसम्मत व्यवस्थाओं का परीक्षण न किया जाए तो एक दिन ऐसा आ सकता है कि सारा समाज गतिहीन होकर अपनी बनाई व्यवस्थाओं की बेड़ी में आप ही कस जाएगा।[31] शेखर और शशि का विद्रोह ऐसी ही जड़ मर्यादाओं के विरुद्ध है। अज्ञेय ने समाज निर्धारित, शास्त्रसम्मत, सम्बन्ध-मर्यादाओं के नीचे पीड़ा भोगते मनुष्य की दर्द गाथा और उनसे उसकी मुक्ति की छटपटाहट की कहानी कही है। उन्होंने शशि और शेखर की कहानी के माध्यम से एक ऐसे मानवीय, निसर्गसिद्ध सम्बन्ध की खोज की है जो किसी अन्धविश्वास या जड़ मर्यादा की देन न होकर व्यक्ति-व्यक्ति के बीच सहज रूप से उभरा है। यह प्रश्न बहुत सही है कि 'नीति मर्यादा के नाम पर शेखर और शशि को जो भोगना-सहना पड़ रहा है क्या वही मानव की नियति है? यदि वह सही नहीं है, यदि वह युक्तिसंगत नहीं है, और यदि वह दोनों की पीड़ा के बीच काम्य नहीं है, तो वे उसे क्यों सहें, क्यों भोगें और क्यों जीवन के सत्य को मिथ्या के द्वारा स्वीकार करें?"[32] अज्ञेय ने अपने उपन्यास में इस प्रश्न का उत्तर शशि और शेखर के सम्बन्ध-चित्रण के रूप में दिया है।

हम डॉ. स्नातक और स्वयं अज्ञेय की इस मान्यता से पूरी तरह सहमत हैं कि 'जिस नैतिक व्यवस्था से ये दोनों पात्र (शशि-शेखर) जूझ रहे हैं वह परतन्त्रता में

से होकर फूटती है। मानना और करना तो समझ में आता है, किन्तु न मानना और भय या प्रलोभन से करना, परतन्त्रता में ही जीना है। अधिकांश समाज इसी शास्त्रनिष्ठ जड़ता में जीता है। यह विरोधी प्रवृत्ति शशि-शेखर के आगे चुनौती है। इस चुनौती को स्वीकार कर वे दोनों स्वातन्त्र्य की खोज में लगे हैं।'[33]

अज्ञेय की एक और विशेषता यह है कि उन्होंने समाज की शास्त्रनिष्ठ जड़ता को चुनौती देने के आवेश में कलात्मक संयम को हाथ से जाने नहीं दिया है। शशि और शेखर का सम्बन्ध कहीं भी उद्दाम वासनाजन्य रतिक्रीड़ा के रूप में चित्रित नहीं हुआ है। यह सम्बन्ध गहरी भावना के धरातल पर अंकित है, फिर भी वह छायावादी प्रेम की तरह हवाई और अयथार्थ नहीं है। उपन्यासकार ने बड़ी कुशलता से एक ऐसे परिवेश का निर्माण किया है, जिसमें प्रेम का यही रूप सम्भव हो सकता है।

इस प्रसंग में यह प्रश्न स्वाभाविक हो सकता है कि शेखर के क्रान्तिकारी रूप और शेखर के प्रेमी रूप—इन दोनों में कौन ज्यादा सही, यथार्थ और प्रभावशाली है। उपर्युक्त विवेचन से यह स्पष्ट है कि शेखर के क्रान्तिकारी रूप से उसका प्रेमी रूप(या कि शशि का प्रेयसी रूप) पाठक को अधिक आश्वस्त करता है। अज्ञेय यद्यपि स्वयं क्रान्तिकारी रहे हैं, पर जिस प्रकार उन्होंने इस मार्ग को छोड़ा, लेखन की वृत्ति अपनायी और ब्रिटिश सेना में भरती हुए, वह उनकी क्रान्ति में निष्ठा की कमी का ही द्योतक है। और सम्भवतः इसी कारण शेखर का यह रूप हमें बहुत प्रभावित नहीं करता। दूसरी ओर, कविता और उपन्यास दोनों में, अज्ञेय प्रेम के अद्‌भुत चितेरे के रूप में सामने आते हैं। *नदी के द्वीप* के विषय के विश्लेषण से यह बात स्पष्ट हो जाएगी।

शेखर : एक जीवनी के वस्तु विवेचन के प्रसंग में हमारा ध्यान इस तथ्य की ओर भी जाना चाहिए कि यद्यपि 'शेखर' ही उपन्यास का सम्पूर्ण विषय है पर उपन्यासकार ने शेखर के परिवेश का भी बहुत यथार्थ रूप में चित्रण किया है और प्रकारान्तर से वह भी उपन्यास की वस्तु बन गया है। उपन्यास (प्रथम भाग) में शेखर के परिवार, स्कूल, पड़ोस, लखनऊ की बाढ़, प्रथम महायुद्ध, स्वाधीनता आन्दोलन, मद्रास के कॉलेज जीवन तथा केरल की जिन्दगी के जो चित्र उभरते हैं वे बहुत ही साफ, यथार्थ और प्रभावशाली हैं। उपन्यास के दूसरे भाग में लाहौर के कॉलेज-परिवेश, कांग्रेस अधिवेशन, जेल जीवन, प्रकाशकों की दुनिया, लाहौर के सामाजिक जीवन, गुप्त क्रान्तिकारियों की कार्य प्रणाली आदि के चित्र प्रस्तुत किये गये हैं जो उपन्यास को 'एक व्यक्ति का निजी दस्तावेज' मात्र नहीं बनने देते। जैसा अज्ञेय ने उपन्यास की भूमिका में लिखा है : 'शेखर निस्सन्देह एक व्यक्ति का अभिन्नतम निजी दस्तावेज है,...यद्यपि वह साथ ही उस व्यक्ति के युग संघर्ष का प्रतिबिम्ब भी है।...मेरा आग्रह है कि उसमें मेरा समाज और मेरा युग बोलता है कि वह मेरे और

शेखर के युग का प्रतीक है। उपन्यासकार ने शेखर के परिवेश और युग का, जिससे से संघर्ष करना पड़ता है, बहुत ही यथार्थ और सजीव चित्रण किया है।

नदी के द्वीप

नदी के द्वीप के आरम्भ में दो उद्धरण मुद्रित हैं; एक शेली का, दूसरा 'अज्ञेय' का :

'मेनी ए ग्रीन आइल्ज़ नीड्स मस्ट बी
इन द डीप वाइड सी ऑफ मिज़री
ऑर द मैरिनर वोर्न एण्ड वान
नेवर दस कुड वायेज आन'

—शेली

'दुःख सबको माँजता है/और/चाहे स्वयं सबको मुक्ति देना वह न जाने किन्तु/जिनको माँजता है/उन्हें यह सीख देता है कि सबको मुक्त रखें।'

—अज्ञेय

ये उद्धरण उपन्यास में अन्तर्निहित जीवन-दर्शन को संकेतित करते हैं। 'दर्द में भी जीवन में आस्था, जीवन का आश्वासन' और 'दर्द से मँजकर व्यक्तित्व का स्वतन्त्र विकास, ऐसा स्वतन्त्र कि दूसरों को भी स्वतन्त्र करे'—ये दोनों सूत्र उपन्यास की कथा में विद्यमान हैं। इनमें पहला भुवन के चरित्र को और दूसरा रेखा के चरित्र को रेखांकित करता है।

नदी के द्वीप, बहुत सरलरूप में कहें तो, एक 'प्रेम कहानी' है ; रेखा, भुवन और गौरा की प्रेमकथा। चन्द्रमाधव बीच में है, पर उसकी स्थिति कुछ-कुछ प्रतिनायक या खलनायक जैसी है, जो अन्त में मुँहकी भी खाता है। ऊपर-ऊपर से देखने पर इस कहानी में कोई वैशिष्ट्य, कोई अर्थवत्ता शायद न भी दिखाई पड़े; प्रेम का एक त्रिकोण—दो स्त्रियाँ, एक पुरुष और उन्हें एक-दूसरे से जो जोड़ने वाली मनःस्थितियाँ और उनके बीच वक्र रेखा की तरह, दिशाहीन भटकता हुआ, चन्द्रमाधव—बस यही *नदी के द्वीप* का रेखा चित्र है।

'नदी के द्वीप' का त्रिकोण प्रेम के प्रचलित त्रिकोण से इस अर्थ में भिन्न है कि यहाँ प्रेमकथा के पुराने फॉर्मूले दुहराये नहीं गये हैं : कि एक प्रेमिका के दो प्रेमी हैं या कि नायक जिस नायिका से प्रेम करता है वह उससे प्रेम न कर दूसरे युवक से प्रेम करती है। *नदी के द्वीप* का प्रेम-त्रिकोण इतना सरल नहीं कि उसे सूत्र रूप में कहा जा सके। एक विशेष परिस्थिति में भुवन और रेखा का प्रेम विकसित होता है और परिपक्वता की स्थिति में पहुँच जाता है। इसी अवधि में, बल्कि इससे पूर्व ही, गौरा भुवन के प्रति अपने को भावनात्मक रूप से समर्पित कर चुकी होती है। भुवन शायद इस बात को ठीक से नहीं जानता और गौरा के प्रति प्रणय भाव तो उसके

मन में नहीं ही है। रेखा अपने प्रेम के चरम क्षण के पश्चात्, गौरा से मिलती है और अपनी सहज बुद्धि से भुवन के प्रति गौरा के समर्पण भाव को समझ जाती है। इसके पहले भी वह भुवन को सम्बोधित करके अपनी डायरी में लिख चुकी है : 'तुम सोओ। अपने स्वप्न के लिए तुम्हें नहीं जगाऊँगी। स्वप्न में मैंने तुम्हारे प्रिय किसी को देखा था। न मालूम कौन होगी वह लेकिन मैंने उसे देखा था, पहचाना था और वह तुम्हें बहुत प्रिय थी। उसे देख कर मेरे मन में स्नेह उमड़ आया—ईर्ष्या होनी चाहिए थी, पर नहीं हुई। भुवन, मैं तुम्हारे जीवन में आऊँगी और चली जाऊँगी—मैं जानती हूँ अपने भाग्य की मर्यादाएँ!—पर तुम्हें जो प्रिय हैं उन्हें प्यार कर सकूँगी—सहज भाव से, बिना आयास के।'[34] गौरा से मिलने के बाद तो वह अपना रास्ता चुन ही लेती है, समर्पण और त्याग का, आत्मबलिदान का रास्ता। गौरा को अपनी विवाह की अँगूठी उपहार में देने की इच्छा, और 'कुन्तले वेष्टिबो स्वर्ण जालिका, कंठे दुलाइबो मुक्ता मालिका'...गीत उसकी मंसा को भलीभाँति स्पष्ट कर देता है। इसके बाद अपने एक अप्रेषित पत्र में वह लिखती है : 'वह केवल अपना मन जानती है, अपना समर्पित विह्वल, एकान्मुख आहत मन; उसे वह भुवन तक प्रेषित भी कर सकती है, पर नहीं...वह सब की सब समर्पित है, स्वस्थ भी और आहत भी—बल्कि समर्पण में ही तो वह स्वस्थ है, अविकल है, बन्धनमुक्त है...भुवन, भुवन, मेरे भुवन, मेरे मालिक...। (*नदी के द्वीप*, पृ. 187)

इसे ही अपने जीवन का लक्ष्य मान कर रेखा भुवन के विवाह के प्रस्ताव को अस्वीकृत कर देती है। रेखा की इस अस्वीकृति के पीछे छिपी महत्ता तब और उल्लेखनीय हो जाती है जब हम इस तथ्य पर ध्यान देते हैं कि वह गर्भवती है। इस परिस्थिति में कोई भी स्त्री सुरक्षा चाहती है, पर रेखा प्यार का प्रतिदान नहीं चाहती।

इसके तत्काल बाद ही रेखा की आत्मबलिदान की प्रक्रिया शुरू हो जाती है। वह भुवन को अपमानित होने से बचाने के लिए ऑपरेशन द्वारा गर्भपात करा लेती है और मरते-मरते बचती है। भुवन उसकी शुश्रूषा में कोई कसर नहीं उठा रखता और उसके स्वस्थ होने पर अगना प्यार और पूर्व निश्चय—रेखा से विवाह करने का निश्चय भी—दुहराता है, पर रेखा अपने वरण किये हुए मार्ग से विचलित नहीं होती। वह भुवन से अलग, कलकत्ता, चली जाती है।

भुवन इस बीच घोर मानसिक यातना की स्थिति से गुजरता है। गौरा उसके प्रति अपने एकान्त समर्पण और भक्ति भाव से उसकी व्यथा हरने की कोशिश करती है। पहली बार तो वह उससे भागता ही है, भाग कर विदेश—जावा—चला जाता है, पर गौरा का अव्याज, सहज, प्रतिदान-निरपेक्ष स्नेह उसे खींच लाता है। वह गौरा के साथ मसूरी में एक सप्ताह रहता है और उस बीच गौरा अपनी सेवा और प्रेम से भुवन को सहज मनःस्थिति में लाने में सफल होती है। यद्यपि उसके बाद वह पुनः पहले अपने वैज्ञानिक अभियान में अंडमान और फिर युद्ध में भरती होकर बर्मा चला जाता

है, पर उसके जीवन में जो निराशा और पीड़ा की धुन्ध छायी हुई थी, वह दूर हो जाती है, जिसे दूर करने में रेखा भी योग देती है। वह भुवन को डॉ. रमेशचन्द्र से अपने विवाह की सूचना देते हुए भी उसके प्रति अपने प्रेम की निरन्तरता का विश्वास दिलाती है। दो महीने बाद भुवन अस्वस्थ होकर भारत लौटता है और कलकत्ता के सैनिक अस्पताल में एक सप्ताह रहता है जहाँ रेखा नित्य उससे मिलने जाती है। रेखा भुवन से गौरा को स्वीकार करने, उसे वरने, का आग्रह करती है।

कलकत्ता से भुवन बंगलौर के सैनिक अस्पताल में ले जाया जाता है जहाँ गौरा उससे मिलने आती है। रेखा ने ही गौरा को तार से भुवन के बंगलौर पहुँचने की सूचना दी है। गौरा और भुवन का यह मिलन प्रणय की अन्तिम मंजिल है। यद्यपि दोनों का विवाह अभी नहीं होता पर उसकी मानसिक तैयारी पूरी हो जाती है।

यह प्रेमकथा ही *नदी के द्वीप* का विषय या विषय का ढाँचा है, जिसमें गुँथे चार पात्रों की–भुवन, चन्द्रमाधव, रेखा और गौरा–मनोदशाओं का अंकन उपन्यासकार का लक्ष्य है। स्वयं अज्ञेय ने *नदी के द्वीप* को 'चार संवेदनाओं का अध्ययन' कहा है। ये चार संवेदनाएँ स्पष्टतः रेखा, भुवन, गौरा और चन्द्रमाधव के चरित्र के साथ जुड़ी हुई हैं। रेखा एक पढ़ी लिखी, बौद्धिक क्षमता सम्पन्न, आधुनिक युवती है, जिसका दाम्पत्य जीवन असफल है। पति से अलग होकर वह स्वतन्त्र जीवन बिता रही है। उसका पति भी उससे मुक्ति चाहता है। रेखा भुवन के सम्पर्क में आती है और दोनों में प्रेम होता है। इस प्रेम का, उसके उदय, विकास और चरम क्षण का, उपन्यासकार ने यथार्थ और मनोवैज्ञानिक अंकन किया है। अपने जीवन से अतृप्त, निराश और जड़ित रेखा इस वरदान को खुले मन से स्वीकार करती है। उसके मन में कहीं भी कोई कुण्ठा, आशंका, भविष्य चिन्ता, धर्म या नीति का भय अथवा लोकनिन्दा का डर नहीं है। अपनी भावना के प्रति वह पूरी तरह से ईमानदार, उन्मुक्त और समर्पित है। उसके गाये हुए गीतों से–'महाराज, एक कि साजे एले मम हृदय-पुर माझे', 'ओ ये केड़े आमान्य निये जाय रे...ग्राम छाड़ा ओई राङामाटीर पथ', 'ऊषा एशे...कलकंठ स्वर', 'शुभाशंसा चूमती है भाल तेरा–स्नेह-शिशु, उठ जाग', 'लव मेड ए जिप्सी आउट ऑफ मी', 'तोमार सुरेर धारा झरे जेथाय तारि पारे' आदि से उसकी अपने को अपनी संवेदनाओं के प्रति निर्व्याज और अकुण्ठ भाव से समर्पित कर देने की सहजता व्यंजित होती है।

रेखा क्षणों में, क्षण से क्षण तक, जीती है, क्षण के प्रति समर्पित है, क्षण को ही विराट मानती है। वह मानती है कि 'भविष्य नहीं है, केवल वर्तमान का प्रस्फुटन है, उसी की अनिवार्य अन्तःसम्भावनाओं का स्फुरण।'[35] भुवन से प्यार के चरमरूप के पश्चात् वह इस सत्य को अनुभव करने लगती है : "...पहले मानती थी, अब उसकी तीखी अनुभूति टीस-सी मेरे अन्तर में स्पन्दित हो रही है। वह सच है, और मैं उसके आगे झुकती हूँ।...'

तो क्या रेखा अस्तित्ववादी है? नहीं। चन्द्रमाधव रेखा को वही तो समझने की भूल करता है। रेखा न तो जीवन की परिस्थितियों से हार कर अपने को वर्तमान के आगे अनुत्तरदायित्वपूर्ण ढंग से डाल देती है, न भविष्य की निराशा से इतनी डर और दब जाती है कि उसे जीवन में कोई राह ही न दिखाई दे। उसका दाम्पत्य जीवन असफलता, अपमान और प्रतारणा की पीड़ा से ग्रस्त है, पर दुःख उसे माँजता ही है, कुण्ठित नहीं करता, न उसे जीवन के प्रति उतावला बनाता है। 'वेदना में एक शक्ति होती है, जो दृष्टि देती है'—अज्ञेय का यह दर्शन रेखा के जीवन में पूर्णतः प्रतिफलित है। भुवन उसके बारे में गौरा को लिखे अपने पत्र में ठीक ही लिखता है : 'एक स्वाधीन व्यक्ति, जिसका व्यक्तित्व प्रतिभा के सहज तेज से नहीं, दुःख की आँच से निखरा है। दुःख तोड़ता भी है, पर जब नहीं तोड़ता या तोड़ पाता, तब व्यक्ति को मुक्त करता है।' यह अस्तित्ववादी दृष्टि नहीं है।

रेखा अपने को जो वर्तमान या क्षण के प्रति समर्पित मानती है, उसमें अपनी भावनाओं के प्रति उसके पूर्णतः ईमानदार होने की ही व्यंजना है। अनुभूति क्षण से ही जुड़ी होती है और अनुभूति का क्षण कभी-कभी इतना विराट होता है कि उसमें सारा जीवन समाहित हो जाता है। रेखा ऐसे ही अनुभूतिपूर्ण क्षणों के प्रति समर्पित है। चन्द्रमाधव के साथ उसका जो साथ या सम्पर्क होता है, उसमें कोई अनुभूति या भावनात्मक गहराई नहीं है; इसलिए वह उसे चाहकर भी प्राप्त करने में असमर्थ रहता है। पर भुवन के साथ रेखा भावनात्मक रूप में जुड़ती है और उसके सम्पर्क के प्रत्येक क्षण को वह भोगती है। लखनऊ में कॉफी हाउस में भुवन से पहली मुलाकत से लेकर तुलियन में प्रेम के चरम क्षण तक रेखा अनेक अनुभूतिदीप्त क्षणों को भोगती है और इस बीच कभी भी उसका अतीत या भविष्य उसे डरा नहीं पाता, कोई नैतिक मूल्य, कोई पाप भावना, कोई असुरक्षा की चिन्ता, कोई लोकापवाद उसे कुण्ठित नहीं करता। बिलकुल सहज, उन्मुक्त और अकुतोभय भाव से वह अपने वर्तमान को भोगती है।

रेखा के प्रेम का सबसे उदात्त पक्ष उसके त्याग और आत्मदान की पृष्ठभूमि में उजागर होता है। प्रेम का एक सामाजिक पहलू भी होता है जो अनेक प्रकार के मूल्यों और दायित्वों से जुड़ा होता है। वह दायित्व नारी से ज्यादा पुरुष का होता है। रेखा भुवन से प्रेम करती है, और वह प्रेम केवल भावना के धरातल पर घटित होने वाला हवाई या छायावादी प्रेम नहीं है, वह शरीर के धरातल पर भी घटित होता है। रेखा के प्रेम की तीव्रता, गहराई और सच्चाई में भी कहीं कोई त्रुटि नहीं है; पर वह भुवन को किसी सामाजिक दायित्व से नहीं बँधने देती। जिस समय नौकुछिया में रेखा अपने को समर्पित करती है, उस समय भी वह अपनी कॉपी में यही लिखती है : 'भुवन मैं तुम्हारे जीवन में आऊँगी और चली जाऊँगी—मैं जानती हूँ अपने भाग्य की मर्यादाएँ!—पर तुम्हें जो प्रिय हैं, उन्हें प्यार कर सकूँगी—सहज भाव से, बिना आयास

के।' बाद में 'तुलियन के प्रेम की चरम स्थिति के बाद जब रेखा गौरा से मिलती है तो उसे पहचानने में देर नहीं लगती कि गौरा भुवन को प्यार करती है और वह तत्क्षण बिना किसी ईर्ष्या के भुवन को गौरा को सौंपने का निर्णय कर लेती है। कुछ आलोचकों को रेखा के मन में गौरा के प्रति ईर्ष्या भाव का न जगना अयथार्थ या अमनोवैज्ञानिक प्रतीत होता है, पर रेखा का व्यक्तित्व जिस परिपक्वता पर पहुँचा हुआ है, उसमें इसे अस्वाभाविक नहीं माना जा सकता। अज्ञेय अन्यत्र लिखते हैं : "मेरे निकट ईर्ष्या भी अधूरी दृष्टि का, अपरिपक्वता का, परिणाम है। एक वय में—वय मानसिक भी होता है—ईर्ष्या स्वाभाविक हो सकती है; पर मैं मानता हूँ कि बच्चा बड़ा भी हो सकता है। युवती के लिए—हिन्दी उपन्यास की नायिका के लिए भी!—वयस्क हो जाना नितान्त अस्वाभाविक नहीं है।"[36] आगे चल कर रेखा और गौरा में जो ईर्ष्याभाव नहीं दिखाई पड़ता उसके पीछे अज्ञेय की यही दृष्टि काम कर रही है। चन्द्रमाधव में ईर्ष्या का भाव जुगुप्सा की हद तक है। पर इसका कारण उसकी दृष्टि का अधूरापन, चारित्रिक अपरिपक्वता और विकृति है। ईर्ष्यामुक्त प्रेम असामान्य या विशिष्ट हो सकता है, पर उसे अयथार्थ, अवास्तविक या अमनोवैज्ञानिक कहना संगत नहीं है। अज्ञेय के अनुसार, "मैं मानता हूँ कि ईर्ष्या प्रेम का सबसे बड़ा शत्रु है और प्रेम की स्वस्थ वयस्कता के मार्ग में सबसे बड़ा रोड़ा। मैं नहीं मानता कि ईर्ष्यामुक्त प्रेम असम्भव है या अस्वस्थ है या अस्वाभाविक है। बल्कि यह मानता हूँ कि प्रेम में जिनको भी जितना अधिक ईर्ष्या से मुक्त मैंने पाया है उनका उतना ही अधिक सम्मान कर सका हूँ—चाहे इस देश काल में, चाहे दूसरे देश कालों में।"[37] रेखा और गौरा का परस्पर ईर्ष्यामुक्त प्रेम अज्ञेय की इसी दृष्टि की देन है और वह प्रबुद्ध पाठक को तनिक भी अस्वाभाविक नहीं प्रतीत होता।

रेखा गर्भवती होती है; यह नहीं कि वह वासना के आवेग में, बिना कुछ सोचे-समझे, सामान्य विवेकहीन लड़कियों की तरह इस नियति की शिकार हो जाती है। वह एक जगह अपनी कॉपी में लिखती है : "...तुमने डर की बात कही थी। वह एक चीज है, जो मैंने पहले कभी नहीं जानी। दुःख—हाँ, वह खूब जाना है, अपमान, ग्लानि, ईर्ष्या—ये भी सहे हैं, पर डर...किसका डर? तुमसे डर? तुमसे!! तुम्हारे लिए डर?—तुम्हें खो दूँगी, यह?...।"[38] रेखा का आत्मसमर्पण वासना के आवेग में किया हुआ विवेकहीन आत्मसमर्पण नहीं है, उसके पीछे विवेक का तीव्र आलोक, अनुभूति की गहराई, और जीने की लालसा है। रेखा अपने से कितनी सन्तुष्ट है, इसका पता उसकी इन पंक्तियों से चलता है : "भुवन, जाने से पहले मैं एक बात कहना चाहती हूँ। आइ एम फुलफिल्ड। अब अगर मैं मर जाऊँ तो परमात्मा के—प्रकृति के—प्रति यह आक्रोश लेकर नहीं जाऊँगी कि मैंने कोई भी फुलफिलमेन्ट नहीं जाना—कृतज्ञ भाव ही लेकर जाऊँगी—परमात्मा के प्रति और—भुवन, तुम्हारे प्रति।"[39] इसके बाद ही रेखा अपने भावी शिशु की कल्पना भी करती है और

उसे बीनकार सर्जन बनाने का स्वप्न देखती है और जब यह सम्भावना सच में बदलती है, तो भी रेखा किसी भय, कुण्ठा, लोकापवाद के डर या भविष्य की आशंका से ग्रस्त नहीं होती : वह भुवन को लिखती है : 'वह बीनकार सर्जन वाली बात सच है, भुवन। मैं भगवान का आशीर्वाद तुम्हारे लिए माँगती हूँ, और तुम्हारे चरण गोद में लेकर माथे से लगाती हूँ–उन्हीं के स्पर्श से वह आशीर्वाद मुझे घेर ले।...मुझे कुछ चाहिए नहीं भुवन, तुम्हें बताया इसलिए कि–वह भविष्य में मेरी आस्था है भुवन, और उसे तुमने मुझे दिया है।" (*नदी के द्वीप*, पृ. 199)

रेखा भुवन को लिखती है : "...न, मैं कुछ मागूँगी नहीं। तुम्हारे जीवन की बाधा नहीं बनूँगी, भुवन, उलझन भी नहीं बनूँगी। सुन्दर से डरो मत–कभी मत डरना–न डर कर ही सुन्दर से सुन्दरतर की ओर बढ़ते हैं।...लेकिन भुवन, मुझे अगर तुमने प्यार किया है, तो प्यार करते रहना–मेरी यह कुण्ठित बुझी हुई आत्मा स्नेह की गरमाई चाहती है कि फिर अपना आकार पा सके, सुन्दर, मुक्त ऊर्ध्वाकांक्षी...।"[40] इस प्रकार रेखा भुवन से उसका प्यार ही माँगती है, भविष्य नहीं माँगती, और परवर्ती जीवन में उसका लोभ कभी भी नहीं करती। कुछ दिन बाद जब भुवन उसके गर्भवती होने की बात जान कर उसके यहाँ पहुँचता है और विवाह का प्रस्ताव करता है तो रेखा को अस्वीकार करने में एक क्षण का भी विलम्ब नहीं होता। भुवन द्वारा भावी शिशु के भविष्य की याद दिलाने पर भी रेखा अपने निश्चय से नहीं डिगती। और जब भुवन उसे अपनी संवेदना से द्रवित करने की कोशिश करता है, तो वह कहती है : "मैं कहना नहीं चाहती थी, तुम कहला कर छोड़ोगे; तुम्हारे साथ–जीवन का जो कुछ सुन्दर मैंने जाना है, तुम्हारे साथ; जो कुछ असुन्दर जाना है विवाह में; और तुम कहते हो...।" जब भुवन तर्क से इसे निराधार सिद्ध करता है तो रेखा अपनी तर्कातीत हठधर्मी का हवाला देकर बात समाप्त कर देती है। ('नदी के द्वीप', पृ. 216-217)

रेखा भुवन की पत्नी बनने से इनकार करती है, पर प्रेयसी बनी रहती है। इसी मनःस्थिति को लेकर भुवन एक सप्ताह के लिए अपने कॉलेज वापस आता है और जब वापस रेखा के पास पहुँचता है तो इस बीच बहुत कुछ घट गया होता है। इस बीच रेखा को अपने पति हेमेन्द्र का कोई पत्र मिलता है जिसमें कुछ ऐसी बातें हैं–उपन्यासकार ने वह पत्र उद्धृत नहीं किया है, पर सम्भवतः उसमें कुछ ऐसी बातें हैं जो भुवन की सामाजिक प्रतिष्ठा और भविष्य को खतरे में डाल सकती हैं–जो उसे गर्भपात कराने को विवश कर देती हैं। जब भुवन रेखा के पास पहुँचता है, तब वह चिन्ताजनक रूप से अस्वस्थ है। भुवन की शिकायत के जवाब में वह कहती है : "पर–तुम्हें–उसे–लज्जा नहीं देना चाहती थी; तुम्हारा सिर झुके, वह नहीं चाहती थी–किसी के आगे नहीं और उस...उस राक्षस के आगे...।" (*नदी के द्वीप,* पृ. 232)

इस प्रकार भावी शिशु के कारण भुवन पर जो सामाजिक या नैतिक दायित्व

आता उसे रेखा अपने ही हाथों समाप्त कर डालती है; अपनी भावनाओं की बलि देकर, अपने सपनों को चूर-चूर करके, अपने प्राणों को संकट में डाल कर। और वह लिखती है : "...मैं मानती हूँ कि अगर प्यार यह भी परीक्षा नहीं सह सकता तो वह प्यार नाम का पात्र नहीं है।"..."इसलिए तुम भुवन, चले जाना। मैं शिकायत नहीं करूँगी, मन में भी नहीं। मान लूँगी कि मेरा व्रत पूरा हुआ—कि मैंने तुम्हें वही दिया जो देय था, स्वच्छ था और उससे बचा लिया, जिससे तुम्हें दूर रखना चाहती थी।" (*नदी के द्वीप*, पृ. 289)

भुवन की तत्परता और तत्काल चिकित्सा से रेखा बच जाती है। स्वस्थ होकर रेखा अपनी मौसी के पास कलकत्ता चली जाती है।

कलकत्ता पहुँच कर चार महीनों के अन्तराल में रेखा भुवन को पाँच पत्र लिखती है। भुवन किसी भी पत्र का उत्तर नहीं देता, यह नहीं कि भुवन लिखना नहीं चाहता, वह लिख नहीं पाता...पत्र अधूरा रह जाता है और भेज नहीं पाता। रेखा के इन पत्रों में एक परम्परागत विरहिणी की सारी बेचैनी मौजूद है। रोगशय्या पर रेखा ने भुवन से पूछा था, 'क्या तुम मुझे अब भी प्यार कर सकते हो?' भुवन ने जवाब दिया था : 'अब भी—अब और ज्यादा।' रेखा भुवन को इस आश्वासन की याद दिलाती है। वह भुवन द्वारा 'छोड़ दिये जाने' की आशंका से दुखी है। अपने अन्तिम पत्र में वह हेमेन्द्र से अपने विवाह के अदालत से रद्द होने तथा मौसी के साथ तीर्थयात्रा पर निकलने की सूचना देती है।

रेखा का अन्तिम पत्र पाने के दो दिन पूर्व भुवन अपना अधूरा पत्र, एक टिप्पणी जोड़ कर भेज देता है, जिसमें वह लिखता है : "मैंने तब तुम्हें कहा था, 'हाँ अब भी, अब और भी अधिक', वह गलत नहीं कहा था और आज भी अनुभव करता हूँ कि वे क्षण आत्मदान के—अपने से मुक्त होकर अर्पित हो जाने के तीव्रतम क्षण थे...।"[41] इस पत्र में वह रेखा की आत्मबलि का मूल्यांकन भी करता है... "तुमने अगर भूल की तो उसका भरपूर शोध भी किया—नहीं रेखा, मैंने जो पहले कहा कि तुम्हें दोषी माना था, वह ठीक नहीं है, दोषी तुम मुझसे अलग या अधिक कैसे हो?... अपने एक अंश को नष्ट होने देने के लिए स्वयं अपने को मर जाने दिया, रेखा; उस अंश को, जो स्वयं भी मूल्यवान था और उससे बढ़ कर जो एक और मूल्यवान अनुभूति का फल था—इस सब का अनुभव करते हुए मैं तुम्हारे आगे झुक ही सकता हूँ, संवेदना से भर कर तुम्हारे पास खड़ा हो सकता हूँ, दोष नहीं दे सकता। और जब यह सोचता हूँ कि वह बहुत बड़ा आत्मबलिदान भी मुझ पर तुम्हारे स्नेह की अभिव्यक्ति थी—तब तो गड़ जाने को जी चाहता है।"

इसके बाद भुवन एक वैज्ञानिक अभियान में डच इन्डीज चला जाता है। इस बीच रेखा और भुवन में पत्राचार जारी रहता है, जिसमें दोनों का प्रेम और उससे जन्मी पीड़ा की मार्मिक अभिव्यक्ति होती है। रेखा एक पत्र में लिखती है : "...तुमने एक सन्दर्भ

दिया था, 'द पेन ऑफ लविंग यू इज आलमोस्ट मोर दैन आइ कैन बेयर'...उस दिन पहली पंक्ति में से तुम 'डीयरेस्ट' शब्द छोड़ गये थे...आज मैं एक शब्द और छोड़ जाऊँ, 'आलमोस्ट'–क्योंकि सचमुच यह दर्द मेरी सहनशक्ति से परे है, मैं उसे नहीं सँभाल सकती...कोई भी नहीं सँभाल सकता शायद प्यार का दर्द, इसीलिए शायद प्यार रहता नहीं, दर्द रह जाता है–केवल ईश्वर सँभाल सकता है अगर वह–या कहूँ कि जो सँभाल सकता है, वही ईश्वर है।" (*नदी के द्वीप,* पृ. 269)

रेखा भुवन को कई पत्र लिखती है जिनमें अपना कुशल क्षेम लिखने के साथ-साथ कई सूचनाएँ–अपनी तीर्थयात्रा समाप्त करने की, हेमेन्द्र के विवाह की, अपने स्वयंसेविका नर्स का काम करने की, अपने स्वास्थ्य और आगे होनेवाले ऑपरेशन की–देती है। एक पत्र में वह लिखती है : "...अभी मेरे मन में तुम्हारे भविष्य का विश्वास उमड़ आया है, और मैं तुम्हें आशीर्वाद दे रही हूँ। तुम्हारे पिछले पत्रों में जो गहरी निराशा थी, उसे मैं नहीं स्वीकार करती; तुम उसमें से निकल आओगे। जिस चौखटे की, जिस दीवार की, बात तुमने कही है, उससे भी तुम ऊँचे उठोगे। मुझे छूने के लिए नहीं–मैं गिनती में नहीं हूँ–अपनी बाँहों में दुनिया को घेरने के लिए। निराश मत होओ, भुवन, अपने जीवन को परास्त भाव से नहीं स्रष्टा-भाव से ग्रहण करो; एक विशाल पैटर्न है जो तुम्हें बुनना है; तुम्हारी प्रत्येक अनुभूति उसका एक अंग है; प्रत्येक व्यथा, एक-एक तार–लाल, सुनहला, नीला...मैं–मैं भी उसी ताने-बाने के तारों का एक पुंज हूँ–तुम्हारे जीवन पट का एक छोटा-सा फूल। मेरे बिना वह पैटर्न पूरा न होता, लेकिन मैं उस पैटर्न का अन्त नहीं हूँ...मेरा आशीर्वाद लो, भुवन और आगे बढ़ो, जहाँ भी तुम जाओ, जो भी करो, मेरा प्यार और आशीर्वाद तुम्हारे साथ है। मेरा विश्वास तुममें अडिग है।" (*नदी के द्वीप,* पृ.272)

भुवन दोबारा वैज्ञानिक अभियान में जाता है और फिर सेना में भरती हो जाता है। रेखा ठीक ही समझती है; भुवन अनजाने ही गौरा से भाग रहा है। रेखा से उसका प्रेम इतना गहरा और अटूट है कि गौरा के स्नेह से वह सहज भाव से ज़ुड़ नहीं पाता। रेखा इस बात को समझ लेती है और अपने को भुवन और गौरा के बीच से हटा देने के लिए डॉ. रमेशचन्द्र से–जिनमें शायद उसे भुवन की प्रतिमूर्ति भी दीखती है–विवाह कर लेती है। विवाह के पूर्व वह भुवन को पत्र लिखती है : 'यह क्या है, भुवन? बरसों मैं श्रीमती हेमेन्द्र कहलायी, उसके क्या अर्थ थे? अब अगले महीने से श्रीमती रमेशचन्द्र कहलाऊँगी–इसके भी क्या अर्थ हैं?...मैं इतना ही सोच पाती हूँ कि मेरे लिए यह समूचा श्रीमतीत्व मिथ्या है, कि मैं तुम्हारी हूँ केवल तुम्हारी; तुम्हारी ही हुई हूँ, और किसी की कभी नहीं, न कभी हो सकूँगी...ये पार्थिवता के बन्धन, ये आकार, ये सूने कंकाल...महाराज, मेरे त्रिभुवन के महाराज, किस साज में तुम आये मेरे हृदयपुर में–और कैसे तुम चले गये, मेरा गर्व तोड़ कर, भूमि में

लुटा कर—पार नहीं भुवन, तोड़कर नहीं, तुम्हीं मेरे गर्व हो, तुम्हारे ही स्पर्श से 'सकल मम देह-मन वीणा सम बाजे'...।"[42]

इसे पढ़ कर पाठक के मन में डॉ. रमेशचन्द्र के प्रति रेखा के ईमानदार न होने की शंका उठती है; पर वह अलग सवाल है और रेखा डॉ. रमेशचन्द्र के व्यक्तित्व की जो सूचना देती है उससे तथा उसके इस कथन से कि 'रमेश को मैं धोखा नहीं दे रही। मैंने उन्हें बताया है।...उनमें बड़ी उदारता है, गहरी संवेदना है, वह समझते हैं।' इसका समाधान हो जाता है।

इसके बाद रेखा भुवन से कलकत्ता के सैनिक अस्पताल में मिलती है। भुवन रुग्ण है। दोनों आपस में बातें करते हैं। इस बातचीत के दौरान रेखा भुवन के मन में स्थित गौरा के प्रति प्रेम को मुक्त कराने तथा उसे सहज मनःस्थिति में लाने की कोशिश करती है। पहले वह अपने विदेश जाने की सूचना देती है। फिर गौरा का प्रसंग छेड़ती है, वह भुवन से, पलायन की मनःस्थिति से निकलने का, अनुनय करती है और फिर दूसरे दिन बहुत हिम्मत करके अत्यन्त अनुभूतिदीप्त वाणी में कह डालती है कि वह गौरा को प्यार करता है और उससे भाग रहा है। वह भुवन से कहती हैः "तुममें जो सत्य है, ...उसके प्रति खुलो। तुमने मुझे सुनाया था—भुवन, तुमने! 'द पेन ऑफ लविंग यू'—उस व्यथा के प्रति अपने को खोल दो—और मुझमें कुछ कहता है कि वह तुम्हारे लिए कल्याणप्रद होगा, भुवन!...वह वरदान है भुवन; उसे स्वीकार करो, चाहे कल—चाहे कल जीवन न रहे, तुम न रहो, भुवन फिर भी।' (*नदी के द्वीप,* पृ. 319)

इस प्रसंग के बाद भुवन की कुण्ठा समाप्त हो जाती है। बंगलौर में गौरा अपने सहज, अवदात स्नेहजल से उस कुंठा के बचे-खुचे दाग को भी धो डालती है। गौरा को रेखा का एक पार्सल मिलता है, जिसमें वही अँगूठी है, जिसे उसने गौरा को प्रथम भेंट में ही पहनाना चाहा था, पर जिसे गौरा ने उपयुक्त समय पर स्वीकार करने की बात कह कर लौटा दिया था। रेखा अपने पत्र में लिखती है : "...मेरा आशीर्वाद लो, गौरा, और मेरा स्नेह; माँ ने आशीर्वाद के साथ यह अँगूठी मुझे दी थी, मुझे आशीर्वाद नहीं फला अपनी अपात्रता के कारण (पर जीवन के प्रति अकृतज्ञ मैं नहीं हूँ, न कभी हूँगी, गौरा; और इसके लिए ऋणी हूँ तुम्हारे 'मास्टर साहब' की); पर तुम पात्र हो, और मैं गर्व करके यह भी कह जाऊँ कि मेरा आशीर्वाद भी अधिक सार्थक है...।" (*नदी के द्वीप,* पृ. 330)

रेखा की कहानी यहीं समाप्त होती है। वह भुवन और गौरा को अपने दिये वचन पूरे करती है, अपने को मिटा कर आत्मबलि देकर, फिर भी किसी शहीदाना और रोमांटिक अन्दाज में नहीं, बिलकुल सहज भाव से। गौरा अपनी तरफ से, और भुवन की तरफ से भी, जो 'ए मैनिफेस्टो' की एक पंक्ति—'एन वुमन हैज गिवन मी स्ट्रेंग्थ ऐण्ड एफ्लुएन्स, एडमिटेट'—रेखा को अर्पित करती है, वह एकदम सार्थक है।

अज्ञेय ने 'नदी के द्वीप' में प्रेम का जो दर्शन प्रस्तुत करना चाहा है, वह रेखा

के चरित्र या संवेदना के माध्यम से ही व्यक्त हुआ है। इसीलिए हमने तनिक विस्तार से रेखा के चरित्र का विश्लेषण किया है। पर इसके साथ ही, 'नदी के द्वीप' के विषय को उसकी सम्पूर्णता में देखने के लिए, भुवन के चरित्र का अवलोकन आवश्यक है, क्योंकि भुवन रेखा का सहभोक्ता है।

भुवन एक संवेदनशील, अपनी अनुभूतियों के प्रति पूर्णतः ईमानदार व्यक्ति है और रेखा के सम्पर्क में आते ही उससे प्रेम करने लगता है। रेखा भी उसकी बालसुलभ सरलता, संवेदनशीलता और अनुभूतिगत ईमानदारी से प्रभावित होती है और उसकी ओर तीव्रता से आकृष्ट होती है। नौकुछिया पहुँच कर यह प्रेम इतना प्रगाढ़ हो जाता है कि रेखा आत्मसमर्पण के लिए प्रस्तुत हो जाती है। पर भुवन इसे समझ कर भी रतिदान के लिए प्रस्तुत नहीं होता। इससे उसका संयम तो व्यक्त होता ही है, पर इससे बड़ी बात है वह सौन्दर्य बोध जो भुवन के लिए एक अत्यन्त मूल्यवान वस्तु है और रति-क्रिया के बाद जिसके नष्ट हो जाने का डर है। वह रेखा की जाँघ पर सिर रख कर रो पड़ता है और असम्बद्ध-सा, अस्फुट स्वरों में कहता है : "यह इनकार नहीं है, रेखा; प्रत्याख्यान नहीं है...यह सब बहुत सुन्दर है, बहुत सुन्दर...वह—वह सौन्दर्य की चरम अनुभूति होती है—होनी चाहिए मैं मानता हूँ...इसीलिए डर लगता है, अगर वह—अगर वैसा न हुआ—जो सुन्दर है, उसे मिटाना नहीं चाहिए...तुमने जो दिया है, उसके सौन्दर्य को मैं मिटाना नहीं चाहता, रेखा, जोखिम में नहीं डालना चाहता। वह सुन्दर है, बहुत सुन्दर...।" ('नदी के द्वीप,' पृ. 136)

भुवन के इस आचरण से यह तो स्पष्ट ही है—चाहे अस्वाभाविक अथवा कम-से-कम असामान्य ही क्यों न माना जाए—कि उसकी दृष्टि में प्रेम वासना का पर्याय नहीं है और प्रेमानुभूति के सौन्दर्य की रक्षा के लिए वासना के आवेग को अनुभूति की गहराई से उत्पन्न संयम से सहज रूप में दबाया जा सकता है। अज्ञेय के प्रेम दर्शन का यह भी एक पहलू है जो केवल भुवन के चरित्र के माध्यम से अभिव्यक्त होता है।

भुवन की आशंका को, प्रेमानुभूति के सौन्दर्य के नष्ट हो जाने के डर को, रेखा ही दूर करती है। दूसरी बार, तुलियन के मिलन में, भुवन और रेखा प्रेम की उस चरम अनुभूति को भी भोगते हैं, जिसे वासना कहते हैं। पर यह वासना प्रेम की गहरी अनुभूति से इस प्रकार भींगी हुई है—अज्ञेय ने इस प्रसंग के निर्माण में अदभुत कौशल का परिचय दिया है—कि उसकी समप्ति के बाद वितृष्णा या विकर्षण की मनःस्थिति पैदा ही नहीं होती। इस प्रसंग के बाद जब रेखा और भुवन के एक दूसरे से अलग होने की घड़ी आती है तब भुवन जिस गहरी अनुभूति से गुजरता है, वह इन पंक्तियों में व्यक्त हुई है : "साक्षी हो, सूर्य, और आकाश, और पवन, और तले बिछी घास और चट्टानें, साक्षी हों अन्तरिक्ष के अगणित देवता और अकिंचन वनस्पतियाँ... लेकिन यह एक सत्य है जो कोई साक्षी नहीं मानता, सिवाय अपने ही भीतर की

निविड़ समर्पण की पीड़ा के, अपने ही में निहित, स्पन्दित और क्रियाशील असंख्य सम्भावनाओं के...।" ('नदी के द्वीप,' पृ. 156)

भुवन के प्रेम में, मिलन के तीव्रतम क्षणों में भी, 'एक दूर का कोई अनुशासन, कोई एक मर्यादा है' जिसका अनुभव रेखा करती है। भुवन रेखा को विदा करने के समय भी–रेखा द्वारा सम्भावित शिशु 'बीनकार सर्जन' की कल्पना की जानकारी के बावजूद–विवाह का प्रस्ताव नहीं करता, रेखा से जुड़ने की गहरी अनुभूति के सामने विवाह का प्रस्ताव कदाचित् बहुत सस्ता होता अनुशासन और मर्यादा की भावना ही उसे ऐसा नहीं करने देती। पर जब उसे रेखा के गर्भवती होने का निश्चित पता चलता है तब वह विवाह का प्रस्ताव करता है। रेखा प्रस्ताव को नकार देती है। भुवन अपनी तीव्र संवेदना से रेखा के मर्म को छूना चाहता है और रेखा भी उतनी ही गहरी अनुभूति से पत्नी नहीं, प्रेयसी ही बने रहने की जिद पर अड़ी रहती है। भुवन रेखा की इच्छा के सामने झुक जाता है, पर इस अवसर पर वह जो कहता है उससे उसकी अनुभूतिगत ईमानदारी और कर्त्तव्यनिष्ठा का पता चलता है :

"रेखा, जो कुछ हुआ है, मुझे उसका दुःख नहीं है, परिताप नहीं है। और जो हुआ है, उससे मेरा मतलब केवल अतीत नहीं है, भविष्य भी है–कारण भी, परिणाम भी। और यह नकारात्मक बात लगती है–मैं कहूँ कि मैं प्रसन्न हूँ; एक आनन्द है मेरे भीतर–एक शान्ति–भविष्य के प्रति एक स्वागत भाव...यही मैं तुमसे कहना चाहता हूँ। वह जो आएगा–आएगा या आएगी, वह तो मुहावरा है–वह मेरा है, मेरा वांछित है–उससे मैं लजाऊँगा नहीं, वह तुम मुझे दोगी। भूलना मत–तुम्हें और तुम्हारी देन को मैं वरदान करके लेता हूँ।" ('नदी के द्वीप,' पृ. 220)

बाद में जब रेखा भ्रूणपात करा कर चिन्ताजनक रूप से अस्वस्थ हो जाती है, तो हमें भुवन का कर्त्तव्यनिष्ठ, सेवापरायण, स्नेहिल और व्यावहारिक रूप देखने को मिलता है। भुवन की तत्परता और स्नेह-शुश्रूषा से ही रेखा मरने से बचती है। भुवन के चरित्र से यह प्रतिपादित होता है कि प्रेम कोई उत्तरदायित्वहीन व्यापार नहीं है, उसके साथ कर्त्तव्य और दायित्व की भावना अनिवार्यतः जुड़ी होती है और प्रेम की अनुभूति जितनी गहरी होती है, कर्त्तव्य की भावना, प्रिय के कल्याण की कामना, उतनी ही तीव्र होती है। रेखा और भुवन दोनों का चरित्र इस प्रेम-दर्शन का, जो अति प्राचीन और साथ ही अत्यन्त भारतीय भी है, ज्वलन्त, काव्यात्मक निदर्शन है।

अस्वस्थ दशा में ही रेखा भुवन से पूछती है : 'भुवन–एक बात पूछूँ–न चाहो तो उत्तर न देना, क्या तुम–मुझे–घृणा–मुझे अब भी प्यार कर सकते हो?' और भुवन उत्तर देता है : 'अब–ज्यादा, रेखा; जितना कभी नहीं किया, उतना–!' अस्पताल में थोड़ा स्वस्थ होने पर रेखा पुनः इस प्रश्न को दुहराती है, और भुवन अपने उत्तर को। इससे भुवन की अनुभूति की सचाई और गहराई व्यक्त होती है, जो बाद में भी अक्षुण्ण रहती है।

इसके बाद रेखा तो कलकत्ता अपनी मौसी के पास चली जाती है और भुवन अपने कॉलेज; और रेखा एक निश्चय पर पहुँच जाने के कारण अस्वस्थ होकर भी उद्विग्न नहीं है, पर भुवन के मन पर घोर अवसाद, अपराध और कुण्ठा का भाव छा जाता है। रेखा के प्रति उसकी प्रेम की अनुभूति में तो कोई फाँक नहीं पड़ती, पर उसकी मनःस्थिति अत्यन्त उद्विग्नतापूर्ण हो जाती है। वह रेखा को एक पत्र में लिखता है : "...रेखा, तुम अब भी वही दिव्य स्वप्न हो...लेकिन जब कभी मैं अपने साझे जीवन के अंशों को सामने मूर्त्त करता हूँ, तो वे जैसे मिल कर एक रूपाकार नहीं बनते...और फिर मेरे हाथों में ही मिट्टी हो जाते हैं।...मैं बराबर ही वैसे खण्डित स्वप्न देखता रहता हूँ। जागते हुए, काम के बीच में, क्लास में पढ़ाते हुए, लेबोरेटरी में काम करते हुए, राह चलते सड़क के बीच में बराबर ही ये स्वप्नचित्र कौंध कर सामने आते रहते हैं।...मैंने तब तुम्हें कहा था : 'हाँ, अब भी, अब और भी अधिक' वह गलत नहीं कहा था और आज भी अनुभव करता हूँ कि वे क्षण आत्मदान के—अपने से मुक्त होकर अर्पित हो जाने के तीव्रतम क्षण थे; पर आज यह भी देखता हूँ कि ठीक उन्हीं क्षणों में मेरे भीतर कुछ टूट गया। टूट गया, मर गया। क्या, यह नहीं जानता। प्यार तो नहीं, प्यार कदापि नहीं, उससे सम्बद्ध कोई जादू, कोई आवेश, जिससे आविष्ट होकर मैं प्यार की मर्यादा भूल गया था, जो प्रेय है उसे स्वायत्त करना चाहने लगा था, जैसे वह स्वायत्त नहीं हो सकता...नहीं रेखा, मैंने जो पहले कहा कि तुम्हें दोषी माना था, वह ठीक नहीं है, दोषी तुम मुझसे अलग या अधिक कैसे हो?—अपने एक अंश को नष्ट होने देने के लिए स्वयं अपने को मर जाने दिया, रेखा; उस अंश को, जो जो स्वयं भी मूल्यवान था, और उससे बढ़ कर जो एक और मूल्यवान अनुभूति का फल था—इस सबका अनुभव करते हुए मैं तुम्हारे आगे झुक ही सकता हूँ..." ('नदी के द्वीप,' पृ. 261-262)

भुवन अपने दर्द को अकेले, बिलकुल एकाकीपन में झेल रहा है : वह गौरा को अपने पास आने से मना कर देता है : 'नहीं गौरा; नहीं, अभी नहीं—आइ फारबिड यू! लेट मी स्ट्यू इन माइ ओन जूस...।' वह कहीं अकेले, किसी सागर तट पर, निकल जाना चाहता है। वह रेखा को लिखता है :...दर्द तभी तक क्लेशकर होता है जब तक हम उससे लड़ते हैं, जब तक हम अपने अपनेपन को बनाये रखना चाहते हैं। विशाल के आगे अपने को समर्पित कर देने के बाद क्लेश मानो झर जाते हैं या डँसते भी हैं तो उनका डंक निर्विष होता है...शायद मैं भी जाऊँगा कहीं—और सागर के पास ही जाऊँगा।'

और भुवन एक वैज्ञानिक अभियान में जावा चला जाता है। वह गौरा को सूचना तक नहीं देता। वह उसके प्रेम का सामना नहीं करना चाहता, क्योंकि उसकी शक्ति को वह समझता है और उसके सामने झुकना नहीं चाहता। वह स्वयं अपनी आँच में पक कर अपने प्रेम का मूल्य चुकाना चाहता है। वह छह महीने तक किसी

को पत्र नहीं लिखता, अपनी व्यथा को चुपचाप अकेले में झेलता है। उसकी मनःस्थिति गौरा को लिखे पत्र की इन पंक्तियों से व्यक्त होती है :

"...मैं अपने को समझा लेना चाहता हूँ कि तुम मुझे भूल गयी, क्योंकि, क्यों कोई मेरे हित को लेकर इतना चिन्तित हो, क्यों कोई मेरे अन्याय, मेरे आघात सहे? यह सब स्नेह, करुणा, वात्सल्य—तब मानो एक बोझ-सा मुझे दबाए डालता है... एक नये बोझ-सा, क्योंकि एक बोझ पहले ही मेरे कन्धे पर है—मानो एक सजीव बोझ, एक सजीव शाप का बोझ, सिन्दबाद के कन्धों पर सवार सागर के बूढ़े-सा, जो विवश न मालूम किधर ले जा रहा है। कई महीनों से जानता हूँ कि मेरा जीवन किसी नयी, अज्ञात, अकल्पित दिशा में बहा जा रहा है, और शायद एक ट्रेजडी की ओर।...लगता है, इस सागर-यात्रा के साथ जिस जीवन से निकला, उसमें अब लौटना नहीं है, कुछ मेरे भीतर बराबर मरता जा रहा है और कुछ नया उसके स्थान पर भरता जाता है, जो स्वयं भी मरा है या जीता है नहीं मालूम...यहाँ काम समाप्त होगा तो शायद लौटना ही होगा, पर मानो लौटने का, लौट कर किसी से भी मिलने का मुझे डर है, जैसे मैं स्वयं अपना प्रेत हो गया हूँ और डरता हूँ कि लौट कर जब लोगों से मिलूँगा तो पाऊँगा कि मैं तो अब सच नहीं हूँ केवल प्रेत हूँ...('नदी के द्वीप,' पृ. 273)

एक दूसरे पत्र में वह लिखता है : "...मैं जैसे किसी सुदूर पोत-भंग का एक टूटा, बह कर आया हुआ विपन्न तख़्ता हूँ...लहरों से थपेड़ा खाता, लुढ़कता पुढ़कता कहीं लगा हूँ और जानता हूँ कि नहीं, वह ठिकाना नहीं है, और वह पोत तो अब हई नहीं जिसका मैं अंश हूँ...था!..."[43]

भुवन की यह मनःस्थिति तपन की, तपस्या की मनःस्थिति है जिसके बिना भारतीय संस्कृति में प्रेम को अधूरा माना गया है। 'जो प्रेम शारीरिक आकर्षण से उत्पन्न होता है, वह क्षणिक होता है, उसमें अशुभ भविष्य का बीज छिपा होता है, परन्तु जो प्रेम तपस्या से उत्पन्न होता है वह स्थायी होता है और शुभ भविष्य का बीज लेकर आता है।'[44] कालिदास का सारा साहित्य इस प्रेम-दर्शन का निदर्शन है। भुवन का प्रेम इस प्रेम-दर्शन के पूर्वार्ध को तो प्रतिपादित नहीं करता, क्योंकि रेखा के प्रति उसका प्रेम शुद्ध रूपाकर्षणजन्य नहीं है, पर इसका उत्तरार्द्ध भुवन के चरित्र में प्रतिफलित होता है। वह प्रेम की तपन में तपता है और जब इस मनःस्थिति से बाहर निकलता है तो उसे गौरा का सहज समर्पण भरा प्रेम मिलता है, जिसे रेखा का भी समर्थन और आशीर्वाद प्राप्त है। गौरा अपने स्नेहजल से भुवन का सारा अवसाद, डर, अपराध भाव, जड़ता, निराशा धो डालती है। अब उसे जलती हुई आग में मृत बच्चों के चेहरे नहीं दिखाई पड़ते, जो पहले दिखाई पड़ते थे। वह अनुभव करता है कि उसकी खोज पूरी हो गयी है। उसने कभी बातचीत के सिलसिले में गौरा से कहा था : 'राह चलते जिस दिन बैठे-बैठे जानूँगा, मेरे पीछे कोई है और मुड़ कर नहीं देखूँगा और वह

झुक कर अपने खुले बाल मेरी आँखों के आगे डाल देगी—उस दिन मैं जान लूँगा कि मेरी खोज—कि मेरे लिए खोज समाप्त हो गयी, और पड़ाव आ गया।' गौरा का समर्पण इसी कोटि का है और भुवन उसे सहज भाव से स्वीकारता है।

अज्ञेय के प्रेमदर्शन का तीसरा कोण गौरा में निहित है। भुवन के परिचय-वृत्त में पहले गौरा ही आती है और बी.ए. पास करने तक यदि वह किसी को अपना 'निकटतम' समझती है तो वह भुवन ही है। यद्यपि भुवन के प्रति उसका भाव अस्पष्ट है, पर है वह रति भाव का पूर्व रूप ही—जिसे शायद 'पूर्वराग' कहा जा सके—जिसे न भुवन समझता है न स्वयं गौरा, पर रेखा, उसे, गौरा से पहली ही भेंट में समझ जाती है। समझता इसे चन्द्रमाधव भी है, पर उसका चित्त कलुषित है। गौरा से प्रथम मुलाकात में ही रेखा अनुभव कर लेती है कि भुवन और गौरा को प्रणय-सूत्र में जोड़ कर वह अपना मिशन पूरा कर सकेगी।

प्रेम आत्मदान है, अपने स्व का विलयन है, पीड़ा है : 'डियरेस्ट, द पेन ऑफ लविंग यू इज आलमोस्ट मोर दैन आइ कैन बेयर'...आत्मबलि और प्रिय के कल्याण के लिए अपने सुख का त्याग है; और इसकी सम्पुष्टि रेखा और भुवन दोनों के चरित्रों से होती है। पर प्रेम एकान्त, निष्काम, निर्व्याज आत्मसमर्पण है, यह तो गौरा का चरित्र ही प्रतिपादित करता है।

गौरा यों तो अपनी किशोरावस्था से ही भुवन—अपने 'मास्टर साहब' के प्रति गहरे लगाव का—इसे मैत्री, सख्य, प्रेम जो नाम दें—अनुभव करती है, पर उसके इस लगाव की तीव्रता का प्रथम अनुभव पाठक को, और भुवन को भी, तब होता है जब वह माता-पिता द्वारा अपना विवाह तय किये जाने पर मार्ग निर्देशन के लिए भुवन को पत्र लिखती है। भुवन उसे अपनी ओर से कोई दिशा-निर्देश न देकर खुद अपना मार्ग ढूँढ़ने, अपने भीतर से आलोक पाने और उस पर धैर्य और साहस के साथ चलने की सलाह देता है।

भुवन के पत्र से गौरा को सहारा मिलता है,अपना मार्ग दीख जाता है और वह माता-पिता द्वारा निश्चित किये गये विवाह को अस्वीकार कर संगीत की शिक्षा प्राप्त करने दक्षिण भारत चली जाती है।

भुवन के प्रति गौरा के गहरे प्रेम का प्रथम परिचय पाठक को तब मिलता है जब चन्द्रमाधव सम्भवतः रेखा और भुवन के नये सम्बन्ध की—जो भुवन के लखनऊ जाने पर, विकसित हुआ है—सूचना अपने एक पत्र में देता है। गौरा इस पत्र को पढ़ नहीं पाती : 'अक्षर उसकी आँखों में तैर गये। उसने पत्र हटा दिये और संगीत की एक कॉपी उठा कर जल्दी उलट कर एक जगह से खोली, उसके पन्ने पर अपने हाथ की लिखावट पर, आँखें जमा दीं। लेकिन उसकी अपनी लिखावट भी तैर गयी; सहसा दो बड़ी-बड़ी बूँदें उस पर पड़ीं और लिखायी फैल गयी। गौरा ने आँचल से उसे पोंछा पर उससे फैली हुई स्याही का एक लम्बा धब्बा कागज पर फैल गया।

सहसा गौरा बिलकुल अवश हो गयी और कॉपी पर बाँहें और सिर टेक कर फफक कर रो उठी।'[45]

चन्द्रमाधव अपने पत्रों में रेखा और भुवन के सम्बन्धों की एक विशेष वक्रता के साथ चर्चा करके इस बात की भरपूर कोशिश करता है कि गौरा के मन में रेखा के प्रति ईर्ष्या पैदा हो जाए और भुवन की तरफ से उसका मन फिर जाए। पर ऐसा होता नहीं। भुवन में गौरा की आस्था और उसके प्रति समर्पण का भाव इतना गाढ़ा है कि वह दुःखी होने पर भी आस्था और समर्पण से नहीं डिगती और उसमें रेखा के प्रति ईर्ष्या का भाव नहीं जगता। आलोचकों के बीच गौरा में ईर्ष्या का भाव न जगने की आलोचना हुई है, पर जहाँ पूर्ण आस्था और समर्पण का भाव होता है, वहाँ ईर्ष्या के लिए स्थान नहीं होता। और जब चन्द्रमाधव ही अपनी क्षुद्र बुद्धि से चालित हो गौरा और रेखा को मिलाता है, तब तो बात ही बदल जाती है। रेखा स्पष्ट बता देती है कि उसके चलते भुवन और गौरा का अहित नहीं होगा और गौरा इस बात की सच्चाई का अनुभव करती है। रेखा का गौरा को चूड़ी पहनाना और अपने विवाह की अँगूठी पहनाने का आग्रह बहुत कुछ कह देता है, जो शब्दों से नहीं कहा जा सकता।

गौरा और भुवन की मुलाकात एक बार तब होती है—तुलियन के प्रसंग के बाद—जब भुवन पूरी तरह से रेखा के प्रेम में डूबा हुआ है। भुवन को गौरा की उपस्थिति और उसके सहज प्रश्न एक दर्द से साल जाते हैं और वह तिलमिला जाता है। और जब वह गौरा से पूछता है : 'गौरा, विवाह क्या कभी नहीं करोगी?' तो गौरा भी विचलित हो जाती है, उसका मुँह तमतमा आता है; पर गौरा अपना सन्तुलन बिलकुल नहीं खोती! उसकी आस्था और समर्पण का भाव—और सम्भवतः रेखा का आश्वासन भी—उसके सन्तुलन को कायम रखता है।

इसके बाद ही रेखा के गर्भपात और उसकी अस्वस्थता का प्रसंग घटित होता है, जो भुवन को गहरे अवसाद, अपराध भाव और कुण्ठा से विजड़ित कर देता है। भुवन और गौरा के बीच पत्राचार होता है। गौरा भुवन के मानसिक क्लेश का अनुभव करती है और उसके पास पहुँचना चाहती है, पर भुवन मना कर देता है और विदेश चला जाता है। गौरा का आत्मसमर्पण उस बिन्दु तक पहुँचा हुआ है, जहाँ प्रिय के प्रति कोई शिकायत रह ही नहीं जाती। वह लिखती है : '...फिर भी, मेरे भुवन दा, इसे मैं आपका अतिरिक्त स्नेह ही मानती हूँ कि आपने मुझे इस अन्याय के लिए चुना—लेकिन क्यों, भुवन दा, क्यों, क्यों, मेरी कुछ समझ में नहीं आता, क्यों आप मुझसे दूर भागे जा रहे हैं, जो आपको अपने पथ का प्रकाश मान कर जी रही है—क्यों?' ('नदी के द्वीप,' पृ. 267)

और अपने दूसरे पत्र में वह लिखती है : "...और इससे आगे अपनी प्रार्थना में यह भी जोड़ दूँ, भुवन दा, 'कि आप स्वदेश ही नहीं मेरे पास लौटें, तो क्या मेरी

प्रार्थना आपकी किसी इच्छा से प्रतिकूल चली जायगी? वैसा हो, तो कहूँगी, तो आपकी इच्छा ही जयी हो, वही पूर्ण हो—मेरी प्रार्थना यही हो कि मेरी प्रार्थना भी आपकी इच्छा के अनुकूल हो, उसकी अनुगता हो।' ('नदी के द्वीप,' पृ. 267-68)

और जब छह महीने के बाद गौरा को भुवन का पत्र मिलता है तो वह खुशी से नाच उठती है : "भुवन दा, मेरे भुवन दा ! आज मेरी साधना फली है, और जी होता है, आपकी चिट्ठी सामने रख कर गा उठूँ, कोई वाद्य लेकर—सितार, नहीं वीणा लेकर बजाने बैठूँ मोहन रागिनी, और घण्टों बजाती रहूँ, जब तक कि हाथ सुन्न न हो जाएँ... ।"[46] गौरा के प्रेम में एक अद्वितीय सहजता, भोलापन और शिशुभाव है जो प्रणय भाव को भी रति भाव से मुक्त कर देता है। भुवन को लिखे उसके पत्रों से शृंगार नहीं, भक्ति, श्रद्धा, अनुरक्ति और समर्पण ही झलकता है।

भुवन विदेश से वापस लौट कर एक सप्ताह गौरा के अतिथि रूप में मसूरी रहता है। इस अवधि में पहली बार गौरा का प्रणयिनी रूप सामने आता है। यहीं पहली बार वह भुवन को 'आप' से 'तुम' कहती है। जिस गहरे स्नेह भाव से वह भुवन की सेवा करती है, वह उसके अनुराग का ही व्यंजक है। इतना ही नहीं, भुवन जिस अवसाद, कुण्ठा और अपराध भावना से विजड़ित है, उसे भी दूर करने में गौरा सफल होती है। भुवन रात को उद्विग्नता से अपने कमरे में चहलकदमी कर रहा है। गौरा उसके कमरे में प्रवेश करती है। भुवन आविष्ट-सी मनोदशा में रेखा से अपने सम्बन्ध की सारी कहानी सुना देता है, कुछ भी छिपाता नहीं। गौरा उसकी कहानी ही नहीं सुनती, उसकी पीड़ा की सहभोक्ता भी बनती है। जब भुवन अपनी कहानी समाप्त करता है और घोर पीड़ा की मनःस्थिति में सिहर उठता है, तो अनुभव करता है कि :

"एक काला बादल-सा उसके सिर माथे पर छा गया है और चारों ओर से बहता हुआ-सा उसे डुबाए जा रहा है—वह लड़खड़ा जाएगा और धँस जाएगा—आँखों के आगे अँधेरा हो रहा है—टटोलते-से हाथ वह अपने सिर की ओर, सिर के ऊपर उठाता है—

ऊपर गौरा का झुका हुआ सिर है, उसके खुले बाल आगे ढरक आये हैं और भुवन के चेहरे पर छा गये हैं—भुवन का हाथ स्तब्ध रुका रह जाता है। वह बादल भी स्थिर रुका रह जाता है—फिर टप से एक बूँद उसके माथे पर बरस जाती है... ।"[47]

और भुवन को याद आती है वह बात जो उसने गौरा से ही कही थी : "राह चलते जिस दिन बैठे-बैठे जानूँगा कि मेरे पीछे कोई है और मुड़ कर नहीं देखूँगा, और वह झुक कर अपने खुले बाल मेरी आँखों के आगे डाल देगी, उस दिन मैं जान लूँगा कि मेरी खोज—मेरे लिए खोज समाप्त हो गयी और पड़ाव आ गया।" ('नदी के द्वीप,' पृ. 296)

भुवन की यह बात गौरा भी नहीं भूली है; उसका समर्पण इसका प्रमाण है। और

जब भुवन बहुत जिद करके यह पूछता है कि वह क्या सोच रही है, तो गौरा कहती है : "तो सुनिए। शब्द अधूरे हैं—क्योंकि उच्चारण माँगते हैं। मैं कह नहीं सकती थी, पर लिख सकती थी चाहती तो। लेकिन आप कहलाना चाहते हैं—लीजिए; मैं सोच रही थी—किसी तरह, कुछ भी करके, अपने को उत्सर्ग करके आपके ये घाव भर सकती—तो अपने जीवन को सफल मानती।" ('नदी के द्वीप,' पृ. 299)

यह स्पष्ट प्रणय निवेदन है, बल्कि प्रणय को समर्पण है, जिसे भुवन तत्काल ग्रहण नहीं कर पाता—अभी वैसी उसकी मनःस्थिति नहीं है। पर गौरा के लिए भुवन की स्वीकृति और अस्वीकृति का कोई महत्त्व नहीं है। वह अपने को पूर्णतः अर्पित कर चुकी है और उससे वापस लौटना नहीं है। वह अपनी भावनाओं को लिखती है : "सचमुच मेरे जीवन का सबसे बड़ा इष्ट यही है कि तुम्हें सुखी देख सकूँ—तुम्हारा व्रण ठीक कर सकूँ। मेरे स्नेह शिशु, मैं तुम्हारे ही लिए जीती हूँ, क्योंकि तुममें जीती हूँ...मेरा सहज बोध मुझे बताता था—पर तुम दूर थे, तुम और दूर भागते रहे; और मैं विश्वास नहीं जुटा पाती थी—मैं अन्तर्यामी तो नहीं हूँ। मैंने मान लिया, भक्त कवि ठीक ही कहते हैं, प्रिय को पाना ही निष्पत्ति नहीं है, विरह का भी रस है और वह रस भी एक मार्ग है...तुम मेरा भविष्य हो, इसलिए मैं तुम्हें बनाती हूँ। तुमने मुझे विश्वास दिया है, मैं तुम्हारी बहुत कृतज्ञ हूँ। मुझे लगता है, मैंने बहुत बड़ी निधि पायी है, ऐश्वर्य पाया है। और तुमसे। मेरे जीवन के सारे तन्तु तुम्हारे चारों ओर लिपट गये हैं। वे बहुत सूक्ष्म हैं, तुम्हें बाँधेंगे नहीं, पर तुम उन्हें छुड़ा नहीं सकोगे, तोड़ ही सकोगे—और सब नष्ट करके ही। उनका कोई बोझ तुम पर नहीं होगा...आग से तुम नहीं डरोगे अब—किसी चीज से नहीं डरोगे! आग को मैं सुगन्धित कर दूँगी, शिशु; जरूरत होगी तो स्वयं उसमें होम हो जाऊँगी, पर तुम नहीं डरोगे, मुझे वचन दो; अपने को नहीं सताओगे—डर से नहीं, परिताप से नहीं...और हाँ, प्यार से भी नहीं—वह तुम्हें क्लेश दे तो उसे भी हटा देना। तुम देवत्व की साँस हो, देवत्व की शिखा हो... ।" ('नदी के द्वीप,' पृ. 303-4)

इन पंक्तियों में प्रेम की वह दिव्य भावना अभिव्यक्त हुई है जो भक्त कवियों में मिलती है। पर भक्त कवियों का प्रेम ईश्वर के प्रति निवेदित था, जबकि गौरा का प्रेम एक मनुष्य के प्रति निवेदित है। मुझे नहीं लगता कि मात्र इसी कारण यह अविश्वसनीय या अयथार्थ हो गया है। अज्ञेय ने गौरा के माध्यम से प्रेम का वह रूप प्रस्तुत किया है जो उदात्त है, प्रेम का चरम आदर्श है और साथ ही भारतीय है। गौरा नववर्ष के दिन भुवन को—अपने 'देव-शिशु' को—पैरों में झुक कर प्रणाम करती है। प्रेम का यह रूप अत्यन्त मनोहर, अवदात और दिव्य है।

मसूरी प्रसंग के बाद भुवन फिर अंडमान चला जाता है और उसके बाद सेना में भरती हो जाता है। गौरा भुवन को पत्र लिखती है जिसमें विरह की तीव्रता तो है, पर आत्मानुशासन का गहरा बन्धन भी है। वैसे उसके चेहरे पर कभी-कभी तनाव

और उदासी छा जाती है, जिसे उसकी मुँहलगी छात्राएँ लक्ष्य भी करती हैं, पर वह इसे अपने आत्मानुशासन और संगीत-साधना से दूर करने का प्रयास करती है। जब उसे भुवन के सेना में भरती होने की सूचना मिलती है तब... 'उसके चेहरे की रेखाएँ फिर कभी कठोर, कभी मृदु होने लगीं, और कभी संगीत के आप्लवन में बिलकुल लुप्त; कभी उसके चेहरे की आत्मविस्मृत मुग्ध स्थिरता को कँपाते हुए से दो आँसू उसकी आँखों में चमक आते—आँसू वैसे ही अकारण बेमेल, अपदस्थ, जैसे कमल के पत्ते पर पानी की बूँदें...।' ('नदी के द्वीप,' पृ. 312-13)

कुछ महीने बाद भुवन अस्वस्थ होकर बंगलौर के सैनिक अस्पताल में स्वास्थ्य लाभ के लिए आता है और रेखा का तार पाकर गौरा मद्रास से बंगलोर आ जाती है। गौरा और भुवन के इस मिलन का चित्रण अज्ञेय ने गहरी संवेदना और कलात्मक रचाव के साथ किया है। भुवन इस मिलन के बाद सहज और कुण्ठामुक्त हो जाता है तथा स्वीकारता है कि अब नहीं भागूँगा। पहले बहुत भागा। पहले जानने से भागा; पिछली बार—मसूरी में जब यह सम्भव न रहा तो स्वीकृति से भागा।'[48] वह अनुभव करता है कि उसकी जीवनसाथी की खोज पूरी हो गयी है और पड़ाव आ गया है। वह फिर लाम पर जाता है, पर इस बार, भुवन के ही शब्दों में, अपनी आत्मा गौरा में, उसकी साँस में छोड़ कर। गौरा की साधना इस प्रकार पूरी होती है।

अज्ञेय के प्रेम-दर्शन की अभिव्यक्ति रेखा, भुवन और गौरा के चरित्रों के ही माध्यम से हुई है और इसलिए हमने विस्तार से इन पात्रों की संवेदनाओं की व्याख्या की है। पर उपन्यास में एक चौथा पात्र चन्द्रमाधव भी है जो उपन्यास के विषय को किसी रूप में प्रतिपादित तो नहीं करता, पर वह कथा में शुरू से अन्त तक विद्यमान रहता है और उपर्युक्त तीनों ही पात्रों से जुड़ा रहता है। अतः इस प्रसंग में, संक्षेप में, उस पर दृष्टिपात भी असंगत न होगा।

चन्द्रमाधव *नदी के द्वीप* में प्रतिपादित प्रेम-दर्शन का विलोम है। स्वयं अज्ञेय के अनुसार चन्द्रमाधव रेखा का प्रति-चरित्र है। "रेखा भावना की सच्चाई के प्रति समर्पित है या होना चाहती है, चन्द्रमाधव सहज प्रवृत्ति की तृप्ति को ही अपना लक्ष्य बनाता है। रेखा का आदर्श है दान, चन्द्रमाधव का लब्धि। इसीलिए रेखा में ईर्ष्या नहीं है और चन्द्रमाधव में प्रेम उसके बिना मानो अभिव्यक्ति ही नहीं पा सकता।"[49] पर वास्तविकता यह है कि चन्द्रमाधव केवल रेखा का प्रति-चरित्र नहीं है, वह रेखा, भुवन और गौरा का, उपन्यास के समस्त प्रेमदर्शन का, प्रति-भू है। वह उपर्युक्त पात्रों की तरह अनुभूति की सच्चाई के प्रति समर्पित नहीं है, वह एक प्रकार का विकृत बुद्धिवादी है जो जैविक धरातल पर उत्पन्न होने वाली आवश्यकताओं की तृप्ति को ही सर्वोपरि मानता है। वह जीवन की गहराई में डूबना पसन्द नहीं करता, बल्कि सतह पर तैरते रह कर ही सब कुछ प्राप्त कर लेना चाहता है। प्रेम उसके लिए भावना की नहीं, वासना की वस्तु है। प्रेम में आत्मसमर्पण, आत्मदान, प्रिय के

कल्याण के लिए की जाने वाली आत्मबलि आदि उसके लिए निरर्थक अवधारणाएँ हैं। वह 'होने' को ही सत्य मानता है, उसके लिए तथ्य ही सत्य है। वह प्रत्येक स्त्री को स्वैर दृष्टि से ही देखता है। पति से अलग रहती हुई रेखा की आर्थिक सहायता वह इस ढंग से करता है कि वह हमेशा उसकी मुहताज बनी रहे और उसके चंगुल में आ जाए। वह उसकी असहायता का पूरा लाभ उठाना चाहता है। जब रेखा उसके चंगुल में नहीं आती और भुवन को प्यार करने लगती है तो वह भुवन के प्रति, जो उसका मित्र है, ईर्ष्याग्रस्त हो जाता है। इस बात की भी पूरी कोशिश करता है कि भुवन और रेखा एक दूसरे के निकट न आएँ। इस प्रयास में असफल होकर वह गौरा की ओर बढ़ता है और उसे पाने की कोशिश करता है। वह अपने चालबाजी भरे पत्रों और मिथ्या आचरण से गौरा, भुवन और रेखा के बीच दरार पैदा करने की कोई कोशिश उठा नहीं रखता, पर सफल नहीं होता। यहाँ तक कि वह रेखा के पति हेमेन्द्र से मिल कर रेखा को परेशान करके उससे प्रतिशोध लेने से भी नहीं चूकता और रेखा जो गर्भपात कराती है उसके मूल में चन्द्रमाधव ही है। वह अपनी पत्नी और बच्चों की अकारण उपेक्षा करता है और अन्त में बम्बई में चन्द्रलेखा नामक सिने-तारिका से विवाह कर लेता है।

इस प्रकार चन्द्रमाधव का सारा जीवन सतह का जीवन है, उसमें भावनात्मक निष्ठा, आत्मिक गहराई, संवेदना, अनुभूति, त्याग, पीड़ा आदि के लिए कोई स्थान नहीं है। उसका सारा जीवन सनसनी की लम्बी खोज है, जिससे उसकी सूक्ष्मतर संवेदनाएँ भोंड़ी हो गयी हैं और वह सिवाय तीखी उत्तेजना के और कुछ समझता ही नहीं। उसके समस्त आचरण में एक टुच्चापन, एक कुरुचि, एक वल्गैरिटी दिखाई पड़ती है जो पाठक के मन में उसके प्रति वितृष्णा पैदा करती है। उसका चिन्तन भी विकृत है। उसकी दृष्टि में 'गिरस्ती का आइडिया ही असल में झूठ है; एक काल विपर्यय है; उस वर्ग जीवन का प्रतीक है जो वर्ग ही आज मर रहा है।' कुल मिला कर, जैसा भुवन गौरा को एक पत्र में लिखता है, "चन्द्रमाधव भी अत्यन्त कुण्ठित व्यक्ति है—जब तक नहीं था, तब तक उसमें असन्तोष बहुत था, पर यह रूप उसने नहीं लिया था; अब वह कुण्ठित हो चुका है और उसका असन्तोष युक्ति से परे हो गया है—कुण्ठित होना अब उसके जीवन की एक आवश्यकता बन गयी है, उसकी कुण्ठा और उसका वाद परस्पर-पोषी हैं और एक-दूसरे को और गहरा पहुँचाते हैं।' ('नदी के द्वीप,' पृ. 309)

'नदी के द्वीप' की केन्द्रीय या मुख्य वस्तु के प्रस्तुतीकरण में चन्द्रमाधव की भूमिका मात्र इतनी ही है कि वह उसका विलोम प्रस्तुत करता है, अपने चरित्र से, और इस प्रकार कदाचित् उसे तीव्र बनाता है।

उपन्यास के बारे में, सही या गलत, यह धारणा प्रचलित है कि उसे समाज का चित्र होना चाहिए। अज्ञेय उपन्यास को अनिवार्यतः समाज का चित्र नहीं मानते। 'नदी के द्वीप' का विषय भी समाज का व्यापक जीवन और समस्याएँ नहीं

है। जैसा स्वयं अज्ञेय ने लिखा है : 'नदी के द्वीप' समाज के जीवन का चित्र नहीं है, एक अंग के जीवन का है, पात्र साधारण जन नहीं हैं, एक वर्ग के व्यक्ति हैं और वह वर्ग भी संख्या की दृष्टि से अप्रधान ही है; लेकिन कसौटी मेरी समझ में यह होनी चाहिए कि क्या वह जिस भी वर्ग का चित्रण है, उसका सच्चा चित्र है? क्या उस वर्ग में ऐसे लोग होते हैं, उनका जीवन ऐसा जीवन होता है, संवेदनाएँ ऐसी संवेदनाएँ होती हैं? अगर हाँ, तो उपन्यास सच्चा और प्रामाणिक है और उसके चरित्र भी वास्तविक और सच्चे हैं, न साधारण टाइप हैं, न असाधारण प्रतीक हैं। और मेरा विश्वास है कि 'नदी के द्वीप' उस समाज का, उसके व्यक्तियों के जीवन का, जिसका वह चित्र है, सच्चा चित्र है।"[50]

अज्ञेय अन्यत्र लिखते हैं : " 'नदी के द्वीप' के पात्र किसी हद तक अवश्य असाधारण हैं। वैसे ही जैसे भारत में पढ़ा-लिखा व्यक्ति किसी हद तक असाधारण अवश्य है, जहाँ साक्षरता का स्तर अठारह प्रतिशत, शिक्षितता का आधा प्रतिशत और सुशिक्षितता का कितना? 0.2 प्रतिशत? समाज के जिस अंग में से 'नदी के द्वीप' के पात्र आये हैं उसका वे गलत प्रतिनिधित्व नहीं करते। मेरे लिए उनकी इतनी सामाजिकता पर्याप्त है। इसके आगे उनमें से प्रत्येक चरित्र एक सही सुनिर्मित विश्वास्य व्यक्ति चरित्र हो और जीवन्त होकर सामने आ सके, यही मेरा उद्देश्य रहा और इतना मात्र मैं कलात्मक उद्देश्य मानता हूँ।"[51]

अज्ञेय के इस विचार से सहमत होना कठिन नहीं है। *नदी के द्वीप* जैसे उपन्यास से प्रचलित अर्थ में सामाजिकता की माँग असंगत है। इसका प्रतिपाद्य एक प्रेमदर्शन है, जिसकी प्रस्तुति जिन कुछ पात्रों के माध्यम से हुई है, वे एक विशिष्ट वर्ग के सदस्य हैं। आर्थिक दृष्टि से उन्हें मध्य वर्ग या उच्च मध्य वर्ग में रखा जा सकता है पर बौद्धिक दृष्टि से वे अपने वर्ग से ऊपर उठे हुए हैं। इनमें भुवन और रेखा तो बौद्धिक दृष्टि से बहुत ही पके हुए प्राणी हैं। चन्द्रमाधव की बौद्धिकता उसके चरित्र-विकास की विकृति और कुण्ठा के कारण मार्गभ्रष्ट हो गयी है। गौरा आस्था, विश्वास तथा समर्पण से भरी सुशिक्षित युवती है। ये सभी पात्र अपने परिवेश तथा आन्तरिक संघटन के कलात्मक नियमों की कसौटी पर प्रायः खरे उतरते हैं और इससे ज्यादा सामाजिकता की माँग उनसे नहीं की जा सकती।

नदी के द्वीप भी *शेखर : एक जीवनी* की तरह व्यक्ति-चरित्र का उपन्यास है। पर *शेखर : एक जीवनी* की तरह *'नदी के द्वीप'* में आसपास की परिस्थितियों से जूझते और उनके बीच से विकसित होते हुए किसी एक पात्र का चरित्र निर्मित करने तथा उसके माध्यम से उन परिस्थितियों की आलोचना करने का प्रयास नहीं है। *शेखर : एक जीवनी* व्यक्ति-चरित्र के विकास का उपन्यास है, जबकि *नदी के द्वीप* व्यक्ति-चरित्र के उद्घाटन का। *नदी के द्वीप* के पात्र बने बनाये, पके-पकाये हैं। उन्हें केवल कुछ परिस्थितियों के बीच रख दिया गया है, जिसके घात-प्रतिघात से

उनका चरित्र प्रस्फुटित होता है। *नदी के द्वीप* की मुख्य कथा की कालावधि केवल दो वर्ष की है जबकि *शेखर : एक जीवनी* की बीस वर्ष की। *नदी के द्वीप* की संक्षिप्त कालावधि में जो विकास लक्षित होता है, वह चरित्र का नहीं, संवेदनाओं का है। अज्ञेय ने खुद लिखा है : 'नदी के द्वीप' चार संवेदनाओं का अध्ययन है। उसमें जो विकास है, वह चरित्र का नहीं, संवेदना का ही है।"[52]

शेखर : एक जीवनी की तरह *नदी के द्वीप* की वस्तु के सम्बन्ध में भी श्लील-अश्लील और नैतिक-अनैतिक का प्रश्न उठाया जाता रहा है। परम्परागत मान्यताओं की दृष्टि से देखें तो विवाहिता रेखा का भुवन से प्रेम करना ही अनैतिक है। पर जैसा अज्ञेय ने कहा है, "अगर नीतिशास्त्र से—युगीन नैतिकता से—जरा भी इधर-उधर नहीं हटना है तब तो नैतिक संघर्ष का चित्रण ही नहीं किया जा सकता। और प्रचलित नैतिकता का समर्थन भर करने के लिए कला की साधना, कम-से-कम मुझे तो व्यर्थ मालूम होती है—और मेरा विश्वास है कि किसी भी कला साधक को व्यर्थ मालूम होगी। क्योंकि कला को नैतिकता के प्रचलित रूप से कोई लगाव नहीं है—उसे तो नैतिकता के बुनियादी स्रोतों से मतलब है।"[53]

इस दृष्टि से, बदले हुए आधुनिक सन्दर्भ में, रेखा और भुवन का प्रेम अनैतिक नहीं कहा जा सकता। और यदि हम चाहें तो इसके अनैतिक न होने के शास्त्रीय आधार भी ढूँढ़ ले सकते हैं। जिस शास्त्र वचन के आधार पर प्रसाद जी ने ध्रुवस्वामिनी और चन्द्रगुप्त के प्रेम को नैतिक सिद्ध किया, वह आधार रेखा और भुवन के प्रेम को भी नैतिक बनाता है। रेखा का पति हेमेन्द्र समलिंगी प्रवृत्ति का व्यक्ति है और रेखा पति के रूप में उसे कभी नहीं जानती। वह जीवन में हेमेन्द्र से अपमान, उपेक्षा, प्रतारणा ही पाती है, पति का प्रेम नहीं। अतः स्मृतियों के अनुसार (तनिक नयी व्याख्या के साथ) पति को त्याग कर पुनर्विवाह करने का उसे पूरा अधिकार है। हाँ, भुवन से उसका रति सम्बन्ध और डॉ. रमेशचन्द्र से विवाह भारतीय नीतिशास्त्र की दृष्टि से वर्जित अवश्य है। पर रेखा का यह आचरण नैतिकता के प्रचलित रूप की दृष्टि से ही अनैतिक मालूम पड़ता है। उपन्यासकार ने उसके चरित्र में नैतिकता के बुनियादी स्रोतों को ढूँढ़ने या स्थापित करने की कोशिश की है, जो रेखा के चरित्र को नैतिकता-अनैतिकता के प्रश्न से परे बना देती है।

जहाँ तक *नदी के द्वीप* में अश्लीलता का प्रश्न है, जो आलोचक चुम्बन तक के वर्णन को अश्लील मानते हैं, उनकी दृष्टि में *नदी के द्वीप* के अनेक वर्णन घोर अश्लील प्रतीत होंगे। जहाँ तक मुझे ज्ञात है अज्ञेय हिन्दी के प्रथम उपन्यासकार हैं जिन्होंने प्रेमी प्रेमिका के संभोग-व्यापार का इतना स्पष्ट, साहसपूर्ण चित्रण किया है; साथ ही, मेरी दृष्टि में, अज्ञेय अभी तक हिन्दी उपन्यास साहित्य में रतिव्यापार का गहरी अनुभूति और तीव्र संवेदना के साथ, कलात्मक, संयमपूर्ण अंकन करने वाले उपन्यासकार के रूप में अद्वितीय हैं। रेखा और भुवन के रतिव्यापार चित्रण को, जो

लगभग पचीस पृष्ठों तक कहीं मन्द और कहीं तीव्र गति से चलता है, स्वस्थ और विवेकपूर्ण दृष्टि से देखने पर गन्दा, ग्राम्य या अश्लील नहीं माना जा सकता। जो आलोचक रतिव्यापार के उल्लेख या वर्णन मात्र को अश्लील मानते हैं, उनकी दृष्टि संकुचित है। अज्ञेय ने ठीक ही लिखा है :

"श्लील और अश्लील देश काल पर आश्रित हैं; उनकी कोई परिभाषा न केवल शाश्वत नहीं हो सकती वरन् आत्यन्तिक भी नहीं हो सकती। श्लील और अश्लील केवल समय (कनवेन्शन) हैं; जो हर समाज और सामाजिक स्थिति के अपने अलग-अलग होते हैं।...देखना अश्लील नहीं है, अधूरा देखना अश्लील है। इतना ही नहीं, शिशु और माता की एक-दूसरे के सम्मुख नग्नता नंगापन या अश्लीलता नहीं है; यह भी कि अनुरागबद्ध प्रणयी-युगल की एक-दूसरे के सम्मुख नग्नता भी नंगापन या अश्लीलता नहीं है। वहाँ अश्लीलता उसी को दीखती है, जो अधूरा देखता है—जो केवल नंगापन देखता है, उसे औचित्य देने वाली पूर्णता को नहीं। यह बात जितनी पाठक के बारे में लागू है उतनी ही लेखक के बारे में; अगर वह वैसा देखता है, या दिखाना चाहता है, तो वह अश्लील है, क्योंकि वह अधूरा है अर्थात् असाहित्यिक है।"[54]

अज्ञेय अन्यत्र लिखते हैं : "...जो जुगुप्सा उत्पन्न कर दे वह अश्लीलता है, यह अश्लील की एक परिभाषा है। जुगुप्सा का अर्थ है गोपन करने की इच्छा।"[55] इस दृष्टि से *नदी के द्वीप* के किसी भी वर्णन को अश्लील नहीं माना जा सकता। अज्ञेय लिखते हैं : "...'नदी के द्वीप' में अश्लीलता किसी भी वर्णन में नहीं मानता; दृष्टि में वह है तो न लेखक की और न रेखा या भुवन की; बल्कि चन्द्रमाधव की दृष्टि में वह है। कह सकते हैं कि भुवन या रेखा वास्तविक नहीं हैं, चन्द्रमाधव अधिक वास्तविक है; जो कहते हैं मुझे उनसे बहस नहीं क्योंकि शायद यह ठीक ही है कि थोड़ी-बहुत अश्लीलता ही वास्तविक है...।"[56]

अपने अपने अजनबी

अपने अपने अजनबी में अज्ञेय ने अपने पूर्ववर्ती दोनों उपन्यासों से एक सर्वथा भिन्न प्रकार के प्रश्न से साक्षात्कार करने की कोशिश की है। इस उपन्यास का केन्द्रीय विषय धुँधला-सा है और उसकी पहचान थोड़ी कठिन प्रतीत होती है। योके और सेल्मा नामक स्त्री पात्रों के माध्यम से उपन्यासकार ने जीवन, मृत्यु, वरण की स्वतन्त्रता, आस्था आदि से सम्बन्धित प्रश्नों पर विचार किया है। योके और सेल्मा एक-दूसरे से सर्वथा अपरिचित, भिन्न वय, स्वभाव और विचारों की दो महिलाएँ आकस्मिक रूप से बर्फ से दबे एक मकान में तीन-चार महीनों के लिए कैद हो जाती हैं और बिना चाहे एक साथ रहने को बाध्य होती हैं। इससे एक विचार निकलता है कि मनुष्य काफी हद तक प्रकृति का, परिस्थितियों का, दास है और उसकी

विवशता तथा उससे उत्पन्न घुटन, ऊब, निराशा आदि उसकी नियति है। विवशता की मनःस्थिति आधुनिक जीवन की एक बहुत बड़ी सच्चाई है और इसे, अमूर्त विचार के रूप में ही सही, अज्ञेय ने इस उपन्यास में प्रस्तुत किया है। सेल्मा कहती है : "...और स्वतन्त्रता–कौन स्वतन्त्र है? कौन चुन सकता है कि वह कैसे रहेगा, या नहीं रहेगा? मैं क्या स्वतन्त्र हूँ कि बीमार न रहूँ–या कि बीमार हूँ तो क्या इतनी भी स्वतन्त्र हूँ कि मर जाऊँ? मैंने चाहा था कि अन्तिम दिनों में कोई मेरे पास न हो। लेकिन वह भी क्या मैं चुन सकी?"[57]

हम प्रायः अपने को स्वतन्त्र समझने की भूल करते हैं, जबकि हम सामाजिक व्यवस्था, परम्परागत मूल्य भावना, प्राकृतिक शक्तियों और स्वयं अपनी ही भावनाओं से जकड़े हुए हैं और इनके निर्देश पर ही आचरण करने को बाध्य हैं। सेल्मा योके से कहती है : "...तुम जो अपने को स्वतन्त्र मानती हो वही सब कठिनाइयों की जड़ है। न तो हम अकेले हैं, न हम स्वतन्त्र हैं। बल्कि अकेले नहीं हैं और हो नहीं सकते, इसलिए स्वतन्त्र नहीं हैं; और इसलिए चुनने या फैसला करने का अधिकार हमारा नहीं है।...क्या मैं अपनी मनपसन्द परिस्थिति चुन सकी? और तुम–क्या तुम स्वतन्त्र हो कि मुझे मरती हुई न देखो? ऐसी सब स्वतन्त्रताओं की कल्पनाएँ निरा अहंकार हैं–और उसी से स्वतन्त्रता को छोड़ कर कोई दूसरी स्वतन्त्रता नहीं है।"[58]

इधर सेल्मा मर रही है उधर ऊपर की बर्फ के गलने से छत के रोशनदान से धूप का एक टुकड़ा दूसरे कमरे की फर्श पर फैल जाता है। सेल्मा योके की सहायता से उसे देखना चाहती है, पर विवश है। योके से कहती है : "शुक्रिया, योके, धूप ने आज आना ही चुना है, पर मैं उसे देखना नहीं चुन सकती।"[59]

पर यदि आदमी अहंकार से ही मुक्त होना चाहे तो? तब सम्भवतः वरण का प्रश्न अन्तिम रूप से हल हो जाता है, या उसका प्रश्न जीवन में रह ही नहीं जाता। युवती सेल्मा जब तक अपने अहंकार के अँधेरे में बन्द रहती है तब तक अकेले रहने को बाध्य है, पर जब वह इस घेरे को तोड़ देती है तो उसे अपने अकेलेपन और विवशता दोनों से मुक्ति मिल जाती है। योके भी इस अहंकार से ग्रस्त है, इसलिए अनुभव करती है कि : "कहीं वरण की स्वतन्त्रता नहीं है। हम अपने बन्धु का वरण नहीं कर सकते–और अपने अजनबी का भी नहीं...हम इतने भी स्वतन्त्र नहीं हैं कि अपना अजनबी भी चुन सकें...अजनबी, अनपहचाना डर...क्या हम इतने भी स्वतन्त्र हैं कि अजनबी से पहचान कर लें?"[60]

योके जिन्दगी भर कुछ चुन नहीं पाती। उसका प्रेमी पाल सोरेन उसे धोखा देता है। जर्मन सैनिक उसे वेश्या की जिन्दगी बिताने को विवश करते हैं। पर वह टूट कर भी मृत्यु का वरण नहीं कर पाती। मृत्यु का वरण करती है वह तब, जब जगन्नाथन के रूप में एक अच्छे आदमी की सहानुभूति पा लेती है। मरती हुई वह कहती है : "मैंने चुन लिया। मैंने स्वतन्त्रता को चुन लिया।...मैं बहुत खुश हूँ।

मैंने कभी कुछ नहीं चुना। जब से मुझे याद है कभी कुछ चुनने का मौका नहीं मिला। लेकिन अब मैंने चुन लिया।... मैं खुश हूँ।...मैं चाहती थी कि मैं किसी अच्छे आदमी के पास मरूँ। क्योंकि मैं मरना नहीं चाहती थी—कभी नहीं चाहती थी।"[61]

योके के प्रलाप से ज्ञात होता है कि जीवन-भर वह वरण की स्वतन्त्रता के लिए संघर्ष करती रही, पर इस प्रयास में वह हारती रही। पर अन्त में जगन्नाथन की स्नेह छाया में मृत्यु का वरण कर वह अपने को विजयी समझती है। वह प्रलाप की स्थिति में ही कहती है : "मैंने चुना। हम अजनबी नहीं चुनते, अच्छे आदमी चुनते हैं। मैंने आदमी चुना—अच्छा आदमी। उसमें मैं जिऊँगी।"[62] योके अपने अहंकार से मुक्ति पाकर जीवन की समस्त कटुता से मुक्ति पा जाती है और सबको क्षमा कर देती है।

इससे क्या निष्कर्ष निकलता है? पहली बात तो यह सामने आती है, कि हम चुनने के लिए, वरण के लिए, स्वतन्त्र नहीं हैं। यह बात जीवन में, विशेषकर आधुनिक जीवन में, प्रत्येक पग पर, दैनिक क्रियाकलाप तक में, दिखाई पड़ती है। अस्तित्ववादी मनुष्य की इस विवशता से उत्पन्न मनःस्थिति को अनेक रूपों में प्रस्तुत करते हैं। पर अज्ञेय इस स्थिति को अन्तिम या चरम नहीं मानते। मनुष्य की ऊर्ध्वमुखी चेतना इस विवशता से ऊपर उठ सकती है और वह अपने विवेक के मुताबिक स्थितियों का चयन कर सकता है। बाढ़ से घिरी हुई सेल्मा यान एलेकोफ में 'मनुष्यता' की झलक पाकर उसका वरण करती है और साथ ही अपने अहंकार से मुक्त हो जाती है। योके जीवन भर अहंकार में डूबी रहने और भटकने के बाद अन्त में जगन्नाथन में 'अच्छे आदमी' को पाकर अपने अहं का विसर्जन करती है और सुख से मृत्यु का वरण करती है। इस प्रकार ऐसा प्रतीत होता है कि अज्ञेय ने अस्तित्ववादियों की विचारधारा को *अपने अपने अजनबी* में अस्वीकार किया है। पर साथ ही मैं यह भी अनुभव करता हूँ कि अज्ञेय की यह विचारधारा *अपने अपने अजनबी* के पात्रों के माध्यम से खूब स्पष्ट, तर्कसंगत और विश्वसनीय नहीं बन पायी है।

अपने अपने अजनबी का दूसरा विषय 'मृत्यु से साक्षात्कार' की मनःस्थितियाँ हैं। यह एक दार्शनिक ढंग का विषय है। यों व्यक्ति और समाज के जीवन में ऐसे अवसर आते हैं, जब मृत्यु से साक्षात्कार का प्रश्न महत्त्वपूर्ण हो उठता है, पर सामान्यतः आदमी मृत्यु के बारे में कम सोचता है। मृत्यु जीवन की वास्तविकता होकर भी अनुभव जगत का सामान्य सत्य नहीं है। अज्ञेय ने *अपने अपने अजनबी* में व्यक्ति के ही मृत्यु से साक्षात्कार के प्रश्न को उठाया है। सेल्मा और योके बर्फ के नीचे दबे मकान में कैद हो गयी हैं। सेल्मा पहले भी इस प्रकार की परिस्थितियाँ भोग चुकी है; एक बार वह नदी की बाढ़ में खड़े, टूटे हुए, पुल पर मृत्यु के आतंक के बीच भी जीने का अनुभव प्राप्त कर चुकी है। पर योके अनुभवहीन है। अतः दोनो एक-दूसरे के लिए विचारों और भावनाओं की दृष्टि से भी अजनबी हैं। इस परिस्थिति से उत्पन्न होने वाली मनःस्थितियाँ भी दोनों की एक-दूसरे से भिन्न हैं।

सेल्मा मानसिक रूप से परिपक्व है। वह अपनी पीड़ा को भी तटस्थ द्रष्टा के रूप में देख सकती है, अपनी पीड़ा की भोक्ता होकर भी उसकी द्रष्टा बन सकती है, जबकि योके अपनी पीड़ा को भोगती ही नहीं, उसका अनुभव भी करती है। परिणामतः जहाँ सेल्मा मृत्यु का बन्धु भाव से स्वागत करती है, वहाँ योके मृत्यु के आतंक से विक्षिप्तप्राय हो जाती है। योके इस कल्पना से ही सिहर उठती है कि यदि कहीं वे केवल बर्फ के नीचे दबी ही न होतीं, बल्कि उसके साथ चट्टान भी टूट कर गिर पड़ी होती तो क्या हाल होता! सेल्मा के आश्वासन और खाने-पीने की सामग्री की पर्याप्तता के बावजूद योके मृत्यु के आतंक से पीड़ित है। उसे हम आरम्भ में ही सोचते पाते हैं : '...ढाई महीने—तीन महीने! कब्रग्राह—क्रिसमस! पाताल लोक में देव-शिशु का उत्सव। नरक में भगवान! पाल ढूँढ़ निकालेगा—पर किसको? मुझको, या मेरी...।'[63] योके निरन्तर मृत्यु और काल की चेतना से ग्रस्त रहती है और अपने विचारों-भावों को डायरी में लिखती है। उसकी मानसिक उद्विग्नता और बेचैनी उसकी डायरी तथा कार्यकलापों में व्यक्त होती है। वह मृत्यु को 'एकमात्र सच्चाई' मानती है और उसकी सम्भावना से ही पीड़ित है। निष्क्रियता की स्थिति से उसके स्नायु कमजोर पड़ गये हैं।

सेल्मा और योके की मानसिक अवस्थाओं का प्रमुख अन्तर यह है कि सेल्मा इस अनुभव सत्य को प्राप्त कर चुकी है कि 'कुछ भी किसी के बस का नहीं है, योके। एक ही बात हमारे बस की है—इस बात को पहचान लेना।'[64] इसे योके स्वीकार नहीं कर पाती। सेल्मा की इस 'परिपक्वता' से योके चिढ़ती भी है। उसकी यह बात सुन कर हमेशा उसका विरोध भाव प्रबल हो उठता है। वह अपनी स्थिति को तटस्थतापूर्वक झेल नहीं पाती और मन-ही-मन कुढ़ती रहती है; यहाँ तक कि सेल्मा की हत्या कर डालने तक का विचार उसके मन में उठता रहता है। क्रिसमस के अवसर पर देव-शिशु के अवतरण की बात के प्रसंग में वह अनुभव करती है : "...अवतरण अगर हुआ है तो मृत्यु का और वह मृत्यु ऐसी नहीं है कि गाने से उसका स्वागत किया जाए। वह मेरे कन्धों पर सवार होकर मेरा गला घोंट रही है। कैसा बेपनाह है वह पंजा जो छोड़ेगा नहीं लेकिन जिसकी उँगलियों की छाप भी नहीं पड़ेगी! मैंने कल्पना की, मेरे हाथ बुढ़िया के गले पर हैं और उसे घोंट रहे हैं...।"[65]

मृत्यु से आमना-सामना होने की स्थिति में उसके प्रति व्यक्तियों के भिन्न दृष्टिकोण हो सकते हैं। एक सहज भाव से उसका स्वागत कर सकता है, दूसरा अपने न होने की कल्पना से विक्षिप्त हो जा सकता है। सेल्मा और योके इन्हीं दृष्टिकोणों का प्रतिनिधित्व करती हैं। सेल्मा न केवल 'योके की तरह बर्फ के नीचे कैद है, बल्कि उसे कैन्सर भी है, फिर भी वह सहज भाव से जी रही है। इसके विपरीत योके विक्षिप्तता की मनःस्थिति में पहुँच गयी है। वह सेल्मा की मृत्यु चाहने लगी है, क्योंकि उसकी सहजता और तटस्थता उसे असह्य मालूम

होती है। सेल्मा और योके की मनःस्थितियों का अन्तर योके के ही इस स्वगत चिन्तन में व्यक्त हुआ है : "और ठीक यहीं पर फर्क है। वह जानती है और जानकर मरती हुई भी जिए जा रही है। और मैं हूँ कि जीती हुई भी मर रही हूँ और मरना चाह रही हूँ। ...उसमें किसी तरह का विरोध नहीं है—न मेरे प्रति, न मेरे हिंस्र भावों के प्रति, न मृत्यु के ही प्रति। और यह मेरी समझ में नहीं आता, मुझे स्वीकार नहीं होता। कैसे कोई जीता हुआ प्राणी जिजीविषा से परे हो सकता है? हम सब कुछ से अनासक्त हो सकते हैं, पर जीवन से कैसे हो सकते हैं?"[66]

योके की दृष्टि में एक अधूरापन है जो जीवन के प्रति अनासक्ति को बाधित करता है। इसी कारण वह उद्विग्न और बेचैन है। सेल्मा में इस प्रकार की उद्विग्नता और बेचैनी नहीं है। योके के ही शब्दों में उसमें 'सब कुछ को सहलाता हुआ कारुण्य' है : "बुढ़िया की दया अपनी ओर मुड़ी हुई नहीं है। और कभी-कभी मुझे लगता है कि वह प्याला-तश्तरी भी उठाती है, या कि आग की ओर भी हाथ बढ़ाती है, तो मानो इन निर्जीव चीजों को भी दुलारती और असीसती है। आग को असीसती है—वह, जिसे आग को देख कर रिरियाना चाहिए, क्योंकि अभी उसके भीतर की आग बुझ जाएगी और वह हो जाएगी—क्या? राख-राख से भी कम।"[67] और योके इस जीवनदृष्टि को बर्दाश्त नहीं कर पाती : 'उसे देखते-देखते मेरा मन होता है कि जोर से चीखूँ, कि जलती हुई लकड़ी उठा कर उसकी कलाइयों पर दे मारूँ जिससे उसका आग को असीसने का दुस्साहस करने वाला हाथ नीचे गिर जाए।"[68] और भी : "उसके सामने ही नहीं, अपने सामने भी कभी मेरा मन होता है कि चीख पड़ूँ, कि अपने बाल नोच लूँ, कि आईने के सामने खड़ी होकर अपने को मारूँ, छोटी कैंची उठा कर अपने गालों में चुभा लूँ—कि नहेरने से अपने माथे, नाक-कान, ठोड़ी पर घाव कर लूँ कि पानी का जग उठा कर आईने पर पटक कर उसके और आईने के भी टुकड़े-टुकड़े कर दूँ।"[69]

योके की दृष्टि का अधूरापन उस आस्था के अभाव के कारण है जो जीवन को ही नहीं मृत्यु को भी सहज बना देती है। योके एक स्थान पर सेल्मा से पूछती है : 'वह क्या है जो तुम्हें सहारा देता है, जबकि मुझे डर लगता है?' सेल्मा उत्तर देती है : "मुझे किसका सहारा है, मैं नहीं जानती हूँ। ईश्वर का है, यह भी किस मुँह से कह सकती हूँ? शायद मृत्यु का ही सहारा है। वह है, बिलकुल पास है, सामने खड़ी है—लगता है कि हाथ बढ़ा कर उसे छू सकती हूँ। और यह कहने में और इसमें क्या फर्क है कि हाथ बढ़ा कर उसका सहारा ले सकती हूँ? ईश्वर...ईश्वर का नाम ले लेना तो बड़ा आसान है, लेकिन बड़ा मुश्किल भी है। और मौत और ईश्वर को हम अलग-अलग पहचान भी तो कभी-कभी ही सकते हैं। बल्कि शायद मन से ईश्वर को तब तक पहचान ही नहीं सकते जब तक कि मृत्यु में ही उसे न पहचान लें।"[70]

योके सेल्मा की इस दृष्टि को ग्रहण नहीं कर पाती और घुटती रहती है।

एक बार तो वह सेल्मा का गला घोंटने का प्रयत्न भी करती है, पर वह भी नहीं कर पाती। सेल्मा उसके प्रयत्न को जान भी जाती है और उससे बड़े सहज भाव से अपना प्रयत्न पूरा कर लेने का आग्रह करती है। यह स्थिति योके के लिए सर्वदा अबूझ और असह्य है। बाद में योके के क्षमा माँगने पर सेल्मा अपने को ही अपराधी मान कर खुद उससे क्षमा माँगती है। वह योके को अपनी अतीत कथा भी सुनाती है जो मृत्यु बोध से जुड़ी कथा है और जिसका निष्कर्ष है : "...जीवन सर्वदा ही वह अन्तिम कलेवा है जो जीवन देकर खरीदा गया है और जीवन जला कर पकाया गया है और जिसका साझा करना ही होगा, क्योंकि वह अकेले गले से उतारा ही नहीं जा सकता—अकेले वह भोगे भुगता ही नहीं। जीवन छोड़ ही देना होता है कि वह बना रहे और भर-भर कर मिलता रहे; सब आश्वासन छोड़ देने होते हैं कि ध्रुवता और निश्चय मिले। और इतर सब जिया और मरा जा चुका है, सबकी जड़ में अँधेरा और डर है; यही एक प्रयत्न है जो नये सिरे से जिया जाता है और जब जिया जाता है तब फिर मरा नहीं जाता, जो प्रकाश पर टिका है और जिसमें अकेलापन नहीं है...।"[71]

योके सेल्मा के इस अनुभव-सत्य को ग्रहण नहीं कर पाती। उपन्यासकार कहता है : "मैं जीवित हूँ—की अखण्ड अनुभूति तभी हो सकती है जब व्यक्ति उसके प्रति चेतन न हो। क्योंकि कोई भी, किसी प्रकार की भी, आत्मचेतना अपने को अपनी अनुभूति से अलग कर देती है, तटस्थ कर देती है, साक्षी बना देती है, और जो साक्षी है, वह भोक्ता कैसे है? जीवन की अनुभूति तभी हो सकती है जब अनुभव कर रहे होने का बोध न हो। और यहाँ बैठी योके—उसे न केवल बराबर यह बोध था कि वह अनुभव कर रही है, वह चाहती थी कि वह अनुभव करे! और यह बोध, यह चाहना ही जीवन को झूठा किये देता था।"[72]

योके की दृष्टि का अधूरापन तब दूर होता है जब वह अपने जीवन में लगातार ठोकरें खाने के बाद, यातना और पीड़ा की स्थितियों से गुजरने के पश्चात्, अन्ततः जगन्नाथन से मिलती है। यद्यपि वरण वह मृत्यु का ही करती है, पर निराशा या अवसाद की नहीं, तृप्ति, सन्तोष और सुख की मनःस्थिति में। मृत्यु के प्रति उसका बोध सर्वथा बदल गया है। वह मृत्यु को सेल्मा की तरह सहज और स्वीकार्य भाव से ग्रहण करती है।

अस्तित्ववादी विचारधारा ने, जिसका आधुनिक जीवन पर पर्याप्त प्रभाव दीखता है, आज के जीवन में अजनबीपन के बोध को रेखांकित किया है। आधुनिक सभ्यता ने हर आदमी को दूसरे आदमी के लिए अजनबी बना दिया है। आधुनिक अर्थव्यवस्था की जटिलता तथा आधुनिकता के असंख्य मुखौटों में आदमी की पहचान ही गुम हो गयी है। इस मनःस्थिति को केन्द्रीय विषय बना कर अनेक कहानियाँ और उपन्यास लिखे गये हैं। *अपने-अपने अजनबी* में भी

यह विषय प्रतीक रूप में चित्रित हुआ है पर अज्ञेय का दृष्टिकोण बहुप्रचलित अस्तित्ववादी दृष्टिकोण से थोड़ा भिन्न है। उपन्यास में नियति के षड्यन्त्र से सेल्मा और योके तीन-चार महीनों के लिए एक साथ रहने को बाध्य होती हैं। वे साथ रह कर, खा-पीकर, बातें करके भी एक-दूसरे के लिए अजनबी ही बनी रहती हैं। जीवन और मृत्यु के प्रति दोनों के दृष्टिकोणों में इतना अन्तर है कि उनके बीच कोई रागात्मक सम्बन्ध नहीं बन पाता। रागात्मक सम्बन्धों की हत्या आधुनिक जीवन की सबसे बड़ी दुर्घटना है जो योके और सेल्मा की कहानी द्वारा प्रतीकित है। इससे यह निष्कर्ष भी निकाला जा सकता है कि मृत्यु के समक्ष भी व्यक्तियों का अजनबीपन समाप्त नहीं होता। अजनबीपन रागात्मक सम्बन्ध, समर्पण और आस्था की भावना से ही दूर हो सकता है, जिसकी पुष्टि सेल्मा और यान तथा योके और जगन्नाथन के प्रसंगों से होती है। एक तरफ जहाँ यह सही है कि हम अपने बन्धु के वरण की बात तो दूर, अपना अजनबी भी नहीं चुन सकते हैं, वहीं दूसरी तरफ, यह भी कम बड़ी सच्चाई नहीं कि हम आस्था, समर्पण और अहं के त्याग से अजनबी को भी अन्तरंग बना सकते हैं। अज्ञेय की दृष्टि अस्तित्ववादी दृष्टि से भिन्न, आशावादी है, जो भारतीय दृष्टि है।

इस प्रकार *अपने अपने अजनबी* का केन्द्रीय विषय *शेखर : एक जीवनी* और *नदी के द्वीप* से सर्वथा भिन्न, मृत्युबोध, पीड़ाबोध, अजनबीपन, वरण की समस्या और जीवन के प्रति आस्था के प्रश्नों से जुड़ा हुआ है, यद्यपि प्रासंगिक रूप से काल बोध, ईश्वर और मृत्यु, अस्तित्व बोध आदि प्रश्नों पर भी बीच-बीच में विचार व्यक्त हुए हैं। प्रश्न केवल यह है कि ये विचार उपन्यास में किस हद तक कला सृष्टि के प्रेरक बन सकते हैं। *अपने अपने अजनबी* को मैं कला की दृष्टि से कोई महत्त्वपूर्ण कृति नहीं मान पाता। जिन विचारों को लेकर इस उपन्यास की रचना हुई है वे खुद में चाहे जितने बड़े युगसत्य हों, रचना में वे 'कथित' होकर ही रह गये हैं। ये सारे विचार लेखक के मस्तिष्क की उपज हैं जिन्हें एक दुर्बल कथा के माध्यम से 'कह डालने' की कोशिश की गयी है। चूँकि अज्ञेय की भाषा मँजी हुई है और शिल्प रचना के वे सधे हुए खिलाड़ी हैं, अतः उपन्यास एक विशेष ढंग का बन गया है, पर उसे कोई महत्त्वपूर्ण रचना मानना संगत न होगा। उपन्यास में विचार मुख्य नहीं होता, मुख्य होती है उस विचार की अनुभूति और उससे जुड़ा हुआ वह संसार जो अपने वैविध्य, विस्तार और तीव्रता में उस विचार को हम तक सम्प्रेषित करता है। *अपने अपने अजनबी* इस दृष्टि से एक सामान्य उपन्यास है जो मात्र अज्ञेय की भाषा और शिल्प कौशल के बल पर 'उल्लेखनीय' उपन्यासों की कोटि में परिगणित हो पाएगा।

छाया मेखल

छाया मेखल भारतीय क्रान्तिकारियों के जीवन पर आधारित उपन्यास है। इसे चाहें

तो हम *शेखर : एक जीवनी* का विस्तार भी कह सकते हैं। अज्ञेय ने माना है कि क्रान्तिकारी भावुक, आदर्शवादी और रोमानी भावबोध के युवक थे और देश के प्रति गहरी निष्ठा और बलिदान की भावना से भरे हुए थे। सच पूछें तो क्रान्तिकारियों के इस चरित्र का अंकन *शेखर : एक जीवनी* के तीसरे भाग में ही अभिप्रेत था, जो किसी मजबूरी में प्रकाशित न हो सका। *छाया मेखल* में क्रान्तिकारियों के जीवन का अत्यन्त प्रत्ययकारी और संवेदना–सिंचित चित्रण मिलता है। इसका कारण अनुभव की प्रामाणिकता तो है ही, साथ ही भोगे हुए को दूर से, और संवेदना की आँखों से, देखने और सम्प्रेषित करने की भाषिक क्षमता भी है। देश की आजादी के लिए क्रान्तिकारी हिंसा-मार्ग को एक मात्र उपाय मानते थे और युवकों का एक ऐसा दल बनाना चाहते थे जो अपनी जान की बाजी लगाकर अंग्रेजों को इस प्रकार आतंकित कर दे कि वे डर कर देश छोड़ कर चले जाएँ। पर यह हिंसा का हिंसा से युद्ध था और अंग्रेजों के पास क्रान्तिकारियों की तुलना में अधिक शक्तिसम्पन्न हिंसा थी। अतः क्रान्तिकारी आन्दोलन की असफलता प्रत्याशित ही थी। इसके बावजूद भारतीय क्रान्तिकारी अपनी निष्ठा में बेजोड़ थे। यह नहीं कि उनके बीच कायर और गद्दार नहीं थे ; उनमें बहुत से ऐसे युवक थे, जो भावना के उफान में क्रान्तिकारी दल में शामिल तो हो गये थे, पर पहले ही हमले में वे 'दीन' हो जाने वाले युवक थे। सामान्य जनता ही नहीं, अभिजन समाज के कुछ व्यक्तियों को भी इन क्रान्तिकारियों के प्रति सहानुभूति थी और वे गुप-चुप तरीके से उनकी मदद भी करते थे, पर सामने आने की हिम्मत उनमें नहीं थी। *छाया मेखल* में गुप्त क्रान्तिकारी आन्दोलन के इस पक्ष का चित्रण सांकेतिक रूप में उपलब्ध है। क्रान्तिकारियों की सारी कार्रवाइयाँ–यानी अंग्रेजों और उनके पिट्ठू नौकरशाहों की हत्या करना, सरकारी खजाना लूटना, हथियार जमा करना, जरूरत होने पर भारतीय सेठों के यहाँ भी डाका डालना आदि–गुप्त रूप से होती हैं, और उनकी सहायता करने वाले 'राजा साहब' जैसे व्यक्ति भी अपवाद-स्वरूप हैं। पर उपन्यासकार ने इन 'घटनाओं' को महत्त्व नहीं दिया है, कोई साधारण कथाकार कदाचित् यही करता और इसी को अपनी उपलब्धि मानता। अज्ञेय ने तो बस इनका संकेतमात्र कर दिया है। अज्ञेय ने अपनी कथा में ऐसी स्थितियों या प्रसंगों का निर्माण किया है, जो उनके अनुभव, संवेदना, कल्पना और भाषा के सर्जनात्मक उपयोग की देन हैं। चाहे वह रेलगाड़ी में घटित सोमा और सामन्त का प्रसंग हो, या सोमा के असाधारण परिस्थितियों में एक शहीद की विधवा बनने का, अज्ञेय की कल्पना और भावुकता का असाधारणत्व पाठक को चमत्कृत किये बिना नहीं रहता। सामान्यतः ऐसी घटनाएँ 'संयोग' का हिस्सा होती हैं और उपन्यास के लिए बहुत प्रशंसनीय नहीं समझी जातीं। पर अज्ञेय ने उनकी रचना में मानवीय व्यवहार, संवेदना और भाषिक संरचना का ऐसा मिश्रण किया है कि वे कौतूहल और

कौतुकप्रद होकर भी अस्वाभाविक नहीं प्रतीत होतीं। तीसरा प्रसंग सोमा के हेर स्टेगर दम्पति से प्राचीन चित्रों के मूल रूप को पुनरुद्धारित या निरूपित करने की कला सीखने से सम्बन्धित है, जो सामान्य जीवन-व्यवहार का अंग होने पर भी मानवीय सम्बन्धों की संवेदनशीलता के कारण अत्यन्त मार्मिक बन गया है। एक प्रसंग सोमा को अभिजन समाज की विवाह-संहिता से विद्रोह और अपनी स्वतन्त्र सत्ता की खोज का भी है। इन ठोस प्रसंगों के भीतर चुपचाप निर्मित होते रहते सोमा और सामन्त का प्रेम-प्रसंग है, जो अब तक निर्मित कथा में केवल संकेतित होकर ही रह गया है। असमाप्त रह जाने के कारण यह कहना कठिन है कि पूरा होने पर उपन्यास का 'विज़न' किस रूप में सामने आता;वह नारी-विमर्श का रूप लेता या प्रेम-संवेदना के अंकन का, कहना मुश्किल है—मेरी समझ से वह प्रेम की संवेदना का ही आख्यान बनता। क्रान्ति की पृष्ठभूमि उसे तीव्रता प्रदान करती, यह भी अनुमान से कहा जा सकता है।

बीनू भगत मात्र 5500 शब्दों का एक 'असमाप्त' उपन्यास है। लगता है, यह स्त्री-विमर्श का उपन्यास होता, ऐसी स्त्री का जो निःसन्तान होती है। अपनी एक कहानी 'हीनी बोनू की बत्तखें' में भी अज्ञेय ने स्त्री के निःसन्तान होने की पीड़ा और कुंठा का संकेतात्मक चित्रण किया है। *बीनू भगत* का भी यही विषय प्रतीत होता है। पर इस बासी विषय को अज्ञेय ने सर्जनात्मक भाषा और शिल्प की बदौलत अत्यन्त आकर्षक बना दिया है। इससे यह तथ्य सामने आता है कि संरचना के सार्थक उपयोग से एक बासी विषय को भी 'पुनर्नवा' किया जा सकता है।

अज्ञेय के उपन्यासों को, अलग-अलग, विस्तार से देखने के बाद, अब, यदि हम उन पर एक साथ, सर्वेक्षणात्मक रूप में, दृष्टि डालें तो यह स्पष्ट दीखता है कि अज्ञेय सामाजिक जीवन के उपन्यासकार नहीं हैं। उनका कथ्य व्यक्ति की समस्याओं से सम्बद्ध है। यह सही है कि अज्ञेय के उपन्यासों के पात्र एक समाज के, अपेक्षाकृत छोटे वर्ग के, सदस्य हैं, पर उस समाज से भी उनका विशेष लेना-देना नहीं है। *शेखर : एक जीवनी* में पात्रों का समाज या परिवेश भी कुछ हद तक सक्रिय है, पर वहाँ भी प्रधानता व्यक्ति की ही है। *नदी के द्वीप* में पात्रों का समाज पृष्ठभूमि मात्र का काम करता है। हम उसे 'मान' भर लेते हैं, वह 'प्रस्तुत' नहीं होता। *अपने अपने अजनबी* के पात्र तो समाज से बिलकुल ही कटे हुए प्राणी हैं। अपवाद रूप में *छाया मेखल* में समाज की प्रमुखता दिखाई पड़ती है, पर वह एक अधूरा उपन्यास है, जिसकी परिणति किस रूप में होती, यह नहीं कहा जा सकता। उपन्यासकार के रूप में अज्ञेय की यह समाज-विमुखता, एक विशेष दृष्टि से, आलोच्य भी मानी जा सकती है। उपन्यास अनिवार्यतः पूरे समाज का चित्र हो ही, यह माँग नाजायज है, पर उपन्यासकार आसपास की जिन्दगी को न देखना ही अपनी विशेषता मान ले या कुछ पात्रों को अपने परिवेश से निकाल

कर केवल उनके मानसिक ऊहापोह, भावात्मक संकट, निजी दर्द आदि को ही चित्रित करना अपना रचनात्मक उत्तरदायित्व समझ ले तो यह उसके अनुभव-संसार और संवेदनात्मक क्षमता की संकीर्णता और दारिद्रय का ही द्योतक है। *नदी के द्वीप* तक अज्ञेय की व्यक्तिपरकता कलात्मक दृष्टि से क्षम्य है, पर *अपने अपने अजनबी* की ओर उसका बढ़ाव ह्रासशील मनोवृत्ति का परिचायक है। यदि अज्ञेय को इस रास्ते के अलावा कोई दूसरा रास्ता नहीं दीखता तो उनका यह सोचना ठीक ही जान पड़ता है कि उपन्यास-लेखन के लिए जिस प्रकार की संवेदन-क्षमता और अनुभव संसार की अपेक्षा होती है, वह प्रचुर मात्रा में उनके पास नहीं है।

पर *शेखर एक जीवनी* और *नदी के द्वीप* के अवलोकन से यह स्पष्ट है कि अज्ञेय स्त्री-पुरुष के प्रेम से जुड़ी मनःस्थितियों और भावदशाओं तथा नैतिक समस्याओं के चित्रण में बेजोड़ हैं। उन्होंने स्त्री-पुरुष प्रेम के कुछ ऐसे आयामों का उद्घाटन किया है जो सम्भवतः समस्त भारतीय साहित्य में अकेला है। अनुभव-संसार का यह वैशिष्ट्य ही अज्ञेय को आधुनिक भारतीय उपन्यासकारों की अगली पंक्ति में खड़ा करता है।

सन्दर्भ

1. *आत्मनेपद,* पृ. 64
2. वही, पृ. 66
3. *शेखर : एक जीवनी,* पहला भाग, भूमिका, पृ. 68
4. अज्ञेय, *आलवाल,* पृ. 108
5. *आत्मनेपद,* पृ. 65
6. *शेखर : एक जीवनी,* पहला भाग, पृ. 27
7. वही, पृ. 57
8. वही, पृ. 61
9. वही, पृ. 15
10. वही, पृ. 91
11. वही, पृ. 115
12. वही, पृ. 218
13. *शेखर : एक जीवनी,* दूसरा भाग, पृ. 113
14. वही, पृ. 211
15. *शेखर : एक जीवनी,* पहला भाग, पृ. 57
16. वही, पृ. 147
17. *शेखर : एक जीवनी,* दूसरा भाग, पृ. 29
18. वही, पृ. 58
19. वही, पृ. 59

20. वही, पृ. 61
21. वही, पृ. 70-71
22. वही, पृ. 80
23. वही, पृ. 104
24. वही, पृ. 164
25. वही, पृ. 238-241
26. वही, पृ. 239
27. *शेखर : एक जीवनी,* पहला भाग, पृ. 76
28. *शेखर : एक जीवनी,* दूसरा भाग, पृ. 188
29. डॉ. विजयेन्द्र स्नातक, *चिन्तन के क्षण,* पृ. 122
30. वही, पृ. 124
31. आचार्य हजारी प्रसाद द्विवेदी, *पुनर्नवा,* पृ. 175
32. विजयेन्द्र स्नातक, *चिन्तन के क्षण,* पृ. 15
33. वही, पृ. 126
34. *नदी के द्वीप.* पृ. 146
35. वही, पृ. 163
36. *आत्मनेपद,* पृ. 80-81
37. *आत्मनेपद,* पृ. 84
38. *नदी के द्वीप,* पृ. 146
39. वही, पृ. 159
40. वही, पृ. 162
41. वही, पृ. 261
42. वही, पृ. 314
43. वही, पृ. 274
44. हजारी प्रसाद द्विवेदी. *'संस्कृत के महाकाव्यों की परम्परा'* आलोचना-4, पृ. 11
45. *नदी के द्वीप,* पृ. 83
46. वही, पृ. 275
47. वही, पृ. 296
48. वही, पृ. 327
49. *आत्मनेपद,* पृ. 84
50. *आत्मनेपद,* पृ. 73
51. वही, पृ. 86
52. वही, पृ. 73
53. वही, पृ. 67
54. वही, पृ. 78
55. वही, पृ. 82
56. वही, पृ. 80

57. *अपने अपने अजनबी*, पृ. 43
58. वही, पृ. 55
59. वही, पृ. 60
60. वही, पृ. 101
61. वही, पृ. 109
62. वही, पृ. 111
63. वही, पृ. 13
64. वही, पृ. 27
65. वही, पृ. 31
66. वही, पृ. 35
67. वही, पृ. 36
68. वही, पृ. 36
69. वही, पृ. 37
70. वही, पृ. 48-49
71. वही, पृ. 91
72. वही, पृ. 94

पात्र

उपन्यास का संसार निर्जन मरुभूमि, मानवरहित जंगल-पहाड़ या शून्य अन्तरिक्ष नहीं हो सकता। कथा संसार में मानव प्राणी अनिवार्य हैं। प्रकृति जगत् का उतना ही अंश उपन्यास में स्थान पाता है जो उसमें आये मानव प्राणियों के प्रस्तुतीकरण के लिए परिवेश-निर्माण में सहायक होता है। उपन्यास का एकमात्र चित्रणीय विषय मानव जगत् ही होता है। उपन्यास संसार के इन मानव प्राणियों को 'पात्र' कहते हैं।

अज्ञेय के उपन्यासों के पात्र किस वर्ग या कोटि के हैं, इसे देखने के लिए उनके उपन्यासों पर अलग-अलग विचार करना जरूरी है।

शेखर : एक जीवनी का केन्द्रीय पात्र है शेखर। वस्तुतः उपन्यास में पाठक का सीधा साक्षात्कार मात्र शेखर से ही होता है। उपन्यासकार का लक्ष्य भी शेखर के चरित्र का उद्घाटन ही है। शेखर ही उपन्यास का 'विषय' है। पर शेखर उपन्यास में अकेला पात्र नहीं है। उसके चारों ओर पात्रों की अच्छी-खासी भीड़ है। यह देखकर सचमुच आश्चर्य होता है कि *शेखर : एक जीवनी* में गौण पात्रों की संख्या लगभग 112 है। इसके अतिरिक्त 33 ऐसे पात्र हैं जिनका उल्लेख उपन्यास में हुआ है। साथ ही शेखर के कॉलेज के साथी, अछूतों के बच्चे, ट्रेन के यात्री, एन्टीगोनम क्लब के सदस्य, कॉलेज की लड़कियाँ, वेश्याएँ, कांग्रेस अधिवेशन के कार्यकर्ता और नेता, पुलिस, सभा, जनता की भीड़ आदि की चर्चा है, जिनसे शेखर के चरित्र का निर्माण होता है। पात्रों की इस भीड़ को देखते हुए शेखर को नितान्त व्यक्तिपरक उपन्यास कहने में संकोच होता है। यों उपन्यास का विषय मात्र शेखर ही है, पर उसके व्यक्तित्व के निर्माण में इतने अधिक व्यक्तियों का योगदान है कि वह, सर्वथा असाधारण और विशिष्ट होने पर भी, समाज से कटा हुआ व्यक्ति नहीं प्रतीत होता।

चूँकि शेखर ही उपन्यास का विषय है, और उसका सविस्तार विवेचन हम पूर्ववर्ती अध्याय में कर चुके हैं, अतः उसके चरित्र का पुनः विवेचन पुनरावृत्ति मात्र होगा। संक्षेप में इतना कहा जा सकता है कि शेखर एक उच्च मध्यवर्गीय, ब्राह्मणकुल का युवक है, जिसके चरित्र का निर्माण आसपास की परिस्थितियों से हुआ है। मनोवैज्ञानिक दृष्टि से अहंता, भय और सेक्स की मूल वृत्तियाँ शेखर में कदाचित्

अन्य बालकों की अपेक्षा कुछ अधिक तीव्र रूप में विद्यमान हैं। वह अन्य सामान्य बालकों की तुलना में अधिक तीव्रबुद्धि भी है। वह बचपन से ही अपनी संवेदन क्षमता, बुद्धि और प्रतिक्रियाओं में अपने समवयस्क बच्चों से अधिक विशिष्ट और असाधारण है। उसे जिन परिस्थितियों में रहना पड़ता है, वे भी तनिक असामान्य हैं। उसके पिता पुरातत्त्व विभाग के खोजी और पदाधिकारी हैं, अतः उनका स्थानान्तरण सारे भारत में, एक स्थान से दूसरे स्थान पर, होता रहता है। शेखर का जन्म पुरातत्त्व विभाग की खुदाई के सिलसिले में लगे एक शिविर में होता है। उसका बचपन लखनऊ, कश्मीर, पटना, दक्षिण भारत आदि स्थानों में बीतता है। उसकी इण्टरमीडियट की पढ़ाई मद्रास में होती है और बी.ए. की लाहौर में। यह स्थान-परिवर्तन शेखर में यायावरी प्रवृत्ति को जन्म देता है। उसके घर का वातावरण भी विशिष्ट है। उसके माता-पिता दो मानसिक स्तरों के व्यक्ति हैं जिसके फलस्वरूप शेखर का व्यक्तित्व खण्डित हो जाता है। माँ के व्यवहारों से शेखर के मन में उसके प्रति घृणा का भाव पैदा हो जाता है। तीव्रबुद्धि और संवेदनशील होने के कारण वह अपने परिवेश की असंगतियों को बर्दाश्त नहीं कर पाता और उसके मन में विद्रोह के भाव अंकुरित होते हैं। ईश्वर, देवी-देवता, सामाजिक और आर्थिक विषमता, नैतिक मूल्य, राजनीतिक गुलामी, सब कुछ के प्रति उसके मन में तीखा विद्रोह भाव है।

जैसा हमने पहले कहा है, अन्ततः शेखर के चरित्र के दो पहलू—उसके क्रान्तिकारी और प्रेमी रूप—उभरते हैं। क्रान्तिकारी के रूप में शेखर का चरित्र पर्याप्त आश्वस्तकारी और प्रभावोत्पादक नहीं बन पाया है, पर उसका प्रेमी रूप विश्वसनीय और मार्मिक है।

शेखर जब तक अपने पिता पर आश्रित रहता है तब तक आर्थिक अभाव की पीड़ा नहीं जानता; पर जेल से छूटने पर, स्वतन्त्र लेखन की वृत्ति अपनाने पर, उसे आर्थिक संघर्ष का सामना करना पड़ता है। अज्ञेय ने उसके संघर्ष के माध्यम से स्वतन्त्र लेखन वृत्ति अपना कर जीने वाले हिन्दी लेखक की स्थिति का अच्छा चित्र प्रस्तुत किया है।

शेखर : एक जीवनी की 'भूमिका' में अज्ञेय ने लिखा है : "शेखर कोई बड़ा आदमी नहीं है, वह अच्छा आदमी भी नहीं है। लेकिन वह मानवता के संचित अनुभव के प्रकाश में ईमानदारी से अपने को पहचानने की कोशिश कर रहा है। वह अच्छा संगी नहीं भी हो सकता है, लेकिन अन्त तक उसके साथ चल कर आपके उसके प्रति भाव कठोर नहीं होंगे, ऐसा मुझे विश्वास है। और, कौन जाने आज के युग में जब हम, आप सभी संश्लिष्ट चरित्र हैं, तो आप पाएँ कि आपके भीतर कहीं पर एक शेखर है जो बड़ा नहीं, अच्छा भी नहीं, लेकिन जागरूक और स्वतन्त्र और ईमानदार है, घोर ईमानदार...।"

अज्ञेय के इस कथन से हमारी बहुत दूर तक सहमति है। शेखर प्रचलित अर्थ में कोई 'बड़ा' और 'अच्छा' आदमी शायद नहीं है। पर साहित्य में 'बड़ा' और 'अच्छा' आदमी ही पाठक द्वारा चाहा जाता हो, ऐसा नहीं है। जिन अर्थों में वह 'बड़ा' और

'अच्छा' आदमी नहीं है, उन्हीं अर्थों में वह हमारा सर्वाधिक 'अपना' बनता है। बल्कि उसकी यत्र-तत्र दीखने वाली असाधारणता ही उसे हमसे अलग करती है। पर शेखर में मानवीय संवेदना इतनी अधिक है कि हम उसकी 'असाधारणता' को माफ कर देते हैं। हम अज्ञेय से सहमत हैं कि आज का हर आदमी शेखर के चरित्र में कहीं न कहीं अपनी प्रतिच्छवि देख सकता है। शेखर हिन्दी उपन्यास के उन पात्रों में से है, जो कभी भुलाये नहीं जा सकते हैं।

ध्यान से देखें तो *शेखर : एक जीवनी* में दो शेखर हैं : पहला *व्यक्ति शेखर* और दूसरा *लेखक शेखर*। *व्यक्ति शेखर* का चरित्र तो *लेखक शेखर* की संवेदना से सिक्त है ही, अन्य पात्र भी उसकी संवेदना में ही आकार ग्रहण करते हैं। व्यक्ति शेखर, ई.एम. फोर्स्टर की परिभाषा के अनुसार, एक 'गोल' पात्र है; निरन्तर विकासमान, पर अपने विकास में नितान्त अननुमेय अथवा अप्रत्याशित। अन्य पात्र, नाटक की शब्दावली में, 'पताका' और 'प्रकरी' की कोटि में आते हैं। इनमें से केवल शशि का चरित्र ही कुछ अधिक देर तक उसके चरित्र के साथ चलता है। शेखर के चरित्र-निर्माण में सबसे महत्त्वपूर्ण भूमिका भी शशि की ही है।

वह शेखर के निर्माण के लिए अपने को पूरी तरह से मिटा देती है। उसका आत्म-बलिदान रोमानी होने पर भी शरच्चन्द्रीय भावुकता से किंचित् ऊपर है। वह आरम्भ से ही शेखर को प्यार करती है, पर सामाजिक मान्यताओं और विशेषकर अपनी माँ की तुष्टि के लिए रामेश्वर से विवाह कर लेती है। विवाह के बाद वह पत्नी की जिम्मेदारी और पतिनिष्ठा में भी कोई कमी नहीं आने देती, पर शेखर के निर्माण की चिन्ता उसे सर्वाधिक है। वह शेखर के भटकते हुए मन को सहारा ही नहीं देती, उसे आत्महत्या की ओर जाने से भी रोकती है। और जब अकारण पतिगृह से निकाल दिये जाने पर वह असाध्य रोगिणी के रूप में शेखर के साथ रहने लगती है तो उसकी सारी कोशिश, अपने रोग और स्वास्थ्य को भूल कर, शेखर को साहित्य-रचना के लिए प्रेरणा देने की होती है। वह उसे अपना प्रेम भी देती है, जिसका एकमात्र लक्ष्य होता है शेखर की संवेदना को जगाकर उसे साहित्य रचना के लिए प्रेरित करना। वह अपने मरने के बाद पढ़े जाने के लिए लिखे एक पत्र में लिखती है :

"प्यार कला भी हो सकता है, शेखर; वह आदर्श बुरा नहीं है, कल्याणकर है, मैं मानूँगी; पर मेरे लिए वह कला से भी अधिक अन्तरंग और जरूरी हो गया था—इसे अहंकार से नहीं कहती, अपनी लाचारी मानती हूँ...कला का आनन्द संयत आनन्द हैं, मैंने अपना समूचा व्यक्तित्व, समूचा इह एक ही बार स्रुवा में भर कर उँडेल दिया ...एक बार मैंने मान से कहा था : 'क्या मेरे लिए लिख सकते हो?' तुमने कहा था कि आदर्श पर्याप्त नहीं है, आदर्शों का एक स्थूल प्रतीक चाहिए; और तब मैं प्रतीक बनने को आ खड़ी हुई थी...शेखर, उसमें अहंकार नहीं था—यह दावा नहीं था कि मैं तुम्हारे जीवन का अर्थ और इति हूँ—अपने को अन्त मानने का दुस्साहस मैंने नहीं किया...केवल इतना

था कि अपना जीवन नष्ट करके—होम कर देकर, राख कर देकर—मैंने माँगा था, चाहा था, कि वह तुममें फलित हो, तुममें अपनी सिद्धि पाए।...तुम्हारी आवश्यकता मुझे है, क्योंकि मेरा खण्डित व्यक्तित्व तुम्हारे द्वारा अभिव्यंजना का मार्ग पाता है—तुम्हारे द्वारा, और तुम्हारे लिए मैं जो स्वप्न देखती हूँ उनके द्वारा; किन्तु मैं जानती हूँ, देखती हूँ, कि तुम खण्डित नहीं हो, और इसलिए मेरा निश्चय है कि जहाँ तक मेरा वश है, वह मेरा प्यार नहीं होगा जो तुम्हें बन्दी बनाने का यत्न करेगा... ।"[1]

शशि के प्रेम के भीतर निहित यह लक्ष्य उसके चरित्र को ऊँचा उठा देता है। वह मर कर शेखर के अस्तित्व का अंग बन जाती है।

शेखर के जीवन में आकर उसके चरित्र-निर्माण में योग देने वाले अन्य पात्रों में उसके माता-पिता, सरस्वती, शारदा, बाबा मदन सिंह, मोहसिन और रामजी हैं। इनमें केवल उसकी माता ही ऐसी पात्र है जिसका शेखर के चरित्र-निर्माण में ऋणात्मक या प्रतिक्रियात्मक भूमिका है। वह एक अल्पशिक्षित, मध्यवर्गीय मान्यताओं में जकड़ी, संकीर्ण विचारों की महिला हैं, जिनसे शेखर किसी लगाव का अनुभव नहीं करता। वे अत्यधिक व्यावहारिक, बाह्य आचरण और दिखावे को पसन्द करने वाली तथा संवेदन-क्षमता से शून्य महिला हैं। शेखर के अनुसार, "माँ उदार नहीं थीं। वे क्रोधी भी नहीं थीं। उन्हें आपे से बाहर किसी ने नहीं देखा, लेकिन किसी अपराध को वे कभी भूलती नहीं थीं। उनके स्वभाव में इतनी विशालता ही न थी कि वे बड़ा क्रोध कर सकें, इसलिए अनुकम्पा भी उनकी बड़ी नहीं थी। पिता किसी दोष पर क्रुद्ध होकर बाद में 'सुलह' करते थे, माँ स्वयं गलत होने पर भी यह प्रकट नहीं होने देती थीं, और जिसे डाँटा होता था उस पर अपनी अप्रसन्नता बनाए रखती थीं।...पिता आवेश में आततायी थे, माँ आवेश की कमी के कारण निर्दय। पिता का क्रोध जब बरस जाता था, तब शेखर जानता था कि हम फिर सखा हैं; माँ जब कुछ नहीं कहती थीं तब उसे लगता था कि वह मीठी आँच पर पकाया जा रहा है।"[2]

शेखर अपनी माँ को प्यार तो नहीं ही करता, धीरे-धीरे वह उनसे घृणा करने लगता है। यह घृणा शेखर को विद्रोही बनाती है।

शेखर की माँ का चरित्र एक प्रारूपिक मध्यवर्गीय महिला का चरित्र है। पर मुझे लगता है कि उसे लेखक की सहानुभूति नहीं मिली है। क्योंकि अपनी सारी संकीर्णताओं, जड़ मान्यताओं और अन्धविश्वासों के बावजूद माँ के मन में बेटे के प्रति ऐसा वात्सल्य भाव होता है जो सामान्यतः उसे बेटे की घृणा का पात्र नहीं बनने देता। पर *शेखर : एक जीवनी* में कहीं भी शेखर के लिए उसकी माँ के मन में गहरे स्नेह या वात्सल्य का भाव नहीं दिखाई देता। यह एक असामान्य बात है जिसे तथ्य होने पर भी उपन्यास की दुनिया में स्वीकार करना कठिन होता है। शेखर के प्रति उसकी माँ का ठण्डा भाव अकारण, आरोपित प्रतीत होता है। शेखर की अपनी माँ के प्रति प्रतिक्रियाएँ भी सर्वत्र सहज और विश्वसनीय नहीं लगतीं।

शेखर के चरित्र पर उसके पिता की गहरी छाप है। वह अपने पिता का उपासक है। शेखर पिता के साथ अपने सम्बन्ध का विश्लेषण करते हुए लिखता है : "जहाँ तक मैं समझ पाया हूँ, पुत्रों पर माँ का प्रभाव, पुत्रियों पर पिता के प्रभाव की तरह, नकारात्मक होता है।...यों कहना चाहिए, माँ की ओर आकर्षित पुत्र और पिता की ओर आकर्षित कन्या साधारणता की ओर, सामान्यता की ओर जाते हैं, और पिता की ओर आकृष्ट पुत्र, माता की ओर आकृष्ट कन्या असाधारण होते हैं। पहली श्रेणी में मिलेंगे सीधे-सादे शान्त आदमी, सामान्य स्त्रियाँ, जिनमें कोई खास बुराई नहीं है, जो साधारणतया प्रसन्न और सन्तुष्ट हैं; जो जीते हैं, रहते हैं और मर जाते हैं; दूसरी में मिलेंगे प्रतिभावान लेखक और कवि, देश और संसार को बदल देने वाले सुधारक, क्रान्तिकारी, डाकू, जुआरी, पतित से पतित मानवता के प्रेत...अच्छे या बुरे, उनके लिए साधारणता नहीं है; वे सुलग नहीं सकते, फट ही सकते हैं।" (*शेखर : एक जीवनी*, भाग-1, पृ. 123-124)

मनोविज्ञान की दृष्टि से यह बात पता नहीं कहाँ तक सच है, पर शेखर असन्दिग्ध रूप से असाधारण है और इसका कारण वह अपने ऊपर पिता का प्रभाव मानता है। शेखर के पिता लम्बे कद के, गौरवर्ण, गठे हुए और उद्यमी व्यक्ति हैं। वे स्वाभिमानी, अपनी परम्परा के प्रति गौरव का अनुभव करने वाले, उदार, शक्ति और सामर्थ्य के उपासक, शासक स्वभाव के, अनुशासनप्रिय, आत्मगौरव को महत्त्व देने वाले, क्रोधी, जल्द भड़क उठने वाले, मध्यवर्गीय क्षुद्रताओं से मुक्त और तनिक शक्की स्वभाव के व्यक्ति हैं। शेखर के शब्दों में, 'उन्हें साहब कहलाना अच्छा लगता था; यद्यपि साथ ही उनके अभिमान ने उन्हें हैट कभी नहीं पहनने दिया, वे सदा पगड़ी ही बाँधते रहे।' शेखर को कई बार याद आता था, एक बार उसके पिता ने एक कुली को इसीलिए पीट दिया था कि उसने उन्हें 'साहब' न कहकर 'बाबू' सम्बोधित किया था। ये वही पिता थे, जिन्होंने एक दूसरे अवसर पर अपने किसी अफसर से मिलने जाने से इसलिए इनकार कर दिया था कि उसके निमन्त्रण में कुछ इस भाव की बू थी कि 'तुम मिलने आ सकते हो...यद्यपि मैं चाहूँ तो तुमसे न भी मिलूँ।'

शेखर के पिता जितने क्रोधी हैं उतने ही क्षमाशील और उदार भी। वे क्रोध में शेखर को निर्दयतापूर्वक पीटते हैं, पर क्रोध उतरते ही समानता के धरातल पर आकर मित्र के समान आचरण करते हैं। शेखर के शब्दों में "वे कभी क्षमा नहीं करते—क्षमा छोटे को किया जाता है। जिस प्रकार क्रोध मे वे छोटे को छोटा नहीं समझते, उसी प्रकार क्रोध उतरने पर भी...कितनी स्वच्छ, एहसान के भाव से मुक्त, कितनी विशाल सर्वव्यापी होती है उनकी उदारता! इसीलिए शेखर पिट कर भी उन्हें पूजता है, जैसे वह माँ को कभी नहीं पूज सकता, माँ जो पीटती नहीं, पर जो 'क्षमा' देती है अनुग्रह की चक्की में पीस कर...।" (*शेखर : एक जीवनी*, भाग-1, पृ. 114)

इस प्रकार शेखर इन दो भिन्न प्रकृतियों के माता-पिता के मेल और संघर्ष से उत्पन्न सन्तान है, जो स्वभावतः असाधारणता की ओर उन्मुख है। इस पृष्ठभूमि में

उसका चरित्र यही हो सकता था जो हमें उपन्यास में देखने को मिलता है।

शेखर पर उसकी बड़ी बहन सरस्वती का भी गहरा प्रभाव है। प्रतिकूल वातावरण में शेखर सरस्वती से ही सच्चा स्नेह, सहज सख्य प्राप्त करता है। शेखर को कोई शिक्षक पढ़ा नहीं पाता, न स्कूल में न घर में। तब सरस्वती ही उसे पढ़ाने का भार लेती है और शेखर पाता है कि 'शिक्षा भी ग्राह्य हो सकती है। और शिक्षक भी उपास्य हो सकता है। और वह अपनी बहन की पूजा करने लगा, और सीखने लगा, बिना किसी के जाने...।'

सरस्वती ही शेखर को वह सहज, गाढ़ा स्नेह देती है, जो उसे अपनी माँ से नहीं मिल पाता। साथ ही सख्य भाव के कारण यह स्नेह शेखर के लिए और भी प्रीतिकर हो जाता है। शेखर की जिन जिज्ञासाओं का उत्तर कोई नहीं दे पाता उनका समाधान सरस्वती ही करती है। जब शेखर परिवेश के दबाव में टूटने की सीमा पर पहुँच जाता है तो सरस्वती ही अपने स्नेह से उसे सन्तुलन प्रदान करती है। जब माँ की उपेक्षा से शेखर का हृदय खण्ड-खण्ड हो जाता है तो सरस्वती ही उसे अपने स्नेह के शीतल लेप से जोडती है। और इस प्रकार सरस्वती शेखर की उपास्य हो जाती है। उसे वह मन ही मन 'सरस' कह कर सम्बोधित करता है और उसके साथ तादात्म्य का अनुभव करता है।

इस प्रकार शेखर को सरस्वती से वह सहज स्नेह और सख्य प्राप्त होता है जिसकी उसके जीवन में कमी थी, और जिसके अभाव में, पता नहीं, उसका व्यक्तित्व कौन-सा रूप लेता। सरस्वती असंदिग्ध रूप से शेखर के विद्रोही व्यक्तित्व को सन्तुलन प्रदान करती है, उसे बचपन में ही टूट जाने से बचाती है।

शेखर के जीवन में आनेवाली एक अन्य महत्त्वपूर्ण लड़की शारदा है। शारदा शेखर के प्रथम कैशोर प्रेम का आलम्बन बनती है। शेखर की वयःसन्धि का प्रथम कामावेग शारदा के सम्पर्क में ही अपनी अभिव्यक्ति का मार्ग पाता है। दोनों एक-दूसरे से गहराई में प्रेम करते हैं। पर यह कैशोर प्रेम शारदा की माँ के हस्तक्षेप से समाप्त हो जाता है।

शेखर के चरित्र निर्माण में उपन्यास के तीन अन्य गौण पात्रों—मदनसिंह, मोहसिन और रामजी—की भी महत्त्वपूर्ण भूमिका है। ये तीनों शेखर के जेल के साथी हैं। मदनसिंह इक्कीस वर्षों से जेल की सजा भुगत रहे हैं। शेखर उनसे पहले साक्षात्कार में ही पाता है कि 'सीखचों से सटा हुआ एक वृद्ध चेहरा, ऊपर शुभ्र जटा और नीचे धवल दाढ़ी में आवृत्त एक निर्मल मुस्कान से उसका स्वागत कर रहा है।' इक्कीस वर्ष जेल में रह कर भी कोई आदमी ऐसे सहज भाव से हँस सकता है, यह बात शेखर को गहराई में प्रभावित कर जाती है। बाबा मदनसिंह जेल में आने के पूर्व क्या थे, या उन्हें क्यों आजीवन कारावास की सजा भुगतनी पड़ रही है, इसकी स्पष्ट सूचना उपन्यास में नहीं दी गयी है। पर इस बात के संकेत मिलते हैं कि वे क्रान्तिकारी रहे होंगे। जेल के वार्डर के शब्दों में : 'बुड्ढा कभी तूफान ही रहा होगा।

पर है बेचारा बड़ा सन्त आदमी—तबीयत का बिलकुल गरीब है।, जेल के इक्कीस वर्षों ने बाबा मदनसिंह को शरीर से ही नहीं, मन और बुद्धि से भी पका दिया है। उन्होंने दर्द से गुजर कर, पीड़ा भोग कर, रो-रो कर जीवन के सत्य प्राप्त किये हैं। बाबा मदनसिंह ने दर्द की अनुभूति पर भी विजय प्राप्त कर ली है और तटस्थ होकर अपनी पीड़ानुभूति को देखने की शक्ति अर्जित की है। शेखर पर बाबा मदनसिंह के अनुभूत जीवन सत्यों का ही नहीं—जिन्हें उन्होंने सूत्रों के रूप में जेल की दीवारों पर लिख रखा है—पीड़ानुभूति पर उनकी विजय का भी गहरा प्रभाव पड़ता है। उसमें तटस्थता-पूर्वक घोर यातना को भी सहन करने की शक्ति मदनसिंह से ही आयी है।

बाबा मदनसिंह के अनुभूत जीवन सत्यों में से एक है : "दासता क्या है? अप्रिय तथ्य का ज्ञान नहीं, असत्य का ज्ञान भी नहीं; दासता है सत्य या असत्य की जिज्ञासा को शान्त करने में असमर्थ होना; वह बन्धन, वह मनाही, जिसके कारण हमारा ज्ञान माँगने का अधिकार छिन जाता है।"[3] उनका दूसरा सूत्र है : "क्रान्ति का प्रमाण यह है कि उसके लिए चारित्र्य आवश्यक है।"[4] क्रान्ति के विषय में बाबा मदनसिंह के विचार हैं; "सबसे आवश्यक देवता रुद्र हैं—ब्रह्मा तो आवश्यकता-अनावश्यकता के फन्दे से परे हैं। हमें विनाश के गणों की रचना करनी होगी; सृजन, जन्म—आपके शब्दों में रचनात्मक चीज—तो अनिवार्य है। क्षतिपूर्ति स्वयम्भू है। यह मेरा दृढ़ विश्वास है। इसीलिए मैं आज संहारकारी युग में भी मानव के भविष्य में विश्वास करता हूँ—भविष्य वर्तमान की क्षतिपूर्ति है, इसलिए वह स्वयम्भू है, उससे निस्तार नहीं है।"[5] अहिंसा पर विचार करते हुए वे कहते हैं : "यह तो स्पष्ट है कि निष्क्रियता वह नहीं है। निष्क्रियता, कायरता सबसे भीषण और घृणित प्रकार की हिंसा है। तब अहिंसा क्या है? अगर आत्मपीड़न, आत्मबलिदान अहिंसा है, तब हम इस परिणाम पर पहुँचते हैं कि अहिंसात्मक रक्तपात भी हो सकता है।...रक्तपात कभी सामाजिक कर्त्तव्य हो जाता है। अगर ऐसा है तो, वह रक्तपात अनुचित नहीं रहता, और अहिंसात्मक वह हो ही सकता है। मेरा अभिप्राय यह है कि अगर आत्म-संहार अहिंसात्मक हो सकता है, तो फिर रक्तपात के हिंसा या अहिंसा होने की कसौटी सामाजिक—या कह लीजिए आध्यात्मिक—आवश्यकता ही होगी।...मुझे लगता है, अहिंसा उपयोगी तभी होगी जब वह आक्रामक अहिंसा हो—यानी जब वह केवल पारिभाषिक अहिंसा रह जाय। जैसे बहिष्कार में—बहिष्कार तभी सफल होता है, जब उसे अस्त्र के रूप में किसी विशिष्ट व्यक्ति या संगठन के विरुद्ध बरता जाय।...'सच्ची' अहिंसा आत्मपीड़न है जो अन्ततोगत्वा एक प्रकार की हिंसा ही है।...मैंने कहा कि अहिंसा सफल तभी होगी जब वह आक्रामक हो यानी केवल शाब्दिक अहिंसा हो; दूसरी ओर हिंसा आक्रामक हुए बिना भी, केवल स्वरक्षात्मक होकर भी सफल हो सकती है।"[6] बाबा मदनसिंह के जीवन का अन्तिम सूत्र है : 'अभिमान से भी बड़ा दर्द होता है, पर दर्द से भी बड़ा एक विश्वास है... ।'

बाबा मदनसिंह के ये विचार और सूत्र घोर यातना की मनःस्थिति से पैदा हुए हैं। अज्ञेय यह तो मानते हैं कि 'वेदना में एक शक्ति है जो दृष्टि देती है। जो यातना में है, वह द्रष्टा हो सकता है।' इन विचारों का शेखर के व्यक्तित्व निर्माण में महत्त्वपूर्ण योग है।

शेखर के जेल जीवन का दूसरा पात्र है मोहसिन। शारीरिक यातना और पीड़ा की किस हद तक उपेक्षा की जा सकती है, इसका चरम प्रतीक है मोहसिन। वह बगावत फैलाने के जुर्म में एक साल की सजा पाकर जेल आया हुआ है। जेल के नियमों और आदेशों की उपेक्षा करने में उसे आनन्द मिलता है और कठोर से कठोर सजा को भी वह उपेक्षा के भाव से सह लेता है। उसमें एक विनोद का भाव भी है जो यातना की स्थिति में भी बरकरार रहता है। कैदियों से विनोद करना और उन्हें गाना गाकर सुनाना उसका प्रिय शगल है। हजामत बनाने के अपराध में उसे सजाएँ मिलती हैं, कड़ा पहरा बिठाया जाता है, पर न जाने कैसे प्रति सोमवार परेड के समय उसकी दाढ़ी साफ और चिकनी होती है और वह कहीं से निकालकर उस्तरे की एक पुरानी पत्ती दरोगा के आगे पेश कर देता है। इस खुली अवज्ञा के कारण मोहसिन को जेल की एक से एक कड़ी सजाएँ दी जाती हैं, बेंत लगाये जाते हैं; वह कमर तक खून से लथपथ है, फिर भी दारोगा से मजाक करने से नहीं चूकता। इसके बाद और कड़ी सजा दी जाती है, यहाँ तक कि उसकी दुबली देह में हड्डियाँ निकल आती हैं, और डॉक्टर घोषित कर देता है कि उसे क्षय हो गया है, पर वह पराजय स्वीकार नहीं करता।

मोहसिन से शेखर को शारीरिक यातना को उपेक्षा, व्यंग्य और विनोद के साथ सहने की प्रेरणा मिलती है।

शेखर का जेल का तीसरा सहवासी रामजी है। रामजी प्रचलित अर्थ में हत्यारा है; उसने अपनी भाभी और उसके प्रेमी की एक साथ हत्या कर दी है और फाँसी की सजा पा चुका है। उसकी कुछ नैतिक मान्यताएँ हैं, जिनके लिए वह कोई भी मूल्य चुका सकता है। अपनी भाभी और उसके प्रेमी को रात में एक साथ कोठरी में पाकर और अपने प्रश्नों का संगत उत्तर न मिलने पर वह दोनों को जान से मार डालता है और फिर 'खूनी को मरना ही चाहिए' यह मान कर थाने में जाकर अपना अपराध स्वीकार कर लेता है। अदालत में भी वह अपना अपराध स्वीकार कर लेता है और फाँसी की सजा पाता है। शेखर के मन में इस आधे जंगली और पूर्णतः ईमानदार व्यक्ति के लिए स्नेह और अपनापन पैदा हो जाता है।

रामजी मृत्यु की निकटता से परेशान या उद्विग्न नहीं है। मृत्यु जैसे उसके लिए एक महत्त्वहीन, उपेक्षणीय घटना है। वह शेखर से सिगरेट मँगा देने के लिए कहता है और उसे देर तक गाना गाकर सुनाता है। वह उसे अपनी फाँसी देखने का निमन्त्रण भी देता है और शेखर को इसकी अनुमति न मिलने पर अधिकारियों को गाली देता है। फाँसी के दिन वह अधिकारियों से बिलकुल सहज ढंग से बात करता

है और फाँसी चढ़ने के लिए जाने के पहले शेखर को सहज भाव से अभिवादन करना नहीं भूलता।

रामजी अपने आचरण से, चरित्र से, शेखर को अपने विश्वासों के प्रति ईमानदारी और मृत्यु की उपेक्षा का पाठ पढ़ा जाता है।

शेखर के जीवन में आने वाले और उसके चरित्र-निर्माण में कमोबेश कुछ जोड़ जाने वाले अन्य गौण पात्रों में शीला, शान्ति, प्रतिभा, कुमार, सदाशिव और उसकी माँ, मणिका, विद्याभूषण आदि हैं। शीला का प्रसंग उपन्यास के 'प्रवेश' में शेखर द्वारा अपने अतीत को झाँकने के क्रम में आया है। शीला ने शेखर को अपना प्यार दिया था, पर शेखर उसका प्रत्याख्यान करके भाग आया था, जिसकी स्मृति उसके मन को कचोटती है। शीला शेखर को जेल में फूल भेजती है, जो उसकी पुरानी स्मृतियों को जगा जाते हैं। शीला के प्रति शेखर की संवेदना उसकी इन पंक्तियों में व्यक्त हुई है :

"शीला, मैंने तुम्हें धोखा नहीं दिया। अपने को अब तक अवश्य धोखा देता आया हूँ। मैं जो झूठ बोला था, उसने तुम्हें नहीं भुलाया, मैं ही उसमें भूला था। पर आज मैं अपनी भूल जान गया हूँ। आज मैं तुम्हें कष्ट देने वाला तुम्हारा भाई, जो तुम्हारी श्रद्धा को कृतज्ञता से स्वीकार करता है, जो अपनी लज्जा भुला कर कहता है कि उसने झूठ बोल कर अपने को तुमसे नहीं, अपने आप से छिपाया था। यही उसका प्रतिदान है जो तुम्हें अब तक नहीं मिला, जो शायद अब तुम्हें कभी नहीं मिल सकता, किन्तु जिसे वह आज चुकता कर चुका है।"[7]

शान्ति एक 18-19 वर्ष की, शिक्षित, अत्यन्त संवेदनशील, यक्ष्माग्रस्त लड़की है। शेखर उससे उम्र में छोटा है। शान्ति के प्रति उसके मन में दया और सहानुभूति का भाव है। शान्ति भी उसे स्नेह भाव से देखती है। एक दिन शान्ति के बुलाने पर शेखर उसके पास जाता है और बड़े सहज रूप में दोनों स्नेह के प्रगाढ़ बन्धन में बँध जाते हैं। शान्ति और शेखर का प्रसंग *शेखर : एक जीवनी* के मार्मिक प्रसंगों में से एक है। शेखर शान्ति को कभी कविताएँ पढ़ कर सुनाता है, कभी कहानी, कभी चित्र दिखाता है और कभी चुपचाप उसके पास बैठता है। भावना के एक तीव्र क्षण में वह अपनी उँगली से शान्ति का कण्ठ छूता है और शान्ति सिर झुका कर ठोढ़ी से उसकी उँगलियाँ दबा लेती है। उसकी आँख से आँसू की एक बड़ी-सी बूँद शेखर के हाथ पर चू जाती है। शेखर बहुत देर तक अपना हाथ नहीं उठाता और अनुभव करता है कि 'उसके बाद कुछ होना हो ही नहीं सकता।' इसके बाद वह एक सप्ताह तक शान्ति को देखने नहीं जाता और तब सूचना मिलती है कि वह मर गयी है।

शान्ति बहुत थोड़े समय के लिए शेखर के जीवन में आती है, पर उसे अधिक संवेदनशील, अधिक समृद्ध बना जाती है।

प्रतिभा शेखर की पहली बाल सखी है। वह एक चंचल, अपने में मगन रहने

वाली, खिलन्दड़ी लड़की है। दोनों की भेंट पास के सुरक्षित जंगल में होती है। सहज रूप में दोनों में मैत्री भी हो जाती है, यद्यपि शेखर प्रतिभा से बहुत गहरा अपनापन अनुभव नहीं करता। और यह सम्बन्ध भी प्रतिभा के यूरोपीय सभ्यता में रँगे परिवार की कृत्रिम औपचारिकता और स्वयं प्रतिभा की उपेक्षा से समाप्त हो जाता है, प्रतिभा शेखर के लिए मर जाती है। प्रतिभा शेखर के जीवन में कोई विशेष स्थान तो नहीं बना पाती, पर उसकी पहली बाल सखी होने के नाते उसकी स्मृति का अंग बन जाती है।

कुमार शेखर का पहला किशोर सखा है, जिसे वह प्यार करता है। पर कुमार एक ओछी प्रकृति का, काइयाँ, झूठा और चरित्रहीन लड़का है जो शेखर से पैसे ऐंठने के लिए दोस्ती करता है। और उसके पैसे चुक जाने पर तथा उसके पैसे देने में असमर्थ होने पर उसका साथ ही नहीं छोड़ देता, उसका मजाक भी उड़ाता है। इस घटना से शेखर की संवेदना को एक झटका लगता है।

शेखर के मद्रास कॉलेज के सहपाठियों में से ही एक है सदाशिव, जिससे उसे सच्चा सख्य प्राप्त होता है। सदाशिव एक प्रकृति-प्रेमी, सहानुभूति से भरा संवेदनशील युवक है, जो अपनी संकोचशील किन्तु पैनी बुद्धि के कारण और त्रावनकोर की विस्तीर्ण हरियाली और नीलिमा में पले हुए उदार सौन्दर्य प्रेम के कारण शेखर के अधिक निकट है। दोनों अपने दो अन्य मित्रों, राघवन और देवदास के साथ सामाजिक और सांस्कृतिक समस्याओं पर बहस, विचार-विमर्श करते हैं। सदाशिव बहुत ही तर्कसंगत और सूक्ष्म चिन्तन के साथ अपने विचार रखता है। जिसका शेखर पर भी प्रभाव पड़ता है। शेखर अछूत बालकों के लिए जो रात्रि पाठशाला आरम्भ करता है, उसमें उसे सदाशिव का पूरा सहयोग प्राप्त होता है। सदाशिव कहीं भी शेखर का साथ नहीं छोड़ता। जब शेखर अपने आसपास की परिस्थितियों से उद्विग्न होता है तो सदाशिव उसे अपने घर, त्रिवेन्द्रम, ले जाता है। शेखर को सदाशिव और उसके घर के लोगों का भी सहज, अकृत्रिम स्नेह मिलता है। सदाशिव की माँ का स्नेह तो इतना सहज है कि शेखर अभिभूत हो जाता है।

सदाशिव और उसकी माँ शेखर के व्यक्तित्व में कुछ जोड़ते हैं, इससे इनकार नहीं किया जा सकता।

पर कैम्पस जीवन की सबसे उल्लेखनीय और अविस्मरणीय पात्र है मणिका, जो एक ऐसी मोमबत्ती है, जो दोनों सिरों से जल रही है। वह एक प्रखर बुद्धिजीवी है, उसके यहाँ प्रतिभाशाली और 'आधुनिकता' के प्रतीक छात्र साहित्यिक समस्याओं पर बहस के लिए एकत्र होते हैं। माणिका की संवेदनशीलता और प्रखर बुद्धिजीविता उसे एक असाधारण पात्र का रूप देती हैं पर उसकी पीड़ानुभूति हमें द्रवित करती है। मणिका गौण पात्र होती हुई भी हिन्दी उपन्यास की एक अविस्मरणीय पात्र है।

शेखर की मणिका से मुलाकात तब होती है, जब वह लाहौर में बी.एस-सी.

का छात्र है। मणिका एक आर्थिक दृष्टि से पर्याप्त सुखी-सम्पन्न, ऑक्सफोर्ड और पेरिस में शिक्षाप्राप्त, प्रबुद्ध और आधुनिक युवती है, जिसके यहाँ कॉलेज के लड़के-लड़कियाँ जुटते हैं। मणिका बहुत ही प्रखर बुद्धि की युवती है और सिगरेट, शराब आदि का मुक्त भाव से सेवन करती है। मणिका शेखर के अक्खड़ व्यक्तित्व से प्रभावित होती है और उसका नाम 'जान द बैप्टिस्ट' रख देती है।

मणिका के निकट सम्पर्क में आने पर शेखर अनुभव करता है कि उसके चरित्र में एक विचित्र कारुणिकता है। उसमें 'प्रखर प्रतिभा' है किन्तु 'उसको संयत रखने की दृढ़ता' नहीं है। पर इसके साथ ही उसमें अपने में दृढ़ता न होने का 'उत्तापभरा ज्ञान' भी है जो उसके चरित्र को करुण बनाता है। एक दिन जब वह पीकर नशे में धुत् है, शेखर उसके पास पहुँचता है। जब शेखर को उसकी इस स्थिति पर आश्चर्य और दुःख होता है तो वह शेखर से पास रखी एक किताब की निम्न पंक्तियाँ पढ़ने को कहती है :

'माइ कैंडिल बर्न्स ऐट बोथ एन्ड्स/इट विल नॉट लास्ट द नाइट/
बट आह माइ फोज एण्ड ओह माइ फ्रेंड्स/इट गिव्स अ लवली लाइट।'

इन पंक्तियों से मणिका की भटकन, निराशा और आत्मपीड़न की मनःस्थिति का भान होता है। मणिका शेखर के व्यक्तित्व में कुछ विशेष जोड़ती तो नहीं दिखती, पर उसकी स्मृति पर एक गहरी लकीर जरूर बन जाती है।

कैम्पस जीवन के पात्रों में दो अंग्रेज हैं : मद्रास क्रिस्चियन कॉलेज का अनाम प्रिंसिपल और लाहौर कॉलेज का अंग्रेजी का प्रोफेसर हीथ। ये दोनों ही तत्कालीन अंग्रेज बुद्धिजीवियों का प्रतिनिधित्व करते हैं जो अपनी अनुशासनप्रियता के साथ-साथ भारत के प्रति औपनिवेशिक दृष्टिकोण रखते थे। मजिस्ट्रेट वर्नेस को भी इसी कोटि में रखा जा सकता है। पर उल्लेखनीय यह है कि अत्यन्त गौण पात्रों के रूप में चित्रित होने पर भी अज्ञेय ने इनकी स्पष्ट पहचान निर्मित करने में सफलता प्राप्त की है। कैम्पस के छात्र-पात्रों में क्रिस्चियन कॉलेज के कुमार, सदाशिव, राघवन, देवदास और तीन-चार अनाम छात्र तथा लाहौर कॉलेज के कालू, भोंपू, पपी, मैथ्यूज, 'रसगुल्ला' और कौल बहनें बड़ी आसानी से छात्र-छात्राओं की भीड़ में पहचाने जा सकते हैं। न केवल इनकी आकृतियों का, वरन् इनके स्वभाव, चरित्र और संवेदनाओं का भी उपन्यासकार ने सूक्ष्म अन्तर के साथ अंकन किया है।

शेखर एक जीवनी में एक समूह बच्चों के शिक्षकों का भी है। यद्यपि वर्ग-दृष्टि से ये सभी पात्र एक समान हैं ; अनुशासनप्रिय, बच्चों को उनकी भूलों पर दंडित करने वाले और बँधे-बँधाए ढंग की शिक्षा देने वाले। पर उपन्यासकार ने उन्हें अलग-अलग पहचान प्रदान करने में रचनात्मक कौशल का परिचय दिया है। हम बड़ी आसानी से वात्सल्यपूर्ण मुख वाली, हिन्दी बोलने में तुतलाती, घर से दंड पाकर शेखर के आने की विनोद भरी आँखों से प्रतीक्षा करती यूरोपियन कॉन्वेन्ट स्कूल की सिस्टर को, शेखर के

सर से सर लड़ा कर हाथ से माथा थामे और उड़ी हुई हँसी वाले मास्टर साहब को, मुँह में पान दबा कर और बार-बार जमीन पर थूकने वाले लखनवी स्टाइल के शिक्षक को, तुकबन्दी में अपने को 'गैस' से 'ऐस' बनते और अपमानित—हतबुद्धि होते अमरीकरन शिक्षक मि. गैस को तथा शेखर की कलाबाजी से अपना पेट सहलाते और अपमान से तिलमिलाते स्कूल मास्टर को अलग-अलग पहचान सकते हैं।

उपन्यास में एक पात्र-समूह हिन्दी के मक्कार, धूर्त, साहित्य की समझ की दृष्टि से कूढ़मगज पर अपने को बुद्धिजीवी समझने वाले, क्रूर, नये प्रतिभावान रचनाकारों की प्रतिभा के हत्यारे और उनका शोषण करने वाले तीन प्रकाशकों और उनके सलाहकारों तथा सम्पादकों का है जो अपनी प्रकृति में तो एक समान हैं, पर उनके शोषण और बातचीत करने के तरीके भिन्न-भिन्न हैं। ये पात्र भी अविस्मरणीय हैं।

अज्ञेय ने राजनीति और समाजसेवा से जुड़े पाखण्डी, निकम्मे, समझौतावादी, स्वार्थी, ढुलमुल और पिलपिले, संकीर्ण मानसिकता वाले पात्रों के चरित्र-निर्माण में भी अपनी सूक्ष्म निरीक्षण-क्षमता का परिचय दिया है। सुनहले बिल्लेवाली वर्दी कसे और तलवार लगा कर गद्दे के सहारे बैठे स्वयंसेवक दल के सेनापति, चेहरे पर बनावटी मुस्कान का जाल बिछाए, धूर्तता की प्रतिमूर्ति आर्यसमाजी अमोलक राय और गेरुआधारी, मुँड़ी हुई चिकनी खोपड़ी और फूले हुए तैलाक्त बाल वाले स्वामी हरिहरानन्द अलग से ही पहचाने जा सकते हैं।

इनके अतिरिक्त उपन्यास में अनेक फुटकल गौण पात्र हैं, जो किसी वर्गविशेष का प्रतिनिधित्व तो नहीं करते, पर अपनी आकृति और चरित्र से हमारे मस्तिष्क में अपनी उपस्थिति दर्ज कर जाते हैं। इनमें पहले, बालक शेखर पर रौब जमाता और बाद में अपने पैर की उँगली सहलाता डाकिया, अपने दलित होने पर अभिमान करती फूलाँ की माँ और क्रान्तिकारी पात्रों को अपने स्वाभिमान से चकित करता हुआ दलित युवक, बच्चों की शरारत से तंग और खिसियाया ब्राह्मण रसोइया, लगातार घोड़े पर चाबुक बरसाता और गाली देता ताँगेवाला, अश्लील आचरण और इशारा करने वाली जिन्निया और अत्ती, आतिशबाजी तैयार करने वाला गनेसी, अकड़ दिखाने वाला और बाद में गिड़गिड़ाने वाला माली, शेखर को आत्महत्या से बचाने वाली अनाम स्त्री, क्रान्तिकारी दादा को यमुना नदी का पता बताने वाली चुलबुली ग्रामीण बालिका, शेखर के भाई चन्द्र और प्रभुदत्त, शेखर के पड़ोसी छोटे बच्चे, वेद और कुसुम, आदि के चरित्र उपन्यासकार की सर्जनशीलता के प्रमाण हैं।

विद्याभूषण स्वाधीनता-संग्राम में भाग लेने वाला युवक है, जो शेखर के साथ सी.आई.डी. इन्सपेक्टर से मारपीट करने के अपराध में जेल में बन्द है। वह पहली बार तब जेल आया था, जब बहुत छोटा था और 'वन्देमातरम्' का नारा लगाने पर बेंत लगने की सजा भुगती थी। वह मानता है कि जेल अच्छा कॉलेज है। चरित्र की डिग्री तो यहीं मिलती है। विद्याभूषण अध्ययनशील और तीव्र बुद्धि का युवक है वह

अहिंसा के गाँधीवादी दर्शन में विश्वास नहीं करता और आत्महिंसा को सबसे बड़ी हिंसा मानता है। राष्ट्रीयता-अन्तरराष्ट्रीयता, हिंसा-अहिंसा आदि के सम्बन्ध में उसके विचार काफी सुलझे हुए हैं और शेखर को उससे चिन्तन की प्रेरणा मिलती है।

इसके अलावा कॉन्वेन्ट के लड़के और लड़कियाँ, पास-पड़ोस के बच्चे, वायसराय के समक्ष गुहार लगाने वाली कश्मीरियों की भीड़, महात्मा 'गाँधी की जय' के नारे लगाने वाले जुलूस, मद्रास और लाहौर में कॉलेज के साथी, मद्रास में रात्रि-पाठशाला में पढ़ने वाले अछूत बच्चे, कांग्रेस अधिवेशन के स्वयंसेवक और नेता, जेल के कैदी और अधिकारी, सभा के वक्ता और श्रोता आदि सामूहिक पात्र शेखर के जीवन में आते हैं।

शेखर एक जीवनी में कतिपय पशु पात्र भी आये हैं, जो अपनी विशिष्टता के कारण अलग से पहचाने जा सकते हैं। शेखर के मनोरंजन के लिए लाया गया तोता, शेखर के मँझले भाई के चकोर, लखनऊ की बारादारी के पास से तीव्र गति से गुजरता हुआ सुन्दर घोड़ा, लगातार दौड़ते-दौड़ते सड़क पर ही गिर कर मर जाने वाला ताँगे का घोड़ा, शेखर का कुत्ता 'तैमूर' आदि अपनी प्रस्तुति में बेजोड़ हैं।

अज्ञेय की सबसे बड़ी विशेषता यह है कि उन्होंने गौण से गौण पात्रों को भी स्वतन्त्र व्यक्तित्व से युक्त कर दिया है। यहाँ तक कि अनाम पात्र भी स्वतन्त्र व्यक्तित्व और अलग पहचान से सम्पन्न हैं। इससे यह निष्कर्ष निकालना असंगत नहीं होगा कि *शेखर एक जीवनी* प्रधानतः एक चरित्रप्रधान उपन्यास है। इसकी मनोवैज्ञानिकता पात्रों के चरित्र-निर्माण तक ही सीमित है, पर इस दृष्टि से यह हिन्दी का अद्वितीय उपन्यास है।

शेखर एक जीवनी की तुलना में *नदी के द्वीप* के औपन्यासिक संसार की आबादी बहुत कम है। यद्यपि इसमें प्रमुख पात्रों की संख्या चार है, पर चारों पात्र अलग-अलग 'नदी के द्वीप' हैं जो जीवन की सामान्य धरती से तो कटे हुए हैं ही, उन द्वीपों में, अर्थात् उन पात्रों की चेतना में बसने वाले प्राणियों की संख्या भी अत्यल्प है। जहाँ *शेखर : एक जीवनी* में गौण पात्रों की संख्या सौ से ऊपर है वहाँ *नदी के द्वीप* में उनकी संख्या मुश्किल से दो दर्जन तक पहुँच पाती है, जिसमें उल्लेखनीय गौण पात्रों की संख्या केवल छह-सात है।

जैसा हम वस्तु-विवेचन के सिलसिले में देख चुके हैं *नदी के द्वीप* चार संवेदनाओं का उपन्यास है जिन्हें प्रतीकित करने वाले पात्र हैं : रेखा, भुवन, गौरा और चन्द्रमाधव। वस्तुविवेचन के प्रसंग में इन पात्रों का विवेचन भी हो चुका है। क्योंकि ये पात्र ही उपन्यास के विषय हैं। अतः इन पात्रों के चरित्र का सिंहावलोकन मात्र ही संगत है।

रेखा एक पढ़ी-लिखी लड़की, आधुनिक, प्रबुद्ध और संवेदनशील युवती है, जिसका विवाह हेमेन्द्र नामक व्यक्ति से हुआ है। हेमेन्द्र के साथ रेखा का वैवाहिक

जीवन सामंजस्य पूर्ण नहीं हो पाता और वह अपमानित होकर स्वतन्त्र रूप से जिन्दगी बसर करने के लिए पति से अलग हो जाती है। चन्द्रमाधव हेमेन्द्र का दोस्त है और ओछे विचार से ही रेखा को नौकरियाँ दिलाने में सहायता करता है। रेखा की नौकरियाँ लगती छूटती रहती हैं, क्योंकि समाज पति से अलग रहने वाली युवती को आसानी से चरित्रहीन मान लेता है और उसे ललचाई दृष्टि से भी देखता है। स्वयं चन्द्रमाधव रेखा की नौकरी लगाने का ही नहीं, उसकी नौकरी छुड़ाने का भी माध्यम बनता है ताकि वह उसके फन्दे में फँसी रह सके। पर रेखा तीव्र बुद्धि की चरित्रवान युवती है, और विपरीत परिस्थितियों में भी पथभ्रष्ट नहीं होती है। चन्द्रमाधव की सारी चालें व्यर्थ सिद्ध होती हैं।

रेखा का भुवन से परिचय लखनऊ में चन्द्रमाधव के यहाँ होता है। भुवन और चन्द्रमाधव कॉलेज के सहपाठी और दोस्त हैं। रेखा भुवन से प्रभावित होती है और उससे प्रेम करने लगती है। भुवन भी रेखा की ओर आकृष्ट होता है। दोनों का प्रेम विकसित होते-होते अन्ततः चरम बिन्दु, पूर्ण मिलन, पर पहुँचता है। रेखा गर्भवती होती है।

पर रेखा भुवन का प्रेम ही माँगती है, उसका भविष्य नहीं। वह चाहती है कि भुवन गौरा से विवाह करे जो भुवन को पूर्णतः समर्पित है और, रेखा के अनुसार, भुवन के जीवन को सुखी बना सकती है। अतः वह भुवन के विवाह-प्रस्ताव को अस्वीकार कर देती है। हेमेन्द्र और चन्द्रमाधव द्वारा उत्पन्न की गयी परिस्थितियों के कारण वह गर्भपात कराने को विवश होती है जिससे उसका बचना तक मुश्किल हो जाता है। भुवन की सेवा शुश्रूषा से ही वह मरते-मरते बच जाती है।

इस घटना के बाद रेखा अपनी मौसी के पास कलकत्ता चली जाती है। कुछ दिन बाद ही मौसी के साथ तीर्थयात्रा करने के बाद वह पुनः कलकत्ता लौटती है और अस्पताल में सेवा कार्य सँभालने के सिलसिले में डॉ. रमेशचन्द्र के व्यक्तित्व से प्रभावित होकर उनसे विवाह कर लेती है।

रेखा की जिन्दगी का बाहरी ढाँचा बस इतना ही है। इस ढाँचे के भीतर उसका जो प्रखर व्यक्तित्व है, उसी का प्रस्तुतीकरण उपन्यासकार का लक्ष्य है और इसमें उसे पूरी सफलता मिली है। रेखा, जैसा हमने पहले भी कहा है, हिन्दी के औपन्यासिक पात्रों की विशिष्ट अग्रिम पंक्ति में आती है। उसकी प्रखर बौद्धिकता, आत्मबलिदान, अपनी पीड़ा के प्रति तटस्थ द्रष्टा का भाव, अपनी भावनाओं के प्रति सम्पूर्ण ईमानदारी और समर्पण की भावना आदि उसके चरित्र को वह प्रखरता, तेज, परिपक्वता और संवेदनशीलता प्रदान करते हैं जो हिन्दी के किसी अन्य औपन्यासिक पात्र में दुर्लभ है।

रेखा के जीवन-वृत्त में आनेवाले गौण पात्रों में हेमेन्द्र, ऐंजला ग्रीव्ज, सलामा, रेखा की मौसी और डॉ. रमेशचन्द्र हैं। गौण पात्रों में रानी साहिबा और उनकी राजकुमारियाँ, कुली, चौकीदार, ड्राइवर, जनाने डिब्बे की सवारियाँ, वकील, डॉक्टर, नर्स आदि हैं, जिनका स्वतन्त्र महत्त्व कुछ नहीं के बराबर है। उनका कोई स्पष्ट,

विशिष्ट चरित्र नहीं है, केवल उल्लेख मात्र हुआ है।

हेमेन्द्र एक विकृत चरित्र का युवक है। समलैंगिक प्रवृत्ति के कारण उसे स्त्रियाँ अच्छी नहीं लगतीं। वह रेखा से इसलिए विवाह कर लेता है कि उसका चेहरा उसके एक युवा बन्धु से मिलता है। विवाह के बाद वह नृशंसता की हद तक रेखा की उपेक्षा और अपमान करता है। अन्ततः स्थिति यहाँ तक पहुँच जाती है कि रेखा को हेमेन्द्र से अलग होना पड़ता है।

रेखा के चले जाने के बाद हेमेन्द्र एक विदेशी रबर कम्पनी की नौकरी स्वीकार कर मलय चला जाता है और किसी एंग्लो या मलय रक्त की स्त्री से विवाह करने के लिए उसे रेखा से तलाक लेने की आवश्यकता पड़ती है। यह कार्य आसानी से सम्पन्न भी हो जाता है, क्योंकि रेखा उसका विरोध नहीं करती। पर हेमेन्द्र का चरित्र हीनभावनाजन्य कुण्ठा से इस प्रकार विकृत हो गया है कि वह रेखा से प्रतिशोध लेने के लिए एक ऐसा पत्र लिखता है जो रेखा को गर्भपात कराने के लिए बाध्य कर देता है। तलाक मिल जाने पर हेमेन्द्र अपनी मलय प्रेमिका से विवाह कर लेता है।

हेमेन्द्र के चरित्र के विषय में उपन्यासकार से एक शिकायत यह की जा सकती है कि उसका चरित्र बहुत कुछ अस्पष्ट रह गया है। यह ठीक है कि उपन्यासकार का लक्ष्य हेमेन्द्र का चरित्र प्रस्तुत करना नहीं है, पर औपन्यासिक संसार की विश्वसनीयता के लिए उसके प्रत्येक पात्र को स्पष्ट, यथार्थ और सजीव होना ही चाहिए। हेमेन्द्र की कुण्ठा, रेखा के प्रति उसका आचरण, उसकी चारित्रिक विकृति सब कुछ पाठक को बिना समझे स्वीकार करना पड़ता है। उसके प्रति लेखक की तनिक भी सहानुभूति नहीं दिखाई पड़ती। वह एक खल पात्र के रूप में सामने आता है। चूँकि हेमेन्द्र की सृष्टि उपन्यासकार द्वारा रेखा के चरित्र को एक विशेष परिस्थिति में डालने के लिए हुई है, इस कारण उसका चरित्र तथ्य होने पर भी विश्वसनीय नहीं बन सका है।

ऐंजेला ग्रीव्ज एक पादरी की विधवा है, जिसके पास काफी जायदाद है। उसकी फलों की खेती है। भुवन के साथ तुलियन में रहने के बाद रेखा ऐंजेला ग्रीव्ज की नौकरी स्वीकार करती है और उसका काम-धाम सँभालने लगती है। उपन्यासकार के अनुसार, "ऐंजेला की उम्र साठ से ऊपर है, पर उसका शरीर सीधा और फुर्तीला है, और बुद्धि बड़ी सजग; काम उसके लिए बहुत हैं पर वह हारती नहीं और कभी मानती नहीं कि वह थक गयी है।'

ऐंजेला ग्रीव्ज का चरित्र हमें बताया ही गया है प्रस्तुत नहीं किया गया। रेखा के चरित्र के लिए उसकी उससे अधिक आवश्यकता भी नहीं थी।

सलामा रेखा का खानसामा है जो उसके साथ ऐंजेला ग्रीव्ज के बँगले में, जो उसे रहने के लिए मिला है, रहता है। उसके चरित्र में कोई ऐसी विशेषता नहीं जिसका उल्लेख किया जा सके।

रेखा की मौसी की सूचना हमें उपन्यास में अचानक तब मिलती है जब वह गर्भपात के बाद स्वस्थ होने पर कलकत्ता में उसके साथ रहने की बात करती है। भुवन के नाम रेखा के पत्र से ज्ञात होता है कि उसकी मौसी बहुत ही स्नेही और उदार है। इससे अधिक उनका चरित्र उपन्यास में नहीं उभरता।

डॉ. रमेशचन्द्र से भी उपन्यास में, पाठक का साक्षात्कार नहीं होता। उनका चरित्र 'सूचित' ही होता है। रेखा अपने पात्रों में डॉ. रमेशचन्द्र के विषय में लिखती है। वह स्वयंसेविका नर्स का कार्य सँभालने के बाद डॉ. रमेशचन्द्र के सम्पर्क में आती है और धीरे-धीरे उनसे उसका सम्बन्ध घनिष्ठ होता जाता है। वह अस्वस्थ भी रहती है और अन्ततः उसे एक बार पुनः ऑपरेशन कराना पड़ता है। डॉ. रमेशचन्द्र ही उसकी चिकित्सा और सेवा-शुश्रूषा की व्यवस्था करते हैं। रेखा लिखती है : "... चिकित्सा से भी बढ़ कर उन्होंने एक गहरी संवेदना मुझे दी, जिसमें मेरी गाँठ बँधी हुई कचोट मानो द्रव होकर धीरे-धीरे बह गयी...वह भी तुम्हारी तरह धुनी और कार्यव्यस्त जीव हैं, तुम्हारी तरह कम बोलते हैं, पर जिससे भी मिलते हैं उस पर उनका गहरा असर होता है—थकी, झुकी, अवसन्न चेतना को जैसे उनकी संवेदना तुरत सहारा देकर सीधा कर देती है।" (*नदी के द्वीप*, पृ. 278)

डॉ. रमेशचन्द्र में, रेखा के अनुसार, 'बड़ी उदारता है, गहरी संवेदना है।' तभी तो वे रेखा का पूरा इतिहास, भुवन से उसका प्रेम-प्रसंग, जान कर भी उससे विवाह का प्रस्ताव करते हैं। रेखा उनके प्रस्ताव को स्वीकार कर लेती है।

रेखा के चरित्र को एक परिणति पर पहुँचाने के लिए डॉ. रमेशचन्द्र का चरित्र आवश्यक था। रेखा के चरित्र की कोई दूसरी परिणति होती, तो कोई दूसरा पात्र होता। डॉ. रमेशचन्द्र के चरित्र का स्वतन्त्र महत्त्व नहीं है।

इस प्रकार रेखा के जीवन में आने वाले सभी गौण पात्र—हेमेन्द्र से लेकर रमेशचन्द्र तक—उसके चरित्र के प्रस्फुटन के लिए उपादान मात्र बन कर आते हैं। इनमें केवल हेमेन्द्र का चरित्र ही थोड़ी देर के लिए पाठकों के समक्ष आता है, अन्य पात्र तो 'सूचित' भर होते हैं। इन पात्रों का चरित्र स्वयं में कोई अर्थ नहीं रखता।

नदी के द्वीप का दूसरा प्रमुख पात्र भुवन है। भुवन एक वैज्ञानिक और विज्ञान का प्राध्यापक है। गम्भीर, अल्पभाषी, संवेदनशील और चिन्तनशील भुवन विज्ञान का प्राध्यापक होते हुए भी साहित्यिक रुचि का, कलाप्रेमी, प्रकृति का पुजारी है। चन्द्रमाधव उसका कॉलेज का साथी है और गौरा से उसका परिचय और भी पहले का है, जब वह पाँच-छह वर्ष की बालिका थी। वह गौरा को पढ़ाता भी है। धीरे-धीरे भुवन में गौरा की श्रद्धा बढ़ती जाती है जो अन्ततः समर्पण भरे एकान्त प्रेम में बदल जाती है। भुवन गौरा के प्रति निष्काम स्नेह भाव ही रखता है।

लखनऊ में चन्द्रमाधव भुवन का परिचय रेखा से कराता है। रेखा का व्यक्तित्व भुवन को अपनी ओर आकृष्ट करता है। दोनों एक-दूसरे के निकट आने लगते हैं

और जल्दी ही उनकी निकटता प्रेम का रूप ले लेती है। नौकुछिया में रेखा आत्मसमर्पण कर देती है, पर भुवन प्रेम के भावात्मक सौन्दर्य से इतना अभिभूत है कि संभोग के यथार्थ को सहन नहीं कर पाता और अत्यन्त संवेदनापूर्ण मनःस्थिति में अपने को संभोग क्रिया से विरत रखता है। पर थोड़े ही दिन बाद तुलियन में रेखा और भुवन प्रेम की चरम स्थिति भोगने में सफल होते हैं।

रेखा से इस प्रेम व्यापार के क्रम में भुवन कहीं भी लोभी, कामलोलुप या स्वार्थपरायण व्यक्ति के रूप में सामने नहीं आता। प्रेम में यदि देना ही देना होता है, पाना नहीं, तो भुवन इसका आदर्श है। वह रेखा को अपना प्रेम अकुण्ठ भाव से देता है, अपनी अनुभूति और संवेदना का सारा कोश न्योछावर कर देता है, पर कहीं भी रेखा के शरीर को प्राप्त करने के लिए कोई प्रयत्न नहीं करता। उलटे नौकुछिया में जब रेखा अपनी ओर से आत्मसमर्पण कर देती है तो भी वह इस भय से कि कहीं प्रेम का भावात्मक सौन्दर्य नष्ट न हो जाए, उसे विरत कर देता है। अन्त में रेखा ही उसकी इस झिझक को दूर करती है और तुलियन में दोनों प्रेम की चरम स्थिति भोगते हैं। यहाँ भी भुवन का संयम, उसकी प्रेमकला, प्रेमिका को भोगते समय अनुभूति और संवेदना की अजस्र वर्षा, यह सब देखने लायक है। भुवन के व्यक्तित्व में बालसुलभ सरलता भी है और रोमांटिक भावावेग भी, पर उसका भावावेग कहीं भी बुद्धि और विवेक का साथ नहीं छोड़ता।

भुवन का प्रेम अन्धा प्रेम नहीं, सतत जागरूक, चैतन्य, तीव्र संवेदना से भरा प्रेम है, इसलिए यह दायित्वशून्य भी नहीं है। जब रेखा गर्भवती हो जाती है तो उससे वह विवाह का प्रस्ताव करता है और रेखा द्वारा प्रस्ताव अस्वीकृत हो जाने पर भी चुपचाप अपना कर्त्तव्य निश्चित कर लेता है। कहता भी है : "...यही मैं तुमसे कहना चाहता हूँ—वह जो आयेगा—आयेगा या आयेगी, वह तो मुहावरा है—वह मेरा है, मेरा वांछित है, उससे मैं लजाऊँगा नहीं, वह तुम मुझे दोगी।"[8]

उसके बाद, रेखा के गर्भपात की दुर्धटना के पश्चात्, वह जिस तत्परता, मनोयोग और कुशलता के साथ रेखा की परिचर्या और शुश्रूषा करता है, वह उसकी कर्त्तव्य और दायित्व भावना का परिचायक है।

इसके बाद भुवन जिस मानसिक परिताप और वेदना की स्थिति से गुजरता है, वह कालिदास के *अभिज्ञान शाकुन्तल* के दुष्यन्त की वेदना से तुलनीय है। अपनी मानसिक विकलता से वह गौरा के समर्पण भरे प्रेम से भागता है, वैज्ञानिक शोध में अपने स्व को डुबा देने का प्रयास करता है और प्रकृति के एकान्त वातावरण में, बिलकुल अजनबी रूप में, समुद्र के किनारे बैठ कर चिन्तन करता है। अन्ततः रेखा के विवेकपूर्ण निर्णय और गौरा के निश्छल, एकान्त समर्पण से भुवन का अपराध-बोध और मानसिक उद्वेग समाप्त होता है और उसका जीवन सहज होता है। अन्त में इस बात का संकेत मिलता है कि भुवन और गौरा विवाह सूत्र में बँध गये होंगे।

भुवन के जीवन में कोई गौण पात्र नहीं आता। होटल के मैनेजर और बॉय, कुली, खानसामा जैसे नितान्त गौण पात्रों से भी उसका यदा-कदा सम्पर्क होता है, अन्यथा वह बिलकुल अकेला व्यक्ति है। यहाँ तक कि अपने जिन सहयोगियों के बीच वह अध्ययन या शोधकार्य करता है, या जिन सैनिकों के साथ युद्ध में भाग लेता है, उन्हें भी उपन्यास में प्रस्तुत नहीं किया गया है। इस अर्थ में भुवन अपने समाज से बिलकुल कटा हुआ व्यक्ति, *नदी का द्वीप*, है।

नदी के द्वीप की तीसरी प्रमुख पात्र है गौरा। समस्त उपन्यास में केवल गौरा का चरित्र ही थोड़ा 'विकसित' होता हुआ दिखाई पड़ता है; अन्य चरित्र तो बने-बनाये हैं, केवल उनका उद्घाटन उपन्यास में होता है। गौरा को हम पहली बार पाँच-छह वर्ष की बालिका के रूप में देखते हैं, जब वह 'दो चोटियाँ गूँथ कर फ्रॉक पहने' स्कूल जाया करती है, और अन्तिम बार तेईस वर्ष की युवती, संगीत शिक्षिका के रूप में। इन अठारह वर्षों में गौरा का चरित्र विकसित होता है, यद्यपि इस विकास का एक ही आयाम उपन्यास में प्रस्तुत किया गया है : वह है उसका प्रेमिका रूप।

उपन्यास पढ़ने से इस बात का पता नहीं चलता कि पाँच-छह साल की गौरा से भुवन का परिचय किस रूप में है। तब भुवन को मैट्रिक का छात्र होना चाहिए। इस 'परिचय' को अस्पष्ट रखने से उपन्यास की विश्वसनीयता थोड़ी कम हुई है। पाँच-छह साल की गौरा को हम एक चंचल, प्यारी और तेज लड़की के रूप में देखते हैं, जिसका भुवन के कानों में किलकारी मार कर भाग जाना प्रिय खिलवाड़ है। भुवन को भी गौरा के साथ 'खेलने', उसे चिढ़ाने में मजा आता है। दोनों की उम्र में नौ-दस वर्ष का अन्तर है, अतः उन्हें बाल सखा तो नहीं कहा जा सकता, पर स्वभाव की समानता के कारण भुवन से गौरा का सख्य स्थापित हो जाता है।

गौरा पुनः भुवन के सम्पर्क में तब आती है जब वह मैट्रिक की परीक्षा की तैयारी कर रही होती है। अब वह तेरह वर्ष की, लम्बी, कृशतनु, बालिका है। वह अपने पिता से आग्रह करके भुवन से पढ़ने की व्यवस्था कराती है। इससे भुवन के प्रति से उसका स्नेह और विश्वास व्यंजित होता है। भुवन की देख-रेख में गौरा प्रथम श्रेणी में मैट्रिक पास करती है और कॉलेज में नाम लिखाती है। गौरा भुवन से साहित्य के विषय में अपनी जिज्ञासाओं का समाधान कराती रहती है और कभी-कभी भुवन को गौरा के प्रश्नों का उत्तर देने के लिए स्वयं भी काफी अध्ययन करना पड़ता है।

गौरा संगीत सीखना और कॉलेज के नाटक, संगीत आदि के कार्यक्रमों में भाग लेना भी आरम्भ करती है। इस सम्बन्ध में भी वह भुवन से ही सलाह-मशविरा करती है। भुवन क्रमशः 'मास्टर जी' से 'भुवन मास्टर जी' और अन्ततः 'भुवन दा' हो जाता है। इसी क्रम में, एक नाटक खेलने की योजना के प्रसंग में, भुवन के प्रति गौरा की भावनाओं की गहराई के संकेत मिलते हैं। भुवन से उसकी बातचीत में एक अधिकार का भाव व्यंजित होता है, जो प्रेम से उपजता है। वह अपने किसी कार्य में भुवन का

'भाग' 'जरूरी' समझने लगी है और अधिकार के स्वर में इसे भुवन पर प्रकट भी करती है। उसके 'आदेश' से भुवन को नाटक का निर्देशन-भार स्वीकार करना पड़ता है। इतना ही नहीं, वह अपने और भुवन की बातचीत की निजता को किसी अन्य व्यक्ति द्वारा 'बाधित' होना सहन नहीं करती। ये सब पूर्वराग के गहराने के लक्षण हैं जिसे भुवन भी कुछ-कुछ अनुभव करता है। कथाकार के अनुसार, "गौरा से भुवन का...इस लम्बे अन्तराल के बाद जो नया परिचय हुआ था, वह पहले परिचय से बिलकुल भिन्न स्तर पर था'; दूसरे स्तर पर वह समगति से चल रह था कि सहसा एक झोंके से वह एक स्तर और उठा–या गहरे में चला गया।" (*नदी के द्वीप*, पृ. 71)

गौरा बी.ए. पास करती है और साथ ही उसके विवाह का प्रस्ताव सामने आ जाता है। उसके माता-पिता उसका विवाह अपनी पसन्द के एक युवक से करना चाहते हैं। गौरा विवाह करना नहीं चाहती और इस सम्बन्ध में शेखर का परामर्श माँगती है। भुवन की इच्छा है कि गौरा में जो कलात्मक संवेदना है उसकी अभिव्यक्ति रचनात्मक कार्य में हो। अपनी प्रतिभा का उपयोग न करना, उसे प्रस्फुटित होने का मार्ग न देना, उसे जीवनानन्द की शोध में न लगाना आत्महनन है, अन्धकार को आत्मसमर्पण है। वह गौरा को समस्या का सही रूप समझाते हुए अपने भीतर से ही निर्देश पाने की सलाह देता है, "तुम्हें जो राह दीखती है, उस पर चलो, गौरा! धैर्य के साथ, साहस के साथ। और हाँ, जो तुमसे सहमत नहीं हैं, उनके प्रति उदारता के साथ, जो बाधक हैं, उनके प्रति करुणा के साथ। और राह पर जब ऐसा साथी मिलेगा, जिसका साथ तुम्हें प्रीतिकर, वांछनीय, कल्याणप्रद लगे, तब किसी की बात न सुनना, जान लेना कि अब स्वतन्त्र रूप से जोखिम करने का समय आ गया।' (*नदी के द्वीप*, पृ. 74)

भुवन के पत्र से गौरा को राह मिल जाती है। वह माता-पिता के विवाह सम्बन्धी प्रस्ताव को विनय के साथ अस्वीकार कर देती है और संगीत की विशेष शिक्षा के लिए मद्रास चली जाती है।

भुवन के प्रति गौरा का प्रेम कितनी गहराई तक पहुँचा हुआ है इसका स्पष्ट आभास यहाँ तक नहीं मिलता। गौरा के प्रति भुवन का भाव तो निश्चित रूप से रति भाव नहीं है। रति भाव के लिए प्रेमी-प्रेमिका के बीच जो समानता का बोध होता है, उसे न गौरा अनुभव करती है, न भुवन। भुवन गौरा को 'स्नेह' करता है और गौरा भुवन की भक्ति करती है, पर गौरा की भक्ति में अपने को समर्पित कर देने, दे देना लुटा देने की गहरी कामना छिपी हुई है। इसकी पहली अभिव्यक्ति तब होती है जब चन्द्रमाधव रेखा और भुवन के प्रेम की सूचना एक पत्र द्वारा गौरा को देता है। पर गौरा बड़े ही धैर्य, विश्वास और निष्ठा के साथ स्थिति को सहती है। उसे रेखा से ईर्ष्या नहीं होती और जब रेखा के गर्भपात के बाद भुवन मानसिक पीड़ा, अपराध बोध और आन्तरिक उद्वेग से ग्रस्त होता है तो वह 'वरदान सदृश' उसके ऊपर छा जाती है और अपने आत्मसमर्पण, तीव्र संवेदना और करुणा भरे प्रेम के लेप

से उसकी सारी मानसिक अशान्ति और पीड़ा को दूर कर उसे सहज मनःस्थिति में लाती है; वह 'भक्त' से 'प्रेमिका' बन जाती है, उसकी श्रद्धा गहरे प्रेम का रूप ले लेती है। भुवन उसके सामने 'शिशु' बन जाता है और गौरा उस 'शिशु' को अपना भरपूर प्यार देकर टूटने से बचा लेती है।

इस प्रकार गौरा का चरित्र प्रेम के उदात्त रूप का, जिसमें एकान्त समर्पण, आत्मदान, प्रिय में सम्पूर्ण विलयन होता है, प्रतिनिधित्व करता है।

गौरा के जीवन में आने वाले गौण पात्रों की संख्या भी अत्यल्प है। उसके माता-पिता, स्कूल की सहपाठिनियाँ, संगीत महाविद्यालय की छात्राएँ और सहयोगियाँ, बस यही कुछ पात्र हैं जिनका यत्र-तत्र उल्लेख उपन्यास में हुआ है। गौरा के पिता को छोड़ कर शेष सभी पात्र 'उल्लिखित' भर हुए हैं, उनका कोई निजी चरित्र सामने नहीं आता। गौरा के पिता का भी 'वर्णन' अधिक हुआ है, प्रस्तुतीकरण नहीं। वे एक उदार, विचारशील, स्नेही पिता हैं, जो भुवन के प्रति भी गहरा स्नेह भाव रखते हैं। उनकी उदारता से ही गौरा को अपना स्वतन्त्र जीवन निर्मित करने का अवसर मिलता है। गौरा के पिता के चरित्र की उपन्यास में इतनी ही उपयोगिता और जगह है।

नदी के द्वीप का चौथा पात्र है चन्द्रमाधव। चन्द्रमाधव से हमारा प्रथम परिचय उपन्यास खुलते ही कोई दूसरे पृष्ठ पर होता है। कथाकार के शब्दों में 'चन्द्रमाधव उसका (भुवन का) कॉलेज का सहपाठी और मित्र, स्थानीय 'पायनियर' का विशेष संवाददाता है...यों भी बहुधन्धी आदमी है।...कॉलेज के बाद से चन्द्रमाधव निरन्तर सनसनी की खोज में दौड़ा किया है—अफ्रीका, अबीसीनिया, इटली, जर्मनी, चीन, कोरिया।'[9] चन्द्रमाधव एक हल्के किस्म का, गहरी संवेदना और अनुभूति से रहित, सनसनी और उत्तेजना के पीछे दौड़ने वाला, लगभग चरित्रहीन व्यक्ति है। वह विवाहित है, दो बच्चों का पिता है। पत्नी साधारण पढ़ी-लिखी है। साधारण सुन्दरी और साधारण बुद्धिमती भी है, पर चन्द्रमाधव की तबीयत बस यों ही उचट जाती है और वह पत्नी और बच्चों को घर छोड़ कर चला जाता है। खर्च के लिए रुपये वह भेज देता है, कभी-कभी चिट्ठी-पत्री भी लिख देता है, पर पत्नी से आत्मीय सम्बन्ध नहीं रखता। पत्नी और बच्चों के प्रति चन्द्रमाधव का व्यवहार समझ में नहीं आता; उपन्यासकार ने इसका कोई खास कारण नहीं बताया है। पाठक को जैसे मनवाया गया है कि चन्द्रमाधव सम्बन्धों की गहराई में विश्वास नहीं करता, उसमें मानवीय सम्बन्धों के प्रति गहरी संवेदना या तीव्र अनुभूति नहीं है, वह सनसनी और उत्तेजना पसन्द करता है, सहज जीवन और सामान्य सम्बन्ध नहीं। चन्द्रमाधव लेखक की सहानुभूति नहीं प्राप्त कर सका है, इसका प्रमाण यह है कि हम कहीं भी उनके प्रति सहानुभूति का अनुभव नहीं करते।

चन्द्रमाधव रेखा को पाना चाहता है। उसकी उसमें रुचि केवल इसलिए है कि वह सुन्दर, आधुनिक और पति द्वारा परित्यक्ता है और उस से जुड़ने में 'दोनों ओर

के लाभ' हैं। रेखा के पति हेमेन्द्र से उसका 'परिचय' है और ज्योंही रेखा हेमेन्द्र से अलग होकर स्वतन्त्र जीवन व्यतीत करने लगती है, वह उसकी सहायता के लिए पहुँच जाता है। वह बहुत शिष्ट और चालाकी भरे ढंग से रेखा को बदनाम भी करता रहता है। वह उस पर अपनी पकड़ मजबूत करने के लिए, या अपनी वासना का शिकार बनाने के लिए, उसे किसी एकान्त पहाड़ी जगह में ले जाना चाहता है। बदनामी से बचने के लिए ओट के रूप में वह भुवन को भी साथ ले चलना चाहता है। चूँकि रेखा चन्द्रमाधव के साथ अकेले पहाड़ नहीं जा सकती, इसलिए वह भुवन को साथ लेने की बात सोचता है। पर वह दोनों का उतना ही परिचय चाहता है जिससे रेखा को तसल्ली हो जाए और भुवन की गम्भीरता उस पर हावी न हो।

दुर्भाग्यवश भुवन के लखनऊ आने और रेखा से मिलने के बाद रेखा पर उसका वह असर नहीं होता जो चन्द्रमाधव चाहता है। चन्द्रमाधव पाता है कि रेखा भुवन के प्रति ज्यादा आकृष्ट है। यह स्थिति चन्द्रमाधव को ईर्ष्या से भर देती है। वह तनिक उद्विग्न होकर सोचता है : "...वह खिलाड़ी है, नायक है, वह जिन्दगी को अंगूर के गुच्छे की तरह तोड़ कर उसका रस निचोड़ लेगा, लता को झँझोड़ डालेगा, कुंज में आग लगा देगा, वह आराम से नहीं बैठेगा।" वह मन ही मन निर्णय करता है : "...भुवन को रेखा ने देख लिया है, भुवन जाएगा तो पहाड़ चलने को राजी हो जाएगा, पर चन्द्र को भुवन और रेखा के साथ नहीं जाना है, भुवन को चन्द्र और रेखा के साथ जाना है; क्योंकि एक ओट के रूप में उसकी उपयोगिता है।"[10]

चन्द्रमाधव एक चाल चल कर रेखा की नौकरी छुड़ा देता है ताकि वह उसके साथ पहाड़ जा सके। भुवन को भी वह पहाड़ चलने का निमन्त्रण देता है। पर यह योजना सफल नहीं हो पाती। कार्यक्रम रद्द हो जाता है।

इस प्रसंग में चन्द्रमाधव भुवन, रेखा और गौरा को जो पत्र लिखता है उनसे उसके चरित्र का दिवालियापन ही नहीं, नीचता की सीमारेखा को स्पर्श करने वाली उसकी ओछी मनोवृत्ति भी उभर कर सामने आती है। अपने पत्रों में वह रेखा, भुवन, गौरा आदि को एक-दूसरे के बारे में झूठी बातें लिख कर उनमें आपस में द्वेषभाव पैदा करने का प्रयास करता है। गौरा के पत्र में वह रेखा और भुवन के सम्बन्ध के बारे में ऐसी बातें लिखता है ताकि गौरा भुवन से विरक्त हो जाए। इधर वह रेखा को भी भुवन से विरक्त करने के लिए उसके बारे में उलटी-पुलटी बातें लिखता है। पर चूँकि रेखा और गौरा दोनों का भुवन से लगाव आत्मिक स्तर पर और गहरा है, अतः चन्द्रमाधव की दाल नहीं गलती और वह नक्कू बन कर रह जाता है।

इस बीच वह रेखा से अपना प्रेम निवेदन और विवाह प्रस्ताव भी करता है, जिसमें उसे असफलता ही हाथ लगती है। चन्द्रमाधव अपने व्यवहार से भुवन, रेखा और गौरा तीनों की आँखों से गिर जाता है।

इन घटनाओं से चन्द्रमाधव के मन में भुवन के प्रति ईर्ष्या और कटुता का भाव

और भी प्रबल हो उठता है। वह इस बात की फिर कोशिश करता है कि भुवन और रेखा तथा भुवन और गौरा में दुराव पैदा हो जाए। वह रेखा से भुवन और गौरा के प्रेम सम्बन्ध का उल्लेख कर उसके मन में गौरा के प्रति ईर्ष्या तथा भुवन के प्रति विरक्ति पैदा करना चाहता है। अपने उद्देश्य में सफल होने के लिए वह गौरा और रेखा को मिलाता भी है। पर चन्द्रमाधव को इस प्रयत्न में भी निराशा हाथ लगती है और इस भेंट के बाद गौरा और रेखा एक-दूसरे के अत्यन्त निकट हो जाती हैं।

चोट खाए हुए साँप की तरह चन्द्रमाधव रेखा से बदला लेने का निश्चय करता है। उसके मन में रेखा के प्रति एक सर्वथा निर्बुद्धि आक्रोश उमड़ आता है। बदला लेने के उद्देश्य से ही वह हेमेन्द्र को पत्र लिखता है जिसमें रेखा और भुवन के प्रेम सम्बन्ध की चर्चा करता है। वह पत्र तो हेमेन्द्र को नहीं मिलता, पर खुद हेमेन्द्र ही चन्द्रमाधव से मिलने आ जाता है और चन्द्रमाधव शराब के प्यालों के दौर में रेखा की चरित्रहीनता की कहानी नमक-मिर्च लगाकर सुनाता है। हेमेन्द्र पर इसका असर यह होता है कि वह रेखा को एक ऐसा पत्र लिखता है जिससे वह गर्भपात कराने के लिए विवश हो जाती है।

इसी बीच एक दृश्य आता है चन्द्रमाधव के परिवार का, अपनी पत्नी कौशल्या के साथ उसके सम्बन्ध का, जिसमें वह एक कामुक पशु के रूप में सामने आता है। इसके बाद वह फिर अपने परिवार को छोड़ देता है और बम्बई चला जाता है।

बम्बई जाते समय भी चन्द्रमाधव अपनी नीचता से बाज नहीं आता। वह भुवन, रेखा और गौरा को अलग-अलग पत्र लिखता है जिसमें उसकी ईर्ष्या, छिछलापन और रेखा तथा गौरा को पाने का लोभ व्यक्त होता है। इससे यह निष्कर्ष निकाला जा सकता है कि चन्द्रमाधव नीच ही नहीं, मूर्ख भी है।

अन्ततः अखबार की एक कतरन से यह सूचना मिलती है कि बम्बई में चन्द्रमाधव कम्युनिस्ट हो गया है और उसने चन्द्रलेखा नामक अभिनेत्री से विवाह कर लिया है।

नदी के द्वीप के प्रमुख पात्रों में चन्द्रमाधव का चरित्र कला की दृष्टि से सबसे कमजोर है। लेखक उसे अपनी सहानुभूति नहीं दे सका है। वह सर्वत्र एक खल पात्र के रूप में ही सामने आता है। उपन्यास में इस प्रकार के पात्र विश्वसनीय नहीं हो पाते। चन्द्रमाधव के चरित्र पर लेखक ने अपने पूर्वग्रहों को लाद-सा दिया है। कम्युनिज्म के प्रति अज्ञेय का विरोधभाव चन्द्रमाधव के चरित्र पर आरोपित है। सम्भव है चन्द्रमाधव अज्ञेय के किसी विरोधी व्यक्ति की प्रतिच्छाया भी हो। अज्ञेय कलासृष्टि में जिस तटस्थता-सिद्धान्त का महत्त्व प्रतिपादित करते हैं, उसका पालन चन्द्रमाधव की चरित्र सृष्टि में नहीं कर सके हैं।

चन्द्रमाधव के जीवन में आने वाले गौण पात्रों में उसकी पत्नी कौशल्या, उसकी पुत्री, होटल के बेयरे, रिक्शा चलाने वाले आदि हैं। इनमें केवल कौशल्या का चरित्र

ही थोड़ा-बहुत उभरता है। कथाकार ही हमें बताता है कि वह 'साधारण पढ़ी-लिखी', 'मैट्रिक और भूषण पास', 'साधारण सुन्दरी', 'साधारण बुद्धिमती' थी—घर सँभाल लेती थी, साथ घूम लेती थी, मित्रों-मेहमानों से निबाह लेती थी और पढ़े-लिखों की बातचीत में आत्मविश्वास नहीं खोती थी। फिर भी चन्द्रमाधव उसकी उपेक्षा करता है, उसे त्याग देता है। एक बार वह अपनी पत्नी और बच्चों को लखनऊ बुलाता भी है और कौशल्या पूरी निष्ठा और सेवा से चन्द्रमाधव का हृदय जीतने का प्रयास करती है, पर सफल नहीं होती है। कौशल्या इस दृश्य में एक संवेनदनशील, निष्ठावान, सेवापरायण और समझदार पत्नी के रूप में सामने आती है।

उपन्यास में कौशल्या का चरित्र स्वयं में महत्त्वपूर्ण नहीं है। उसका उपयोग चन्द्रमाधव की चारित्रिक गिरावट को उजागर करने के लिए हुआ है।

अपने अपने अजनबी में मुख्य पात्र दो हैं : योके और सेल्मा एकेलोफ। गौण पात्रों में यान एकेलोफ, फोटोग्राफर, पाल सोरेन और जगन्नाथन हैं। कुछ अन्य व्यक्तियों और नामों का उल्लेख भी यत्र-तत्र हुआ है, पर उन्हें उपन्यास का पात्र नहीं माना जा सकता।

यों तो हमारा पहला साक्षात्कार योके और सेल्मा से होता है—जो बर्फ के नीचे दबे एक मकान में कैद हो गयी हैं—जिनकी मनःस्थितियों का अंकन उपन्यासकार का लक्ष्य है, पर सेल्मा के चरित्र का एक इतिहास भी है : अभी तो वह बूढ़ी हो गयी है, पर 1906 में जब वह युवती थी, एक नदी पर बने पुल के ऊपरी भाग पर एक चायघर चलाती थी। साथ में दो और दूकानें थीं : एक फोटोग्राफर की और दूसरी यान एकेलोफ की जो रूमाल, खिलौने, पुल की प्रतिकृतियाँ आदि बेचता था। उस वर्ष बाढ़ और भूचाल का ऐसा प्रकोप होता है कि न केवल चारों और पानी ही पानी हो जाता है और नदी का पानी पुल के दोनों छोरों का ढँक लेता है, वरन् पुल के दोनों सिरे टूट कर बह जाते हैं। बचा रह जाता है पुल के बीच का सबसे ऊँचा खण्ड जिस पर सेल्मा डालवर्ग, फोटोग्राफर और यान एकेलोफ की दूकानें हैं। पुल का वह अंश भी बाढ़ के थपेड़ों से जर्जर हो गया है और कब तेज धारा उसे वहा ले जाएगी, इसका कोई ठिकाना नहीं। 'इस घरघराहट और टूटन और प्रलयंकर विनाश के बीच बेतुका-सा खड़ा रह गया था तीन खम्भों पर टँगा हुआ पुल का बीच का हिस्सा और उसके ऊपर की तीन-चार दूकानें और उनमें बसे हुए तीन-चार लोग।'

इस असाधारण परिस्थितियों में भी सेल्मा हद दरजे की लोभी, स्वार्थी और क्रूर स्त्री के रूप में सामने आती है। जबकि साक्षात् मृत्यु पुल के निवासियों को लील जाने के लिए मुँह फैलाए हुए है, सेल्मा भूखे यान से खाने की चीजों की दुगुनी-चौगुनी कीमत वसूल करती है और फोटोग्राफर को पीने के लिए पानी नहीं देती। वह फोटोग्राफर और यान के खिलाफ विरोध भाव से भरी हुई है। 'सेल्मा को

एकाएक ऐसा लगा कि दुनिया का मतलब और कुछ नहीं है सिवा इसके कि एक वह है, और बाकी ऐसा सब है...जिसके साथ उसका केवल विरोध का सम्बन्ध है। यह विरोध ही एक मात्र ध्रुवता है जिसे उसे कस करके पकड़े रहना है, जिसे पकड़े रहने के अपने सामर्थ्य को उसे हर साधन से बढ़ाना है।'[11] सेल्मा अपने इस विरोध भाव पर इस प्रकार डटी रहती है कि फोटोग्राफर के नदी का गन्दा पानी पीकर बीमार हो जाने और अपनी दूकान जला कर नदी में कूद कर आत्महत्या कर लेने पर भी द्रवित नहीं होती। वह अपने तथा बाहर के बीच विरोध को ध्रुव मानती है और उसे पकड़े रहने के सामर्थ्य को ही जीवन। वह चीजों के दाम बढ़ाती जाती है, और नृशंसतापूर्वक यान के पैसे कम हो जाने पर कम गोश्त देती है। यान खीज में अपने पास बचे सारे सिक्के सेल्मा के मुँह पर दे मारता है, पर सेल्मा चोट खाकर और अपमानित होकर भी विचलित नहीं होती। उसके अनुसार 'दाम माँग का है, माँग विरोध की स्थिति से उत्पन्न होती है, विरोध ध्रुव है और उसे पकड़े ही रहना है।' (*अपने अपने अजनबी,* पृ. 81)

सेल्मा तर्कों से अपने को अपने व्यवहार के लिए तसल्ली देती है, पर कुछ है जो उसे कोस रहा है। वह भीतर ही भीतर उद्विग्न है। अचानक रात में यान उसका दरवाजा खड़काता है। सेल्मा आशंकित होकर लोहे की एक सलाख लेकर दरवाजे पर जाती है। पर यान सेल्मा से खरीदे हुए गोश्त को फोटोग्राफर की जली दूकान की आग पर पका कर उसके साथ साझा करने आया है। यान की यह उदारता सेल्मा को पूरी तरह झकझोर देती है, उसका विरोध भाव गल जाता है, और वह अप्रत्याशित रूप में यान से विवाह का प्रस्ताव भी कर देती है। यान उसके प्रस्ताव को अस्वीकार कर देता है। पर सेल्मा का विरोध इस प्रकार शून्य हो गया है कि यान का प्रत्याख्यान वह सह नहीं पाती। वह अपनी सारी सम्पत्ति यान के नाम लिख देती है और तीन दिनों तक कमरे से बाहर नहीं निकलती। इसके बाद जब बाहर के लोग उनका उद्धार करने आते हैं तो सेल्मा यान से फिर एक बार अपने को स्वीकार करने की प्रार्थना करती है। वह यान के समक्ष पूर्ण आत्मसमर्पण करती है और यान उसे स्वीकार करता है दोनों सुखी दाम्पत्य जीवन व्यतीत करते हैं।

और अब सेल्मा बर्फ के नीचे दबे मकान में कैद है और उसके साथ योके भी बन्द है। सेल्मा दुःख और पीड़ा की आँच में पक कर बहुत कुछ सीख गयी है। वह दुःख को तटस्थ भाव से झेलने, अपने दुःख-भोग को तटस्थ होकर देखने की शक्ति प्राप्त कर चुकी है। सेल्मा बूढ़ी होने के साथ-साथ कैन्सरग्रस्त भी है, फिर भी मृत्यु का भय उसे आतंकित नहीं करता, उसके स्नायु तन्त्र को उत्तेजित नहीं करता। वह अपना सारा काम स्वयं कर लेती है और बर्फ के नीचे दबे होने पर भी उत्साह से क्रिसमस मनाती है, गाती है। वह कहती है : "खुली, निखरी हुई, स्निग्ध, हँसती धूप—मैं बाहर उसकी कल्पना करती हूँ तो वह मेरे भीतर भी खिल आती है और मैं सोच सकती हूँ कि मैं उसे औरों को दे सकती हूँ। नहीं तो—कितना ठण्डा अँधेरा

होता है उसके भीतर, जिसे मरना है और सिवा मरने के और कुछ नहीं करना है।"[12] अपनी इस तटस्थ, परिपक्व दृष्टि के कारण सेल्मा मरती हुई भी जिए जा रही है। उसमें किसी तरह का विरोध नहीं—न योके के प्रति, न उसके हिंस्र भावों के प्रति, न मृत्यु के प्रति। उसमें एक कारुण्य भाव है—बाहर को बहता हुआ, सब कुछ को सहलाता हुआ एक कारुण्य भाव। योके अनुभव करती है कि वह 'प्याला तश्तरी भी उठाती है, या कि आग की ओर भी हाथ बढ़ाती है, तो मानो इन निर्जीव चीजों को भी दुलारती और असीसती है।

सेल्मा यह भी नहीं चाहती कि कोई उसकी तीमारदारी करे, उसका काम कोई दूसरा कर दे या उसकी बीमारी की बात को कोई बार-बार दोहराए। वह बीमारी की अवस्था में भी न केवल अपना सारा काम कर लेती है, वरन् योके के लिए भी कहवा बना देती है। वह अपने जीने को अनुभव करते रहना चाहती है। वह नहीं चाहती कि कोई दूसरा उसकी तकलीफ देखे। वह अपने को इस बात के लिए विवश मान रही है कि भगवान ने उसकी तकलीफ को देखने के लिए एक अजनबी भेज दिया है।

सेल्मा मृत्यु के प्रति कितनी उदासीन है तथा उसमें कितना क्षमा भाव है, इसका पता इस बात से चलता है कि जब योके उसका गला दबाते-दबाते रुक जाती है, तो वह स्वयं उससे अपना गला घोंट देने का आग्रह करती है। इतना ही नहीं, जब योके को अपने दुष्प्रयत्न के लिए पश्चात्ताप होता है तो उसे क्षमा करने के बदले स्वयं को ही अपराधी सिद्ध करती है—योके को उस मनःस्थिति में डालने के लिए।

इस प्रकार उपन्यास में सेल्मा के चरित्र के दो पहलू सामने आते हैं। अपरिपक्व अवस्था में वह स्वार्थ और बाहर के प्रति विरोध भाव से भरी है। यान एकेलोफ की उदारता और त्याग से उसकी विरोध वृत्ति समाप्त होती है और एक आत्मसमर्पण, आत्मदान, का भाव उसमें आता है। उसके चरित्र का दूसरा पहलू योके के साथ बर्फ के नीचे कैद होने पर उजागर होता है। मृत्यु के प्रति तटस्थता और एक प्रकार की उपेक्षा, समस्त बाह्य संसार के प्रति व्यापक करुणा का भाव, अपने कष्टों के प्रति तटस्थ द्रष्टा की मनःस्थिति, मृत्यु की छाया में भी जीवन के क्षणों को सहज भाव से भोगने की क्षमता, स्वयं को किसी की दया का पात्र न बनने देने की इच्छा और चेष्टाएँ, आदि बातें सेल्मा के चरित्र को ऊँचा उठा देती हैं।

सेल्मा और योके उपन्यास में प्रति-अवस्थित हैं, यों अन्ततः दोनों का चरित्र समानान्तर अवस्थित हो जाता है। योके युवती है और अपने प्रेमी पाल सोरेन के साथ बर्फ की यात्रा करने आयी है और अप्रत्याशित रूप से सेल्मा के घर में, उसके साथ, बर्फ में कैद हो गयी है। तीन-चार महीने तक बर्फ से दबे मकान में कैद रहने की कल्पना से ही योके सिहर उठती है। बल्कि उसे मृत्यु की डरावनी सम्भावना दिखाई पड़ने लगती है। वह रोज-रोज की डायरी लिखती है, जिससे उसकी मनःस्थिति का पता चलता है।

योके को धीरे-धीरे कैद की वह जिन्दगी असह्य होने लगती है। सेल्मा साथ होकर भी उसके लिए अजनबी है और वह अपने को बिलकुल अकेला महसूस करती है। धीरे-धीरे बूढ़ी सेल्मा के प्रति उसके मन में चिढ़, गुस्सा और विरोध भाव बढ़ता जाता है। मृत्यु के प्रति सेल्मा की उदासीनता भी योके को सह्य नहीं होती, क्योंकि वह मृत्यु को एक मात्र सच्चाई मानती है। सेल्मा की प्रत्येक बात योके के विरोध भाव को जाग्रत कर देती है। उसका विवशता का दर्शन, मृत्यु को कुछ न मानना, मृत्यु की छाया के नीचे बैठ कर गाना, उसकी सहजता, वर्तमान के प्रत्येक क्षण को सहज रूप से जीने की क्षमता, सब कुछ के प्रति सर्वथा अविरोध भाव, जीवन से अनासक्ति, बाहर के प्रति दया और कारुण्य का भाव, ईश्वर में आस्था आदि, सब कुछ उसके लिए असह्य हो जाता है। उसे लगता है कि मृत्यु उसके कन्धों पर सवार होकर उसका गला घोंट रही है। कैसा बेपनाह है वह पंजा, जो छोड़ेगा नहीं लेकिन जिसकी उँगलियों की छाप भी नहीं पड़ेगी। उसकी इच्छा होती है कि वह जोर से चीखे कि जलती हुई लकड़ी उठा कर सेल्मा की कलाइयों पर दे मारे। और उसका मन होता है कि अपने बाल नोच ले, आईने के सामने खड़े होकर अपने को मारे, छोटी कैंची उठा कर अपने गालों में चुभो ले, नहेरने से अपने माथे, नाक, कान, ठोड़ी पर घाव कर ले, कि पानी का जग उठा कर आईने पर पटक दे और उसके और आईने के भी टुकड़े-टुकड़े कर दे। सेल्मा को प्रसन्न मनःस्थिति में या गाते देख कर उसे चिढ़ होती है। उसे तकलीफ में देख कर वह सन्तोष का अनुभव करती है। उसे लगता है कि मरती हुई बुढ़िया अपनी अन्तिम घड़ियों में भी उसके युवा जीवन का अपमान कर रही है, उसे नीचा दिखा रही है। वह न ईश्वर को मानती है न मृत्यु को। सेल्मा से उसका विरोध और घृणा का भाव इतना उग्र हो उठता है कि वह उसकी हत्या करने तक को उद्यत हो जाती है; पर वह बुढ़िया का गला नहीं दबा पाती। सेल्मा ठीक उसी समय जाग जाती है और योके को अपना काम पूरा कर लेने को कहती है। योके को अपनी उत्तेजना पर पश्चात्ताप होता है, वह सेल्मा से क्षमा माँगती है, फिर भी उसके प्रति उसका विरोध भाव दूर नहीं होता।

मृत्यु से योके कितनी आतंकित है इसका पता उसके निम्नलिखित चिन्तन से चलता है : "मृत्यु—मृत्यु—मृत्यु—उसी की एकमात्र प्रतीक्षा, ऊपर बर्फ हो या न हो—और हाँ, कैन्सर भी हो या न हो! क्या सेल्मा की प्रतीक्षा मेरी प्रतीक्षा से इसलिए कुछ भिन्न है कि उसे कैन्सर है और मुझे नहीं है, या कि भिन्न इसी बात में है कि उसके पास कार्य-कारण की संगति का सबूत है, और मेरे पास वह भी नहीं है? क्या मैं जयादा लाचार, ज्यादा दयनीय—ज्यादा मरी हुई नहीं हूँ? क्या मुझे ही ज्यादा कैन्सर नहीं है, यह कैन्सर जिसे हम जिन्दगी कहते हैं?" (*अपने अपने अजनबी*, पृ. 58-59)

सेल्मा की अतीत कथा सुन कर भी योके का विरोध भाव समाप्त नहीं होता। वह उसे 'दूसरी दुनिया' की बात मानती है और स्वीकार नहीं करती। उसे यह बात समझ में नहीं आती कि अगर दुःख और कष्ट का बोध ही नहीं है तो वे सच कैसे

हैं। सेल्मा का मानना है कि 'बोध में से ही दर्द की सच्चाई है...और मृत्यु की भी।' योके इस दर्शन को स्वीकार नहीं कर सकती, सुन तक नहीं सकती। वह द्वन्द्व में पड़ी रहती है।

सेल्मा मर जाती है। उसकी मृत्युगन्ध से योके बेचैन हो जाती है। "...वह मृत्युगन्ध मानो सर्वत्र भर रही थी। योके ने एक कम्बल और चादर से दरवाजे के जोड़ और दरारें बन्द कर देने का यत्न किया, लेकिन उसे लगा कि ये कपड़े भी उसी गन्ध से बस गये हैं। उसकी मुट्ठियाँ बँध गयी। उसने जोर से एक घूँसा कम्बल पर मारा; लेकिन मानो चोट न लगने से उसे सन्तोष नहीं हुआ और वह दोनों मुट्ठियों से दरवाजे को पीटने लगी। एक कड़वा आक्रोश उसके भीतर उमड़ आया, न जाने कब पुरुषों के झगड़ों में सुनी हुई गालियाँ उसे याद हो आयीं और वह उन्माद की-सी अवस्था में ईश्वर का नाम ले-लेकर गालियों को दोहराने लगी और साथ-साथ दरवाजे पर घूँसे मारने लगी।" (*अपने अपने अजनबी*, पृ. 95)

योके इस मृत्युगन्ध से विक्षिप्त-सी हो जाती है। उसे सर्वत्र, यहाँ तक कि अपनी देह में भी मृत्युगन्ध का अनुभव होता है : 'वह और मृत्युगन्ध—अकेली वह और सर्वत्र व्यापी हुई मृत्युगन्ध—गन्ध के साथ अकेली वह।' ईश्वर के प्रति उसका आक्रोश प्रबल हो जाता है और वह उसे गालियाँ देती है। सेल्मा की लाश को बर्फ से ढँकते हुए उसके मुँह से किसी प्रकार 'क्षमा करो सेल्मा' निकलता है। पर योके में क्षमा भाव नहीं है। वह सोचती है : "क्या कहीं भी ईश्वर है, सिवा मानवों के बीच के इस परस्पर क्षमा-याचना के सम्बन्ध को छोड़ कर? यह क्षमा तो अभ्यास नहीं है, याचना भी अभ्यास नहीं है; तब यह सच है और ईश्वर है तो कहीं गहरे में इसी में होगा...पर क्या क्षमा, कैसी क्षमा, किससे क्षमा? मैं जो हूँ वही हूँ; और सेल्मा—सेल्मा मर चुकी है—है ही नहीं। फिर भी क्षमा सेल्मा से ईश्वर से नहीं जो कि बीमार है और गन्धाता है—मृत्युगन्धी ईश्वर...।"[13]

योके अपने मन में सेल्मा के प्रति उठते हुए करुणा के भाव को दबा देती है। वह सोचती है : "करुणा गलत है, बचाव उसमें नहीं है। घृणा भी नरक का द्वार है तो दया भी नरक का द्वार है। मैं दया करके भी वहीं गिरूँगी जहाँ घृणा करके गिरती...।" (*अपने अपने अजनबी*, पृ. 99)

इस सर्वव्यापी अविश्वास, अनास्था, विरोध और घृणा के भाव को लेकर योके बर्फ की कैद से मुक्त होती है। उसका साथी और सह साहसिक पाल सोरेन उसे बर्फ से बाहर निकालता है।

इसके बाद जब हमारा साक्षात्कार योके से होता है तो वह विक्षिप्त हो चुकी है। पाल सोरेन ने उसे धोखा दिया है और जर्मन सैनिकों ने उसे वेश्या का जीवन जीने को मजबूर किया है। उसके कपड़े अस्त-व्यस्त हैं और उससे भी ज्यादा उसका चेहरा और आँखें अस्त-व्यस्त हैं : "उसकी आँखों में मानो पतझर के मौसम की एक

समूची वनखण्डी बसी हुई थी। वह खुली-खुली आँखों से, बिखरी हुई दृष्टि से, चारों ओर देख रही थी... ।"[14]

वह जगन्नाथन नामक व्यक्ति के खरीदे हुए पनीर में सिगरेट रगड़ कर उसे खराब कर देती है और भाग चलती है। जगन्नाथन उसका पीछा करता है। एक अन्धी गली में योके मार खाने के लिए तैयार होकर खड़ी हो जाती है। पर जगन्नाथन के मन में ऐसी कोई बात नहीं है। यहाँ तक कि, जैसी योके को आशंका होती है, वह अन्य लोगों की तरह योके के साथ वेश्या के रूप में व्यवहार भी नहीं करना चाहता। योके जैसे इसी प्रकार के क्षण के इन्तजार में थी। जीवन में उसे एक भी ऐसा व्यक्ति नहीं मिला था जिसने उसे केवल वेश्या न समझा हो, जिसने उसे करुणा और क्षमा दी हो। मरना वह चाहती थी, पर किसी ऐसे आदमी के समक्ष जिसमें व्यापक करुणा, मानवीयता, क्षमा आदि हो। आजीवन आस्था, विश्वास, करुणा, क्षमा आदि की उपेक्षा करके वह उनका महत्त्व समझ गयी है; अतः ज्योंही जगन्नाथन में उसे इनकी झलक मिलती है वह जहर खाकर मृत्यु का वरण कर लेती है। अब मृत्यु उसके लिए डरावनी चीज नहीं है, उसका वरण वह खुशी के साथ करती है। मरते समय वह कहती है : "मैं चाहती थी कि मैं किसी अच्छे आदमी के पास मरूँ। क्योंकि मैं मरना नहीं चाहती थी—कभी नहीं चाहती थी।"[15] वह जगन्नाथन को अपने पास रहने का अनुरोध करती है ताकि वह अपनी चुनी हुई मौत मर सके। मरते-मरते वह सबको क्षमा भी कर जाती है। उसे अपनी मृत्यु से पूर्ण सन्तोष है : "मैंने चुना। हम अजनबी नहीं चुनते, अच्छे आदमी चुनते हैं। मैंने आदमी चुना—अच्छा आदमी। उसमें मैं जिऊँगी।" (*अपने अपने अजनबी*, पृ. 111)

योके के सम्पूर्ण चरित्र पर दृष्टिपात करने पर यह निष्कर्ष सामने आता है कि उसका प्रारम्भिक चरित्र नकारात्मक मूल्यों—अनास्था, अविश्वास, नास्तिकता, विरोध, अक्षमाशीलता आदि पर टिका हुआ है। इन्हीं नकारात्मक मूल्यों तथा जीवन की कुछ विशेष परिस्थितियों के कारण वह टूट जाने को विवश होती है। अन्त में उसकी आस्था लौटती दीखती है और जगन्नाथन के रूप में एक क्षमाशील, आस्थावान, उदार व्यक्ति को अपने निकट पाकर वह मृत्यु का वरण करती है। जैसे जीवन भर अनास्था और विरोध के मरु में भटकने के बाद अन्त में उसे आस्था और विश्वास और क्षमा का कोई नखलिस्तान मिल गया हो, जहाँ उस भटकन पर पूर्ण विराम लगा देने से बढ़ कर कोई दूसरा सुख न हो। योके मृत्यु के समय आस्थावान, क्षमाशील और विरोधभाव से शून्य व्यक्ति हो जाती है।

अपने अपने अजनबी के गौण पात्र—पाल सोरेन, फोटोग्राफर, यान एकेलोफ और जगन्नाथन—योके और सेल्मा के चरित्रों को लेकर ही हैं। उनका कोई स्वतन्त्र महत्त्व नहीं है। उपन्यासकार ने उनके चरित्रों को उभारने या प्रस्तुत करने की कोशिश नहीं की है।

औपन्यासिक पात्रों के सम्बन्ध में सामान्यतः कुछेक प्रश्न अक्सर उठाये जाते हैं। वे किस वर्ग के हैं? वे विश्वसनीय बन पाये हैं या नहीं? वे ठोस और जीवन्त बिम्ब के रूप में मन में उगते हैं या नहीं? आदि। ये प्रश्न स्वभावतः अज्ञेय के औपन्यासिक पात्रों के सम्बन्ध में भी उठते हैं, उठाये जाते हैं।

अज्ञेय के औपन्यासिक पात्र किस वर्ग के हैं, इस प्रश्न का उत्तर देने में कोई कठिनाई नहीं है। स्पष्टतः उनके पात्र औसत भारतीय नहीं हैं। उन्होंने निम्न वर्ग या निम्न मध्यवर्ग के पात्रों का चित्रण अपने उपन्यासों में नहीं किया है। उनके पात्र प्रायः उच्च या मध्यम वर्ग से आते हैं। पर ये पात्र भी अपने समाज की आर्थिक, राजनीतिक या सामाजिक समस्याओं का चित्रण उतना नहीं करते जितना अपनी व्यक्तिगत समस्याओं का अथवा सामान्य भावनात्मक या विचारात्मक प्रश्नों का। इस कारण अज्ञेय के पात्र अपने वर्ग या समाज के भी अंग नहीं जान पड़ते। वे व्यक्ति के रुप में ही सामने आते हैं। वे प्रायः सामान्य और औसत से भिन्न, विशिष्ट, असाधारण होते हैं। *शेखर : एक जीवनी* के शेखर, शशि, रामजी, मोहसिन, मदनसिंह, यहाँ तक कि शेखर के माता-पिता, शान्ति, मणिका आदि, *नदी के द्वीप* के भुवन, रेखा, गौरा और चन्द्रमाधव तथा *अपने अपने अजनबी* की योके और सेल्मा सबके सब असाधारण नहीं तो, साधारण से ऊपर या भिन्न तो अवश्य हैं। इनमें शेखर असाधारण होते हुए भी अपने परिवेश से थोड़ा-बहुत जुड़ा हुआ है, पर धीरे-धीरे वह भी अपने भीतर डूबता जाता है। अतः अज्ञेय के उपन्यासों को किसी समाज या वर्ग विशेष का 'सच्चा चित्र' नहीं कहा जा सकता। इन उपन्यासों के पात्र बाहरी दुनिया से कम (शेखर को छोड़ कर, क्योंकि वह बाहरी दुनिया से भी लड़ता है) अपनी आन्तरिक समस्याओं से—उन्हें हम मानसिक, बौद्धिक, नैतिक, भावनात्मक, आध्यात्मिक जो कहें—अधिक जूझते हैं। ये पात्र आर्थिक दृष्टि से मध्यवर्गीय होकर भी बौद्धिक दृष्टि से उससे ऊपर हैं (स्वयं अज्ञेय के अनुसार भी) और इसलिए उनका चरित्र कुछ दूर तक अविश्वसनीय भी बन जाता है। इस प्रकार अज्ञेय के औपन्यासिक पात्रों को उनके वर्ग के सन्दर्भ में देखना कोई माने नहीं रखता।

अज्ञेय के औपन्यासिक पात्र विश्वसनीय बन पाये हैं या नहीं यह एक विवादास्पद प्रश्न है। अज्ञेय के पात्रों की असाधारणता कला की दृष्टि से कहाँ तक संगत है? उपन्यास साधारण व्यक्तियों का आख्यान हो या असाधारण व्यक्तियों का? यह तो निर्विवाद है कि आज के युग में उपन्यास आम आदमी की जीवनगाथा बनने को बाध्य है। पर असाधारण पात्रों को उपन्यास से निकाल बाहर करना उपन्यास की अनेक सम्भावनाओं को समाप्त कर देना होगा। संसार में असाधारणता होती ही है; असाधारणता भी जीवन का सत्य है। जीवन में कुछ ऐसा भी होता है जो सामान्य नहीं होता और कभी-कभी वह असामान्य ही जीवन का लक्ष्य, आदर्श होता है। पर उपन्यास में प्रस्तुत असाधारणता या असामान्यता को भी विश्वसनीय बना कर ही

प्रस्तुत किया जा सकता है। जीवन में बहुत-सी बातें ऐसी होती हैं जो अविश्वसनीय होकर भी सच होती हैं, पर उपन्यास में प्रत्येक सच को अनिवार्यतः विश्वसनीय भी बनना पड़ता है। अज्ञेय के पात्रों को हमें इस कसौटी पर परखना होगा।

हम शेखर को ही लें। वह असाधारण है—उसी प्रकार जैसे चन्द्रशेखर आजाद, सरदार भगतसिंह या दूसरे क्रान्तिकारी असाधारण थे। सर को हमेशा हथेली पर लिये फिरना, मृत्यु को सहचरी मान कर चलना, साधारण आदमी का चरित्र नहीं है। और जो असाधारण है, उसे तर्कतः आरम्भ से अन्त तक असाधारण होना ही चाहिए। हर चरित्र-विकास की एक आन्तरिक, तार्किक संगति होती है। शेखर असाधारण है तो उसकी असाधारणता का तर्कसंगत विकास भी दिखाई पड़ना चाहिए और उपन्यास में यह दिखाई भी पड़ता है। शेखर बचपन से ही असाधारण है। बौद्धिक क्षमता, स्मरणशक्ति, घटनाओं और वस्तुओं के प्रति प्रतिक्रिया, हर चीज के प्रति जिज्ञासा और सही-सही उत्तर पाने की बेचैनी शेखर में सामान्य बालकों की अपेक्षा कहीं ज्यादा है। यहाँ तक तो ठीक है। शेखर की बहुत सारी प्रतिक्रियाएँ, जिज्ञासाएँ और कार्यव्यापार, मनोवैज्ञानिक यथार्थ से पूर्ण और विश्वसनीय हैं। पर कहीं-कहीं उसकी असाधारणता इतनी असाधारण हो गयी है कि उसे मानने के लिए हमें अपने विवेक को स्थगित करने की जरूरत महसूस होती है। उदाहरण के लिए सात-आठ वर्ष के शेखर का जंगल में निस्पन्द लेट जाना और अपने ऊपर से साँप के निकल जाने की प्रतीक्षा करना; चार-पाँच वर्ष के शेखर का अपने भाइयों को पढ़ाई जाने वाली अष्टाध्यायी को केवल सुन कर कण्ठस्थ कर लेना तथा पिता द्वारा गुनगुनाए जाने वाले *गीत गोविन्द* के पदों को ज्यों का त्यों सुना देना; शिशु शेखर की मृत्यु, ईश्वर और शिशु-जन्म के विषय में इतनी गहरी जिज्ञासा कि बिना उत्तर पाए चैन ही न पड़ना और अधूरे या गलत उत्तर पाकर बेचैन हो उठना आदि। कहीं-कहीं उसके सोचने का ढंग और भाषा इतनी असाधारण है कि उस वय के बालक के लिए वह सम्भव नहीं दीखती। उदाहरण के उसकी यह मानसिक स्थिति : "कभी शेखर बहिन से कहना चाहता, "बहिन मुझे मूर्ति उतनी नहीं चाहिए, मुझे मूर्तिपूजक चाहिए...जो मेरी ओर देखे। यह नहीं कि मुझे आदर्श पुरुष नहीं चाहिए, पर उन्हें मैं स्वयं बना सकता हूँ। मुझे चाहिए आदर्श का उपासक, क्योंकि वह मैं नहीं बना सकता। अपने लिए ईश्वर-रचना मेरे बस में है लेकिन मेरी ईश्वरता का पुजारी—वह नहीं... ।"[16] यह मनःस्थिति 'ये विचार उसके मन में स्पष्ट न होने' की सफाई के बावजूद उस पर आरोपित जान पड़ती है।

सम्भव है कि वास्तविक जीवन में उपर्युक्त बातें किसी बालक विशेष के साथ, कदाचित् स्वयं अज्ञेय के साथ, घटित हों, फिर भी उपन्यास में ऐसी असाधारणता संगत नहीं मानी जा सकती। जिस असाधारणता का साधारणीकरण न हो सके, जो प्रबुद्ध पाठक को भी ग्राह्य न लगे, उसकी उपयोगिता उपन्यास में संदिग्ध है। *शेखर : एक जीवनी* के पात्रों की असाधारणता कहीं-कहीं बेहद खटकती है, जो किसी

उपन्यास के लिए प्रशंसा की बात नहीं है।

नदी के द्वीप के पात्र भी असामान्य ही हैं। रेखा, भुवन और गौरा तीनों ही अपने चरित्रों में असाधारण हैं। स्वयं अज्ञेय के अनुसार ये पात्र आर्थिक दृष्टि से मध्यवर्गीय होते हुए भी बौद्धिक दृष्टि से उससे ऊपर उठे हुए हैं। केवल यही तथ्य इन पात्रों को असाधारण बना देने के लिए पर्याप्त है। रेखा का आत्मदान और गौरा का आत्मसमर्पण अपने में असाधारण ही है। उनके बीच आपस में ईर्ष्या न होने की आलोचना हुई ही है। पर अज्ञेय इस हद तक तो अपने पात्रों को असाधारण मान कर चलते ही हैं। वह पहले ही अपने पाठकों को मान लेने को कहते हैं कि *नदी के द्वीप* के पात्र, विशेष कर रेखा और भुवन, 'बहुत ही पके हुए बौद्धिक प्राणी हैं।' गौरा भी शिक्षित, सुसंस्कृत, संवेदनशील युवती है जिसे त्याग की स्वस्थ भावना दृष्टि देती है। अज्ञेय यह भी मानते हैं कि जीवन का अनुभव अधिसंख्य या अधिमात्र का ही अनुभव नहीं है, जो परिपक्वता की ओर ले जाए वही अनुभव है। वे मानते हैं कि ईर्ष्या प्रेम का सबसे बड़ा शत्रु है और प्रेम की स्वस्थ वयस्कता के मार्ग में सबसे बड़ा रोड़ा। वे नहीं मानते कि ईर्ष्यामुक्त प्रेम असम्भव है या अस्वाभाविक है।[17]

नदी के द्वीप के पात्र किसी हद तक असाधारण हैं। इस बात को अज्ञेय भी स्वीकार करते हैं। पर वे इस असाधारणता को उसी कोटि की मानते हैं जैसे भारत में पढ़ा-लिखा व्यक्ति भी किसी हद तक असाधारण है। अज्ञेय का यह तर्क सर्वथा संगत है।

अज्ञेय ने इस प्रसंग में आगे लिखा है कि "प्रत्येक चरित्र एक सही, सुनिर्मित, विश्वास्य व्यक्ति-चरित्र हो और जीवन्त होकर सामने आ सके, यही मेरा उद्देश्य रहा और इतना मात्र मैं कलात्मक उद्देश्य मानता हूँ?"[18] *नदी के द्वीप* के पात्र विशेष कर रेखा, भुवन और गौरा इस कसौटी पर खरे उतरते हैं ऐसी मेरी मान्यता है। ये तीनों ही पात्र 'सुनिर्मित' भी हैं, 'विश्वास्य' भी और 'जीवन्त' भी। मैं मोहन राकेश के इस मत से सहमत नहीं हूँ कि " 'ले मिजराबल' के ज्याँ बेलज्याँ की वेदना तो हृदय को द्रव की अवस्था में ले जाती है, पर 'नदी के द्वीप' के भुवन और रेखा की वेदना-स्वीकृति हृदय को उस द्रव की अवस्था में नहीं ले जाती है।"[19] मैं इस तुलना को ही असंगत मानता हूँ। जहाँ तक चित्त को द्रवित करने की बात है, गौरा के चरित्र में यह गुण विद्यमान है। रेखा और भुवन के चरित्र हमें 'द्रवित' नहीं करते, पर अपनी अनुभूति की सच्चाई और बौद्धिक परिपक्वता से हमें चिन्तन-मग्न अवश्य कर देते हैं।

नदी के द्वीप के पात्र असाधारण होते हुए भी विश्वसनीय, सुनिर्मित और सजीव हैं। चन्द्रमाधव कुछ हद तक लेखक के पूर्वग्रह का शिकार हुआ है। पर रेखा, भुवन और गौरा के चरित्र हमें निश्चय ही प्रभावित करते हैं। रेखा का चरित्र तो अज्ञेय की एक उपलब्धि है।

अपने अपने अजनबी के मुख्य पात्र—सेल्मा और योके—उपन्यासकार के विचारों के प्रवक्ता हैं। उनके चरित्र में प्राणदीप्ति नहीं है। वे जीते-जागते व्यक्ति

कम, प्रतीक ज्यादा हैं, अपने-अपने विचारों के प्रतिनिधि। मृत्यु की निकटता भोगते हुए उनकी प्रतिक्रियाएँ संगत मानी जा सकती हैं, पर प्रायः दोनों ही पात्रों का चरित्र अस्फुट और अनेकत्र अव्याख्येय रह गया है। नदी के पुल पर बाढ़ में घिरी सेल्मा के आचरण की कोई संगति नहीं दीखती। बर्फ में दबे मकान में कैद योके की अनेक प्रतिक्रियाओं की विश्वसनीयता पाठक के लिए संदिग्ध है। योके का अन्तिम क्रियाकलाप, जगन्नाथन के समक्ष आत्मघात, तो एकदम बनावटी जान पड़ता है। वस्तुतः सेल्मा और योके के चरित्र सुनिर्मित, विश्वसनीय और सजीव नहीं बन सके हैं। शायद उपन्यासकार का वह लक्ष्य भी नहीं था।

छाया मेखल में, उपन्यास के 'असमाप्त' रह जाने के कारण, किसी भी पात्र का सम्पूर्ण चरित्र सामने नहीं आता। केवल सोमा का चरित्र ही समाज व्यवस्था से विद्रोह करती लड़की के रूप में उभरता दिखाई देता है। शोभा देवी के रूप में एक शहीद क्रान्तिकारी की माँ का उदात्त चरित्र झलकता प्रतीत होता है। सामन्त का चरित्र आकर्षण और सम्भावनाओं से मुक्त होने पर भी रहस्यावृत्त रह गया है।

सन्दर्भ

1. *शेखर : एक जीवनी*, दूसरा भाग, पृ. 247
2. *शेखर : एक जीवनी*, पहला भाग, पृ. 121
3. *शेखर : एक जीवनी*, दूसरा भाग, पृ. 63
4. वही, पृ. 64
5. वही, पृ. 75
6. वही, पृ. 75
7. *शेखर : एक जीवनी*, पहला भाग, भूमिका, पृ. 6
8. वही, पृ. 220
9. वही, पृ. 15
10. वही, पृ. 53
11. *अपने अपने अजनबी*, पृ. 72-73
12. वही, पृ. 34
13. वही, पृ. 98-99
14. वही, पृ. 105
15. वही, पृ. 109
16. *शेखर : एक जीवनी*, पहला भाग, पृ. 144
17. *आत्मनेपद*, पृ. 84
18. वही, पृ. 86
19. मोहन राकेश, *उपन्यास और यथार्थ चित्रण*, आलोचना-13, पृ. 37

शिल्प

औपन्यासिक शिल्प की समस्या अन्य ललित कलाओं की–वास्तु, मूर्ति, चित्र आदि–तुलना में अपेक्षाकृत जटिल है। उपन्यासकार शब्दों के माध्यम से एक कल्पना जगत् की सृष्टि करता है। यह औपन्यासिक संसार वास्तु, मूर्ति और चित्रकला की तरह आँखों का प्रत्यक्ष विषय नहीं बनता और न ही हमारे मानस पटल पर सम्पूर्ण रूप में एक साथ अंकित होता है। हमारी आँखों के सामने तो उपन्यास की पुस्तक मात्र होती है और जैसे-जैसे हम पृष्ठ उलटते हैं वैसे-वैसे उपन्यास की दुनिया, क्रम-क्रम से, उद्घाटित होती है। उपन्यास को हम किसी एकल (सिंगिल) वस्तु के रूप में नहीं, वरन् मनःप्रभावों के प्रवाह या शृंखला रूप में ग्रहण करते हैं। यह मानो एक जुलूस है जो हमारे मन की फिल्म पर अपना चित्र अंकित करता हुआ गुजर जाता है। इस प्रवाह और गति को, पात्रों और दृश्यों की इस शृंखला को, जिसे हमें एक-एक कर, एक निश्चित क्रम में, ग्रहण करना पड़ता है, एक स्थिर 'फार्म' के रूप में, मूर्ति के आकार की तरह, कल्पित करना कठिन है। उपन्यास किसी साकार वस्तु की अपेक्षा एक प्रक्रिया, एक अनुभव मात्र है। प्रायः यह यात्रा इतनी लम्बी, टेढ़ी, भूलभुलैया वाली और अग्रसारी-पश्चगामी गतिविधियों से भरी होती है कि अन्तिम मुकाम पर पहुँच कर भी उसे सम्पूर्ण रूप में, एक चित्र के रूप में, प्रत्यास्मृत करना कठिन होता है।

उपन्यास के इस छाया रूप को पकड़ना, उसे एक अनुशासन गें बाँधना और यह देखना कि उपन्यासकार ने किस कौशल से अपनी औपन्यासिक दुनिया को प्रभावशाली ढंग से प्रस्तुत किया है, उपन्यास शिल्प के विवेचन की प्रमुख समस्या है। उपन्यास के आलोचक को उन मनःप्रभावों को, जो पुस्तक के पृष्ठों से गुजरने के साथ, एक के बाद एक, आते हैं, एक ढाँचे में विन्यस्त करना पड़ता है और यदि आलोचक कुशल शिल्पी की तरह ही अग्रसर नहीं होता तो उसके चूक जाने की सम्भावना होती है। उपन्यास के निर्माण में जिन अनेक पदार्थों का योग होता है उन्हें सही रूप में पहचानना आलोचक के लिए अनिवार्य है।

ये पदार्थ हैं कथा के विविध रूप (फार्म्स) जिनमें कहानी प्रस्तुत की जा सकती

है; और यद्यपि वे मूल रूप में बहुत अधिक नहीं हैं, पर उनके रूपान्तरों और सम्मिश्रणों की संख्या अनन्त है। इनकी पहचान हमें किसी पुस्तक को आलोचनात्मक रूप से पढ़ने से होती है।

उपन्यासकार की एकमात्र समस्या यह होती है कि कहानी कैसे प्रस्तुत की जाए, वह किस प्रकार कही जाए कि इच्छित प्रभाव उत्पन्न हो सके; संकलित तथ्यों कों किस प्रकार प्रदर्शित किया जाय कि वे उस 'अर्थ' को ध्वनित कर सकें जिसे उपन्यासकार ने अनुभव किया है। यहाँ उपन्यासकार द्वारा कहानी 'कहने' की बात कही गयी है, पर उसका लक्ष्य 'कहानी कहना' कदापि नहीं होता। उपन्यास कला की तब तक शुरुआत ही नहीं होती जब तक उपन्यासकार अपनी कथा को प्रस्तुत करने की, इस प्रकार प्रदर्शित करने की, कि वह खुद बोलने लगे, वस्तु नहीं समझता। उपन्यास तथ्यों की शृंखला नहीं, एकल बिम्ब (सिंगिल इमेज) है। तथ्यों का स्वयं में कोई महत्त्व नहीं होता, उनकी सार्थकता पूरी रचना में पूर्णतः प्रयुक्त और विलीन हो जाने में है। उपन्यास में प्रस्तुत वस्तु का सत्य दीखना होता है, सरल कथन या वर्णन द्वारा उसे सत्य दिखाना पर्याप्त नहीं होता।

फिर भी उपन्यासकार 'कहने' के लिए, वर्णन करने के लिए विवश होता है। तोल्सतोय, दोस्तोएव्स्की, फ्लॉबेर, डिकेन्स, हेनरी जेम्स जैसे महान् उपन्यासकार भी कहानी 'कहने' की विवशता से अपने को बचा नहीं पाये हैं, यद्यपि उन्होंने अपनी कथा के मूल अंश को 'नाटकीय' या 'दृश्य' रूप में प्रस्तुत करने में सफलता प्राप्त की है। साथ ही, कहानी का जो अंश उन्हें 'कहना' पड़ता है, उसे भी वे साधारण किस्सागो या किसी सरकारी प्रतिवेदन की तरह नहीं कहते; वे अपने प्रविधि-कौशल से एक मनःप्रभाव की सृष्टि करते हैं। उपन्यासकार कभी तो हमें पात्रों के जीवन के किसी कालखण्ड में घटित किसी विशेष दृश्य या प्रसंग के समक्ष, रू-ब-रू, खड़ा कर देता है और कभी अपने विशेषाधिकार का प्रयोग करके हमें एक ऊँचे स्थान पर अवस्थित कर देता है जहाँ हम उन पात्रों के जीवन का सर्वेक्षण, उनके इतिहास का अवलोकन, करते हैं। उदाहरण के लिए प्रेमचन्द *गोदान* में हमें, उपन्यास के खुलते ही, होरी और धनिया के जीवन में घटित एक 'प्रसंग' के समक्ष खड़ा कर देते हैं, वे खुद वहाँ रहते तक नहीं। हमें किस्सागो या उपन्यासकार के अस्तित्व का भान तक नहीं होता। पर थोड़ी देर बाद प्रसंग समाप्त हो जाता है और उपन्यासकार होरी और धनिया के जीवन की पृष्ठभूमि का सारांश प्रस्तुत करने लगता है। इस वर्णन की विशेषता यह है कि उपन्यासकार किस्सागो की तरह ऊँची आवाज में बोलता नहीं दिखाई देता, वरन् शब्दों के माध्यम से पाठक के मन में प्रभावों की सृष्टि करता है। इस प्रकार 'एक आरम्भिक दृश्य, प्रत्यग्दर्शन और सारांश कथन' यह उपन्यास की बहुप्रचलित प्रविधि है, जिसमें सौ में पच्चानवे उपन्यास लिखे जाते हैं। पर्सी लब्बाक इन्हें 'दृश्यात्मक' (सीनिक) और 'सर्वतोदृश्यात्मक' (पैनॉर्मिक) प्रविधि की

संज्ञा देते हैं। हिन्दी में प्रेमचन्द के समस्त उपन्यास इन्हीं प्रविधियों में लिखे गये हैं। विश्व के अनेक श्रेष्ठ और महान उपन्यासकारों ने, जैसे तोल्सतोय, गोर्की, शोलोखोव, फ्लोबेर, रोम्याँ रोलाँ, विक्टर ह्यूगो, स्तेन्दल, चार्ल्स डिकेन्स, विलियम मेकपीस थैकरे, हेनरी जेम्स आदि, इन प्रविधियों का, अपने-अपने ढंग से, अपने विशेष कौशल का इस्तेमाल करते हुए, प्रयोग किया है। यह प्रविधि उन उपन्यासों के लिए विशेष कारगर होती है जिनका चित्रणीय विषय पूरा समाज, युगीन सत्य और समस्याएँ अथवा किसी वर्ग या समाज विशेष में विकसित होता हुआ और उससे संघर्ष करता हुआ मनुष्य होता है। अतः यह स्वाभाविक ही है कि प्रेमचन्द ने अपने उपन्यासों में केवल इसी प्रविधि का प्रयोग किया है।

पर वर्णन आखिरकार वर्णन ही है और वह चाहे कितने भी प्रभावोत्पादक मनःप्रभाव के रूप में प्रस्तुत किया गया हो, पाठक यह नहीं भूलता कि वह उपन्यासकार द्वारा 'कहा हुआ' है। उसके पीछे लेखक की उपस्थिति और उसकी आवाज का भान होता रहता है, जिसे प्रबुद्ध और विकसित रुचि का आधुनिक पाठक पसन्द नहीं करता। इसके अतिरिक्त कभी-कभी उपन्यासकार को अपनी कहानी में ऐसी परिस्थितियों का सामना करना पड़ता है जहाँ पाठक के लिए उससे अधिक जानना आवश्यक होता है जितना वह अपनी आँखों से पात्रों के कार्यव्यापारों को देख कर जान सकता है। इस स्थिति में उपन्यासकार अनेक वस्तुओं का सामान्य रूप में वर्णन करता है। यहाँ तक कि उसे पात्रों के अन्तर्जगत में बार-बार प्रवेश करके वहाँ के रहस्यों का उद्‌घाटन करना पड़ता है। उपन्यासकार का यह विशेषाधिकार एक सीमा पर पहुँच कर खटकने लगता है। प्रेमचन्द के उपन्यासों में लेखक की सर्वज्ञता अनेकत्र उबाने वाली है।

यह सर्वतोदृश्यात्मक पद्धति की त्रुटि है जिसे दूर करने का प्रयत्न श्रेष्ठ उपन्यासकारों ने वर्णन को नाटकीकृत करके, किस्सागो के स्थान पर 'मैं' का प्रवेश कराकर, किया है। उपन्यास के किसी पात्र को कथाकार के स्थान पर लाकर प्रथम पुरुष की शैली में कहानी को प्रस्तुत करने की यह प्रविधि वर्णित मनःप्रभाव को नाटकीय और तीव्र बनाने में समर्थ होती है। लेखक के ढीले-ढाले और सामान्य 'मैं' के स्थान पर पात्रीकृत 'मैं' का प्रयोग कथा में एक प्रामाणिकता की सृष्टि कर देता है। पात्र की परिचित और नामयुक्त आँखें, जिनके द्वारा पाठक इस चित्र को देखता है, उसे यथातथ्य और वैयक्तिकता प्रदान कर देती हैं। इससे चित्र कोरदार को जाता है; उसे घेरने वाली रेखा के गाढ़ी हो जाने से चित्र का मूल्य बढ़ जाता है। इसके अतिरिक्त प्रथम पुरुष के प्रयोग से कथा में एक ध्वनिविषयक विशेषता भी आ जाती है। इस प्रविधि द्वारा उपन्यासकार को एक भारी और कठिन उत्तरदायित्व से राहत मिल जाती है। अब उसके स्थान पर यह पात्र (प्रथम पुरुष) ही अपनी तरफ से कहानी कहता है, जिसके फलस्वरूप कथा में एक अपरिहार्य अन्विति आ जाती है।

यह प्रथम पुरुष असम्बद्ध और फैली हुई कथा को एक साथ जमा करता है और उसे एकल तथा पूर्ण बना देता है। इसकी दूसरी विशेषता यह है कि आत्मकथात्मक प्रविधि स्वाभाविक, निरंकुश और क्रमहीन दीखती है। हम उपन्यासकार से यह नहीं चाहते कि वह अपने विचारों को क्रमबद्ध आकल्पन (डिजाइन) में सजाए वरन् चाहते हैं कि वह उन्हें मुक्त रूप से विकसित होने दे। कल्पित आत्मकथा के रूप में लिखित उपन्यास को आसानी से यह लाभ मिल जाता है। आत्मकथात्मक प्रविधि का प्रयोग मेरिडिथ, थैकरे, डिकेन्स, हेनरी जेम्स आदि अनेक उपन्यासकारों ने, अपने-अपने ढंग से किया है। हिन्दी में इस प्रविधि का सफल प्रयोग जैनेन्द्र ने *त्यागपत्र* (1937) में किया। इसके बाद तो हिन्दी में यह प्रविधि बहुत ही प्रचलित हुई और अज्ञेय, हजारी प्रसाद द्विवेदी, नागार्जुन आदि ने इस प्रविधि को पूर्णता प्रदान की। अज्ञेय का *शेखर : एक जीवनी* इस प्रविधि में लिखा गया उपन्यास है।

शिल्प का विषय के साथ घनिष्ठ और अन्योन्याश्रित सम्बन्ध होता है। आत्मकथात्मक प्रविधि वहाँ बहुत सफल होती है जहाँ उपन्यासकार को असंख्य पात्रों से भरे संसार का चित्रण करना होता है। उदाहरणार्थ डिकेन्स रचित *डेविड कॉपरफील्ड* को लिया जा सकता है। इस उपन्यास का विषय जीवन का विस्तार है, जिससे होकर डेविड गुजरता है। डिकेन्स की एकमात्र चिन्ता उस मेले को पुनः प्रस्तुत करने की है जो उसके नायक की स्मृति में भरा हुआ है। यह समूचा मनोकल्पना जाल ही उपन्यास का विषय है। डेविड के अतीत में सैकड़ों नर-नारी बसे हैं और वह उनके चित्रण में पूरे वेग से प्रयत्नशील है। पात्रों की इस भीड़ में स्वयं डेविड शायद ही कभी उपन्यास के विषय के रूप में आता है। डिकेन्स उसे असंख्य पात्रों से अलग और विशिष्ट नहीं बनने देता। वह स्वयं को भी एक ऐसे शिशु के—अनेक शिशुओं में एक—रूप में देखता है, जो उसकी स्मृति में बसा हुआ है; पर बाद में वह अपने अनुभव का दर्पण मात्र हो जाता है, जिसे वह इस योग्य नहीं समझता कि उसका चित्रण अपने आप के लिए किया जाए।

आत्मकथात्मक पद्धति का एक अन्य उदाहरण मेरिडिथ रचित *हेरी रिशमंड* है, जो स्पष्टतः ढीले-ढाले रूप में ग्रथित साहसाभियानों की शृंखला है। इस शृंखला को जोड़ने वाला तत्त्व वह युवक (हेरी) है जिसके जीवन में ये घटनाएँ घटित होती हैं। अतः इस कहानी को, जो शिथिल, रूढ़िमुक्त और अनौपचारिक आकल्पन से युक्त है, नायक की जबानी कहला कर ठीक ही किया गया है। किसी भी दूसरे रूप में यह कहानी कदाचित् उतनी विश्वसनीय और प्रभावोत्पादक नहीं बन पाती। पर उपन्यास का लक्ष्य राजवंश की हलचल, प्राचीन आंग्ल सामन्तशाही की शान-शौकत और राजकुमारियों की खोज आदि से भरे बहुरंगी जीवन का चित्र प्रस्तुत करना नहीं है, जैसा किसी को लग सकता है। इसका उद्देश्य है हेरी रिशमंड की शबीह प्रस्तुत करना। उपन्यास का विषय है हेरी रिशमंड जो एक जिन्दादिल युवक है, वह रोमांस

का चक्र नहीं, जिससे वह गुजरता है। *डेविड कॉपरफील्ड* या जैनेन्द्र के *त्यागपत्र* में नायक कथा कहता है, चित्र का निर्माण करता है, पर पाठक के लिए–जो पुस्तक पढ़ते समय चित्र को देखता है–उसमें कुछ भी ऐसा नहीं जो उसका ध्यान उस चित्र से हटकर नेपथ्य में स्थित व्यक्ति पर ले जाए। पाठक का पूरा ध्यान उस जीवन पर केन्द्रित रहता है जिसे वह प्रस्तुत करता है। कथा कहने वाला, यद्यपि वह बहुत स्पष्ट रूप में हमारे समक्ष होता है, गौण होता है। ऐसा लगता है, मानो वह खिड़की से सिर निकाल कर सड़क पर जाते हुए जुलूस का सर्वेक्षण कर रहा है और पाठक उसकी आँखों का प्रयोग करते हुए भी स्वयं उसे ठीक से नहीं देख पाता। पर हेरी रिशमंड के लिए यह चित्र पर्याप्त नहीं है। यहाँ पूरा का पूरा जनाकीर्ण दृश्य किसी नाटक में अभिनीत दृश्य की तरह है और सूत्रधार, कथावक्ता यानी हेरी स्वयं, अग्रभाग में अवस्थित है। यहाँ केवल उसकी आँखों से देखने, उसकी स्मृति का भागीदार होने, और जब प्रस्तुत दृश्य बहुत रोचक हो तो कभी-कभी उसे भूल जाने जैसी बात नहीं। हेरी रिशमंड के विचार, कल्पना और आवेश इस रूपक के केन्द्र हैं। हमारा ध्यान कभी इनसे हट कर उसके भाग्य का निर्माण करने वाले पुरुषों और स्त्रियों पर जाता है, और फिर वहाँ से हट कर उस मस्तिष्क पर चला जाता है जो उनकी सृष्टि करता है। हेरी की चेतना, उसका क्रमशः विस्तार और समृद्धि, हमें हमेशा व्यस्त रखती है।

इस प्रकार किस्सागोई की कला का एक सिद्धान्त यह सामने आता है कि अपनी रामकहानी कहने वाला पात्र वहाँ बहुत सफल होता है जहाँ कहानी केवल उसके बाहर और परे की जिन्दगी का परावर्तन (रिफ्लेक्शन) हो। पर ज्योंही कहानी का गुरुत्वाकर्षण केन्द्र उसके निजी जीवन में आने लगता है, ज्योंही दृश्य की तुलना में वक्ता (रामकहानी कहने वाला) अधिक अवधानता की माँग करने लगता है, उसकी रामकहानी एक ऐसी वस्तु हो जाती है जिसे प्रभावशाली बनाने के लिए अधिक शक्तिशाली प्रविधि की आवश्यकता होती है।

अज्ञेय ने *शेखर : एक जीवनी* में इस कला-सिद्धान्त, शिल्प की बारीकी, का परिचय दिया है। उनके उपन्यास का विषय है शेखर का चरित्र, शेखर के चरित्र की खोज। अज्ञेय ने अपने उपन्यास के विषय को रोम्याँ रोलाँ के *ज्याँ क्रिस्ताफ* के विषय के समान बतलाया है, पर अपनी 'टेकनीक' को उससे भिन्न कहा है। पर यह विषय की समानता और 'टेकनीक' का फर्क इतने सरल रूप में अभिज्ञेय नहीं हो सकता। रोम्याँ रोलाँ अपने उपन्यास में ज्याँ क्रिस्तोफ का व्यक्ति-चित्र प्रस्तुत अवश्य करता है, पर उसका उद्देश्य जर्मनी और फ्रांस के सांस्कृतिक जीवन का बहुरंगी चित्र अंकित करना भी है। इस बृहद्काय उपन्यास में क्रिस्तोफ भी उतना ही महत्त्वपूर्ण है जितना वह समाज जिससे वह जूझता है। इस विषय के चित्रण के लिए रोम्याँ रोलाँ वही शिल्प अपना सकता था, जो हमें उपन्यास में देखने को मिलता है। पर अज्ञेय का विषय सीमित और शेखर में केन्द्रित है। यों उपन्यास में पात्र अनेक हैं–उनकी

संख्या सौ से ऊपर है—पर उन सबकी अवस्थिति शेखर के चरित्र को लेकर ही है। शेखर स्वयं उपन्यास का सम्पूर्ण विषय है, कोई अन्य व्यक्ति या व्यक्ति समूह नहीं। उसके माता-पिता, शशि, शारदा, मदनसिंह, सब पुस्तक में शेखर के कारण ही हैं। वे उसके चारों ओर अवस्थित हैं और उसके चरित्र को रूप और दिशा देते हैं, पर स्वयं में, विषय की दृष्टि से, उनका कोई महत्त्व नहीं है। ऐसी स्थिति में सरल और प्रचलित आत्मकथात्मक प्रविधि की अपर्याप्तता स्वयंसिद्ध हैं। जिस वर्णन या चित्रित मनःप्रभाव को नाटकीयता प्रदान करने के लिए आत्मकथात्मक प्रविधि का प्रयोग किया जाता है, वह *शेखर : एक जीवनी* का विषय ही नहीं है। अज्ञेय इस कला-समस्या से अवगत हैं। इसीलिए उन्होंने उपन्यास के पात्र शेखर को अपनी कहानी के वर्णनकर्त्ता के रूप में पेश नहीं किया है। यद्यपि समूची कहानी हमें शेखर के माध्यम से ही प्राप्त होती है—उपन्यासकार पुस्तक में भूल कर भी नहीं आता—पर वह वर्णित मनःप्रभावों के चित्ररूप में नहीं, नाटक रूप में प्राप्त होती है। यहाँ मस्तिष्क की नाट्यशाला में नाटक भर दिया गया है। पुस्तक आरम्भ करने के साथ ही नाटक शुरू हो जाता है। एक मस्तिष्क अपनी प्रतिक्रियाओं के साथ हमारे सामने है। स्वयं शेखर अपना परिचय देने के लिए भी उसके बाद ही आता है और अपना परिचय भी वह कितना कम देता है। वस्तुतः वह पाठक को एक अवलोकन बिन्दु प्रदान करने मात्र के लिए सामने आता है : "मैं अपने जीवन का प्रत्यवलोकन कर रहा हूँ, अपने अतीत जीवन को दुबारा जी रहा हूँ। मैं जो सदा आगे ही देखता रहा, अपनी जीवनयात्रा के अन्तिम पड़ाव पर पहुँच कर पीछे देख रहा हूँ, कि मैं कहाँ से चल कर किधर-किधर भूल-भटक कर कैसे-कैसे विचित्र अनुभव प्राप्त करके यहाँ तक आया हूँ।...अब मैं अधूरा हूँ पर मुझमें कुछ भी न्यूनता नहीं है; अपूर्ण हूँ, पर मेरी सम्पूर्णता के लिए कुछ भी जोड़ने को स्थान नहीं है। सिवाय इस प्रत्यवलोकन के। शायद, जीवन-पथ के अन्तिम पड़ाव का पाथेय ही यही है, क्योंकि मुझे इससे, और इस मात्र से, तृप्ति मिलती है"[1]... इस संक्षिप्त भूमिका के बाद शेखर एक-एक कर अपने अतीत जीवन की स्मृतियों को दोबारा भोगता है। पाठक से उसका सम्बन्ध टूट जाता है। पाठक को भी अवलोकन बिन्दु की प्राप्ति हो जाती है और उसे कथा कहने वाले पात्र के वर्णन की जरूरत नहीं रह जाती। वह पात्र के मस्तिष्क में प्रवेश कर जाता है। शेखर के मस्तिष्क की रंगशाला का द्वार उसके लिए खुल जाता है, जहाँ अतीत की स्मृतियाँ दृश्यों के रूप में एक-एक कर प्रकट होती हैं। इन स्मृति दृश्यों में कोई क्रम, कोई व्यवस्था, कोई तारतम्य नहीं है : "जैसे मोतियों की माला टूट गयी हो, और बिखरे मोतियों को फिर एक बेतरतीब लड़ी में पिरो दिया जाए, उसी तरह मेरी स्मृतियों की तरतीब उलझ-सी गयी है।"[2] इन स्मृति-दृश्यों में शेखर विभिन्न स्थानों और अवसरों पर कुछ पात्रों से वार्तालाप करता, कहीं स्वगतालाप करता, कहीं अपनी प्रतिक्रियाएँ व्यक्त करता दिखाई पड़ता है।

पर 'प्रवेश' खण्ड में शेखर पाठकों से थोड़ा-बहुत सम्बन्ध बनाये रखता है। हम उसे अपने जीवन की व्याख्या और विश्लेषण ही नहीं, कई सामान्य विषयों पर, जैसे विद्रोही क्या हैं, कैसे बनते हैं, विद्रोह का वास्तविक स्वरूप क्या है, क्रान्तिकारी की बनावट कैसी होती है आदि के सम्बन्ध में विस्तार के साथ विचार व्यक्त करते भी देखते हैं। 'प्रवेश' में शेखर वर्तमान में पाठक के सामने एकालाप करता है और इसी क्रम में अपने अतीत को जीने लगता है, जिसे उसके मस्तिष्क में बैठा हुआ पाठक दृश्यों के रूप में देखता है। इस प्रकार पाठक अतीत और वर्तमान के झूले में झूलता हुआ शेखर से अपना परिचय बढ़ाता जा रहा है। और तभी 'प्रवेश' के अन्त में पाठक पाता है कि शेखर अपनी कहानी 'कहना' नहीं, 'लिखना' चाहता है। 'प्रवेश' में तो शेखर के जीवन की एक झलक मात्र मिलती है, एक पूर्वाभास, जिसे स्पष्ट और पूर्णरूप में प्रस्तुत करने के लिए शेखर लेखनी का सहारा लेने का संकल्प करता है।

शेखर के सामने समस्या पैदा होती है कि वह अपनी 'जीवनी' किस रूप में लिखे? वह सोचता है : "कैसे लिखूँ?...अपनी कहानी में अपने व्यक्तित्व की पूरी इच्छाशक्ति डाल कर, सब्जेक्टिव दृष्टि से विवेचना करते हुए, एक दर्द और आग की भरी ललकार दूँ, या अपने को अपनेपन से बाहर खींच कर एक बाह्य ऑब्जेक्टिव दृष्टि से अपने कर्मों की ओर उनके प्रेरणास्रोतों की परीक्षा लेते हुए एक शान्त, अनासक्त बौद्धिक सन्देश सुनाऊँ, या अपने जीवन को किसी नैसर्गिक शक्ति की दी हुई थाती समझ कर एक ऋणी की भाँति, उसे लौटाते समय पूरा हिसाब चुकाते हुए, किसी भूल-चूक के लिए सफाई देते हुए, एक ब्योरेवार क्षमाप्रार्थी बयान पेश करूँ?...अपने व्यक्तित्व को 'मैं' समझूँ या 'वह' या 'तू'?"[3]

और अन्ततः वह निर्णय करता है : "अतः जिसकी कहानी में निहित सन्देश को मैं प्रकट करूँगा वह 'वह' ही है। उसका नाम है शेखर। वह इस समय मृत्यु की प्रतीक्षा कर रहा है। उसी प्रतीक्षा में वह अपना अपनापन व्यक्त किये जा रहा है; और मैं उसके जीवन के सत्यों को पढ़ कर, उनका निष्कर्ष निकाल कर और शब्दबद्ध करके छोड़े जा रहा हूँ।"[4]

इसके बाद पाठक शेखर द्वारा लिखी गयी *शेखर* की कहानी पढ़ने लगता है। उपन्यास का पाठक *शेखर की जीवनी* का पाठक बन जाता है।

यहाँ हम तनिक रुक कर इस बात पर विचार कर सकते हैं कि उपन्यास को इस प्रविधि का क्या लाभ मिलने की सम्भावना है? पहली चीज कि अज्ञेय अपना उपन्यास 'चेतना प्रवाह' की प्रविधि में नहीं लिखना चाहते थे। 'चेतना प्रवाह' प्रविधि में लिखित मनोवैज्ञानिक उपन्यासों का लक्ष्य मस्तिष्क में चेतनाधारा को उसकी मूल गत्यात्मक अवस्था में, जहाँ अभी उसे तार्किक संगति प्राप्त नहीं हुई रहती, व्यक्त करना होता है। इसकी दुनिया फैन्टेसी और दिवास्वप्न की दुनिया होती है। इस कारण ऐसे उपन्यासों की भाषा भी विशिष्ट प्रकार की अन्तरालाप (इन्टर्नल मोनोलॉग)

की भाषा होती है, जो एक प्रकार का अभाषित प्रवचन है और भावों या विचारों को उनकी मूल अवस्था में, जिस रूप में वे मस्तिष्क में पैदा होते हैं—ज्वार, उफान या तरंगों के रूप में—उसी रूप में पुनः प्रस्तुत करता है। परिणामतः इसकी भाषा संकेतों और प्रतीकों की होती है, जो प्रायः अपने में ही पूर्ण होते हैं और बिना किसी सुसम्बद्ध वाक्य योजना के भी मस्तिष्क के भावों और विचारों को व्यंजित करने में समर्थ होते हैं। यदि अज्ञेय 'चेतना प्रवाह' की प्रविधि अपनाते—जो बहुत सीमित रूप में 'प्रवेश' में अपनायी गयी है—तो उन्हें उपन्यास में सर्वत्र उसके कठिन शिल्प का निर्वाह करना पड़ता। पर न तो *शेखर : एक जीवनी* के विषय को इस शिल्प प्रविधि की अपेक्षा थी, न अज्ञेय को कोई चमत्कार दिखाना था। अतः उससे एक तरफ बचाव के लिए और दूसरी तरफ स्वाभाविकता बनाए रखने के लिए उन्होंने उपन्यास को शेखर की स्वलिखित जीवनी के रूप में प्रस्तुत किया है।

हमने देखा है कि यदि उपन्यास का कोई पात्र ही उसका विषय है तो आत्मकथा की प्रविधि उसके लिए अपर्याप्त होती है। इसीलिए शेखर अपनी कहानी को सब्जेक्टिव दृष्टि से प्रस्तुत करने का विकल्प त्याग देता है। यदि शेखर अपनी कहानी वर्णन के रूप लिखता तो उसका चरित्र प्रभावशाली रूप में सामने नहीं आता। अतः स्वयं को 'वह' के रूप में, अन्य पुरुष के रूप में प्रस्तुत कर उसने आत्मकथा की प्रविधि को नाटकीय प्रभाव से भर दिया है। पाठक को ज्योंही यह जानकारी मिलती है कि शेखर अपनी जीवनी लिख रहा है, वह धीरे से उसके मस्तिष्क में अवस्थित हो जाता है, जो शब्दों के माध्यम से शनैः-शनैः व्यक्त हो रहा है। यह मस्तिष्क कहीं चिन्तनरत दिखाई पड़ता है, कहीं व्याख्या, विश्लेषण और प्रतिक्रिया व्यक्त करता हुआ और कहीं उसमें अतीत का कोई दृश्य भरा होता है। चूँकि कहानी निरन्तर लिखी जा रही है—पाठक उसे इसी रूप में प्राप्त करता है—अतः शेखर का निरन्तर सक्रिय मस्तिष्क पाठक के समक्ष विद्यमान रहता है। यह मस्तिष्क सूत्रधार, व्याख्याता, अभिनेता और रंगमंच की भूमिकाएँ बारी-बारी से पूरी करता है। जब यह सूत्रधार या व्याख्याता के रूप में 'शेखर' की कहानी कहता है, या उसके जीवन के किसी प्रसंग को लेकर अपनी प्रतिक्रियाएँ व्यक्त करता है अथवा उसके जीवन की घटनाओं का विश्लेषण करता है तो हम उसके साथ वर्तमान में होते हैं। यदि यह वर्णन, व्याख्या और विश्लेषण शेखर की जुबानी प्रस्तुत किया गया होता तो उसमें वह विश्वसनीयता और तटस्थता नहीं आ पायी होती जो *शेखर : एक जीवनी* में दिखाई पड़ती है। इस प्रसंग में एक आपत्ति उठायी जाती है कि शेखर अपने बचपन की कुछ ऐसी बातें लिखता है जिन्हें उसने देखा नहीं है। इसी प्रकार बचपन की प्रतिक्रियाएँ अपने सभी ब्योरों के साथ यथावत् किसी को याद नहीं रहतीं, जबकि शेखर उनका ब्योरेवार अनुलेखन करता है। यह वर्णन यदि उपन्यासकार या उपन्यास के किसी दूसरे पात्र के माध्यम से आया होता तो खटकने वाली कोई बात न होती।

अतः आत्मकथा की प्रविधि की अपर्याप्तता यहाँ प्रकट है। आत्मकथा की इस कमजोरी को दूर करने के लिए ही उपन्यासकार ने शिशु शेखर को 'अन्य पुरुष' बना दिया है। स्वयं शेखर को अपने जन्म की धटना ज्यों की त्यों, स्मरण तो नहीं होगी, पर मस्तिष्क में उसकी जो छाप है, उसके आधार पर मृत्यु की प्रतीक्षा करता हुआ शेखर 'शिशु शेखर' का चित्र प्रस्तुत कर सकता है। शेखर खुद इस आपत्ति से अपरिचित नहीं है। हम उसे सोचते पाते हैं : "...एक स्वर पूछता है, यह सब तुमने कैसे जाना?...शिशु शायद जिस समय एक आकारहीन मांसपिंड भर होता है, तभी से वह एक अमिट छाप ग्रहण करने लगता है, जो उसको उत्पन्न करने वाली तात्कालिक शक्तियों की ही नहीं होती, वरन् उससे पहले हुई असंख्य घटनाओं और बाद में होने वाले असंख्य परिवर्तनों की भी होती है...यह छाप पड़ जाती है, और पड़ी रहती है, व्यक्त नहीं होती, हमारी चेतना में नहीं आती, तब तक जब तक कि किसी आकस्मिक प्रेरणा की चोट से किसी समझ में न आने वाले आघात से वह स्पष्ट होकर लहर की तरह हमारे जीवन में नहीं फैल जाती...। ये सब जन्म के समय की बातें, स्वयं उसके अपने मस्तिष्क के अनुलेख तो शायद नहीं हैं। किन्तु वह नहीं कह सकता कि ये उसने कहाँ से पाये, कैसे पाये, पाये भी या नहीं। क्योंकि ये शायद असंख्य विभिन्न मौकों पर विभिन्न असम्बद्ध वाक्यों को सुन कर, टूटी-फूटी मुद्राओं को देख कर, टूटे-फूटे अव्यक्त विचारों को किसी प्रगूढ़ अन्तःशक्ति से भाँप कर एकत्रित किए हुए मनश्चित्रों का पुंज है...कभी-कभी वह स्वयं सोचता है, तब उसे इसका कोई समुचित उत्तर नहीं मिलता। ये सब चित्र सुनी हुई बातों का फल हैं, या उसकी अपनी स्मृति के या उसने सोचते-सोचते ही आत्म-सम्मोहन की शक्ति से अपने को विश्वास दिला दिया है कि उसने ये दृश्य देखे, ये अनुभव प्राप्त किए?...यह प्रश्न अब भी प्रश्न ही है; और प्रश्न ही रहेगा। पर वे चित्र और वे दृश्य, उसके लिए वास्तविक हैं, वह उनका अब भी अनुभव कर सकता है।"[5]

जो प्रश्न शेखर के मन में उठता है, ठीक वही प्रश्न पाठक के मन में भी उठता है, पर जिस उत्तर से शेखर स्वयं को सन्तुष्ट कर लेता है, वह पाठक को पूरी तरह से सन्तुष्ट नहीं कर पाता। आत्मकथा प्रविधि की कमजोरी शिशु शेखर को 'अन्य पुरुष' बना देने के बावजूद दूर नहीं हो पायी है। इन प्रसंगों से गुजरते समय पाठक भूल ही जाता है कि वह शेखर द्वारा लिखित 'जीवनी' पढ़ रहा है। सर्वज्ञ स्वयं लेखक हो या उपन्यास का पात्र इससे कोई फर्क नहीं पड़ता।

पर इस प्रविधि की सार्थकता वहाँ निर्विवाद है, जहाँ शेखर अपनी स्मृतियों को जीवन्त दृश्यों के रूप में प्रस्तुत करता है। यह प्रभाव आत्मवर्णन के द्वारा नहीं पैदा किया जा सकता था। इन प्रसंगों को नाटकीय दृश्यों के रूप में भी इतने शक्तिशाली ढंग से प्रस्तुत नहीं किया जा सकता था। *शेखर : एक जीवनी* में असंख्य ऐसे दृश्य हैं जो शेखर के मस्तिष्क में पुनर्घटित हैं। फाँसी की प्रतीक्षा

करता हुआ शेखर जिस 'शेखर' की जीवनी लिख रहा है, उसमें ये प्रसंग उसी रूप में आये होंगे, जिस रूप में ये प्रस्तुत किये गये हैं, नामुमकिन है। हमें यह भली-भाँति समझ लेना चाहिए कि शेखर अपनी 'जीवनी' मात्र नहीं लिख रहा है। 'जीवनी' में तो केवल वही बातें लिखी जाती हैं जो तथ्य होती हैं, जिनका साक्ष्य होता है। शेखर शशि की प्रेरणा से, उसकी इच्छा पूरी करने के लिए, एक 'कलावस्तु' गढ़ रहा है। वह उपन्यासकार है, ऐसा तो कहीं उल्लेख नहीं है, पर वह एक लेखक है। जब तक शशि जीवित रही, वह उसकी परिचर्या और जीवन संघर्ष में इस प्रकार उलझा रहा कि उसका भोगा हुआ यथार्थ अनुभूति का सच नहीं बन पाया। शशि के मरने के बाद चार-पाँच वर्षों तक उसकी जीवनचर्या किस ढंग की रही, यह हमें नहीं मालूम। पर शशि की इच्छा थी कि शेखर बड़ा लेखक बने, वह अपने अनुभव को कलावस्तु के रूप में ढालने में सफलता प्राप्त करे। शशि की इस इच्छापूर्ति के लिए ही वह 'जीवनी' लिख रहा है। कहने मात्र को यह उसकी 'जीवनी' है; वस्तुतः यह एक ऐसे पात्र की कहानी है, जिससे वह अभिन्न तो है, पर वह ठीक 'जीवनी' है, ऐसा नहीं कहा जा सकता। यह एक उपन्यास है, जिसे शेखर लिखता है। वह अपने जीवन को दोबारा जीता है और लिखता है। शेखर के जीवन के प्रसंग लेखक के मस्तिष्क में पुनः घटित होते हैं, जिन्हें दिखाने के लिए पाठक को शेखर के मस्तिष्क में अवस्थित करना आवश्यक था।

शेखर : एक जीवनी के शिल्प के सम्बन्ध में एक दूसरी आपत्ति यह उठती है कि जहाँ पहले भाग में, जिसमें शेखर की सत्रह वर्ष की उम्र तक की कहानी है, विभिन्न स्मृतियों से जुड़े प्रसंग छोटे-छोटे हैं और इसलिए विश्वसनीय हैं, वहाँ दूसरे भाग में लम्बे-लम्बे वार्तालाप हैं, स्थान विशेष के ब्योरेवार वर्णन हैं, स्वयं अपना ही उस समय का चिन्तन है, अपने पिता की उनके मुख से सुनी दास्तान है। इतना ही नहीं, कहीं-कहीं शेखर दूसरे पात्रों, जैसे शशि के साथ घटित बातें भी, जिनका वह प्रत्यक्ष साक्षी नहीं है, लिखता है। इस प्रकार के विवरण, वार्तालाप, चिन्तन और उपकथाएँ दृश्यात्मक-परिदृश्यात्मक प्रविधि वाले उपन्यास के लिए तो ठीक हैं, पर प्रत्यग्दर्शन प्रविधि में इनकी संगति नहीं दीखती। हमने प्रारम्भ में ही देखा है कि यह आत्मकथात्मक प्रविधि की अन्तर्निहित कमजोरी है जिसे दूर करने के लिए उपन्यासकार को विशेष रूप से सावधान रहना पड़ता है। अज्ञेय दूसरे भाग में निश्चय ही अपनी शिल्प-प्रविधि के निर्वाह में चूक गये हैं। दूसरे भाग को पढ़ते समय पाठक यह अनुभव नहीं करता कि वह शेखर के मस्तिष्क में अभिनीत होते हुए दृश्यों का अवलोकन कर रहा है। यह एक परम्परागत ढंग का 'उपन्यास' बन गया है, जिसमें घटनाओं का अनुक्रम, वर्णन, संवाद, मार्मिक प्रसंग, उपकथाएँ आदि मिले-जुले रूप में रहते हैं। दूसरे भाग में शेखर अपने नायक की, जो वह खुद ही है, कहानी कहने लगता है। इस भाग में हम शेखर को अतीत से वर्तमान में आते हुए बहुत कम देखते

हैं। वह अपने वर्तमान में कभी-कभी लौटता जरूर है पर जैसे शिल्प के निर्वाह मात्र के लिए।

शेखर : एक जीवनी के शिल्प के सम्बन्ध में एक दूसरी आपत्ति यह है कि 'जीवनी' लिखने वाला शेखर फाँसी की प्रतीक्षा करने वाले शेखर से अपने को भिन्न मान कर कैसे चल सकता है। लेखक शेखर कहता है : "...जिसकी कहानी में निहित सन्देश को मैं प्रकट करूँगा, वह 'वह' ही है। उसका नाम है शेखर। वह इस समय मृत्यु की प्रतीक्षा कर रहा है। उसी प्रतीक्षा में वह अपनापन व्यक्त किये जा रहा है; और मैं उसके जीवन के सत्यों को पढ़ कर उनका निष्कर्ष निकाल कर और शब्दबद्ध करके छोड़े जा रहा हूँ।"[6] समझ में नही आता कि इस कथा के शेखर में और मृत्यु की प्रतीक्षा करने वाले शेखर में क्या अन्तर है। माना कि शेखर लेखक है और टी.एस. इलियट के कला-सिद्धान्त का जीवन्त विग्रह है, पर अज्ञेय ने इन दोनों 'शेखरों' के बीच जो अन्तर करना चाहा है, वह जरूरत से ज्यादा महीन हो गया है। जहाँ तक शिशु शेखर को अन्य पुरुष के रूप में देखने की बात है, वहाँ तक तो ठीक है, पर ज्यों-ज्यों शेखर अपने सुदूर अतीत से निकटतर अतीत की ओर बढ़ता है, यह प्रविधि अपर्याप्त होने लगती है। इस बात पर आश्चर्य होना स्वाभाविक है कि तीसरे भाग में—जो प्रकाशित भले न हो पाया हो, पर शिल्प की दृष्टि से जिसे 'लिखित' रूप में पूरा होना ही चाहिए—जब कथा का शेखर फाँसी चढ़ने को होगा तब 'प्रवेश' का शेखर अपने को उससे भिन्न कैसे रख सका होगा।

मुझे लगता है कि जिस अवलोकन बिन्दु से लेखक-शेखर अपने जीवन का प्रत्यग्दर्शन कर रहा है उसके अनुरूप 'अन्य पुरुष' की प्रविधि प्रथम भाग में ठीक ही अपनायी गयी है और इस प्रविधि के माध्यम से सुदूर अतीत के प्रसंगों को प्रस्तुत करने तथा उनके आधार पर 'नियति के सूत्र' को पहचानने में उसे पूरी सफलता मिलती है; पर निकटतर अतीत के प्रस्तुतीकरण में यह प्रविधि अपर्याप्त हो गयी है। इस प्रविधि की सार्थकता और स्वाभाविकता तब होती जब समूचा उपन्यास सर्वथा अनुक्रमरहित प्रसंगों के रूप में निर्मित होता और निकटतर अतीत को उसमें शामिल नहीं किया जाता। कोई जरूरी नहीं था कि उपन्यास के तीन भाग होते, और यदि जीवनी को तीन भागों में लिखना था और प्रत्येक परवर्ती भाग के साथ शेखर को अपने निकटतर अतीत में आना था, तो उसके साथ 'जीवनी' के प्रस्तुतीकरण की प्रविधि में भी परिवर्तन जरूरी था। यह न करके एक ही प्रविधि से उपन्यास को बाँध कर अज्ञेय ने अपने विषय की सम्भावनाओं को जड़ित कर दिया है।

उपन्यास के शिल्प को न केवल अपने विषय के लिए सर्वाधिक उपयुक्त होना चाहिए वरन् उसे स्वाभाविक और विश्वसनीय भी मालूम पड़ना चाहिए। *शेखर : एक जीवनी* में फाँसी की प्रतीक्षा करता हुआ शेखर लगभग 500 पृष्ठों की 'जीवनी' लिख डालता है। (यदि तीसरा भाग भी उसने लिख लिया हो तो उसमें 250 पृष्ठ और जोड़

दिये जा सकते हैं।) एक प्रश्न पाठक के मन में उठ सकता है कि ये पाँच सौ या साढ़े सात सौ पृष्ठ कितने दिनों में लिखे जा सकते हैं? क्या ब्रिटिश शासन में इतने दिनों तक किसी आतंकवादी क्रान्तिकारी को फाँसी की प्रतीक्षा करनी पड़ सकती थी? यह प्रश्न भी उठ सकता है कि फाँसी की सजा पाये व्यक्ति की मनःस्थिति क्या ऐसी हो सकती है कि वह *शेखर : एक जीवनी* जैसा उपन्यास मरने के पहले लिख जाए? क्या ब्रिटिश शासन में फाँसी की सजा पाए व्यक्ति को कागज, कलम और लालटेन मिल जाती थी? ये प्रश्न इसलिए उठते हैं कि शेखर अपने जीवन का प्रत्यवलोकन लिख कर, कर रहा है। अतीत का प्रत्यवलोकन ऐसे भी हो सकता था; अन्तरालाप की शैली में वह अपने चरित्र का विश्लेषण कर सकता था। तब आत्मकथा के 'लिखित' होने से जो असंगति पैदा हो गयी है, वह नहीं होती।

शेखर : एक जीवनी के शिल्प के सम्बन्ध में उठने वाली इन आपत्तियों को नजरअन्दाज नहीं किया जा सकता। फिर भी शिल्प प्रविधि की नवीनता और प्रयोग की दृष्टि से इस उपन्यास के महत्त्व को अस्वीकार नहीं किया जा सकता। इस उपन्यास में अज्ञेय ने शिल्प की एक नयी सम्भावना का द्वार खोला जो इसके पूर्व हिन्दी जगत के लिए अपरिचित था। हिन्दी उपन्यास में प्रत्यग्दर्शन प्रणाली का प्रयोग इतने बड़े पैमाने पर और इतने जटिल रूप में इसके पहले नहीं हुआ था और यह भी बड़े आत्मविश्वास के साथ कहा जा सकता है कि बाद में भी किसी उपन्यासकार ने इसका इससे अच्छा उपयोग नहीं किया है।

अज्ञेय के दूसरे उपन्यास *नदी के द्वीप* में मुख्य रूप से उपन्यास की परम्परागत शिल्पविधि–दृश्यात्मक और परिदृश्यात्मक प्रविधि–प्रयुक्त हुई है। उपन्यासकार आरम्भ से अन्त तक अपने सर्वज्ञता के विशेषाधिकार के साथ विद्यमान रहता है और पात्रों की रूपरेखा, उनके इतिहास, परिवेश, कार्यकलाप, यहाँ तक कि उनकी सोच और मानसिकता का भी अपने शब्दों में वर्णन करता है। बीच-बीच में अवलोकन बिन्दु का परिवर्तन होता है और पाठक अपने को किसी अभिनीत होते हुए दृश्य के सामने पाता है जहाँ वह पात्रों की बातचीत सुनता है और उन्हें सक्रिय रूप में देखता है। अज्ञेय अपने वर्णनों द्वारा पात्रों तथा उनके परिवेश का मनःप्रभाव (इम्प्रेशन) पैदा करने में उतने ही समर्थ हैं, जितने कार्य और वार्तालापरत पात्रों के जीवन्त दृश्यों के निर्माण में। उपन्यास में इस प्रकार के असंख्य वर्णनों और दृश्यों के मिश्रण से कथा जगत को मूर्त करने की कोशिश की गयी है।

नदी के द्वीप दस अध्यायों में बँटा है। इन अध्यायों के नाम उपन्यास के प्रमुख पात्रों : भुवन, चन्द्रमाधव, गौरा और रेखा के नाम पर हैं। प्रत्येक पात्र को दो-दो अध्याय दिये गये हैं और दो अध्याय अन्तराल शीर्षक से हैं। इनका क्रम है : भुवन–चन्द्रमाधव–गौरा–अन्तराल–रेखा–भुवन–चन्द्रमाधव–रेखा–अन्तराल–गौरा–उपसंहार।

उपन्यासकार ने बारी-बारी से इन पात्रों के चरित्र पर विभिन्न कोणों से प्रकाश डालने तथा उनकी संवेदनाओं को उभारने का प्रयास किया है।

जैसा हमने ऊपर कहा है, *नदी के द्वीप* में मुख्य रूप से दृश्यात्मक और परिदृश्यात्मक प्रविधियाँ ही प्रयुक्त हुई हैं। पर उपन्यासकार ने परम्परागत किस्सागो के समक्ष आत्मसमर्पण नहीं कर दिया है। यद्यपि वह अपने पात्रों की कहानी कहता है, उनके परस्पर सम्बन्धों, मनोभावों, विचारों—वे क्या करते हैं यही नहीं बल्कि वे क्या सोचते हैं यह भी—आदि का पूरा वर्णन करता है, पर वह बीच-बीच में इस प्रविधि को अन्य प्रविधियों द्वारा बल देने से नहीं चूकता। हम जानते हैं कि उपन्यासकार द्वारा किया गया वर्णन एक बिन्दु के बाद अपनी शक्ति खो बैठता है और उसे प्रभावोत्पादक बनाने के लिए नाटकीय शक्ति से सम्पन्न करना पड़ता है। इसका एक उपाय वर्णनकर्त्ता को किसी पात्र के रूप में प्रतिष्ठित कर देना है जिसका उदाहरण *शेखर : एक जीवनी* है। इस प्रविधि को वर्णनकर्त्ता पात्र की प्रत्यग्दर्शन की मनःस्थिति में डाल कर और भी अधिक नाटकीय बनाया जा सकता है, और जहाँ पात्र स्वयं ही उपन्यास का विषय हो, वहाँ यह प्रविधि बहुत कारगर होती है। चूँकि *नदी के द्वीप* के चारों प्रमुख पात्र ही उपन्यास के विषय हैं, अतः उपन्यासकार बीच-बीच में उन्हें, विशेष कर रेखा और भुवन को, प्रत्यग्दर्शन की मनःस्थिति में प्रस्तुत करता है। प्रथम अध्याय में भुवन का अपनी ओर से संक्षिप्त चित्र प्रस्तुत करने बाद उपन्यासकार उसे प्रत्यवलोकन की मनःस्थिति में डाल देता है। अब पाठक न कथाकार के वर्णन द्वारा भुवन का मनःचित्र प्राप्त करता है, न नजदीक से उसे देखता है; अब वह उसके मस्तिष्क में प्रवेश कर जाता है और उसके मस्तिष्क में जो स्मृतियाँ चलचित्र के रूप में आती हैं, उन्हें देखता है। ये स्मृतियाँ कभी तो मनःप्रभावों के रूप में उभरती हैं और कभी दृश्यों के रूप में। वस्तुतः यह परिदृश्यात्मक और दृश्यात्मक प्रविधियों का ही रूपान्तर है, पर इन्हें पात्र की चेतना का अंग बना कर विशेष शक्ति प्रदान कर दी गयी है। भुवन की चेतना में लखनऊ के हजरत गंज में स्थित काफी हाउस, चन्द्रमाधव, रेखा आदि से सम्बद्ध चित्र उसी प्रकार उभरते हैं, जिस प्रकार कथाकार द्वारा वर्णित चित्र पाठक के मन में; कहीं-कहीं तो भ्रम होता है कि वे लेखक द्वारा वर्णित हैं, पर भुवन की चेतना से सम्बद्ध होने के कारण ये चित्र नये अर्थ और प्रभाव से भर जाते हैं। पाठक वह नहीं देखता जो उपन्यासकार देखता है, बल्कि वह देखता है जो भुवन के मस्तिष्क पर अंकित है। ये चित्र भुवन की चेतना से जुड़ कर शक्तिशाली बन गये हैं। इसी प्रकार भुवन के मस्तिष्क की खिड़की से पाठक जिन दृश्यों का अवलोकन करता है वे दृश्य साफ और प्रभावोत्पादक तो हैं ही, साथ ही वे भुवन की संवेदना को भी पूर्णतः उद्घाटित करते हैं।

प्रत्यग्दर्शन जितना भुवन करता है उतना अन्य पात्र नहीं करते। चन्द्रमाधव तो प्रत्यवलोकन में विश्वास ही नहीं करता, अतः उपन्यासकार ने उसे कहीं भी इस

मनःस्थिति में नहीं प्रस्तुत किया है। अधिक-से-अधिक वह उसकी मनःस्थिति का चित्र अंकित करता है और क्षण दो क्षण के लिए पाठक को उसके चेतना-वृत्त में ले जाता है। दूसरे अध्याय में चन्द्रमाधव को सिनेमाघर में पहुँचा कर उपन्यासकार उसके निकट अतीत में घटे प्रसंगों के जो चित्र और दृश्य प्रस्तुत करता है वे चन्द्रमाधव की चेतना से जुड़े नहीं प्रतीत होते। पाठक को चन्द्रमाधव से सम्बन्धित सारे तथ्य कथाकार के वर्णन और उसी के द्वारा प्रस्तुत दृश्यों के रूप में प्राप्त होते है। इन वर्णनों में हमें न केवल चन्द्रमाधव की कहानी प्राप्त होती है, वरन् उसके चरित्र के सम्बन्ध में कथाकार की टिप्पणियाँ भी। चन्द्रमाधव वस्तुतः केवल सतह पर जीता है। वह मानता है कि जो सतह पर है वह सच है; सतह के नीचे कुछ नहीं है, सिर्फ धोखा है। अतः उसके चरित्र को देखते हुए उससे प्रत्यवलोकन न करा कर उपन्यासकार ने ठीक ही किया है। कभी-कभी उससे पत्र लिखा कर उपन्यासकार पाठक का प्रवेश उसके मस्तिष्क में कराता है, जिससे हम उसके विचारों तथा भावनाओं से अवगत होते हैं।

प्रत्यवलोकन गौरा भी प्रायः नहीं करती और रेखा केवल दो-तीन स्थानों पर इस मनःस्थिति में दिखाई पड़ती है। गौरा संवेदनशील तो है, पर अन्तर्मुखी नहीं है अतः प्रत्यवलोकन की प्रवृत्ति उसकी नहीं है। वह अपनी भावनाएँ पत्र और डायरी-लेखन के रूप में व्यक्त करती है। रेखा उपन्यास के अन्य पात्रों की अपेक्षा कहीं ज्यादा संवेदनशील है और कुछ-कुछ अन्तर्मुखी भी है। अतः वह कभी-कभी प्रत्यवलोकन की मनःस्थिति में दिखाई पड़ती है। पर ज्यादातर वह अपनी भावनाओं को डायरी-लेखन और पत्रों के रूप में ही व्यक्त करती है।

स्पष्ट है कि *नदी के द्वीप* में डायरी और पत्र लेखन की प्रविधि प्रचुर मात्रा में प्रयुक्त हुई है। न केवल 'अन्तराल' शीर्षक दो अध्याय (पृ. 85-97 और पृ. 247-283) केवल पत्रों के रूप में लिखित हैं, वरन् अन्य अध्यायों के बीच में भी पात्रों के पत्र और डायरी रूप में लिखित पृष्ठ हैं। पात्रों के बीच पत्रों के आदान-प्रदान के बहाने उपन्यासकार स्वयं को बहुत-सी बातें खुद कहने की जिम्मेदारी से बचा लेता है। अज्ञेय इस बात को जानते हैं कि जब तक कथाकार पात्रों के बारे में कुछ कहता रहता है तब तक तो वह सह्य होता है, पर ज्योंही वह अपनी तरफ से कोई विचार या दर्शन पेश करने लगता है या किसी पात्र से, वार्तालाप के रूप में, किसी विषय पर प्रवचन कराने लगता है तो वह असह्य हो उठता है। पत्रों के माध्यम से यह कार्य आसान और स्वाभाविक हो जाता है।

पर *नदी के द्वीप* में पत्रात्मक प्रविधि का प्रयोग इससे अधिक कलात्मक अनिवार्यता के रूप में हुआ है। इस प्रविधि के द्वारा अज्ञेय ने कथावर्णन की प्रणाली को नाटकीयता प्रदान कर उसमें एक शक्ति भर देने का प्रयास किया है।

पत्रात्मक प्रविधि द्वारा कथा के प्रस्तुतीकरण की कला अंग्रेजी उपन्यास में बहुत

पुरानी है। इस प्रविधि का सर्वोत्तम और सर्वाधिक बड़े पैमाने पर उपयोग रिचर्डसन ने *क्लेरिसा* में किया है। पत्रात्मक प्रविधि का प्रयोग *क्लेरिसा* में उस सीमा तक किया गया है, जहाँ पहुँच कर वह बिलकुल चुक जाती है। यदि कोई उपन्यासकार पत्रों के रूप में उपन्यास लिखना चाहता है तो *क्लेरिसा* से बढ़ कर कोई दूसरा मार्ग दर्शक उसके लिए नहीं हो सकता। हिन्दी में अज्ञेय के पूर्व पत्रात्मक प्रविधि का प्रयोग बेचन शर्मा उग्र, अनूपलाल मंडल आदि ने किया था, पर उन्होंने इस प्रविधि का केवल ढाँचा भर लिया , वे उसे कोई सार्थकता प्रदान नहीं कर सके। अज्ञेय ने, जैसा स्पष्ट है, इस प्रविधि का सीमित, पर शक्त, प्रयोग किया है।

पत्रात्मक प्रविधि भी प्रथम पुरुष की कथावर्णन प्रणाली को नाटकीय बनाने का प्रयास है। जो भी उपन्यासकार पत्रों की शृंखला या प्रतिदिन की डायरी की सहायता से कहानी का निर्माण करता है वह निश्चित रूप से एक क्रियारत मस्तिष्क को प्रदर्शित करने या किसी हृदय के भीतर की हलचल और विक्षोभ को नाटक रूप में दिखाने की कोशिश करता है। उपन्यासकार इस प्रविधि के द्वारा अपने पात्रों की जिन्दगी के निकटतम सम्पर्क में आना चाहता है और पाठक को उसके मध्य में स्थापित कर देना चाहता है।

अज्ञेय ने भी इस पद्धति का प्रयोग इसी उद्देश्य से किया है। दृश्यात्मक परिदृश्यात्मक तथा प्रत्यग्दर्शन प्रविधियों के द्वारा विभिन्न पात्रों का चित्र प्रस्तुत करने के बाद जब उपन्यासकार को एक साथ सभी पात्रों के मस्तिष्क में प्रवेश करने की जरूरत महसूस होती है तो वह पत्रों का सहारा लेता है। उपन्यास में ऐसी स्थिति तब आती है जब पात्र एक समय में विभिन्न स्थानों पर अवस्थित होते हैं। ऐसी परिस्थिति में किसी भी दूसरी प्रविधि के द्वारा पात्रों के मस्तिष्क की क्षुब्धावस्था का प्रभावपूर्ण और विश्वसनीय ढंग से प्रस्तुतीकरण नहीं हो सकता। अज्ञेय ने पात्रों द्वारा लिखित पत्रों और डायरी के पृष्ठों के माध्यम से उनके मस्तिष्क को अनावृत कर दिया है जहाँ की हलचल और उद्वेग को, सोच और मानसिकता को, आलोड़न-विलोड़न और ऊहापोह को हम निकट से देख सकते हैं। यदि इन्हें संगृहीत दस्तावेज का रूप दिया गया होता, तो वह प्रभाव नहीं पैदा होता जिसे उत्पन्न करने में अज्ञेय सफल हुए हैं। जब हम रेखा, भुवन, गौरा या चन्द्रमाधव के पत्र पढ़ते हैं तो लगता है हम उस क्षणविशेष में उनके हृदय की धड़कनों और संवेदनाओं को सुन तथा अनुभव कर रहे हैं। पाठक सच्चे अर्थ में उनके जीवन का भागीदार बन जाता है, उनके साथ जीने लगता है। इस प्रकार अज्ञेय ने संवेदना के नाटकीयकरण की उस प्रणाली का बहुत सफल प्रयोग *नदी के द्वीप* में किया है, जिसका पिता रिचर्डसन माना जाता है।

कुल मिला कर *नदी के द्वीप* शिल्प की दृष्टि से एक सफल प्रयोग है। यद्यपि *शेखर : एक जीवनी* की तरह इसके शिल्प ने समकालीन उपन्यास-पाठकों को चौंकाया नहीं, पर अज्ञेय की प्रयोगधर्मिता यहाँ बरकरार है। पत्रात्मक प्रविधि का

उपयोग जैसा अज्ञेय ने इस उपन्यास में किया वैसा उसके पूर्व, और बाद में भी, हिन्दी उपन्यास में और किसी ने नहीं किया।

कला का एक स्वीकृत सिद्धान्त है कि प्रत्येक रचनाकार अपनी कृति के लिए एक विशिष्ट शिल्प की खोज करता है। उपन्यास की मूल शिल्पप्रविधियाँ तो सीमित हैं पर उनके परस्पर मिश्रण और एक पर दूसरे के आरोपण से उसके असंख्य रूप बन जाते हैं। अज्ञेय ने अपना 'मिश्रण' खुद तैयार किया है, जो विशिष्ट होने के साथ-साथ उपन्यास में प्रतिपाद्य विषय को सफलतापूर्वक प्रस्तुत करने में भी समर्थ है।

अपने अपने अजनबी में भी अज्ञेय ने मुख्य ढाँचे के रूप में अन्य पुरुष की वर्णनात्मक प्रविधि को प्रमुखता दी है। उपन्यास का आरम्भिक परिच्छेद लेखक द्वारा प्रस्तुत वर्णन के रूप में ही है, जिसमें दो पात्रों की—योके और सेल्मा की—बातचीत भी कथाकार की ओर से ही प्रस्तुत की गयी है। उपन्यासकार अन्तर्यामी के रूप में पात्रों के मन की बातें भी पाठक को बताता है। इस प्रकार वर्णन द्वारा पाठक के मन में चित्र (इम्प्रेशन) अंकित करने की प्रविधि से उपन्यास का आरम्भ किया गया है।

पर आठ पृष्ठों के बाद ही उपन्यासकार इस प्रविधि को छोड़ देता है। हम देख चुके हैं कि वर्णनात्मक प्रविधि एक बिन्दु के बाद अविश्वसनीय और अशक्त हो जाती है तथा उसे पुनः शक्त बनाने के लिए नाटकीय प्रविधि की आवश्यकता होती है। *अपने अपने अजनबी* में अज्ञेय ने इस उद्देश्य से डायरी प्रविधि का प्रयोग किया है। योके सेल्मा के साथ बर्फ के नीचे दबे मकान में तीन-चार महीनों के लिए कैद हो गयी है। उसकी बाहरी दुनिया दो कमरों और रसोईघर तक सीमित हो गयी है। बाह्य कार्यकलाप खाने-पीने, आपस में बातें करने और सोने तक सीमित रह गया है। अब जो कुछ है, योके का मनोजगत है। यदि उपन्यासकार अपने वर्णन के रूप में योके के आन्तरिक संसार का चित्र प्रस्तुत करता तो वह प्रभावशाली और विश्वसनीय नहीं होता। योके के मुख से उसकी अपनी कहानी भी बकवास जैसी प्रतीत होती पर डायरी की प्रविधि ने योके की मानसिकता को एक जीवन्त सत्य के रूप में परिणत कर दिया है। योके इस दमघोंटू परिस्थिति में अभिव्यक्ति का कोई और मार्ग न पाकर डायरी लिखती है। उसके सामने और कोई चारा नहीं है। सेल्मा उसके लिए अजनबी है। सेल्मा की मानसिकता उसकी मानसिकता से इतनी भिन्न है कि दोनों साथ रह कर भी एक दूसरे के लिए अजनबी रहती हैं। इस स्थिति में योके के लिए आत्माभिव्यक्ति का एक ही मार्ग बच रहा है : डायरी लेखन। वह लगभग प्रतिदिन डायरी लिखती है और उससे न केवल उसके प्रतिदिन के कार्यकलाप का ब्योरा प्राप्त होता है, वरन् उसका मस्तिष्क अपने पूरे सक्रिय रूप में हमारे समक्ष अनावृत्त होता जाता है। योके के मानसिक क्षोभ, मृत्यु-भय से उत्पन्न निराशा, अवसाद और कुढ़न, अपनी स्थिति के प्रति आक्रोश और विवश क्रोध, ईश्वर

के प्रति अनास्था, सेल्मा के प्रति एक अनवरत विरोध, ये सारे मनोभाव एक-एक कर डायरी के पृष्ठों में व्यक्त होते हैं। प्रत्येक दूसरी सुबह योके अजनबीपन के नये बोध से भर जाती है, उसके मन में एक अनवरत तनाव और हताशा का भाव है, जिसे व्यक्त करने के लिए डायरी के अतिरिक्त और कोई दूसरी प्रविधि उतनी प्रभावशाली नहीं हो सकती थी।

योके डायरी में अपनी मानसिकता का चित्र प्रस्तुत करने के साथ सेल्मा का वर्णन भी करती है, पर सेल्मा की मानसिकता उसके लिए एक अबूझ पहेली बनी रहती है। सेल्मा की मानसिकता को समझने के लिए उसके अतीत को जानना आवश्यक है। पर सेल्मा के अतीत की प्रस्तुति या तो स्वयं उपन्यासकार अपने विशेषाधिकार का प्रयोग करते हुए कर सकता था या सेल्मा को प्रत्यवलोकन की मनःस्थिति में डाल कर। उपन्यासकार ने अपने विशेषाधिकार का प्रयोग करना ही पसन्द किया है, पर इसकी अस्वाभाविकता को मिटाने के लिए एक विशेष बात जोड़ दी है। मरणासन्न सेल्मा उखड़ती साँसों के अनेक अन्तरालों में, टुकड़ों-टुकड़ों में, अपनी कहानी योके को सुनाती है। पर इस रूप में योके ही सेल्मा की कहानी सुनती है। पाठक तो सेल्मा द्वारा कही कहानी के आधार पर उपन्यासकार द्वारा वर्णनों और दृश्यों के रूप में प्रस्तुत कहानी ही प्राप्त करता है। इसके बाद ही सेल्मा की मृत्यु हो जाती है और उपन्यासकार योके के कार्यव्यापारों और मानसिक तनाव का वर्णन अपने शब्दों में करता है।

'योके' शीर्षक अन्तिम अध्याय में उपन्यासकार पुनः उपन्यास की परम्परागत प्रविधि में जगन्नाथन और योके के कार्यव्यापारों का वर्णन करता है तथा एक प्रभावशाली दृश्य की योजना करता है। योके के प्रलापों और अन्तिम कथनों से उसकी मानसिकता की एक झाँकी मिलती है। यह एक सर्वथा नाटकीय दृश्य है जो कथावर्णन की प्रणाली की त्रुटियाँ दूर करता है।

इस प्रकार *अपने अपने अजनबी* में भी अज्ञेय ने विषय के प्रस्तुतीकरण के लिए किस्सागोई की कई प्रविधियों का मिश्रण तैयार किया है तथा नाटकीय प्रविधि द्वारा तृतीय पुरुष की वर्णन प्रविधि को प्रबलित करके शिल्प की समस्या हल की है।

शिल्प की दृष्टि से *छाया मेखल* इस अर्थ में उल्लेखनीय माना जा सकता है कि इसमें दृश्यात्मक और परिदृश्यात्मक प्रविधियों के मिश्रण का ऐसा कौशल अपनाया गया है जो किसी भी उपन्यासकार के लिए ईर्ष्य हो सकता है। पर *बीनू भगत* शिल्प की दृष्टि से एक नये प्रयोग का उदाहरण प्रस्तुत करता दिखाई देता है। इसका शीर्षक *बीनू भगत* है, इसलिए उपन्यास की सभी 'कथाओं' का सन्दर्भ उससे जुड़ना ही चाहिए; पर उपन्यासकार उसे किस रूप में जोड़ता, इसे जानने का कोई सूत्र हमारे

पास नहीं है। वह *बहती गंगा* की तरह कथ्य से सम्बद्ध कहानियों के समुच्चय के रूप में भी हो सकता था या उपन्यासकार अपने *विजन* के अनुसार किसी अन्य प्रविधि का आविष्कार कर सकता था। जहाँ तक इस उपन्यास की इकाइयों का सवाल है, पहली इकाई में कोई 'कथा' नहीं है ; एक स्थिति अवश्य है, जो लगभग स्थिर और किसी मानवीय व्यापार से रहित है। दूसरी इकाई में संवेदना का एक चमकता हुआ बिम्ब जरूर है, पर उसमें भी कोई कथा नहीं है। उसमें पृष्ठभूमि के रूप में जो 'स्थिति' निर्मित की गयी है, वह मानवीय संवेदना और कार्यकलाप से युक्त होने के कारण बिम्ब रूप में ग्राह्य तो हो गयी है, पर उसमें भी कोई विकास नहीं होता। अतः उसे एक अच्छी 'कहानी' का दर्जा दिया जा सकता है। तीसरी इकाई में अभिनीत नाटक की कल्पित कथा के समानान्तर एक वास्तविक (वह भी कथा-संसार की दृष्टि से) प्रसंग निर्मित कर समस्या के समाधान का विकल्प खुला छोड़ दिया गया है। प्रश्न एक ही है : नारी की मुक्ति का विकल्प क्या है?

इस विवेचन से यह निष्कर्ष निकाला जा सकता है कि अज्ञेय औपन्यासिक शिल्प के क्षेत्र में एक प्रयोगकर्त्ता रहे हैं। कथावर्णन की सरल प्रविधियों के मिश्रण और एक प्रविधि पर दूसरी प्रविधि के आरोपण से किस प्रकार एक जटिल और प्रभावकारी शिल्प प्रविधि निर्मित की जा सकती है, यह कला अज्ञेय को मालूम है। शिल्प का जैसा और जितना वैविध्य अज्ञेय के उपन्यासों में मिलता है उतना किसी अन्य आधुनिक हिन्दी उपन्यासकार में नहीं। यदि और बातों को हम छोड़ भी दें तो अज्ञेय केवल औपन्यासिक शिल्प के क्षेत्र में अपने प्रयोगों के कारण ही हिन्दी उपन्यास साहित्य में उल्लेखनीय बने रहेंगे।

सन्दर्भ

1. *शेखर : एक जीवनी*, पहला भाग, पृ. 15-16
2. वही, पहला भाग, पृ. 22
3. वही, पृ. 41-42
4. वही, पहला भाग, पृ. 42
5. वही, पृ. 49
6. वही, पृ. 42

भाषा

साहित्य की अन्य विधाओं की तरह ही उपन्यास का माध्यम भाषा है। पाठक को पुस्तक के पृष्ठों पर छपे हुए शब्द मिलते हैं जो एक विशेष क्रम, योजना और बुनावट में आबद्ध होते हैं। ये शब्द अपनी विशिष्ट योजना में पाठक के मस्तिष्क में असंख्य बिम्बों की सृष्टि करते हैं। इन बिम्बमालाओं से ही पाठक के मस्तिष्क में औपन्यासिक संसार का निर्माण होता है।

इससे स्पष्ट है कि उपन्यास की रचना में भाषा की भूमिका महत्त्वपूर्ण है। चूँकि भाषा के माध्यम से ही उपन्यास का वैविध्यपूर्ण संसार मूर्त्त रूप ग्रहण करता है अतः उपन्यास में प्रयुक्त भाषा का अध्ययन आलोचक के लिए जरूरी हो जाता है। उपन्यासकार शब्द की सहायता से किस प्रकार एक कल्पित संसार की, उसके पूरे परिवेश और मानसिकता के साथ, रचना करता है, इसका विश्लेषण पर्याप्त रोचक और तथ्योद्घाटक हो सकता है।

प्रत्येक उपन्यास में छोटे-बड़े अनेक पात्र होते हैं, उनका परिवेश होता है, और उनकी मानसिकता होती है। उपन्यासकार का लक्ष्य पात्रों को, उनके परिवेश और मानसिकता के साथ, शब्दों के द्वारा मूर्त्त और सजीव बनाना होता है। जैसा हम शिल्प के विवेचन क्रम में देख चुके हैं, उपन्यासकार अपने विषय के प्रस्तुतीकरण और औपन्यासिक संसार के निर्माण के लिए अनेक शिल्प-प्रविधियों की सहायता लेता है जिनके अनुसार स्वभावतः भाषा का स्वरूप भी बदल जाता है। जहाँ उपन्यासकार स्वयं सर्वज्ञ और अन्तर्यामी के रूप में पात्र और उसके परिवेश का वर्णन करता है वहाँ भाषा का विवेचन उपन्यासकार की भाषा के रूप में होगा, पर जहाँ भाषा पात्रों की बातचीत, स्वगतालाप या अन्तरवलोकन के रूप में होगी वहाँ विवेचन में पात्रों के सन्दर्भ को भी ध्यान में रखना होगा।

अपने प्रथम उपन्यास *शेखर : एक जीवनी* में तो नहीं, पर *नदी के द्वीप* और *अपने अपने अजनबी* में अज्ञेय अपनी ओर से पात्रों की बाह्य रूपरेखा, उनके परिवेश और मानसिकता का वर्णन करते हैं। किसी पात्र का कम-से-कम शब्दों से सजीव चित्र प्रस्तुत कर देने की कला अज्ञेय को मालूम है। *नदी के द्वीप* की आरम्भिक

पंक्तियाँ प्रमाण के रूप में पेश की जा सकती हैं :

"गाड़ी जब तक प्रतापगढ़ से नहीं चली तब तक भुवन ने नहीं जाना कि उसे अपने बारे में सोचने की कुछ जरूरत है; और गाड़ी चलने पर भी ठीक इस रूप में ही उसने यह बात जानी हो, ऐसा भी नहीं; वह केवल हक्का-बक्का सा चलती गाड़ी का हैंडिल पकड़े खड़ा रह गया–विस्मय से अपने मुक्त दूसरे हाथ की ओर देखता हुआ, मानो वह उसका नहीं, कोई पराया हाथ हो, जो किसी रहस्यमय क्रिया से उसके शरीर के साथ लग गया हो और अब अपने और पराए के सन्धिस्थल–उसकी कुहनी पर चुनचुनाहट हो रही हो।"

रचना की दृष्टि से सात पंक्तियों का यह केवल एक वाक्य है। बीच में दो सेमीकोलन हैं, पर पूर्णविराम केवल अन्त में है। इसका उद्देश्य है बिना किसी व्यवधान के एक चित्र का निर्माण। भुवन और रेखा प्लेटफार्म पर बातें कर रहे हैं और गाड़ी चल पड़ती है। रेखा सहसा भुवन की कुहनी पकड़ कर, उसे मुस्कराकर गाड़ी पर सवार होने को कहती हुई, ठेल कर चढ़ा देती है। ऊपर का चित्र फुटबोर्ड पर खड़े भुवन का है, जो पाठक के मन में हू-ब-हू, अपनी सारी जीवन्तता के साथ, अंकित हो जाता है। इस वर्णन की विशेषता इस बात में निहित है कि इसका एक भी शब्द फालतू और बेजान नहीं है। इसके साथ ही पूरे वाक्य में एक लयात्मकता है, जो वर्णन के खुरदरेपन को दूर करती है।

अज्ञेय जब किसी पात्र का चित्र अंकित करते हैं तो उसके बाह्य रूप और क्रिया-व्यापार का कम, उसकी मानसिक अवस्था का चित्रण अधिक करते हैं। फिर भी जो चित्र बनता है वह अस्पष्ट या अधूरा नहीं होता। एक उदाहरण के रूप में चन्द्रमाधव का निम्नांकित शब्दचित्र देखा जा सकता है :

"स्टेशन से चन्द्रमाधव को घर जाने की इच्छा नहीं हुई। हजरतगंज की सड़क पर टहला जा सकता था, और रात के दस बजे यहाँ चहलकदमी करते नजर आना बुरा नहीं है, उससे प्रतिष्ठा बढ़ती ही है–पर अकेले टहलना चन्द्र की समझ में कभी नहीं आया–कोई बात है भला! अकेले वे टहलते हैं, जो किसी की ताक में रहते हैं–बल्कि वे भी अकेले नहीं टहलते, जैसे कि जिनकी ताक में वे डोलते हैं, वे भी अकेली कम ही नजर आती हैं। अकेले टहलते हैं पागल–या कवि, जो असल में पागल ही होते हैं, पर रेस्पेक्टेबिल होने के लिए जीनियस का ढोंग रचते हैं। शब्दों पर अधिकार–रचना–हुँह; वह अधिकार तो पत्रकार का है, वही असल रचयिता है, स्रष्टा है। कुछ बात लेकर बात बनाना भी कोई बात है भला? कला वह, जो न कुछ को लेकर खड़ा कर दे, सनसनी फैला दे, दंगे-बलवे-इन्कलाब करवा दे। कभी किसी कवि ने, कलाकार ने इन्कलाब नहीं कराया, जर्नलिस्ट ही अपनी मुट्ठी में इन्क्लाब लिये फिरता है। चन्द्र ने मन-ही-मन जरा सुर से कहा, 'मैं मुट्ठी में इन्कलाव लिये फिरता हूँ, आँखों-आँखों में ख्वाब लिये फिरता हूँ–और फिर अवज्ञा से अपने को ही

मुँह बिचका दिया।...उसने जेब टटोली, हाँ, सिगरेट थे अभी; एक सिगरेट सुलगा कर लम्बा कश खींचा, मुँह गोल कर धुएँ की पिचकारी छोड़ी—यह धुआँ अगर वैसा ही जमा का जमा तीर-सा जाता, हवा को छेद देता, तो उसे कुछ सन्तोष होता; पर वह बिखर गया, कम्बख्त उड़ कर उसी की आँखों में आकर चुभने लगा।' (*नदी के द्वीप*, पृ. 41)

इस वर्णन में सटीक शब्दों का चुनाव और उनकी ऐसी योजना है जिससे स्टेशन के बाहर चहलकदमी करता हुआ चन्द्रमाधव अपनी समूची मानसिकता के साथ पाठक के मानसपटल पर चलचित्र के रूप में अंकित हो जाता है। इस वर्णन के शब्द, वाक्य, लहजा, सबके सब चन्द्रमाधव के व्यक्तित्व को पूर्णतः उजागर करते हैं। उपन्यासकार चन्द्रमाधव के बाह्य क्रिया व्यापारों का जीवन्त वर्णन भी करता है और चन्द्रमाधव की सोच को उसी की भाषा में हू-ब-हू प्रस्तुत कर देता है।

नदी के द्वीप और *अपने अपने अजनबी* से अनेक ऐसे स्थल उद्धृत किये जा सकते हैं जहाँ अज्ञेय ने पात्रों की मनःस्थितियों का सूक्ष्म अंकन किया है। मन के प्रत्येक भाव तथा आवर्त्त को अंकित करने के लिए अज्ञेय के पास सही शब्द, सटीक उपमाएँ, मौजूं लहजा और उपयुक्त भंगिमा है। पात्रों के बाहरी कार्यकलापों के वर्णन में अज्ञेय किसी भी प्रकार की भाषा की सजावट से बचते हैं और बहुत ही कम, नपे-तुले, शब्दों और कटे-छँटे वाक्यों या वाक्यखण्डों में स्थिति विशेष को प्रस्तुत करने का प्रयत्न करते हैं।

अज्ञेय के उपन्यासों में यद्यपि कहानी बहुत कम कही गयी है, पर जहाँ कथाकार को किस्सागो की भूमिका निभानी पड़ी है, वहाँ उसने इस दायित्व का निर्वाह सफलतापूर्वक किया है। ऐसे स्थलों की भाषा सूचनात्मक और विवरण प्रधान होने के बावजूद लययुक्त है। एक उदाहरण देखा जा सकता है :

"रेखा की आयु यही सत्ताईस के लगभग होगी; वह विवाहिता है, विवाह आठ वर्ष पहले हुआ था, पर विवाह के दो-एक वर्ष बाद ही पति-पत्नी अलग हो गये थे। कारण कोई ठीक नहीं जानता और रेखा से पूछने का साहस किसे है? कोई कहते हैं, विवाह से पहले रेखा का किसी से प्रेम था, पर उससे विवाह हो नहीं सकता था; उसने बाद में दूसरा विवाह कर लिया, तो मर्माहत रेखा ने, उसके माता-पिता ने जो वर ठीक किया, उसे चुपचाप स्वीकार कर लिया, पर उसे वह न दे सकी, जो पति को देना चाहिए।"[1] इस वर्णन में पाठक से बातचीत का लहजा पैदा करके सजीवता लायी गयी है।

जहाँ उपन्यासकार को किसी भाव का चित्रण अपनी तरफ से करना होता है वहाँ उसका कवि सजग हो जाता है और उपमाओं-रूपकों की छटा तथा भाव की क्रमिक विवृति देखने योग्य होती है :

"मैत्री, सख्य, प्रेम—इनका विकास धीरे-धीरे होता है, ऐसा हम मानते हैं।

'प्रथम दर्शन से ही प्रेम' की सम्भावना स्वीकार कर लेने से भी इसमें कोई अन्तर नहीं आता। पर धीरे-धीरे होता हुआ भी समगति से बढ़ने वाला विकास नहीं होता, सीढ़ियों की तरह बढ़ने वाली उसकी गति होती है, क्रमशः नये-नये उच्च स्तर पर पहुँचने वाली। कली का प्रस्फुटन उसकी ठीक उपमा नहीं है, जिसका क्रमविकास हम अनुक्षण देख सकें : धीरे-धीरे रंग भरता है, पंखुड़ियाँ खुलती हैं, सौरभ संचित होता है और डोलती हवाएँ रूप को निखार देती जाती हैं। ठीक उपमा शायद साँझ का आकाश है; एक क्षण सूना, कि सहसा हम देखते हैं, अरे, वह तारा! और जब तक हम चौंक कर सोचें कि यह हमने क्षण भर पहले क्यों न देखा—क्या तब नहीं था? तब तक इधर-उधर आगे, ऊपर, कितने ही तारे खिल आएँ, तारे ही नहीं, राशि-राशि नक्षत्र-मण्डल, धूमिल उल्का-कुल, मुक्त प्रवाहिनी नभ-पयस्विनी—अरे आकाश सूना कहाँ है, यह तो भरा हुआ है रहस्यों से, जो हमारे आगे उद्घाटित है...प्यार भी ऐसा ही है, एक समोन्नत ढलान नहीं, परिचिति के, आध्यात्मिक संस्पर्श के नये-नये स्तरों का उन्मेष...उसकी गति तीव्र हो या मन्द, प्रत्यक्ष हो या परोक्ष, वांछित हो या वांछातीत। आकाश चन्दोवा नहीं है कि चाहें तो तान दें, वह है तो है, और है तो तारों भरा है, नहीं तो शून्य शून्य ही है, जो सब कुछ को धारण करता हुआ रिक्त बना रहता है।"[2]

इस उदाहरण में अज्ञेय की तत्सम शब्दों के प्रति रुझान स्पष्ट है। नये आलोचक अज्ञेय की भाषा पर कृत्रिमता का जो आरोप करते हैं, वह इसी आधार पर। इस उद्धरण के कतिपय पद जैसे 'धूमिल उल्का-कुल' और 'मुक्त प्रवाहिनी नभ-पयस्विनी' लयात्मकता की सृष्टि तो करते हैं, पर भाव व्यंजना की दृष्टि से अनिवार्य नहीं हैं। 'नभ-पयस्विनी' के स्थान पर उसका प्रचलित पर्याय 'आकाश गंगा' अधिक सहज होता। पर इतने बड़े उद्धरण में, जिसमें तत्सम शब्दों का प्राचुर्य है, दो से ज्यादा खटकने वाले प्रयोग नहीं मिलते। यह सही है कि यह बोलचाल का गद्य नहीं है, शायद इसे कुछ सरल बना कर भी इसका प्रभाव अक्षुण्ण रखा जा सकता था, पर इसके लिए अज्ञेय को सेन्सर नहीं किया जा सकता। इस भाषा का अपना सौन्दर्य है, इसमें एक विशिष्ट लय और गति है, जो पाठक को आनन्दित करती है।

उपर्युक्त विवेचन में अधिकतर उद्धरण *नदी के द्वीप* से लिये गये हैं, क्योंकि *नदी के द्वीप* में ही अज्ञेय किस्सागो या वर्णनकर्त्ता के रूप में सबसे अधिक पाठक के सामने आते हैं। इस रूप में अज्ञेय अपने भाषा सामर्थ्य का परिचय देते हैं। पाठक के मन में पात्रों की मानसिकता और उनके परिवेश का चित्र अंकित करने में अज्ञेय की भाषा पूर्णतः सफल है। लयात्मकता अज्ञेय की भाषा की सबसे बड़ी पहचान है, जो उसमें विशिष्टता भर देती है।

पर वर्णनकर्त्ता या कथाकार के रूप में अज्ञेय पाठक के समक्ष अधिक नहीं आते

या आते भी हैं तो ज्यादा देर तक नहीं टिकते। वे प्रमुख रूप से एक 'अप्रत्यक्ष' उपन्यासकार हैं जो नेपथ्य में रहना पसन्द करता है। *शेखर : एक जीवनी* में तो अज्ञेय पाठकों के सामने कहीं आते ही नहीं। वहाँ हमारे सामने फाँसी की प्रतीक्षा करता हुआ केवल एक पात्र है : शेखर। शुरू में शेखर पाठक को सम्बोधित करता है, यद्यपि किसी सम्बोधक शब्द का प्रयोग वह नहीं करता। हम उसे चिन्तन करते, अतीत के दृश्यों को पुनः जीते, विचार करते पाते हैं। शेखर जिस भाषा में सोचता-विचारता या अपने अतीत को प्रत्यास्मृत करता है, वह उसकी शिक्षा-दीक्षा और मानसिक स्तर के अनुरूप है। सच पूछें तो भाषा की दृष्टि से अज्ञेय और शेखर में कोई फर्क नहीं है। पर 'प्रवेश' में जहाँ शेखर चिन्तन करता हुआ दिखाई पड़ता है, उसकी भाषा उसकी मानसिक स्थिति को देखते हुए तनिक अस्वाभाविक हो गयी है। उपन्यास खुलते ही हम उसे 'फाँसी' के बारे में सोचते पाते हैं :

"फाँसी!...यौवन के ज्वार में समुद्र शोषण। सूर्योदय पर रजनी के उलझे हुए और घनी छायाओं से भरे कुन्तल। शारदीय नभ की छटा पर एक भीमकाय काला बरसाती बादल। इस विरोध में, इस अचानक खण्डन में निहित अपूर्व भैरव कविता ही में इसकी सिद्धि है।...

...यवनिका उठती है और गिर जाती है। परदे आते हैं और बदल जाते हैं। किन्तु यवनिका का प्रत्येक आक्षेप, परदे का प्रत्येक परिवर्तन, अपने अवसान में लीन होकर भी, नाटक के प्रवाह में एक बूँद और डाल जाता है; एक बूँद जो स्वयं कुछ नहीं है किन्तु जिसके बिना उस प्रवाह में गति नहीं आ सकती–जिसके बिना उसका अस्तित्व ही नहीं हो सकता।"

यह भाषा लेखन की भाषा तो हो सकती है, पर कोई कैसा भी व्यक्ति क्यों न हो–चाहे वह कवि या मँजा हुआ लेखक ही क्यों न हो–इस प्रकार की भाषा में स्वगतालाप या मौनालाप नहीं करता। स्वगतालाप में इतने बड़े वाक्य नहीं बनते, एक के बाद एक ऐसी काव्योचित उपमाएँ नहीं सूझतीं। और सच पूछें तो इनमें से कई उपमाएँ निरर्थक, कथ्य को अस्पष्ट करने वाली और वाग्जाल मात्र हैं। 'सूर्योदय पर रजनी के उलझे हुए और घनी छायाओं से भरे कुन्तल', 'शारदीय नभ की छटा पर एक भीमकाय काला बरसाती बादल'–ये उपमाएँ फाँसी की भयानकता को कोई सफल अभिव्यंजना प्रदान नहीं करतीं। वस्तुतः यहाँ शेखर पर अज्ञेय हावी हो गये हैं–वह अज्ञेय जो अभी छायावादी प्रभाव से पूर्णतः मुक्त नहीं हुए हैं।

'प्रवेश' में ही शेखर विचारक रूप में भी सामने आता है। वह आत्म-विश्लेषण करता है, विद्रोह और विद्रोही की परिभाषा करता है, विद्रोह के कारणों और विद्रोही की बनावट की व्याख्या में प्रवृत्त होता है। इन स्थलों की भाषा भी चिन्तन की भाषा न होकर लेखन की भाषा हो गयी है :

"मूर्त्ति का निर्माण हो सकता है, मृत्तिका का नहीं। उसी मिट्टी से अच्छी

प्रतिमा भी स्थापित की जा सकती है, बुरी भी, पर जहाँ मिट्टी ही न हो, वहाँ कितने भी प्रचार से, कितनी भी शिक्षा से, कितने भी जाज्वल्यमान बलिदान से मूर्त्ति नहीं बन सकती।' (*शेखर : एक जीवनी*, पृ. 28)

'क्रान्तिकारी की बनावट में एक विराट, व्यापक प्रेम की सामर्थ्य तो आवश्यक है ही; साथ ही उसमें एक और वस्तु नितान्त आवश्यक, अनिवार्य है–घृणा की क्षमता; एक कभी न मरने वाली, जला डालने वाली, घोर मारक, किन्तु इतना सब होते हुए भी तटस्थ, सात्विक घृणा की क्षमता; यानी ऐसी घृणा जिसका अनुभव हम अपने सचेतन मस्तिष्क से करते हैं, ऐसी नहीं जो कि हमें भस्म कर डालती है और पागल करके अपना दास बना लेती है।" (*शेखर : एक जीवनी*, पृ. 29)

अन्तरालाप की भाषा में ऐसी तर्कसंगत, ऐसी व्यवस्था, ऐसा सूक्ष्म विश्लेषण सम्भव नहीं होता। ऐसी भाषा 'लिखी' ही जा सकती है 'सोची' नहीं जा सकती। इस दृष्टि से *शेखर : एक जीवनी* के 'प्रवेश' खण्ड में प्रयुक्त भाषा स्वाभाविक नहीं मानी जा सकती। बल्कि इस भाषा के कारण वहाँ प्रयुक्त शिल्प ही दोषपूर्ण हो गया है।

यह अस्वाभाविकता 'प्रवेश' खण्ड के बाद दूर हो जाती है जब शेखर अपना वृत्त लिखने लगता है। लेखक शेखर प्रायः दो रूपों में भाषा का इस्तेमाल करता है। कहीं वह अपनी ओर से उपन्यास के 'नायक' का चित्र प्रस्तुत करता है, स्थितियों का विश्लेषण करता है, किसी विषय पर अपने विचार व्यक्त करता है और कहीं अपनी किसी स्मृति विशेष को सजीव दृश्य के रूप में प्रस्तुत करता है। यहाँ पहुँच कर शेखर और उसके स्रष्टा अज्ञेय दोनों की भाषा एक हो जाती है। शेखर बहुत ही नपे-तुले, कटे-छँटे, परिनिष्ठित, पर सजीव, गद्य में कथानायक का चित्र, मनःप्रभाव के रूप में, अंकित करता है। नवजात शिशु के रूप में शेखर का निम्नोद्धृत शब्द-चित्र अज्ञेय या लेखक शेखर की वर्णन क्षमता का प्रमाण है :

"स्निग्ध गर्मी से भरे हुए छोटे-छोटे हाथ...एक समुद्र में तैरती-सी, अनुराग भरी आँखें, काले-काले तारे; स्तन; नाक की नोक पर एक कोमल हल्की गर्म रगड़...एक लम्बी-सी साँस की गति, जिस पर वह धीरे-धीरे उड़ता है और गिरता है, जैसे समुद्र की बिछलन पर तैरती हुई कोई वस्तु उठे और गिरे..." (*शेखर : एक जीवनी*, भाग-1, पृ. 49)

यह चित्र पाठक के मन पर शिशु शेखर का बड़ा ही साफ, न मिटने वाला प्रभाव छोड़ता है। इसी प्रकार शेखर जब किसी मनःस्थिति विशेष का विश्लेषण करता है अथवा अपने नायक के सन्दर्भ में कोई विचार व्यक्त करता है तो उसकी भाषा में स्पष्टता, निश्चितता और तर्कसंगति होती है। प्रत्येक शब्द एक विशेष अर्थ से युक्त होता है और कोई भी शब्द एक पैरा में प्रायः दोबारा प्रयुक्त नहीं होता। अज्ञेय के

पास शब्दों का अभाव नहीं है और वे प्रत्येक विचार के लिए उपयुक्त शब्द का ही प्रयोग करते हैं। वाक्यों की बनावट में भी कोई अस्पष्टता या उलझन नहीं होती, इसके साथ ही उसमें एक नाटकीयता, एक लयात्मकता होती है जो उसे पठनीय बनाए रखती है। निम्नलिखित उदाहरण इसका प्रमाण है :

"साहित्य का निर्माण, मानो जीवित मृत्यु का आह्वान है। साहित्यकार को निर्माण करके और लाभ भी तो क्या, रचयिता होने का सुख भी नहीं मिलता, क्योंकि काम पूरा होते ही वह देखता है, 'अरे यह तो वह नहीं है जो मैं बनाना चाहता था, वह मानो क्रियाशीलता का नारद है, उसे कहीं रुकना नहीं है–उसे सर्वत्र भड़काना है, उभारना है, जलाना है और कभी शान्त नहीं होना है–कहीं रुकना नहीं है।"[3]

जब तक उपन्यास का नायक शिशु रहता है शेखर उसके चित्र अपने ही शब्दों में प्रस्तुत करता है। पर ये चित्र लेखक के वर्णन कौशल से तीन आयामों वाले बिम्बों में बदल गये हैं और प्रत्येक चित्र एक सजीव, नाटकीय प्रभाव से युक्त दृश्य बन गया है। वर्णन को नाटकीय प्रभाव से युक्त कर देना लेखक की भाषा शक्ति का परिचायक है, और अज्ञेय में यह शक्ति भरपूर मात्रा में विद्यमान है।

जब 'शेखर' का कथानायक कुछ बड़ा हो जाता है तो वह उसे दृश्य रूप में भी प्रस्तुत करने लगता है। हम कथानायक शेखर की अन्य पात्रों से बातचीत भी सुनते हैं, उसकी हरकतें भी देखते हैं और यदा-कदा उसके मस्तिष्क में भी प्रवेश करते हैं। लेखक शेखर हमें कथानायक शेखर के सामने खड़ा करके अलग हट जाता है। लेखक ने कथानायक शेखर की भाषा को उसके वय के अनुरूप रखने की कोशिश की है। यदि उसकी भाषा सामान्य हिन्दीभाषी बालकों से विशिष्ट है तो इसका कारण है उसका असाधारण प्रतिभाशाली होना। शेखर को असाधारण बना कर लेखक ने उसकी भाषा में अस्वाभाविकता की प्रतीति को दूर कर दिया है। फिर भी अनेकत्र शेखर का चिन्तन और उसकी सोचने की भाषा अस्वाभाविक हो ही गयी है। उदाहरण के लिए उसका यह सोचना : "बहिन, मुझे मूर्ति उतनी नहीं चाहिए, मुझे मूर्तिपूजक चाहिए। मुझे कोई ऐसा उतना नहीं चाहिए, जिसकी ओर मैं देखूँ, मुझे वह चाहिए, जो मेरी ओर देखे। यह नहीं कि मुझे आदर्श पुरुष नहीं चाहिए–पर उन्हें मैं स्वयं बना सकता हूँ। मुझे चाहिए आदर्श का उपासक, क्योंकि वह मैं नहीं बना सकता।"[4] न यह चिन्तन किसी बालक के लिए स्वाभाविक है, न यह भाषा।

पर जिन दृश्यों के बीच हम शेखर को देखते हैं वे सजीव और व्यंजनापूर्ण हैं। यों तो इस प्रकार के दृश्य *शेखर : एक जीवनी* में अनेक हैं पर दो दृश्य बेजोड़ हैं। इनमें एक दृश्य है शेखर और शशि का[5] और दूसरा है शेखर और सरस्वती का।[6] इन दृश्यों के तीनों पात्र बालक हैं, जिनकी मानसिकता को प्रस्तुत करने में लेखक को अद्भुत सफलता मिली है। लेखक बहुत कम शब्दों में शेखर, शशि और सरस्वती

की हरकतों, मुद्राओं और बातचीत को प्रस्तुत करता है। उसकी भाषा इतनी सटीक है कि बच्चों की हरकतें और मुद्राएँ रूपायित हो जाती हैं। लेखक ने बच्चों की बातचीत उनके वय और मानसिक स्तर के अनुरूप रख कर इन दृश्यों को वास्तविक ही नहीं, मार्मिक भी बना दिया है।

उम्र बढ़ने के साथ शेखर की भाषा में भी परिवर्तन आता है, उसमें प्रौढ़ता आती है; पर पन्द्रह वर्ष का शेखर जो भाषा बोलता और सोचता है वह पाठक के गले आसानी से नहीं उतरती। शेखर के दूसरे किशोर साथी–सदाशिव, राघवन और देवदास–भी बहुत ही परिनिष्ठित हिन्दी बोलते हैं। उपन्यास के अन्य पात्र, मणिका, विद्याभूषण, रामजी, मोहसिन, बाबा मदनसिंह, शशि आदि सभी, लगभग एक तरह की भाषा बोलते हैं। *शेखर : एक जीवनी* में–बल्कि सच पूछें तो अज्ञेय के सभी उपन्यासों में–भाषा का वैविध्य नहीं के बराबर दिखाई पड़ता है। सभी पात्र लगभग एक प्रकार की कटी-छँटी परिनिष्ठित भाषा बोलते हैं। इस कारण अज्ञेय के औपन्यासिक संसार में वैविध्य नहीं दिखाई पड़ता।

अज्ञेय प्रायः अपने पात्रों को चिन्तन की मुद्रा में डाल कर उनकी मनःस्थिति का चित्र अंकित करते हैं। *शेखर : एक जीवनी* में शेखर और शशि अनेकत्र चिन्तनरत दिखाई पड़ते हैं। ऐसे अवसरों पर उनकी भाषा उनके मनोजगत का सही चित्र अंकित करने में समर्थ हुई है। उनके अभाषित प्रवचनों से उनके विभिन्न मनोभाव व्यक्त होते हैं। उदाहरण के लिए जेल में शेखर की उद्विग्नता उसके निम्नलिखित चिन्तन से कितनी शक्त रूप में अभिव्यक्त हुई है : **"मैं इस बन्धन को तोड़ना चाहता हूँ, मुक्त होना चाहता हूँ, क्योंकि किसी को मुझे कुछ कहना है और वह जानना मेरे लिए आवश्यक है, सुख से अधिक आवश्यक, शान्ति से अधिक आवश्यक, जीवन से अधिक आवश्यक, मेरे बल से, पुरुषार्थ से भी अधिक आवश्यक...विवश, विवश, विवश, मूर्ख क्रोध...व्यर्थ, व्यर्थ, उद्भ्रान्त अहंकार..."**[7]

इस उद्धरण में कतिपय शब्दों की आवृति से शेखर की उद्वेगपूर्ण मनःस्थिति सफलतापूर्वक अभिव्यक्त हुई है।

नदी के द्वीप के पात्र बौद्धिक दृष्टि से प्रौढ़ और परिपक्व हैं, अतः उनकी भाषा में भी प्रौढ़ता दिखाई पड़ती है। उनकी बातचीत में तर्कसंगति, विदग्धता, मन के भावों की व्यंजना, व्यंग्य, विनोद आदि भरपूर मात्रा में हैं। रेखा रेल के डिब्बे में भीड़ के बीच खड़ी है। भुवन पूछता है : 'रेखा जी, कैसा चल रहा है?' रेखा हँसते हुए उत्तर देती है : 'स्विमिंग्ली ! मैं जैसे सागर की मछली हूँ ; जमीन से पैर उठा लूँ तो, तो भी गिरूँगी नहीं, तैरती रह जाऊँगी।'[8] जब ये पात्र किसी गम्भीर विषय पर बातचीत करते हैं तो उनकी भाषा में विषय को उधेड़ कर रख देने की क्षमता होती है। उपन्यास के पहले ही परिच्छेद में भुवन, रेखा और चन्द्रमाधव कॉफी पीते हुए सत्य और तथ्य पर बातचीत कर रहे हैं :

चन्द्र कह रहा था, 'सत्य सभी कुछ है—सभी कुछ जो है। होना ही सत्य की एकमात्र कसौटी है।'

रेखा ने टोका, 'लेकिन होने को तो झूठ भी है, छल भी है, भ्रम भी है—क्या वह सब भी सत्य है? या कि आप होने की कुछ दूसरी परिभाषा करेंगे—पर यह कहना तो यही हुआ कि सत्य वह है, जो सत्य है।

'नहीं, सभी कुछ जो है। यानी उसमें मिथ्या भी शामिल है, भ्रम भी। मुझे अगर भ्रम है, तो उसका होना भी होना है, और इसलिए वह भी सत्य है। और मुझे भूत दीखते हैं, तो भूत सत्य हैं; यों चाहे होते हों या न होते हों। यों कह लें कि भूत मेरा सत्य है, दूसरों का चाहे न हो।'

'तो सत्य बिलकुल मुझ पर आश्रित है—व्यक्ति सापेक्ष्य है? निरपेक्ष सत्य कुछ है नहीं?' रेखा ने आपत्ति के स्वर में कहा, 'क्यों डॉक्टर भुवन, आप भी ऐसा ही मानते हैं?'

कुछ देर बातचीत चलने के बाद भुवन का विचार सामने आता है :

एक उदाहरण लीजिए; दो और दो चार होते हैं, इस बात को आप क्या कहेंगे?

सत्य। और क्या?

'लेकिन मैं नहीं कहूँगा, मैं कहूँगा' यह तथ्य है। और इस तरह के सब सत्य केवल तथ्य हैं। सत्य की संज्ञा उन्हें तब मिल सकती है जब उनके साथ हमारा रागात्मक सम्बन्ध हो। यानी जो तथ्य हमारे भावजगत की यथार्थता है, वह सत्य है; जो निरे वस्तुजगत की है, वह तथ्य है, वास्तविकता है, यथार्थता है, जो कह लीजिए, पर सत्य से वह ऊनी पड़ती है।'

इस बातचीत में, और इस प्रकार के अन्य वार्तालापों, में जो *नदी के द्वीप* में प्रचुर संख्या में हैं, शब्द विचारों की अभिव्यक्ति में अपर्याप्त या कमजोर नहीं दीखते। ऐसा लगता है जैसे इन पात्रों के विचार मूल में ही शब्दों से जुड़े हुए हैं, भाषा और विचार एक दूसरे से अविच्छिन्न हैं।

नदी के द्वीप के पात्रों की बातचीत में गम्भीरता भी है और जीवन्तता भी। गम्भीर चर्चा के बीच हल्के-फुल्के प्रसंग इतने सहज रूप में आ जाते हैं कि सारी बातचीत सहज बन जाती है।

नदी के द्वीप में बातचीत का सबसे कलात्मक उपयोग पात्रों की अनुभूति के तीव्र क्षणों की अभिव्यक्ति में हुआ है। इसका सबसे अच्छा उदाहरण तुलियन में भुवन और रेखा का प्रेमालाप है, यद्यपि अच्छे उदाहरण के रूप में और कई प्रसंग उद्धृत किये जा सकते हैं; जैसे दिल्ली में कुदसिया बाग और यमुना नदी की रेत पर रेखा और भुवन का नर्म वार्तालाप, नौकुछिया और श्रीनगर में भुवन और रेखा की बातचीत, मसूरी तथा बंगलोर में भुवन और गौरा का स्नेह सम्भाषण आदि। इन वार्तालापों में पात्रों की तीव्र भावनाएँ—प्रेम, करुणा, सहानुभूति, श्रद्धा, समर्पण, दर्द, त्याग आदि—सफल रूप में अभिव्यक्त हुई हैं।

नदी के द्वीप में पात्र पत्र लिख कर भी अपने भाव और विचार व्यक्त करते हैं। जहाँ वार्तालाप सम्भव नहीं होता या पात्रों के लिए अपनी अनुभूतियों को 'कहना' सम्भव नहीं होता वहाँ वे लेखनी का उपयोग करते हैं। यह बात निस्संकोच कही जा सकती है कि पत्र लेखन की कला में *नदी के द्वीप* के पात्र बेजोड़ हैं। ये पात्रों के मस्तिष्क को बड़े ही सहज ढंग से उद्घाटित करते हैं। उसके मन की भावनाएँ अपने पूरे वेग में रूपायित होती हैं। उदाहरण के रूप में गौरा के एक पत्र का अंश उद्धृत करना अप्रासंगिक न होगा।

"भुवन दा,

आप फिर चुप लगा जाएँगे? जब से आपको जाना, तब से कभी नहीं सोचा कि ऐसा होगा–यों आप चिट्ठी नहीं लिखते थे, पर वह इसलिए नहीं होता था कि आप कुछ नहीं बताना चाहते, वह इसीलिए होता था कि बताने की जरूरत नहीं, मुझे मालूम है; पर अब? आहत होकर मैंने सीख लिया कि नहीं, ऐसा भी हो सकता है कि आप मुझे बहुत-सी बातों से दूर रखना चाहें–कुछ सीख कर फिर मैंने उसे भी स्वीकार कर लिया; आप ही ने दूर हटा दिया तो मैं कौन-सा मुँह लेकर पास आने या बुलाये जाने का आग्रह करूँ? अब फिर–आपने मुझे माफ कर दिया है, मूर्च्छा से जगा दिया है–अब फिर आप दूर ठेल कर डूब जाएँगे? जैसे कोई दुःस्वप्न देख कर जब जागता है तो आँख खोलते डरता है–कि न जाने क्या दीख जाए, न जाने कहीं सपने के भयावने आकार सचमुच न सामने आ जाएँ, यद्यपि आँख खोलने में ही उनसे निस्तार है–स्वप्न की मोहावस्था से छुटकारा है–वैसी ही मैं हो रही हूँ ; दुःस्वप्न से डर गयी हूँ, पर प्रकाश में आँखें खोलते डर रही हूँ; धीरे-धीरे आँख खोल रही हूँ कि प्रकाश की अभ्यस्त हो जाऊँ, फिर चारों ओर नजर डालूँ–भुवन दा, मुझे फिर डरा न दीजिएगा, प्रकाश में फिर वे भयावने आकार न देखूँ...मैं तो यह भी कर सकती हूँ कि अब आँखें मीचे ही पड़ी रहूँ, जब तक आप ही आकर न जगाएँ और कहें कि उठो, कहीं कोई डर नहीं है, देखो मैं हूँ...आप कहेंगे कि यह वयस्क दृष्टि नहीं है, बच्चों की सी बात है–कह लीजिए; आपके सामने बच्चा बनने में मुझे डर नहीं है आपने कन्धों चढ़ाया था, सिर चढ़ाया था; मैं उसी की आदी हो गयी हूँ। आप पटक दीजिए, तब बिना रोये चल भी लूँगी, तब तक अपने आप तो अपनी जगह से हटती नहीं।..."[9]

इस पत्र की भाषा कितनी व्यंजक, प्राणवान् और संगीतमय है, यह कहने की जरूरत नहीं। शब्दों का चुनाव, वाक्यों का गठन, विरामचिह्नों का प्रयोग, सब मिल कर इस पत्र को एक गतिशील चित्र में बदल देते हैं जो गौरा के मस्तिष्क में प्रवहमान भावधारा को उसकी मौलिकता और पूरे वेग में पकड़ने में समर्थ हुआ है। *नदी के द्वीप* के सारे पत्र इन विशेषताओं से युक्त हैं।

जिस प्रकार *नदी के द्वीप* में पात्रों के मस्तिष्क का अनावरण पत्रों के रूप में

किया गया है, उसी प्रकार *अपने अपने अजनबी* में इस उद्देश्य के निमित्त डायरी-लेखन की प्रविधि अपनायी गयी है। बर्फ के नीचे दबे मकान में तीन चार महीनों के लिए कैद योके अपनी मनःस्थिति की अभिव्यक्ति का और कोई मार्ग न पाकर डायरी लिखती है। डायरी लिखते समय व्यक्ति खुद ही अपना श्रोता या पाठक भी होता है और उसका एकमात्र लक्ष्य स्वान्तः सुखाय आत्माभिव्यक्ति होता है। फलतः डायरी की भाषा में सहजता, अकृत्रिमता होती है। योके की डायरी इस विशेषता से युक्त है। योके आधुनिक, प्रखर बुद्धि की, चिन्तनशील युवती है, जिसका मस्तिष्क उसके लिखित पृष्ठों में बड़े ही शक्त रूप में उद्घाटित हुआ है। उदाहरण के लिए उसकी एक दिन की डायरी देखें–

"एक अन्तहीन, परिवर्तनहीन धुँधली रोशनी जो न दिन की है न रात की है, न सन्ध्या के किसी क्षण की है–एक अपार्थिव रोशनी जो कि शायद रोशनी भी नहीं है; इतना ही कि उसे अन्धकार भी नहीं कहा जा सकता। हमेशा सुनती आयी हूँ कि कब्र में बड़ा अँधेरा होता है, लेकिन यहाँ उसकी भी असम्पूर्णता और विविधता है। शायद यही वास्तव में मृत्यु होती है, जिसमें कुछ भी होता नहीं, सब कुछ होते-होते रह जाता है। होते-होते रह जाना ही मृत्यु का विशेष रूप है जो मनुष्य के लिए चुना गया है जिसमें कि विवेक है, अच्छे-बुरे का बोध है। यह उसमें न होता तो उसका मरना सम्पूर्ण हो सकता। जो चुकता वह सम्पूर्ण चुक जाता, या जो रहता उसका बना रहना भी असंदिग्ध होता। यह हमारे युगों से सोचे हुए नीति बोध की सजा है कि हमारा मरना भी अधूरा ही हो सकता है–मर कर भी कुछ हिसाब बाकी रह जाता है।"

इस डायरी लेखन में ऐसी निस्संगता है जो अन्यत्र इतने सहज रूप में नहीं आ सकती। योके जीवन की आशा लगभग छोड़ चुकी है और इस मनःस्थिति में वह जो कुछ भी लिखती है, उसमें अपने भावों और विचारों के प्रति पूरी ईमानदारी और तटस्थता का आ जाना स्वाभाविक है। वह अपने मस्तिष्क में उत्पन्न होने वाली प्रत्येक विचार तरंग को, आसन्न मृत्यु की सम्भावना से उत्पन्न हताशा और आस्था को, सेल्मा के प्रति अपने विरोध और आक्रोश को उसके मूल रूप में शब्दबद्ध करने का प्रयास करती है। इस क्रम में वह न शब्दों की कमी महसूस करती है न उन्हें एक विशेष क्रम में रख कर अपनी बात कहने में उसे कोई दिक्कत होती है। उसके भाव और विचार अपने लिए बड़े सहज रूप में सटीक शब्द और वाक्य योजना प्राप्त कर लेते हैं।

कुल मिला कर, अज्ञेय के उपन्यासों की भाषा सर्जनात्मक है। यह भाषा अज्ञेय के औपन्यासिक संसार को उसकी पूरी यथार्थता और सजीवता में प्रस्तुत करती है। उपन्यास के पात्र, अपने परिवेश के साथ, जीवन्त रूप में पाठक के मानस पटल पर अंकित होते हैं। साथ ही यह भाषा औपन्यासिक पात्रों के मनोजगत् और मस्तिष्क का भी सफलतापूर्वक उद्घाटन करती है।

अज्ञेय तत्सम प्रधान भाषा लिखते हैं जो वाक्यों की बनावट, लय, प्रवाह और तार्किक संगति की दृष्टि से हिन्दी साहित्य में बेजोड़ है। अज्ञेय की भाषा की आलोचना दो दृष्टियों से की जाती है : पहली यह कि उन्होंने तत्सम शब्दावली का प्रयोग बेजरूरत किया है जिसके कारण भाषा बनावटी हो गयी है, जीवन से कट गयी है। *शेखर : एक जीवनी* के प्रसंग में यह आलोचना कुछ दूर तक सही भी है। इसमें तत्सम शब्दों के प्रति लेखक का मोह कुछ अतिरिक्त मात्रा में होने के कारण खटकता है। 'अर्धमिलित आँखें', 'अर्धमुकुलित होठ', 'आप्लवनकारी आतुरता', 'अधखिले सम्पुट', 'कर्णमूल' 'प्रत्यूष की आन्तरिक परिव्याप्त नीरवता', रात की धूसर आच्छन्नता में भोर की 'अरुणाली', 'स्रुवा', 'वैफल्य', 'अवस्थान', 'सन्तरण', 'संकल्पना', 'कर्षण' जैसे प्रयोग छायावादी प्रभाव के द्योतक हैं, जिन्दगी से अविच्छिन्न रूप में जुड़े हुए शब्द ये नहीं हैं। पर *नदी के द्वीप* और *अपने अपने अजनबी* में यह दोष कम है। बिलकुल नहीं है, ऐसा तो नहीं कहा जा सकता, क्योंकि बीच-बीच में ऐसे वाक्य मिलते हैं। "द्वाभा में एक आलोक के क्षीण होते न होते दूसरा उज्ज्वल हो गया, बड़े से चाँद की चन्द्रिका सारे वातावरण में फैल गयी।" यहाँ 'द्वाभा' और 'चन्द्रिका' के स्थान पर उनके प्रचलित पर्यायों का प्रयोग तो किया ही जा सकता था। अज्ञेय की भाषा में ठेठ और भदेस शब्दों का सौन्दर्य, जैसा हजारी प्रसाद द्विवेदी के उपन्यासों में मिलता है, नहीं दिखाई पड़ता। द्विवेदी जी घोर तत्सम प्रधान भाषा में भी भोजपुरी के ठेठ और हिन्दी के सामान्य तद्भव शब्दों को इस प्रकार टाँक देते हैं कि उसमें एक चमक पैदा हो जाती है। अज्ञेय ऐसा नहीं कर पाते। पर *नदी के द्वीप* की भाषा तत्सम प्रधान होने पर भी अस्वाभाविक नहीं है। उसमें तद्भव शब्दों का भी प्रयोग हुआ है और अंग्रेजी सम्भ्रान्त वर्ग में अक्सर बोले जाने वाले अंग्रेजी शब्दों का भी। *नदी के द्वीप* के पात्रों का जो बौद्धिक स्तर है, उसके अनुरूप उनकी भाषा भी है। वैसे कोई यह आपत्ति कर सकता है कि वास्तविक जीवन में भारत के बुद्धिजीवी इस प्रकार की भाषा नहीं बोलते। पर उपन्यास की भाषा से इस सीमा तक यथार्थता की माँग करना असंगत है, यह हम जानते हैं। प्रश्न केवल इतना भर होना चाहिए कि रेखा, भुवन, चन्द्रमाधव और गौरा जैसे बौद्धिक परिपक्वता से युक्त पात्र इस प्रकार की भाषा बोल सकते हैं या नहीं? इस दृष्टि से *नदी के द्वीप* की भाषा अस्वाभाविक नहीं मानी जा सकती।

शेखर : एक जीवनी से लेकर *छाया मेखल* तक अज्ञेय का गद्य निरन्तर प्रौढ़ होता गया है। इस गद्य की विशेषता यह है कि वह पात्रों के व्यक्तित्व के अनुरूप होते हुए भी शैलीय उपकरणों से सम्पन्न और सर्जनात्मक है। *शेखर : एक जीवनी* का शेखर असाधारण रूप से संवेदनशील, जन्मना विद्रोही, असाधारण प्रतिभाशाली, प्रबुद्ध चिन्तक और उच्च कोटि का लेखक–पात्र है। साथ ही वह अपने विकास के चरम सोपान पर स्थित, पच्चीस वर्ष की उम्र में फाँसी की प्रतीक्षा करता हुआ, एक

बहुत ही असाधारण मनःस्थिति में स्वयं ही अपने जीवन का अवलोकन और परीक्षण कर रहा है। स्वाभाविक है कि उसकी भाषा उसकी सर्जनात्मक प्रतिभा, प्रखर चिन्तन, विद्रोही तेवर, गहन संवेदनशीलता और आसन्न मृत्यु की मनःस्थिति के अनुरूप हो। इस भाषा में प्रेमचन्द या फणीश्वर नाथ रेणु और अमृतलाल नागर की औपन्यासिक भाषा के वैविध्य की माँग संगत नहीं हो सकती। *शेखर एक जीवनी* की भाषा शब्द-प्रयोग और व्याकरणिक ढाँचे के रूप में शुद्ध परिनिष्ठित हिन्दी है। इस भाषा में 'एकरसता' या 'एकरूपता' स्वाभाविक और संगत है। यद्यपि अज्ञेय ने ठेठ बोली के शब्दों का, जो प्रायः उत्तर प्रदेश या बिहार में बोले जाते हैं, यत्र-तत्र, बहुत सार्थक और सटीक प्रयोग किया है, पर ऐसे प्रयोग विरल हैं और उतने आंचलिक नहीं है कि परिनिष्ठित हिन्दी में किसी प्रकार की 'खलबली' पैदा कर दें। अज्ञेय को इस बात का श्रेय देना होगा कि उन्होंने महावीर प्रसाद द्विवेदी, रामचन्द्र शुक्ल, प्रेमचन्द और जैनेन्द्र द्वारा प्रयुक्त परिनिष्ठित हिन्दी गद्य को और समृद्ध बनाया। नलिन विलोचन शर्मा ने अज्ञेय के, विशेष रूप में *नदी के द्वीप* के, गद्य की इस बात के लिए प्रशंसा की थी कि उसमें अंग्रेजी गद्य की प्रौढ़ता अपने स्वाभाविक रूप में दिखाई पड़ती है : "केवल *नदी के द्वीप* में ही यत्र-तत्र हिन्दी का ऐसा दृढ़ बन्ध, प्रौढ़ और परिष्कृत गद्य मिलता है जिसमें अंग्रेजी गद्य का उत्कर्ष आत्मसात् हो गया है।" वाक्यात्मक शैलीय उपकरणों का सार्थक प्रयोग अंग्रेजी गद्य की अपनी विशेषता है, जो हिन्दी गद्य में भी धीरे-धीरे आती रही है। अज्ञेय ने इसे लगभग पूर्णता पर पहुँचा दिया है; उन्होंने पैरेन्थिसिस (बड़े वाक्यों के बीच पदबन्धों और लघु वाक्यों की योजना), विरामचिह्नों, वाक्य में कर्ता, कर्म, क्रिया, निपात, आदि के स्थान-परिवर्तन जैसे वाक्यात्मक शैलीय उपकरणों का बहुत सार्थक उपयोग *शेखर : एक जीवनी* में किया है। यह बात *अपने अपने* अजनबी और *छाया मेखल* के गद्य के लिए भी कही जा सकती है।

अज्ञेय के उपन्यासों की भाषा संरचनात्मक दृष्टि से 'परिनिष्ठित' और 'एकरूप' है, पर सर्जनात्मक दृष्टि से वह एकरस और सपाट नहीं है। भाषा को सर्जनात्मक बनाने के लिए अज्ञेय ने अर्थमूलक शैलीय उपकरणों का सर्वाधिक प्रयोग किया है। इसके उदाहरण के रूप में *शेखर एक जीवनी* का पहला ही पैरा द्रष्टव्य है। इसमें पर्यायवाची पदों, जैसे **सारे संसार की शक्तियाँ, हमारे विकास, हमारे विज्ञान, हमारी सभ्यता द्वारा निर्मित सारी क्षमताएँ या औजार** अथवा **उसी जीवन को छीन लेने में, उसी का विनाश करने** में प्रयोग कथ्य को प्रभावी बनाने में अद्भुत योगदान करता है। 'हमारे' सर्वनाम की आवृत्ति से ध्वन्यात्मक ही नहीं बलाघातजन्य प्रभाव भी पैदा होता है। 'फाँसी' के 'सम्मोहन' के लिए **साँप की आँखों-सा एक अत्यन्त तुषारमय किन्तु अमोघ सम्मोहन** जैसे उपमालंकार और साभिप्राय विशेषण, फाँसी के लिए ही **यौवन के ज्वार में समुद्र-शोषण, सूर्योदय पर रजनी के उलझे हुए**

और छायाओं से भरे कुन्तल, शारदीय नभ की छाया पर एक भीमकाय काला बरसाती बादल, अचानक खण्डन में निहित अपूर्व भैरव कविता आदि उपमान फाँसी की अमूर्त धारणा को बिम्ब रूप में बदलने के सर्जनात्मक प्रयास हैं। सादृश्यमूलक अलंकारों के प्रयोग में अज्ञेय की सर्जनशीलता देखने योग्य है। उपमा, रूपक और उत्प्रेक्षा अज्ञेय के प्रिय अलंकार हैं। पर अज्ञेय अलंकारों का प्रयोग बहुत संयम और विवेक के साथ करते हैं; उनके द्वारा प्रयुक्त अलंकार गद्य की सर्जनात्मकता को बढ़ाते भी हैं और उसे यथार्थ के निकट भी बनाए रखते हैं। उपमानों की मौलिकता अज्ञेय के गद्य की सबसे बड़ी पहचान है। 'फाँसी' के लिए 'साँप' की आँखों-सा एक अत्यन्त तुषारमय, किन्तु अमोघ सम्मोहन', 'यौवन के ज्वार में समुद्र-शोषण', 'सूर्योदय पर रजनी के उलझे हुए और घनी छायाओं से भरे कुन्तल', और 'शारदीय नभ की छटा पर एक भीमकाय काला बरसाती बादल'; कश्मीर की झील के लिए 'प्रकृति की नींद से अलसाई निश्छल आँख जिसे बरौनियों की तरह सब ओर लम्बी-लम्बी घास क्षितिज रेखा को जहाँ-तहाँ चीर रही हो' ; शारदा के केशों के लिए 'नीम के बौर की-सी दबी-सी सुगन्ध', जल की सतह के नीचे चमकने वाली मछलियों के लिए 'हरी आग' की टेढ़ी-मेढ़ी रेखाएँ ; धूमिल साँझ के लिए 'ठण्डा और बोझिल और तेजाब की तरह चुभने वाला, साँप के केंचुल-सी मरी और बदरंग चिकनाहट लिये शहर के पौष का धुआँ', शेखर के लिए 'बर्फ से अन्धा हुआ पहाड़ी बकरा', शशि के लिए 'पहाड़ी सोते के ऊपर सप्तपर्ण का वृक्ष', शशि की कर्कसा सास के लिए 'आरी की रगड़ खाकर फटा बाँस', चारपाई पर लेटी बीमार शशि के लिए 'प्रश्नचिह्न' आदि उपमान अज्ञेय की मौलिक सूझ के परिचायक हैं।

विशेषण—वक्रता के प्रयोग में भी अज्ञेय अपनी अनोखी सूझ और मौलिकता का परिचय देते हैं। 'बेहोश होती हुई आवाज', 'करणीय पाप', 'शीतल बौद्धिक घृणा', 'ऊर्ध्वगामी दीप्ति', 'उग्र खोज', 'ताम्रवर्ण प्रकाश', 'प्रकाण्ड नग्नता', 'चंचल आकर्षण', 'अनियन्त्रित स्पन्दन', 'आदिम बहन', 'धवलजूट शिशु', 'वन्दी ऋषि', 'चिन्तित तीव्रता', 'कुंचित भवें', 'गुदगुदा अन्धकार', 'वत्सल डर', 'प्राणद स्पर्श', 'ऊर्ध्वगामी उन्माद' जैसे विशेषण युक्त पदों में अज्ञेय की मौलिक उद्‌भावना का चमत्कार दर्शनीय है। इन उदाहरणों में विशेषणों के प्रयोग से कारक अथवा क्रिया का सौन्दर्य प्रस्फुटित होता दिखाई देता है। 'क्रियावैचित्र्य वक्रता' के उदाहरण भी अज्ञेय की भाषा में भरे पड़े हैं। मुहावरों का प्रयोग अज्ञेय ने अधिक नहीं किया है। इसका एक कारण यह हो सकता है कि शेखर जिस उच्च मध्य वर्ग का सदस्य है, उसमें मुहावरे बोलचाल के अभिन्न अंग नहीं होते।

अज्ञेय की भाषा की एक उल्लेखनीय विशेषता उनकी वाक्य रचना और अनुच्छेद निर्माण है। उनके द्वारा प्रयुक्त वाक्यात्मक शैलीय उपकरण उनकी भाषा को अद्‌भुत रूप से व्यंजक और सजीव बनाने में समर्थ हुए हैं। शैली की दृष्टि से वाक्य

के आन्तरिक भाषिक अंगों और उनके सम्बन्धों तथा अनुच्छेद के अन्तर्गत वाक्यों के परस्पर सम्बन्ध का बहुत महत्त्व होता है। वाक्य में शब्दों के चयन, कर्ता, कर्म, क्रिया आदि व्याकरणिक कोटियों के स्थान-परिवर्तन, निपातों के सार्थक प्रयोग, लोकोक्तियों और सूक्तियों के प्रयोग से भाषा में भावों की विभिन्न भंगिमाओं को व्यक्त करने की अद्भुत क्षमता उत्पन्न हो जाती है। अज्ञेय इस कला में निष्णात हैं। इन सबके उदाहरण देने का यहाँ अवकाश नहीं है। उल्लेखनीय है कि अज्ञेय लोकोक्तियों का प्रयोग उतना नहीं करते, जितना सूक्तियों का। अज्ञेय का कथासंसार लोकजीवन से भिन्न है, अतः उसमें लोकोक्तियों के प्रयोग का औचित्य भी कदाचित् नहीं है। पर सूक्तियों के प्रयोग में अज्ञेय अपने अनुभव, चिन्तन और गहन-सटीक शब्द-योजना का बेजोड़ परिचय देते हैं।

अज्ञेय की भाषा की एक अन्य विशेषता ऐसे सजीव अनुच्छेदों का निर्माण है जिनके वाक्य एक तार्किकता और लय-व्यवस्था में अनुस्यूत हैं। अज्ञेय ने अनुभूति की इकाई को एक लययुक्त अनुच्छेद में बाँधने की सफल कोशिश की है। इन अनुच्छेदों के सभी वाक्य एक-दूसरे से सम्बद्ध, एक लय में गुँथे हुए हैं। चित्रणीय भाव-धारा या विचार-प्रवाह लय और गति से युक्त वाक्यों के माध्यम से अप्रतिहत संगीत के रूप में प्रवाहित होता है।

पात्रों के संवेदनात्मक क्षणों के अंकन में तो अज्ञेय की भाषा का कोई जवाब ही नहीं है। उसकी कला शब्दों के बीच के मौन को मुखर बनाने में है। *शेखर : एक जीवनी* के शशि-शेखर के नहाने वाले प्रसंग के अन्त में 'सख्य' की स्थापना के लिए शेखर का अपना लोटा चुपचाप शशि के आगे कर देना और शशि का 'बिना उसकी ओर देखे ही' पानी पी लेना ऐसा संवाद है, जिसे हजारों शब्द भी 'कहने' में समर्थ नहीं हो सकते। इसी प्रकार मरणासन्न शशि के साथ शेखर का प्रणय-प्रसंग पीड़ा की गहन अनुभूति का ऐसा अंकन है जहाँ शब्द, कथाकार की भाषिक क्षमता के बावजूद, असमर्थ हो जाते हैं और मौन ही उसकी क्षतिपूर्ति करता है।

वर्णन चाहे पात्रों की मनःस्थितियों का हो, या किसी वस्तु या स्थान का, अज्ञेय की भाषा कहीं भी लड़खड़ाती प्रतीत नहीं होती। इसके लिए *छाया मेखल* से लिया गया निम्न उद्धरण देखा जा सकता है :

" 'मिसेज नाथ नाम का चक्कर'...सचमुच चक्कर ! कब इससे उबरेगी वह–कब ऐसे किसी भी छद्म की जरूरत से उबरेगी? उसे सहेली की याद आयी : एकाएक उससे मिलने की तीव्र उत्कण्ठा भी उसमें जागी। अपने पहले, सरलतर जीवन के किसी साथी से मिलाकर जैसे वह फिर उस सरलतर जीवन में पहुँच सकेगी, अपने को पा सकेगी, वह हो सकेगी जो वह वास्तव में है...पर वास्तव में वह कौन है, क्या है? सोमा कुमार? कुमार नाम से, उस नाम की परम्परा से जुड़ाकर क्या वह अधिक वह हो जाएगी जो वह है? क्या वीरेश्वर नाथ नाम में ही

इसकी अधिक सम्भावना नहीं है, इसीलिए कि उसके लिए वीरेश्वर नाथ का कोई-कोई चेहरा नहीं है, कोई इतिहास नहीं है, किसी घटना, स्मृति में कोई साझा नहीं है, कोई अस्तित्व ही नहीं है? न, यह बात तो ठीक नहीं हुई; अस्तित्व तो है पर वह अनस्तित्व से ही शुरू होता है, इतिहास भी है जो मृत्यु के बाद से आरम्भ हुआ; स्मृति भी है जो एक चादर ढँकी देह की, मृत देह की है; हाँ, चेहरा जरूर नहीं है अगर वह शोभा देवी के चेहरे को लेकर ही वीरेश्वर नाथ के लिए स्वयं कोई चेहरा न गढ़ ले..." आदि। इस गद्य में एक ऐसी लय, पुंखानुपुंख प्रवाह, प्रश्नाकुलता, भावावेग, मननशीलता है, जो सादगी को भी समृद्धि में परिणत कर देता है।

कुल मिला कर कहा जा सकता है कि अपने उपन्यासों में प्रौढ़, परिष्कृत, ललित, कलात्मक और प्रायः निर्दोष गद्य लेखन में अज्ञेय हिन्दी साहित्य में बेजोड़ हैं। उनकी भाषा का अपना निजी सौन्दर्य है, जो केवल बाहरी गठन से उद्भूत न होकर, औपन्यासिक 'विजन' की अभिव्यक्ति या सम्प्रेषण-क्षमता की देन है।

सन्दर्भ

1. *'नदी के द्वीप'*, पृ. 27
2. वही, पृ. 71
3. *शेखर : एक जीवनी*, पहला भाग, पृ. 75
4. वही, पृ. 144
5. नलिन विलोचन शर्मा, 'हिन्दी उपन्यास', *आलोचना-5*
6. *छाया मेखल*, पृ. 86

अज्ञेय की कहानियाँ

अज्ञेय की पहली कहानी *जिज्ञासा* मूल रूप में 1929 में लिखी गयी थी, जो 1935 ई. में संशोधित होकर (सम्भवतः) प्रकाशन के योग्य समझी गयी। यह पहली बार किस पत्रिका में प्रकाशित हुई, इसकी सूचना तो मुझे नहीं है, पर 1965 में प्रकाशित कहानी-संकलन *जिज्ञासा तथा अन्य कहानियाँ* में यह न केवल शामिल की गयी बल्कि इसी के शीर्षक पर संकलन का भी शीर्षक रखा गया। 1931 से 1934 के बीच अज्ञेय ने दिल्ली और मुलतान की जेलों में 18 कहानियाँ लिखीं जिनमें से आठ—'विपथगा', 'मिलन', 'हारिति', 'छाया', 'द्रोही', 'अमरवल्लरी', 'अभिशापित' और 'गृहत्याग' (अधूरी)—का संग्रह *विपथगा* शीर्षक से 1932 के अन्त में तैयार किया गया था। यह प्रकाशित हुआ था या नहीं, यह संदिग्ध है। रामकमल राय के अनुसार यह संकलन प्रकाशित नहीं हुआ था। इनमें से पहली छह कहानियाँ 1931 की और अन्तिम दो 1932 की हैं। ('गृहत्याग' जुलाई, 1932 में अधूरी ही लिखी हुई थी और उसी रूप में संकलित करके भेज दी गयी थी। वह कदाचित् बाद में पूरी हुई और किसी अन्य संकलन में प्रकाशित हुई।) इस संग्रह की समीक्षा 'विशाल भारत' के मार्च, 1933 अंक में छपी थी। समीक्षक थे, 'विशाल भारत' के यशस्वी सम्पादक बनारसीदास चतुर्वेदी। समीक्षा की पहली पंक्ति थी, " 'विपथगा' किसी लेखक की साढ़े-सात कहानियों का संग्रह है, सात पूरी और एक अधूरी।" अतः अनुमान किया जा सकता है कि 'विपथगा' संकलन का प्रकाशन 1932 के अन्त अथवा 1933 के आरम्भ में हुआ होगा। (यदि हुआ होगा तो!) संग्रह के आवरणपृष्ठ पर लेखक का वास्तविक नाम न देकर 'अज्ञेय' नाम छापा गया था, क्योंकि पाण्डुलिपि जेल से गुप्त रूप से मँगायी गयी थी। चतुर्वेदी जी ने 'विचारशीलता', पाठक की उत्कण्ठा को 'अन्त समय तक जागृत रखने' और उसके हृदय में एक कसक छोड़ने की क्षमता, वर्णन की 'काव्यमयता', 'स्वानुभूति' की गहराई आदि को 'अज्ञेय' की कहानियों का विशेष गुण माना था।[2]

पत्र-पत्रिकाओं में प्रकाशित सच्चिदानन्द वात्स्यायन की कहानियों के साथ अज्ञेय नाम का प्रयोग इतनी बार हुआ कि स्वयं लेखक ने भी अन्ततः उसे स्वीकार

कर लिया और 'विपथगा' का संशोधित संस्करण 1938 ई. में अज्ञेय नाम के साथ ही प्रकाशित हुआ, जिसमें पहले तैयार किये संकलन की चार कहानियाँ, 'छाया', 'द्रोही', 'अभिशापित' और 'गृहत्याग' (अधूरी), निकाल दी गयी थीं और उनके स्थान पर 'अकलंक' (1931),'पंगोडा वृक्ष' (1933), 'एकाकी तारा' (1933), 'कड़ियाँ' (1933), 'हरसिंगार' (1934), 'रोज' (1934 ; बाद के संस्करणों में 'गैंग्रीन' शीर्षक से प्रकाशित), 'दुःख और तितलियाँ' (1934), और 'शत्रु' (1935) को शामिल किया गया था। इनमें से 'रोज़' (गैंग्रीन), 'दुःख और तितलियाँ' (1934), 'हरसिंगार', (1934) और 'शत्रु' (1935) जेल से बाहर, पर नजरबन्दी की स्थिति में, लिखी गयी थीं और कथ्य की दृष्टि से जेल में लिखी कहानियों से कुछ भिन्न थीं।

विपथगा संग्रह (1938) के बाहर की, क्रान्ति की पृष्ठभूमि पर लिखित कहानियों में, 'छाया' (1931), 'द्रोही' (1931), 'अभिशापित' (1932), 'गृहत्याग' (1932), 'एक घंटे में' (1932), 'विवेक से बढ़कर' (1932), 'क्षमा' (1933), 'अंगोरा के पथ पर' (1933), 'एकाकी तारा' (1933), 'कैसांड्रा का अभिशाप' (1933), 'कोठरी की बात' (1934) आदि हैं, जो बाद के संकलनों में प्रकाशित हुईं। 'विपथगा' के बाद प्रकाशित अज्ञेय के कहानी-संग्रह हैं, *परम्परा* (1944), *कोठरी की बात* (1945), *शरणार्थी* (1948), *जयदोल* (1951), *अमर वल्लरी तथा अन्य कहानियाँ* (1954), *कड़ियाँ तथा अन्य कहानियाँ* (1957), *अछूते फूल तथा अन्य कहानियाँ* (1960), *ये तारे प्रतिरूप* (1961)[3] और *जिज्ञासा तथा अन्य कहानियाँ* (1965)। 1775 में अज्ञेय की सम्पूर्ण कहानियों का संकलन दो भागों में *छोड़ा हुआ रास्ता* और *लौटती पगडंडियाँ* शीर्षकों से प्रकाशित हुआ।

अज्ञेय ने लेखन-क्रम और कथ्य के अनुसार अपनी कहानियों को चार 'खेपों' में विभक्त किया है। पहले 'खेप' की कहानियाँ वे हैं जो सितम्बर, 1931 से फरवरी, 1934 की अवधि में विभिन्न जेलों में लिखी गयी थीं और जिनका विषय क्रान्तिकारियों की जीवन-स्थितियाँ और संवेदनाएँ हैं। स्वयं अज्ञेय के अनुसार, "पहली खेप की कहानियाँ क्रान्तिकारी जीवन की हैं, क्रान्ति-समर्थन की हैं—और क्रान्तिकारियों की मनोरचना और उनकी कर्म-प्रेरणाओं के बारे में उभरती शंकाओं की हैं।" इनमें "एक स्पष्ट आदर्शोन्मुख स्वर है। वे एक क्रान्तिकारी द्वारा लिखी गयी क्रान्ति-समर्थक कहानियाँ हैं।"[4] ये कहानियाँ क्रान्तिकारियों की मनोरचना और उनकी कर्म-प्रेरणाओं के बारे में उभरती शंकाओं से जुड़ी हुई हैं। इनमें एक 'रोमानी भोलापन' है, जो 'वास्तविक स्थिति का ही प्रतिबिम्ब है।'[5] अज्ञेय के अनुसार, "उस समय के क्रान्तिकारी आदर्शवादी थे और आदर्शवादी होना गौरव की बात समझते थे। अगर उस काल के आदर्शवाद में एक रोमानी भोलापन भी झलकता है तो वह वास्तविक स्थिति का ही प्रतिबिम्ब है : क्रान्तिकारी आन्दोलन में एक भोलापन था, उसके आदर्शवादी क्रान्तिकारियों में भी एक रोमानी भोलापन था और उनमें से कोई

भी तब रोमानियत या भोलेपन के आरोप पर लज्जित न होता।"[6]

स्वाधीनता-आन्दोलन के इतिहास से हम जानते हैं कि किस प्रकार ब्रिटिश शासन ने 1928-35 की अवधि में आतंकवादी क्रान्तिकारी आन्दोलन का दमन किया था। 1931 में भगतसिंह आदि की फाँसी के बाद इस आन्दोलन की रीढ़ टूट गयी। अज्ञेय 1928 में ही इस आन्दोलन में शामिल हो चुके थे और 1929 में तो उसके सक्रिय सदस्य भी बन गये थे। स्वाभाविक है कि क्रान्तिकारियों के जीवन, उनके चरित्र, मानसिकता आदि से उनका घनिष्ठ परिचय होता, और था। भारत के बाहर, चीन, रूस, क्यूबा, यूनान, तुर्की, आयरलैण्ड आदि देशों में हुई क्रान्तियों का अज्ञेय ने गहन अध्ययन किया था। 'विपथगा', 'हारीति', 'मिलन', 'अभिशापित', 'अकलंक' और 'कैसांड्रा का अभिशाप', चीनी, रूसी, क्यूबा, यूनान, तुर्की क्रान्ति की पृष्ठभूमि में लिखी कहानियाँ हैं। शेष कहानियों की पृष्ठभूमि भारतीय स्वाधीनता आन्दोलन की है। अज्ञेय हिन्दी के पहले कहानीकार हैं, जिन्होंने आतंकवादी क्रान्ति-चेतना पर आधारित इतनी अधिक कहानियाँ लिखी हैं। इन कहानियों में उनका अपना अनुभव और संवेदना व्यक्त हुई है। जिस 'अनुभव की प्रामाणिकता' का राग 'नयी कहानी' के आन्दोलन के दौर में अलापा गया, उसे यहाँ अपने उत्कृष्ट रूप में देखा जा सकता है। क्रान्तिकारियों के अन्तर्द्वन्द्व का चित्रण करने में अज्ञेय को अद्भुत सफलता मिली है। यह द्वन्द्व कभी राष्ट्रभक्ति और प्रेम, मित्रता, वात्सल्य, सांसारिक सुख की लालसा आदि भावों के बीच है, कभी कर्त्तव्य-पालन और भय, स्वार्थ आदि के बीच। 'द्रोही' में विश्वासघाती क्रान्तिकारी के अन्तर्द्वन्द्व से उत्पन्न अनुताप, बेचैनी और विकलता का मार्मिक चित्रण हुआ है।

इन कहानियों में क्रान्ति-चेतना के साथ-साथ दूसरी प्रमुख भूमिका प्रेम-संवेदना की है। इनमें प्रेम के मानवीय और अमानवीय चेहरों, त्रासद प्रेम और मोहभंग, विश्वास का संकट, प्रेम के लिए आदर्श का त्याग, हिंसा के साथ जुड़े त्याग और जुनून, मित्रता बनाम देशप्रेम, व्यक्ति बनाम राष्ट्र, क्रान्ति बनाम मानवीय संवेदना, बलिदान, विवशता, जीवन के प्रति मोह आदि की संवेदनाएँ व्यक्त की गयी हैं। यह सही है कि ये कहानियाँ स्वयं अज्ञेय की ही 'कहानी' की कसौटी पर[7] सर्वत्र खरी नहीं उतरतीं, इनमें 'क्षण का चित्र' देखने को नहीं मिलता, कुछ कहानियों में तो 'कथा' और 'वर्णन' का इतना फैलाव हो गया है कि उसमें 'क्षण' गुम ही हो गया है, कुछ कहानियों में 'विचार' और कुछ में 'परिवेश' का काव्यात्मक वर्णन 'कहानीपन' को दबोच बैठा है, पर क्रान्तिकारी जीवन के अनुभव का वैविध्य इन्हें एक विशिष्टिता तो प्रदान करता ही है। इन कहानियों में 'हारिति', 'पुलिस की सीटी', 'गृह-त्याग' और 'पुरुष का भाग्य' क्रान्तिकारियों की बेखौफ निष्ठा और संवेदनात्मक घार की वजह से अविस्मरणीय कहानियाँ हैं। 'हारिति' में कर्त्तव्य के प्रति निष्ठा का बेहद प्रभावी अंकन हुआ है, पर कहानी का चरमोत्कर्ष उस 'एण्टी

क्लाइमेक्स' की स्थिति में है, जहाँ कर्त्तव्य-पालन के लिए अपने व्यक्तिगत प्रेम और जीवन को भी दाँव पर लगा देने वाली हारिति को पता चलता है कि उसका उपयोग कितने घटिया काम के लिए किया गया है। 'पुलिस की सीटी' में पुलिस से जूझते हुए एक क्रान्तिकारी के रोमांचक, पर परिणाम की तरफ से सर्वथा असम्पृक्त शौर्य का बेजोड़ चित्रण हुआ है; और सबसे बड़ी बात यह है कि इसके पीछे एक गहरी मानवीय संवेदना प्रेरणा के रूप में विद्यमान है। जीवन के प्रति गहरी संवेदना तथा पृष्ठभूमि के 'पृष्ठभूमि' के रूप में ही रहने की दृष्टि से 'गृहत्याग' अपेक्षाकृत अच्छी और अज्ञेय की कहानीकार के रूप में सम्भावनाओं को उजागर करने वाली कहानी है। 'पुरुष का भाग्य' में एक क्रान्तिकारी की पत्नी के वात्सल्य की त्रासदी को दुर्लभ व्यंजना प्राप्त हुई है। इन कहानियों में देश-विदेश की क्रान्तिकारी पृष्ठभूमि में क्रान्तिकारियों के त्याग, बलिदान, शौर्य, प्रेम, वात्सल्य, सख्य और इन संवेदनाओं के परस्पर-संघर्ष का मार्मिक चित्रण हुआ है। 'हारिति', 'द्रोही' आदि जैसी कुछ कहानियों में क्रान्तिकर्मियों के पतन का भी चित्रण हुआ है। ये अज्ञेय के सीधे अनुभव से निकली हुई कहानियाँ थीं। यह सही है कि इनमें कहीं-कहीं लेखन की चिन्तन और वर्णन के प्रति आसक्ति–जो एक बीस-बाईस वर्ष के युवक के लिए अप्रत्याशित नहीं है–कहानियों को बोझिल भी बनाती है, पर मानवीय अनुभूतियों और अन्तःप्रेरणाओं के अंकन की प्रधानता के कारण आज भी ये कहानियाँ हमें निराश नहीं करतीं। भले ही हम इन्हें 'कहानी कला' की दृष्टि से प्रेमचन्द के आगे की कहानियाँ न कहें, पर कथ्य की दृष्टि से इनमें एक नयापन तो है ही।

जेल और नजरबन्दी की स्थिति से निकलने के बाद अज्ञेय के विचारों और कहानियों में भी एक बदलाव आता दिखाई पड़ता है। सम्भवतः 1930 में पकड़े जाने और आन्दोलन के दमन के साथ ही इस आन्दोलन में उनकी निष्ठा भी कमजोर हो गयी। स्वयं अज्ञेय के अनुसार, "चार-एक वर्ष जेल में और वर्ष भर नजरबन्दी में बिताकर[8] जब मुक्त हुआ तब यह नहीं कि क्रान्ति का उत्साह ठण्डा पड़ चुका था, पर आतंकवाद और गुप्त आन्दोलन अवश्य पीछे छूट गये थे और हिंसा की उपयोगिता पर अनेक प्रश्नचिह्न लग चुके थे।[9] विद्यानिवास मिश्र के अनुसार यह पूरी अवधि उनके लिए शारीरिक यातना, आत्ममन्थन और स्वप्नभंग की थी।[10] 1936 में जेल और नजरबन्दी से मुक्त होने के बाद 1937 में मेरठ के किसान-आन्दोलन में भाग लेने के अतिरिक्त, उसके बाद, अज्ञेय के किसी राजनीतिक गतिविधि में शिरकत करने का कोई प्रमाण नहीं मिलता। उनका 'क्रान्ति का उत्साह' भले ही ठण्डा न पड़ा हो, पर वह उनके व्यवहार में नहीं दिखाई पड़ता। देश की आजादी की समस्या उनके लिए गौण हो गयी और अन्तरराष्ट्रीय राजनीति अधिक महत्त्वपूर्ण। इसी मानसिकता के तहत उन्होंने सुभाषचन्द्र बोस और 1942 के जन-आन्दोलन का विरोध किया और दिल्ली में साम्यवादियों के साथ मिल कर 'अखिल भारतीय

फासिस्ट-विरोधी सम्मेलन' का आयोजन किया। इतना ही नहीं, 1943 में वे उसी ब्रिटिश शासन की फौज में भरती हो गये, जिसे उखाड़ फेंकने के लिए वे आतंकवादी क्रान्तिकारिता की शरण में गये थे। ब्रिटिश शासन द्वारा उन्हें अपनी फौज के एक अफसर के रूप में स्वीकार करने का मतलब ही है, उसका, उनकी निष्ठा में विश्वास। सेना में उन्हें काम भी यही दिया गया था कि वे प्रचार माध्यमों और नाटकों के मंचन द्वारा जनता के बीच यह भावना पैदा करें कि जापानी और आजाद हिन्द फौज उनकी शत्रु हैं और ब्रिटिश सेना उन्हें उनसे मुक्ति दिलाने वाली है। अज्ञेय की ये गतिविधियाँ उनके चरित्र के सम्बन्ध में अनेक शंकाएँ पैदा करती हैं। पर यह एक अलग और विवादास्पद प्रश्न है।

पर यह निर्विवाद है कि जेल और नजरबन्दी से मुक्त होने पर अज्ञेय ने साहित्य को अपने जीवन का एकमात्र ध्येय बना लिया। लगभग एक साथ उन्होंने कविता, उपन्यास और कहानी लेखन का कार्य आरम्भ किया और दिल्ली, लाहौर और मुल्तान की जेलों में (1931-34) अट्ठारह तथा नजरबन्दी में (1934-36) ग्यारह कहानियाँ लिखीं। इनमें से प्रथम अट्ठारह कहानियों की पृष्ठभूमि गुप्त सशस्त्र आन्दोलन है।

नजरबन्दी की स्थिति में (मार्च, 1934-फरवरी, 1936) लिखित कहानियों में 'मनसो', 'रोज़' (गैंग्रीन), 'पहाड़ी जीवन', 'अलिखित कहानी', 'दुःख और तितलियाँ', 'हरसिंगार', (सभी का र.का. 1934) 'शान्ति हँसी थी', 'सूक्ति और भाष्य', 'शत्रु', 'प्रतिध्वनियाँ, (सभी का र.का. 1935) 'ताज की छाया में' (1936), तथा उसके बाद लिखित कहानियों में 'नयी कहानी का प्लाट', 'सभ्यता का एक दिन', 'इन्दु की बेटी' (सभी का र.का. 1936), 'नम्बर दस', 'अछूते फूल', 'सिगनेलर', 'जीवन शक्ति' (जिजीविषा), 'चिड़िया घर', 'कविता और जीवन : एक कहानी', 'सेब और देव' (सभी का र.का. 1937) 'पुलिस की सिटी', 'दारोगा अमीचन्द' (र.का. 1938), 'आदम की डायरी', 'परम्परा : एक कहानी' (र.का. 1939), 'पुरुष का भाग्य' (र.का. 1940) और 'बन्दों का खुदा, खुदा के बन्दे' (र. का. 1941) आदि हैं।[11] अज्ञेय ने इन्हें अपनी 'दूसरे खेप की कहानियाँ कहा है। इस 'खेप' या दौर की कहानियों में भी 'मनसो', 'दारोगा अमीचन्द', 'पुलिस की सीटी', 'पुरुष का भाग्य' आदि की पृष्ठभूमि भूमिगत आन्दोलन या जेल-जीवन है, अतः कथ्य की दृष्टि से इन्हें पहले दौर की कहानियों के साथ ही रखना चाहिए। 'मनसो' में प्रेम की और 'पुरुष का भाग्य' में वात्सल्य की संवेदना का बहुत मार्मिक अंकन हुआ है। 'पुलिस की सीटी' यद्यपि मुख्यतः एक क्रान्तिकारी (सम्भवतः चन्द्रेशखर आजाद) के शौर्य और बलिदान की रोमांचक कथा है, पर इसे भी धार देने का काम मानवीय संवेदना ही करती है। 'दारोगा अमीचन्द' में जेल के एक खूंखार दारोगा को हास्य का आलम्बन बना कर व्यवस्था पर चोट की गयी है, जिसे अज्ञेय अपने 'दूसरे खेप' की

कहानियों का कथ्य मानते हैं।

अज्ञेय के अनुसार उनके 'दूसरे खेप' की कहानियों में एक पुराने गुप्तकर्मी आतंकवादी का खुले समाज में एक 'जाने हुए' व्यक्ति के रूप में जीने, समाज से मिलने वाली सम्मान के बीच उस समाज के और उस सम्मान के खोखलेपन के बोध की अभिव्यक्ति हुई है। इनमें एक आक्रोश है जो व्यंग्य-मिश्रित है।[12] 'चिड़ियाघर', 'सेब और देव', 'दारोगा अमीचन्द' आदि इस प्रकार की कहानियाँ हैं। 'सेब और देव' शिक्षित और सुसंस्कृत कहे जाने वाले लोगों पर तीखे व्यंग्य की कहानी है। दरअसल दूसरे 'खेप' की कहानियों में बृहत्तर जीवन की संवेदनाओं का अंकन अधिक महत्त्वपूर्ण है। इन कहानियों में संवेदनात्मक उत्कर्ष और तीव्रता की दृष्टि से 'रोज़' (गैंग्रीन), 'अलिखित कहानी', 'दुख और तितलियाँ', 'शान्ति हँसी थी', 'सूक्ति और भाष्य', 'इन्दु की बेटी', 'नम्बर दस', 'अछूते फूल', 'सिगनेलर', 'जीवन-शक्ति', ('जिजीविसा') आदि उल्लेखनीय हैं। इन कहानियों में मानवीय संवेदना के अनेक रूप अपनी तीव्रता में उद्घाटित हुए हैं। रोज़ (गैंग्रीन) निम्नमध्यवर्गीय जीवन की दहला देने वाली तसवीर है। इस वर्ग के दाम्पत्य जीवन के नीरस, बुझे, धुआँते, सारहीन परिवेश को अंकित करने में अज्ञेय को अद्भुत सफलता मिली है। घण्टाघर की घड़ी में एक-एक कर समयसूचक घण्टों की आवाज सुनाई पड़ना और सरकारी अस्पताल में गैंग्रीन के रोगियों के अक्सर पैर काटे जाने की सूचना प्रतीक रूप में इस मनहूस जीवन की त्रासदी को प्रभावी बनाती है। 1934 में नजरबन्दी की हालत में लिखी हुई यह कहानी अज्ञेय की कहानी-कला को अचानक एक ऊँचाई पर अवस्थित कर देती है। 'अलिखित कहानी' एक मध्यवर्गीय हिन्दी लेखक के जीवन के कटु यथार्थ और सपनों की कहानी है। 'दुःख और तितलियाँ' माँ की मृत्यु और उसके बाद घटित होने वाले सामाजिक कर्म के दौरान पुत्र की संवेदना के अंकन का प्रयास है। 'शान्ति हँसी थी' बेकारी के यथार्थ की ऐसी तल्ख कहानी है, जिससे किसी घोर प्रगतिवादी को भी ईर्ष्या हो सकती है। 'सूक्ति और भाष्य' भी एक यथार्थवादी कहानी है जिसमें एक राजस्थानी विपन्न परिवार की लड़की की अभावजन्य मनोदशा और उससे जुड़ी संवेदना का सांकेतिक अंकन हुआ है। 'इन्दु की बेटी' एक मध्यवर्गीय संवेदनशील पति के अपराध-बोध की कहानी है। 'नम्बर दस' मानवीय संवेदना से लबालब एक ऐसे युवक की कहानी है, जो अपनी बीमार बहन के इलाज के लिए चोरी करता है, जेल जाता है और जेल से बाहर आकर अपनी पत्नी का इलाज कराने में असमर्थ एक युवक पति को चोरी के अपराध में जेल जाने से बचाने के लिए स्वयं को पुलिस के हवाले कर देता है। इस कहानी का 'कहानीपन' युवक चोर के संवेदनात्मक चिन्तन और अन्तर्द्वन्द्व में निहित है। 'अछूते फूल' प्रेम-संवेदना की एक विशिष्ट कहानी है, जिसमें एक आधुनिक एग्रेसिव लड़की की प्यार की संवेदना कैक्टस में खिल जाने वाले फूल की तरह जाग्रत

हो जाती है। 'सिगनेलर' भी गहरी प्रेम-संवेदना की कहानी है, जो प्रेम को सेक्स से अभिन्न मानने वालों के लिए बकवास या उदार दृष्टि से देखने पर किसी 'रोमांस' से अधिक नहीं है। पर अज्ञेय ने बड़े कौशल से एक तीसरे व्यक्ति को इस प्रेम का साक्षी बना कर, पत्र और डायरी प्रविधि के प्रयोग द्वारा, कहानी को 'रोमांस' के सस्तेपन से बचा लिया है। उपयुक्त शिल्प के आविष्कार द्वारा किस प्रकार प्रेम की संवेदना को 'रोमांस' से 'पीड़ा की अनुभूति' में बदला जा सकता है, 'सिगनेलर' इसका उदाहरण है। 'जीवन-शक्ति' ('जिजीविषा') कलकत्ता के भीख माँग कर जीवन-यापन करने वालों की जिन्दगी की एक मार्मिक कहानी है। मानवीय करुणा को जागृत करने वाली कचोट इस कहानी को विशिष्ट बनाती है। वस्तुतः ये ही वे कहानियाँ हैं, जो अज्ञेय को कहानीकार के रूप में आज भी प्रासंगिक और विशिष्ट बनाती हैं।

1943 में अज्ञेय सेना में भरती हो गये थे और 1946 के आरम्भ में उन्होंने वह नौकरी छोड़ दी थी। अप्रैल 1941 से दिसम्बर, 1946 के बीच अज्ञेय ने एक भी कहानी नहीं लिखी। पर 1947 में, अपने इलाहाबाद प्रवास में उन्होंने एक साल के भीतर 'हीली-बोन् की बत्तखें', 'मेजर चौधरी की वापसी', 'लेटरबॉक्स', 'शरणदाता', 'मुस्लिम-मुस्लिम भाई-भाई', 'रमन्ते तत्र देवता', 'बदला' आदि सात कहानियाँ लिखी थीं, जिनमें से प्रथम दो सैनिक जीवन से और अन्तिम पाँच भारत-विभाजन के समय हिन्दू-मुस्लिम दंगों की विभिन्न मनोदशाओं से सम्बद्ध हैं। सैनिक जीवन से सम्बद्ध कहानियों को अज्ञेय ने अपनी 'तीसरे खेप की कहानियाँ' कहा है जो सैनिक जीवन से, और उन प्रदेशों के जीवन, समाज अथवा इतिहास से सम्बद्ध हैं।[13] इन कहानियों में 'मेजर चौधरी की वापसी' (1947), 'जय-दोल' (1950), 'नगा पर्वत की एक घटना' (1950) आदि हैं। 'मेजर चौधरी की वापसी' युद्ध-समाप्ति के बाद सैनिकों की मनःस्थिति की कहानी है। इसमें विशेष रूप से युद्ध में आहत होकर सन्तानोत्पत्ति के लिए असमर्थ हो गये युवा पति की मनोव्यथा का चित्रण हुआ है। 'जय-दोल' का कथ्य है निरंकुश शासन की प्रतीक एक नगा रानी की दृढ़ता का चित्रण। 'नगा पर्वत की एक घटना' में युद्ध-संहिता की नैतिकता पर बौद्धिक विमर्श है। संख्या, रचना-काल और 'कहानीपन' की दृष्टि से इन कहानियों को अज्ञेय की कहानी-कला की कोई प्रावस्था मानना संगत नहीं है। इनकी प्रशंसा में इतना ही कहा जा सकता है कि कदाचित् और किसी हिन्दी कहानीकार ने इस विषय पर कहानियाँ नहीं लिखी हैं। इससे यह भी सिद्ध होता है कि जो अनुभव ओढ़ा हुआ होता है, उससे अच्छी कहानी नहीं निकलती है। 'हीली-बोन् की बत्तखें' एक अच्छी कहानी इसलिए है कि उसकी पृष्ठभूमि सैनिक जीवन की होने पर भी उसमें अंकित संवेदना स्त्री की सन्तानहीनता की मनोवैज्ञानिक स्थिति से सम्बद्ध है।

1947 में लिखित पाँच कहानियाँ–'लेटरबॉक्स', 'शरणदाता', 'मुस्लिम-मुस्लिम

भाई-भाई', 'रमन्ते तत्र देवताः', और 'बदला'–भारत-विभाजन की त्रासदी पर आधारित हैं। ये कहानियाँ उस समय हुए हिन्दू-मुस्लिम दंगों की विभिन्न मनोदशाओं से सम्बद्ध हैं। इसके एक दशक बाद, 1957 में, अज्ञेय ने इस विषय पर एक और अच्छी कहानी 'नारंगियाँ' लिखी, जो देश-विभाजन की त्रासदी की पृष्ठभूमि में मानवीय संवेदनाओं के जीवित रह जाने पर आधारित है। इन्हें अज्ञेय ने अपनी 'चौथी खेप' की कहानियाँ कहा है। अज्ञेय के शब्दों में ये कहानियाँ 'भारत-विभाजन के विभ्राट् और उससे जुड़ी मनःस्थितियों' तथा 'आहत मानवीय संवेदन और मानव-मूल्यों के आग्रह' की कहानियाँ हैं।[14] इन कहानियों के बारे में अज्ञेय ने एक आश्चर्य-सी लगने वाली बात यह कही है कि वे उनके 'जीवनानुभवों' के वृत्त में नहीं आतीं।[15] यह तो हम जानते हैं कि अज्ञेय उन दिनों इलाहाबाद में रहते थे और ऐसी घटनाएँ पंजाब, पूर्वी भारत या उसके आसपास के क्षेत्रों में घटित हो रही थीं। पर बिना संवेदना का अंग बने ही कोई घटना रचना का विषय बन जाए, यह अज्ञेय को स्वीकार्य नहीं है। फिर ऐसा कैसे हुआ? सम्भवतः इलाहाबाद में पहुँचने वाले शरणार्थियों और समाचार-पत्रों में छपने वाली खबरों ने उनकी कथा-संवेदना को प्रेरित किया होगा।

1949 में, इलाहाबाद-प्रवास में ही, अज्ञेय ने 'वसन्त' और 'कविप्रिया' नामक कहानियाँ लिखीं। 'वसन्त' एक स्त्री की मनोदशा की कहानी है। वसन्त प्रतीक है और कहानी कविता की सरहदों को छूती हुई भारतीय परिवार की स्त्री की मनोदशाओं को व्यक्त करती है। 'कविप्रिया' वार्तालाप की प्रविधि में लिखित 'कवि' नामक प्राणी पर व्यंग्य और कवि-पत्नी की पति-निष्ठा और स्थिति को स्वीकार करने की विवशता की कहानी है। यह 'विवशता' भी पाठक में व्यथा नहीं, व्यंग्य का बोध ही जगाती है। 1950 में दिल्ली आ जाने पर उन्होंने उसी वर्ष पाँच कहानियाँ लिखीं जिनमें से 'जय-दोल' और 'नगा पर्वत की एक घटना' तो सैनिक जीवन से सम्बद्ध 'तीसरे खेप' की कहानियाँ हैं, पर 'वे दूसरे', 'पठार का धीरज' और 'साँप' कथ्य की दृष्टि से किसी एक वर्ग के अन्तर्गत नहीं रखी जा सकतीं। 'वे दूसरे' प्रेम, विवाह और तलाक की मिली-जुली जटिल मनःस्थिति की कहानी है। इसका आधार शायद अज्ञेय का अपना भोगा हुआ अनुभव भी है। 'पठार का धीरज' प्रेम की संवेदना पर एक प्रकार का बौद्धिक, या चाहें तो प्रतीकात्मक भी कह लें, विमर्श है। 'साँप' में भी सौन्दर्य की संवेदना ही सामने आती है, पर उसे कहानी कहना संगत नहीं लगता। 'साँप' के बारे में अज्ञेय की शिकायत है कि इसमें कुछ लोगों को 'अतिरिक्त रोमानी तत्त्व' मिला है। स्वयं अज्ञेय के अनुसार इस कहानी में 'प्रिय को आदर्शीकृत करके देखने वाले पहले प्यार में और उसके समानान्तर सिर उठाना चाहने वाली वासना में' होने वाले 'संघर्ष' का चित्रण हुआ है। पर मुझे इस कहानी में ऐसा कुछ नहीं दिखाई देता। यदि इसमें 'प्रिय को आदर्शीकृत करके देखने वाले पहले प्यार' का अस्तित्व है तो वह शब्द-जाल के रूप में, भावुकता के उछ्वास के रूप में, है और

'वासना' तो कदाचित् साँप में प्रतीक में है, जो हमारे मन में एक सौन्दर्य का बोध तो कराता है, पर वासना का नहीं। और 'संघर्ष' तो इसमें किसी प्रकार का है ही नहीं।

अपने दिल्ली-प्रवास में ही, 1951-1959 की अवधि में, अज्ञेय ने 'देवी सिंह', 'खितीन बाबू', 'शिक्षा', 'नीली हँसी', 'कलाकार की मुक्ति', 'हजामत का साबुन' (जनवरी, 1959 ; अज्ञेय की अन्तिम कहानी) आदि सात कहानियाँ लिखीं। 'देवी सिंह' व्यक्ति के अपनी परिस्थितियों से संघर्ष करते हुए विजय हासिल करने और सुसंस्कृत समाज पर व्यंग्य करने वाली कहानी है। 'खितीन बाबू' अदम्य जिजीविषा और संकल्प-शक्ति की कहानी है। पर यदि यह कहानी है तो प्रतीति-रहित है और यदि तथ्य है तो कहानी नहीं, संस्मरण या रेखाचित्र है ! 'शिक्षा' एक बोध-कथा मात्र है। 'नीली हँसी' प्रेम की संवेदना की कहानी है; जैनेन्द्र की कहानियों की याद ताजा कराती हुई। 'कलाकार की मुक्ति' कलाकार की चरम साधना को प्रतीकित करने वाली एक बोध-कथा है। 'हजामत का साबुन' एक साधारण-सी कहानी है, जो मानवीय संवेदना पर ही आधारित है।

यों तो अज्ञेय की अन्तिम कहानी जनवरी, 1959 की है, पर सर्जनात्मक दृष्टि से 1947 की भारत-विभाजन की त्रासदी से सम्बद्ध कहानियों के साथ ही (जिनमें 1957 में लिखी कहानी 'नारंगियाँ' को भी शामिल किया जा सकता है) अज्ञेय के कहानीकार रूप का पटाक्षेप माना जा सकता है। पर 1931-1950 अवधि के हिन्दी कहानी के इतिहास में अज्ञेय का कभी न मिटने वाला स्थान है। कथ्य की नवीनता के साथ-साथ कहानी के शिल्प और भाषा सम्बन्धी उनके प्रयोग उनकी सर्जनात्मकता को एक विशिष्ट ऊँचाई प्रदान करते हैं। अज्ञेय ने अपनी कहानियों के बारे में लिखा है : "...मैंने प्रयोग किये तो शिल्प के भी किये, भाषा के भी किये, रूपाकार के भी किये, वस्तु-चयन के भी किये, काल की संरचना को लेकर भी किये, लेकिन शब्द-मात्र की व्यंजकता और सूचकता की एकान्त उपेक्षा कभी नहीं की।"[16] खुद अपनी कहानियों के बारे में कहे जाने पर भी इसमें कोई अत्युक्ति नहीं है। कहानी के क्षेत्र में जैनेन्द्र को छोड़ कर अन्य किसी लेखक ने इतने अधिक शिल्पगत प्रयोग नहीं किये हैं। तटस्थ नरेटर या कहानी के ही किसी पात्र के अवलोकन-बिन्दु से कहानी प्रस्तुत करने तथा नाटकीय सम्भावनाओं से भरे संवाद की प्रविधि का उपयोग तो हिन्दी कहानी में इसके पहले से ही होता आ रहा था, जिसका उपयोग अज्ञेय ने भी किया; इसके साथ ही आत्मालाप, स्वगत-चिन्तन, आत्ममन्थन, आत्मालोचन, आत्मशोध, आत्मान्वेषण, कहानी के भीतर कहानी, अतीत के पुनरवलोकन, निर्जीव वस्तु के मानवीकरण, प्रतीक, स्वप्न, रूपक, पत्र, गाइड की कमेन्ट्री, साक्षात्कार, पाठक को सम्बोधित करते किस्सागो, पूर्णतः नाटकीय संवाद, पुराण-कथा आदि प्रविधियों के प्रयोग में भी अज्ञेय ने पहल की। यह तो नहीं कहा जा सकता कि सर्वत्र ये प्रयोग कहानी को प्रभावी बनाने में सहायक ही हुए हैं, पर कम-से-कम प्रयोग की दृष्टि

से तो इनका महत्त्व है ही। 'अमर वल्लरी', हारिति', 'द्रोही', 'छाया', 'क्षमा', 'दारोगा अमीचन्द', 'अलिखित कहानी', 'शान्ति हँसी थी', 'शत्रु', 'सिगनेलर', 'कोठरी की बात', 'चिड़ियाघर', 'पठार का धीरज' आदि कहानियाँ शिल्पगत प्रयोग की दृष्टि से उल्लेखनीय हैं।

पाँचवें दशक में अज्ञेय ने केवल सात कहानियाँ लिखीं, जिनमें से एक 'नारंगियाँ' (1957) भारत-विभाजन के सन्दर्भ से जुड़ी है। शेष छह कहानियों में 'देवी सिंह' (1951) भी एक अच्छी कहानी है। अन्य कहानियाँ, 'खितीन बाबू',(1952) 'शिक्षा', (1954) 'नीली हँसी', (1954) 'कलाकार की मुक्ति', (1954) और 'हजामत का साबुन' (1959) प्रभाव की धार की दृष्टि से अपने समय का साथ नहीं देतीं।

अज्ञेय ने छठे दशक के अन्त में ही कहानी लिखना क्यों छोड़ दिया, उसके उत्तर में उनका कहना है कि "मेरे लिए रचना-कर्म हमेशा अर्थवत्ता की खोज से जुड़ा रहा है। और यही खोज मुझे कहानी से दूर ले गयी है क्योंकि कहानी को मैंने उसके लिए ना-काफी पाया।...अर्थवत्ता में एक तरफ वस्तु की सही और मजबूत पकड़ और दूसरी तरफ उसके सही सम्प्रेषण पर मेरा समान बल रहा है। यानी खोज निरन्तर यथार्थ की पर्याप्त व्याप्ति और गहराई को समझने और सम्प्रेषण प्रक्रिया को अधिक समर्थ बनाने की रही है। जो रास्ता इस खोज में मुझे और आगे ले जाता नहीं जान पड़ा है, चाहे इसलिए कि वह रास्ता ठीक नहीं है, चाहे इसलिए कि मेरे लिए वह दुर्गम है, उसे छोड़ कर मैंने अपनी यात्रा के लिए दूसरा पथ बनाना शुरू कर दिया है; और पथ बनाते हुए भी अपने पाठक अथवा समाज को साथ लिये चलने या लिये रहने का प्रयत्न करता रहा हूँ क्योंकि असल बात तो समाज को ही साथ ले चलने की है, सम्प्रेषण की है, सम्प्रेषण की है, स्वयं कहीं पहुँच जाने-भर की नहीं, अभिव्यक्ति मात्र की नहीं।"[17]

अज्ञेय का मानना है कि "आज तो सचमुच टाइम 'आउट ऑफ जॉयन्ट' है, न केवल सभी कुछ संदिग्ध है बल्कि हमारा यह भरोसा भी दिन-प्रति-दिन उठता जाता है कि कुछ भी हम असंदिग्ध रूप से जान सकेंगे—और अनेक कारणों के अलावा एक इस कारण से भी कि जानकारी हासिल करने के (या जानकारी को विकृत करके जबरन वह विकृति ही स्वीकार कराने के) साधन लगातार ऐसे लोगों के दृढ़तर नियन्त्रण में चले जा रहे हैं जिन पर हमारा नियन्त्रण लगातार कमजोर होता जा रहा है। यहाँ तक कि हम स्वयं कहाँ खड़े हैं, और जिस युग अथवा काल-खण्ड में जी रहे हैं वह वास्तव में क्या है, उससे हमारा रिश्ता क्या अथवा कैसा है, यही पहचानना हमारे लिए प्रतिदिन कठिनतर होता जा रहा है।"[18] इस प्रत्यय को आगे बढ़ाते हुए अज्ञेय इस निष्कर्ष पर पहुँचते हैं कि इस स्थिति में "अवश्य ही कहानी भी 'आउट ऑफ जॉयन्ट' होगी। आज है भी; और इसमें एक तर्कसंगति

भी है—युक्ति-युक्तता है, सन्दर्भ-युक्तता भी है।"[19] इस सन्दर्भ में पहला प्रश्न उठता है, 'यथार्थ' का। अज्ञेय 'यथार्थ' पद पर बहुत ऊहापोह करने के बाद इस निष्कर्ष पर पहुँचते हैं कि "यथार्थ इकहरा या सपाट या एक-स्तरीय नहीं होता। यह भी कहा जा सकता है कि कला के क्षेत्र में एक विशेष अर्थ में यथार्थ अर्थहीन होता है, हमेशा अर्थहीन होता है।"[20] वे यह भी मानते हैं कि "केवल **सब्जेक्टिव** यथार्थ में ही अर्थवत्ता का प्रश्न उठ सकता है : विषयीगत यथार्थ ही कला का यथार्थ होता है और उसी में अर्थ हो सकता है। और इसलिए अर्थ की खोज हो सकती है। निस्सन्देह वस्तु-जगत् के तथ्यों की, परिवेश की स्थिति और क्रिया-व्यापारों की, सामाजिक सम्बन्धों की पकड़ या समझ विषयी की जैसी होगी, जीवन-मात्र से जैसा उसका सम्बन्ध होगा, उससे वह विषयीगत यथार्थ भी प्रभावित होगा। उसी पर उसके पाये हुए अर्थ की मूल्यवत्ता निर्भर करेगी। लेकिन कला-वस्तु से परिवेश के सम्बन्ध का यह दूसरा वृत्त है। पहले और दूसरे वृत्त के बीच स्वयं कलाकार खड़ा है।"[21]

इस तर्क के बाद अज्ञेय 'यथार्थ' को 'हमेशा अर्थहीन' और इसके बावजूद 'अर्थ की खोज' को कलाकार मात्र के लिए, और अपने लिए भी, रचना-कर्म की शर्त मानते हैं। वे लिखते हैं : "मेरे लिए रचना-कर्म हमेशा अर्थवत्ता की खोज से जुड़ा रहा है। साहित्यकार के नाते मुझे अर्थहीन यथार्थ की तलाश नहीं रहती और न है।" इसी क्रम में वे आगे लिखते हैं : "कला के क्षेत्र में तो यह भी कहा जा सकता है कि विषयी-निरपेक्ष यथार्थ वहाँ कुछ होता ही नहीं; कला का सत्य होने के लिए 'यथार्थ' की प्रस्तुति में भी विषयी द्वारा उसके स्वायत्त किये गये होने की झलक मिलनी चाहिए। कला में यथार्थ हमेशा संवेदना से छन कर आता है। कला के यथार्थ में विषयी द्वारा उसके स्वायत्त किये गये होने की गूँज होती है। उस गूँज के सहारे ही हम यथार्थ के निरे बयान से रचना की अलग पहचान करते हैं। क्योंकि हम परख करते हैं कि वह केवल बाहर का यथार्थ है या कि रचनाकार ने उसे आत्मसात् करके ही लिखा है।"[22]

इस यथार्थ-विमर्श को अज्ञेय के कहानी लिखना छोड़ने से इसी अर्थ में जोड़ा जा सकता है कि कहानी के लिए जिस बाह्य या आन्तरिक यथार्थ के बोध और उसे 'अर्थवत्ता' से सम्पृक्त करने की मनोदशा होती है, वह उनमें छठे दशक का अन्त होते-होते नहीं रही। उनका उपन्यास-लेखन भी लगभग इसके साथ ही समाप्त हो गया।

इस विमर्श में अज्ञेय यह निष्कर्ष भी प्रस्तुत करते हैं कि 'कहानी' 'सबसे जल्दी पुरानी' पड़ जाती है; "फिर कहानियों में वे या वैसी कहानियाँ और भी जल्दी पुरानी पड़ती हैं जो अपने समय के समाज के बाह्य यथार्थ से बँधी होती हैं।"[23] उनका अगला निष्कर्ष है : "...वे कहानियाँ जल्दी पुरानी नहीं होती हैं, या जो पुरानी होकर भी नयी बनी रही हैं या नयी हो गयी हैं, उनमें रचनाकार की दृष्टि सामाजिक यथार्थ

की परिधि में बँधी न रह कर मानवीय यथार्थ पर केन्द्रित रही होंगी।"[24] मुझे लगता है कि अज्ञेय का विमर्श यहाँ 'आउट ऑफ जॉयन्ट' हो गया है। यदि उनके इस निष्कर्ष में कोई दम होता तो प्रेमचन्द की कहानियाँ कब की अप्रासंगिक हो गयी होतीं। इतना ही नहीं, स्वयं उनकी कहानियाँ भी बीस वर्ष बाद पढ़ने और पुनर्मुद्रित होने लायक नहीं रहतीं। किन्तु यदि वे आज भी सार्थक या 'अर्थवत्ता' से युक्त हैं तो केवल इस कारण कि बाह्य यथार्थ से जुड़ी होने के बावजूद वे लेखक द्वारा 'स्वायत्त किये गये' होने तथा 'संवेदना से छनकर' आने का प्रमाण प्रस्तुत करती हैं। अज्ञेय यह भी मानते दीखते हैं कि 'कहानीकार के अन्य गुणों से सम्पन्न व्यक्ति में कवि-दृष्टि भी होने पर वह अधिक महत्त्वपूर्ण कहानी-लेखक हो सकता है।' दूसरी तरफ अज्ञेय के ही अनुसार, "कवि न होना, कवि-दृष्टि न रखना, कहानीकार का सबसे बड़ा गुण माना और सिद्ध किया जाता है।"[25] यहाँ सारी कठिनाई 'कवि-दृष्टि' के अर्थ-ग्रहण से जुड़ती है। यदि 'कवि-दृष्टि' संवेदना-दृष्टि का पर्याय है तो वह कहानी के लिए भी उतनी ही जरूरी है, जितनी कविता के लिए; पर यदि वह कवि की हवाई और अराजक कल्पना की परिचायक है तो कहानी में उसकी उपयोगिता नकारात्मक ही होगी। अज्ञेय की कहानियों में भी जहाँ संवेदना का क्षण घना और तीव्र है, वहाँ कहानी अपने उत्कर्ष पर पहुँचती है, पर जहाँ कल्पनाजन्य वर्णन या सजावटी भाषा की बहुलता है, वहाँ कहानी कमजोर हो गयी है। अज्ञेय का यह कथन पूर्वग्रह से भरा हुआ है कि "...हिन्दी में भी अपने समकालीनों में–और युवतर लेखकों में भी–जिनकी कहानियाँ हम दोबारा पढ़ते हैं और रुचि से पढ़ सकते हैं, वे भी कवि हैं–कवि भी हैं और कहानीकार से पहले कवि रूप में पहचाने जाते हैं।"[26]

निष्कर्ष के रूप में हमें यह स्वीकार करने में कोई हिचक नहीं है कि हिन्दी कहानी के इतिहास में अज्ञेय की जगह सुरक्षित है। 'हारिति', 'गृहत्याग', 'रोज़' (गैंग्रीन), 'अलिखित कहानी', 'शान्ति हँसी थी', 'अछूते फूल', 'जीवन-शक्ति' (जिजीविषा), 'पुलिस की सीटी', 'हीली बोन् की बत्तखें', 'लेटरबॉक्स', 'शरणदाता', 'रमन्ते तत्र देवता', 'बदला', 'नारंगियाँ' आदि कहानियाँ आज भी उतनी ही पठनीय हैं जितनी अपने प्रथम प्रकाशन के समय थीं।

सन्दर्भ

1. रामकमल राय के अनुसार यह संग्रह प्रकाशित नहीं हुआ था, पर 'विशाल भारत' के सम्पादक बनारसीदास चतुर्वेदी इन कहानियों से इतने प्रभावित थे कि उन्होंने इनकी स्वयं समीक्षा लिखी और उसे 'विशाल भारत' में प्रकाशित कर दिया। श्री राय के अनुसार वात्स्यायन जी ने चतुर्वेदी जी को पत्र लिख कर अपना विरोध भी व्यक्त किया था। (*शिखर से सागर तक,* नेशनल पब्लिशिंग हाउस, नयी दिल्ली, 1986, पृ. 184) पर आश्चर्य है कि स्वयं अज्ञेय ने *अज्ञेय की सम्पूर्ण कहानियाँ* (खण्ड 1) के

परिशिष्ट-2 में, जिसमें *विपथगा* की बनारसीदास चुतुर्वेदी लिखित समीक्षा, जो 'विशाल भारत' के मार्च, 1933 अंक में छपी थी, यह सूचना नहीं दी है। अज्ञेय के अनुसार, 'विपथगा' संग्रह की कहानियों की प्रतिलिपि पूरी नहीं हुई थी, जब कॉपी बाहर भेजने का सुयोग मिला, और वह जैसी थी वैसी ही भेज दी गयी। इसीलिए एक कहानी (प्रतिलिपि में) अधूरी थी।" इससे यह पता नहीं चलता कि 1932 के अन्त या 1933 के आरम्भ में यह संकलन छपा था या नहीं। समीक्षा की पहली पंक्ति से तो इसके प्रकाशित होने का ही आभास होता है। पर इसके प्रकाशित होने का भी कोई दूसरा प्रमाण उपलब्ध नहीं है।

2. ये सारी सूचनाएँ अज्ञेय द्वारा सम्पादित कहानी संकलन, *अज्ञेय की सम्पूर्ण कहानियाँ* (खण्ड 1-2), प्र. राजपाल एण्ड सन्ज, दिल्ली, 1975, पृ. 413-21 से प्राप्त की गयी हैं।
3. *'ये तेरे प्रतिरूप'* संकलन जुलाई, 1961 में प्रकाशित हुआ था, जिसमें कुल 14 कहानियाँ शामिल की गयी थीं। 'निवेदन' के अनुसार इस संकलन की आधी कहानियाँ पहली बार इसमें छपी थीं। शेष कहानियाँ पहले के संग्रहों में छप चुकी थीं। इस संकलन की कहानियाँ हैं : 'सेब और देव', 'देवी सिंह', 'नारंगियाँ', 'हजामत का साबुन', 'बन्दों का खुदा, खुदा के बन्दे', 'शरणदाता', 'लेटर-बॉक्स', 'मुस्लिम मुस्लिम भाई-भाई', 'रमन्ते तत्र देवता', 'बदला', 'खितीन बाबू', 'कविता और जीवन—एक कहानी', 'शिक्षा', 'कलाकार की मुक्ति'।
4. उपरिवत्
5. उपरिवत्
6. *अज्ञेय की सम्पूर्ण कहानियाँ*—भाग 2 (*लौटती पगडंडियाँ*), पृ. 7
7. अज्ञेय के अनुसार "कहानी एक क्षण का चित्र प्रस्तुत करती है। 'क्षण' का अर्थ हम चाहे एक छोटा काल-खण्ड लगा लें चाहे एक अल्पकालिक स्थिति, एक घटना, प्रभावी डायलाग, एक मनोदशा, एक दृष्टि, एक बाह्य या आभ्यन्तर झाँकी, समझ का एक आकस्मिक उन्मेष, सन्त्रास, तनाव, प्रतिक्रिया, प्रक्रिया...इसी प्रकार 'चित्र' का अर्थ वर्णन, निरूपण, रेखांकन, सम्पुंजन, सूचन, संकेतन, अभिव्यंजन, रंजन, प्रतीकन, द्योतन, आलोकन, रूपायन, जो चाहें लगा लें—या इनके विभिन्न जोड़-मेल। बल्कि और भी 'महीन मुंशी' तबीयत के हों तो हम 'प्रस्तुत करने' के अर्थ को लेकर भी काफी छानबीन कर सकते हैं। उस सबके लिए न अटक कर कहें कि कहानी क्षण का चित्र है।"—*अज्ञेय की सम्पूर्ण कहानियाँ*, भाग-1., पृ. 8
8. यहाँ विद्यानिवास मिश्र और स्वयं अज्ञेय के दिये गये विवरणों में किंचित् अन्तर दिखाई देता है, पर उसका कोई विशेष महत्त्व नहीं है।
9. *अज्ञेय की सम्पूर्ण कहानियाँ*—भाग 2 (*लौटती पगडंडियाँ*), पृ. 8
10. विद्यानिवास मिश्र (सं.), *आज के लोकप्रिय हिन्दी कवि अज्ञेय*, 'परिचय', पृ. 10
11. इनमें कहानी-लेखन की दृष्टि से 1934-37 का समय ही विशेष रूप में सक्रिय प्रतीत होता है। 1938-41 की अवधि में मात्र छह कहानियाँ ही लिखी गयी थीं। कदाचित् यह *शेखर : एक जीवनी* को अन्तिम रूप देने का समय रहा हो।
12. अज्ञेय, *अज्ञेय की सम्पूर्ण कहानियाँ*, भाग-2, पृ. 8

13. उपरिवत्, पृ. 9
14. *अज्ञेय की सम्पूर्ण कहानियाँ,* भाग-2, पृ. 10
15. उपरिवत्, पृ. 11
16. उपरिवत्, पृ. 13
17. *अज्ञेय की सम्पूर्ण कहानियाँ,* भाग-1, पृ. 6-7
18. उपरिवत्, पृ. 8
19. उपरिवत्, पृ. 9
20. उपरिवत्, पृ. 12
21. उपरिवत्, पृ. 12-13
22. उपरिवत्, पृ. 14
23. उपरिवत्, पृ. 15
24. उपरिवत्, पृ. 16
25. उपरिवत्, पृ. 17
26. उपरिवत्।

हिन्दी कथा-साहित्य में अज्ञेय का स्थान

साहित्य के व्यापक और वैविध्यपूर्ण परिसर में किसी लेखक का स्थान निर्धारित करना एवं उसके योगदान का महत्त्व आँकना बड़ा ही नाजुक और खतरे का काम है, क्योंकि इस प्रक्रिया में हमें विभिन्न लेखकों के कृतित्व की तुलना करनी पड़ती है, जो साहित्यालोचन की सर्वाधिक संदिग्ध और उलझनपूर्ण क्रिया है। हिन्दी उपन्यास में अज्ञेय का स्थान और महत्त्व निर्धारित करने में यह कठिनाई स्वाभाविक है।

यों तो हिन्दी में उपन्यास लेखन का आरम्भ 1870 ई. से ही माना जाता है, पर उसे ठोस आकार देनेवाले लेखक प्रेमचन्द हैं। प्रेमचन्द ने हिन्दी उपन्यास को चमत्कारपूर्ण घटनाजाल, तिलस्मी तहखानों, ऐयारी कारनामों, अपराध-घटनाओं और उपदेश कथाओं से बाहर निकालकर जीवन के निकट स्थापित किया और 'उपन्यास' अभिधान को सार्थकता प्रदान की। प्रेमचन्द ने पहली बार समसामयिक जीवन को अपनी रचनाओं में सफलतापूर्वक उपन्यस्त किया। इसके पहले किसी हिन्दी उपन्यासकार ने इतने व्यापक रूप में भारतीय जीवन को कथा के माध्यम से प्रस्तुत करने का प्रयास नहीं किया था। समसामयिक जीवन की ऐसी कोई प्रमुख समस्या नहीं, जो उनके उपन्यासों में न आयी हो। गाँवों और किसानों का तो जैसा चित्रण उन्होंने किया है, वैसा बाद के उपन्यासकार भी नहीं कर पाये हैं। प्रेमचन्द के उपन्यास सही माने में अपने युग की तस्वीर हैं।

विषय के अतिरिक्त प्रेमचन्द ने उपन्यास के शिल्प और भाषा के सम्बन्ध में भी सही दृष्टि और प्रतिभा का परिचय दिया। यद्यपि इन दोनों बातों के लिए वे देवकीनन्दन खत्री के ऋणी माने जा सकते हैं पर उन्होंने आरम्भ वहाँ से किया जहाँ खत्री जी अपनी यात्रा समाप्त कर चुके थे। शिल्प की दृष्टि से खत्री जी कथा-वर्णन और दृश्य-निर्माण के मिश्रण से कथानक योजना से अप्रतिम हैं। पर खत्री जी अपनी किस्सागो की भूमिका कहीं नहीं छोड़ते। प्रेमचन्द ने भी अपने उपन्यासों में लगभग यही शिल्प प्रविधि अपनायी है, पर कई ऐसी बातें हैं जो उन्हें देवकीनन्दन खत्री से अलग और नवीन प्रयोगकर्त्ता के रूप में प्रतिष्ठित करती हैं। इनमें पहली बात यह

है कि प्रेमचन्द ने किस्सागो की भूमिका छोड़ने की कोशिश की। यद्यपि वे पूरी तरह से इससे मुक्त नहीं हो पाये हैं, पर वे सदा 'अप्रत्यक्ष' बने रहने का प्रयास करते हैं और अपने अन्तिम उपन्यास 'गोदान' में पहुँच कर वे बचकानी किस्सागोई की केंचुल उतार फेंकने में लगभग सफल हुए हैं। प्रेमचन्द के शिल्प-प्रयोग के सम्बन्ध में दूसरी महत्त्वपूर्ण बात यह है कि वे दृश्यों के निर्माण में अधिक रुचि लेते हैं और अपने वर्णनों को भी जीवन्त, नाटकीय और बिम्बात्मक बनाने का प्रयास करते हैं। पात्रों को स्वगतचिन्तन की मनःस्थिति में डाल कर तथा उनसे इस रूप में वर्णन कराकर प्रेमचन्द अपने वर्णनों की भी नाटकीय मूल्य प्रदान कर देते हैं। प्रेमचन्द के औपन्यासिक शिल्प की तीसरी विशेषता यह है कि वे शनैः-शनैः 'सुगठित कथानक' को 'ढीले-ढीले कथानक' में परिणत करने की दिशा में निरन्तर प्रयोग करते रहे हैं और अन्ततः 'गोदान' में उनका कथानक के प्रति मोह लगभग समाप्त होता दीखता है। कथाओं के यौगपदिक संक्रमण की कला का परिचय तो देवकीनन्दन खत्री ने भी दिया था पर कथाओं के समानान्तर यौगपदिक संक्रमण का पहला उदाहरण प्रेमचन्द का 'गोदान' ही है। 'गोदान' में पहुँच कर उपन्यास का 'कथानक' अपनी मूल प्रकृति को त्याग कर जीवन के समान ही ढीला-ढाला और बिखरा हुआ हो गया है। इस प्रकार प्रेमचन्द ने विषय की दृष्टि से ही नहीं, शिल्प की दृष्टि से भी उपन्यास को जीवन के निकट उपस्थापित किया।

जो बात शिल्प के सम्बन्ध में कही गयी है, वही बात लगभग भाषा के सम्बन्ध में भी कही जा सकती है। खत्री जी ने उपन्यासों में सजी-सजायी, अलंकृत भाषा के स्थान पर सरल, बोलचाल की भाषा का प्रयोग किया। प्रेमचन्द ने भी अपने उपन्यासों के लिए सरल, बोलचाल की भाषा ही अपनायी। पर खत्री जी की भाषा की तरह प्रेमचन्द की भाषा एकरस और मात्र वर्णनात्मक नहीं है। प्रेमचन्द की भाषा उपन्यास के पात्रों के चरित्र, स्वभाव और मनःस्थिति के अनुसार बदलती रहती है और इस प्रकार जीवन के वैविध्य को सफलतापूर्वक प्रस्तुत करती है। प्रेमचन्द की भाषा सरल और बोलचाल की भाषा होने पर भी सजीव, व्यंजक, बिम्ब निर्माण में सक्षम तथा अर्थ की अनेक परतों को उद्घाटित करने वाली है।

इस प्रकार विषय, शिल्प और भाषा तीनों ही दृष्टियों से प्रेमचन्द ने हिन्दी उपन्यास को उपन्यास का स्वीकृत, मानक रूप प्रदान किया और भावी उपन्यास की दिशा का संकेत भी दिया। उन्होंने लिखा कि भविष्य का उपन्यास चरित्र प्रधान होगा। प्रेमचन्द के उत्तरवर्त्ती समकालीन, और अज्ञेय के पूर्ववर्ती समकालीन, जैनेन्द्र कुमार ने हिन्दी उपन्यास को किंचित् नयी दिशा में मोड़ने का प्रयत्न किया। उन्होंने उपन्यासों में व्यापक समाज का चित्र न प्रस्तुत कर मध्यवर्गीय परिवारों की नैतिक-सामाजिक समस्याओं का चित्रण किया। पति-पत्नी के सम्बन्धों के नैतिक पक्ष को तथा स्वीकृत नैतिक मूल्यों के विरोध में बुनियादी नैतिकता को उन्होंने अपने

उपन्यासों का विषय बनाया। जैनेन्द्र के उपन्यासों में सामाजिक जीवन और उसकी समस्याएँ अत्यल्प हैं; उनमें ऐसे व्यक्तियों की समस्याएँ हैं, जो स्वीकृत नैतिक मूल्यों की उपेक्षा करते हैं। स्पष्ट है कि प्रेमचन्द की रौंदी हुई जमीन पर जैनेन्द्र नहीं चलते। शिल्प और भाषा की दृष्टि से भी जैनेन्द्र प्रेमचन्द से भिन्न भूमि पर खड़े हैं। वे अपने वर्णनों को उपन्यास के किसी पात्र से कहला कर या लिखवा कर नाटकीय शक्ति प्रदान करते हैं। उनका *त्यागपत्र* नामक उपन्यास तो एक पात्र की आत्मकथा के रूप में ही लिखा गया है। यह उपन्यास शिल्प के क्षेत्र में नया प्रयोग था, जो अनगढ़ रूप में इसके पहले भी यत्र-तत्र प्रयुक्त हो चुका था, पर इसका प्रथम सार्थक प्रयोग जैनेन्द्र ने ही किया। इसी प्रकार जैनेन्द्र की भाषा का एक नया अन्दाज है जो सरल और निरलंकृत होते हुए भी विशेष भंगिमा और अदा से युक्त है तथा बहुत कम शब्दों में अधिक कहने का आदर्श प्रस्तुत करती है।

जिस समय अज्ञेय ने हिन्दी उपन्यास के क्षेत्र में पदार्पण किया (1940) उस समय प्रेमचन्द दिवंगत हो चुके थे और जैनेन्द्र, भगवतीचरण वर्मा, वृन्दावनलाल शर्मा, इलाचन्द जोशी यशपाल आदि उस काल के प्रमुख नये हस्ताक्षर थे। इनमें भगवतीचरण वर्मा, वृन्दावनलाल वर्मा और यशपाल शिल्प और भाषा की दृष्टि से लगभग प्रेमचन्द की पद्धति का अनुगमन कर रहे थे और इसलिए उन्हें हिन्दी उपन्यास की समृद्धि में योग देने का श्रेय मात्र दिया जा सकता है, प्रयोगकर्त्ता या नयी दिशा के उद्‌घाटक होने का नहीं। विषय की दृष्टि से भगवतीचरण वर्मा नैतिक समस्याओं और प्रेम के भावुक पक्ष के, वृन्दावनलाल वर्मा ऐतिहासिक जीवन और परिवेश के तथा इलाचन्द्र जोशी कुण्ठित व्यक्तित्व के चित्रण के उपन्यासकार माने जा सकते हैं। पर इन उपन्यासकारों को अपने विषय के चित्रण में कोई ऐसी उपलब्धि नहीं हासिल हुई कि हम उन्हें प्रयोगकर्त्ता का दरजा दे सकें। ये उपन्यासकार अज्ञेय के पूर्ववर्ती होकर भी उनके समकालीन बने रहे और अपनी विभिन्न कृतियों से हिन्दी उपन्यास को समृद्ध बनाते रहे!

प्रेमचन्द के बाद हिन्दी उपन्यास में नया मोड़ उपस्थित करने वाले उपन्यासकार अज्ञेय ही हैं। जैनेन्द्र ने इस दिशा में पहल जरूर की थी, पर उनका विकास चाहे जिस कारण हो, अवरुद्ध हो गया। अपने चार उपन्यासों–*'परख'*, *'सुनीता'*, *'त्यागपत्र'* और *'कल्याणी'*– के बाद तो लगभग दस वर्षों तक वे मौन ही रहे। *'सुनीता'*, *'त्यागपत्र'*, *'कल्याणी'* आदि में नयी दिशा का संकेत मात्र ही मिलता है, पूर्ण विकास नहीं। अज्ञेय ने प्रेमचन्द की इस भविष्यवाणी को, कि 'भावी उपन्यास चरित्र प्रधान होगा', अपने प्रथम उपन्यास *शेखर : एक जीवनी* में चरितार्थ किया।

अज्ञेय ने प्रेमचन्द की तरह पूरे समाज को नहीं, व्यक्ति को अपने उपन्यासों का विषय बनाया और इस प्रकार व्यक्ति प्रधान उपन्यास के लेखक के रूप में अपने को प्रतिष्ठित किया। *शेखर : एक जीवनी* में पहली बार एक व्यक्ति पूरे उपन्यास

का विषय बना। यद्यपि शेखर अपने समाज और परिवेश की देन है, और उस परिवेश का चित्रण भी अज्ञेय ने किया है, पर हमारे दृष्टिपथ पर हमेशा शेखर ही विद्यमान रहता है। समाज 'पृष्ठभूमि' का काम करता है और पाठक के सामने शेखर का 'क्लोज अप' होता है। विषय के रूप में एक व्यक्ति के केन्द्रस्थ होने के कारण अज्ञेय स्वभावतः उसके मनोजगत का मनोवैज्ञानिक विश्लेषण और अंकन करते हैं। यह बात बिना किसी हिचक के कही जा सकती है कि अज्ञेय के पूर्ववर्ती अन्य किसी भी उपन्यासकार ने किसी पात्र के अन्तर्जगत में इतने गहरे प्रवेश कर उसका विश्लेषण और चित्रण नहीं किया है। इलाचन्द्र जोशी ने, जो अज्ञेय के समकालीन कहे जा सकते हैं, पात्रों की मनोवैज्ञानिक कुण्ठा का चित्रण किया है, पर उनका चित्रण पर्याप्त प्रत्ययकारी नहीं हो पाया है, जबकि अज्ञेय का मनोवैज्ञानिक विश्लेषण संगत, विश्वसनीय और कलात्मक है। शेखर के व्यक्तित्व में कुण्ठा का अभाव नहीं है, पर इसके साथ ही अन्य प्रवृतियाँ भी हैं, जैसे अहं, भय और काम की भावना, जो उसके व्यक्तित्व की रचना में योग देते हैं। अज्ञेय ने शेखर के चरित्र-निर्माण की कारणभूत मनोवैज्ञानिक और परिवेशगत परिस्थितियों का सही चित्रण और विश्लेषण किया है और अपने स्वतन्त्र निष्कर्ष प्रस्तुत किये हैं। शेखर के चरित्र के माध्यम से अज्ञेय का विद्रोह और प्रेमदर्शन व्यक्त हुआ है। जहाँ तक मैं समझता हूँ, उग्र क्रान्तिकारी के रूप में शेखर का चित्रण तो विशेष महत्त्व का नहीं बन सका है, पर प्रेमी के रूप में उसकी प्रस्तुति पर्याप्त प्रत्ययकारी है। शशि और शेखर का प्रेम समस्त हिन्दी उपन्यास में अपने ढंग का अकेला और विशिष्ट है।

श्रेष्ठ रचना की सबसे बड़ी पहचान यह है कि वह समय की कसौटी पर खरी उतरे और उसका 'पाठ' हमेशा नया बना रहे। *शेखर एक जीवनी* अपने व्रिजन के अधूरेपन के बावजूद आज हिन्दी के एक महत्त्वपूर्ण क्लासिक उपन्यास के रूप में स्वीकृत हो चुका है। *गोदान* के बाद इसे हिन्दी का दूसरा युगान्तकारी उपन्यास माना जाता है। यद्यपि एक दौर में कतिपय आलोचकों ने पूर्वग्रहा वश इसका अवमूल्यन करने का प्रयास किया था, पर आज उसका कोई महत्त्व नहीं रह गया है। जिन आलोचकों ने निकट अतीत में शेखर का प्रशंसात्मक मूल्यांकन किया है, उनमें रामस्वरूप चतुर्वेदी और चन्द्रकान्त वान्दिवडेकर प्रमुख हैं। चतुर्वेदी जी के अनुसार *शेखर एक जीवनी* के माध्यम से अज्ञेय ने "न केवल हिन्दी उपन्यास के आभ्यन्तर को रूपान्तरित किया, वरन् स्वयं अपनी रंगहीन और सपाट कविता-भाषा का गहरा और रचनात्मक संघात पाया।" चन्द्रकात वान्दिवडेकर के अनुसार "हिन्दी में पहली बार उपन्यास को दर्शन का धरातल मिला और वह पश्चिमी लेखन की समकक्षता में आ गया। जीवन विषयक मूलभूत प्रश्न चरित्रों के माध्यम से प्रस्तुत किये गये।...मनोविज्ञान को समेटते हुए वह जीवनदर्शन परक उपन्यास है।...हिन्दी उपन्यास को अज्ञेय के रूप में ऐसा उपन्यासकार मिला है, जो विश्व के स्तरीय

क्लासिक लेखकों में गिना जा सकता है।"

मैं अनुभव करता हूँ कि *शेखर एक जीवनी* के पाठ की व्याख्या की सम्भावनाएँ अभी समाप्त नहीं हुई हैं। इसे प्रायः एक 'मनोवैज्ञानिक उपन्यास' के रूप में मान्यता प्राप्त है। पर यह उस प्रकार का मनोवैज्ञानिक उपन्यास नहीं है जिनमें चेतना प्रवाह के रूप में अचेतन मन के कुहरीले संसार का अंकन होता है। यह एक चरित्रप्रधान उपन्यास है, जिसमें एक पात्र के विकास का मनोवैज्ञानिक अध्ययन किया गया है। बाल मनोविज्ञान के चित्रण का तो यह हिन्दी में पहला उल्लेखनीय प्रयास है और आज भी इस रूप में अकेला है। इसमें एक पात्र द्वारा 'मानवता के संचित अनुभव के प्रकाश में अपने को पहचानने' की अद्भुत कोशिश है। उपन्यास की और भी अनेक विशेषताएँ हैं, जिन्हें उद्‌घाटित करने का प्रयास इस किताब में किया गया है। पर मैं अनुभव करता हूँ कि यह प्रयास भी अन्तिम नहीं है। यही *शेखर एक जीवनी* की विशेषता भी है।

अज्ञेय का दूसरा उपन्यास *नदी के द्वीप* भी व्यक्तिप्रधान उपन्यास ही है, पर इसमें एक की जगह चार प्रमुख पात्र हैं। *शेखर : एक जीवनी* में शेखर का चरित्र अपनी गतिशीलता और पूरे विकास की प्रक्रिया में चित्रित है और उसकी पृष्ठभूमि में उसके समाज का परिवेश भी है, पर *नदी के द्वीप* के पात्र बने-बनाये हैं और विभिन्न परिस्थितियों में उनकी संवेदनाओं का चित्रण ही लेखक का उद्देश्य है। *नदी के द्वीप* अज्ञेय के शब्दों में 'चार संवेदनाओं का उपन्यास' है। उसके पात्रों के चरित्र का विकास नहीं होता, वे जो हैं उसी का विश्लेषण होता है। इस कारण *शेखर : एक जीवनी* की तुलना में *नदी के द्वीप* में पात्रों की पृष्ठभूमि या जिस समाज से वे आते हैं उसका चित्रण गौण है। वे कुछ परिस्थितियों में कुछ व्यक्तियों के सम्पर्क में आने पर कैसा आचरण करते हैं, किस प्रकार की मनःस्थिति में जीते हैं इसका वर्णन और विश्लेषण ही प्रधान है। *नदी के द्वीप* का विषय—जो भुवन, रेखा; गौरा और चन्द्रमाधव आदि पात्रों के माध्यम से सामने आता है—नर-नारी का प्रेम है जिसका काव्य जगत में सार्वभौम और सार्वकालिक महत्त्व रहा है, पर *नदी के द्वीप* में चित्रित प्रेम किसी पूर्ववर्ती महान कवि या लेखक का अनुसरण नहीं है। नर नारी का यह प्रेम बिलकुल आधुनिक परिस्थितियों की देन है और इसके पीछे लेखक का एक अत्यन्त सुचिन्तित प्रेमदर्शन कार्यशील है। यह प्रेमदर्शन समकालीन नैतिक मान्यताओं को चुनौती देने वाला होने के बावजूद भारतीय परम्परा में है। इस प्रेम में त्याग, आत्मसमर्पण, आत्मदान आदि की प्रधानता है। अज्ञेय का प्रेमदर्शन इस उपन्यास में अपनी पूरी शक्ति और सम्भावनाओं के साथ व्यक्त हुआ है।

नदी के द्वीप हिन्दी के सर्वश्रेष्ठ मनोवैज्ञानिक उपन्यास का उदाहरण माना जाता है, यद्यपि आधुनिक अर्थ में न *शेखर : एक जीवनी* को मनोवैज्ञानिक उपन्यास माना जा सकता है, न *नदी के द्वीप* को। अज्ञेय के उपन्यास प्रसिद्ध

आधुनिक मनोवैज्ञानिक उपन्यासकार जेम्स जॉयस, फॉकनर, मार्शल प्रू और वर्जीनिया वुल्फ के मनोवैज्ञानिक या मनोविश्लेषण प्रधान उपन्यासों की पंक्ति में नहीं आते, पर पात्रों की मनोरचना या मनोजगत के वैज्ञानिक अंकन और विश्लेषण की दृष्टि से *नदी के द्वीप* को निश्चय ही एक श्रेष्ठ मनोवैज्ञानिक उपन्यास की संज्ञा दी जा सकती है।

अज्ञेय का तीसरा उपन्यास *अपने अपने अजनबी* एक विचार प्रधान उपन्यास है और अपने ढंग का यह भी अकेला उपन्यास है। इसमें कतिपय पात्रों के आधार पर अजनबीपन, वरण की समस्या, मृत्युबोध आदि समकालीन प्रश्नों पर विचार किया गया है।

केवल विषय की दृष्टि से ही नहीं, शिल्प, प्रविधि और भाषा की दृष्टि से भी अज्ञेय का हिन्दी उपन्यास साहित्य में विशिष्ट स्थान है। शिल्प की दृष्टि में उल्लेखनीय प्रयोग प्रेमचन्द ने भी किये थे, पर वे मुख्यतः उपन्यास के परम्परागत ढाँचे से जुड़े रहे। पर्सी लबॉक द्वारा उल्लिखित 'दृश्यात्मक' और 'परिदृश्यात्मक' प्रविधियाँ प्रेमचन्द के उपन्यासों का मुख्य आधार हैं। प्रेमचन्द के बाद जैनेन्द्र ने 'परिदृश्यात्मक' या 'वर्णनात्मक' पद्धति को नाटकीयता प्रदान करने के लिए उपन्यास के किसी पात्र से ही कहानी कहलाने की प्रविधि अपनायी पर शिल्प प्रविधि की दृष्टि से सबसे मौलिक और विशिष्ट प्रयोग अज्ञेय ने *शेखर : एक जीवनी* में किया। अब तक हिन्दी उपन्यास में काल की गति सीधी रेखा की तरह होती थी और घटनाएँ या कार्य व्यापार उसी रूप में नियोजित होते थे। अज्ञेय ने काल की गति को चक्राकार या वर्तुलाकार रूप में कल्पित किया। अज्ञेय का काल वर्तमान से आरम्भ होकर अतीत की ओर उन्मुख होता है और घूमता हुआ वर्तमान में समाहित हो जाता है। इतना ही नहीं, अज्ञेय की कालधारणा में वर्तमान और अतीत दो गेंदों की तरह बारी-बारी से एक हाथ से दूसरे हाथ में आते आते रहते हैं और इस प्रकार वर्तमान और अतीत सहवर्ती हो जाते हैं। यह एक ऐसा प्रयोग था, जिसके कारण *शेखर : एक जीवनी* सामान्य हिन्दी पाठकवर्ग के लिए, जो समय की सीधी रेखा में देखने का आदी था, कुछ हद तक दुर्बोध भी सिद्ध हुआ।

अज्ञेय ने आत्मकथात्मक प्रविधि को, जिसका उदाहरण जैनेन्द्र का *त्यागपत्र* है, चरम नाटकीयता प्रदान करने की दिशा में प्रयोग किया। उन्होंने अपने केन्द्रीय पात्र से कहानी कहलाने के बदले उसके मस्तिष्क में चलचित्र की तरह गतिशील तथ्यों के रूप में प्रस्तुत किया। उपन्यास में हम कुछ भी सुनते नहीं, सब कुछ देखते हैं। यहाँ तक कि शेखर के विचार और विश्लेषण भी हमें मस्तिष्क की क्रिया के रूप में ही प्राप्त होते हैं। उपन्यासकार वर्णन के द्वारा प्रमुख पात्र के स्मृति पटल पर उगते-बुझते दृश्यों को जोड़ने की कोशिश नहीं कराता। *शेखर : एक जीवनी* प्रत्यग्दर्शन प्रणाली में लिखित हिन्दी का पहला उपन्यास है। जिस प्रकार ताश के

पत्तों में, फेंट दिये जाने के बाद, कोई क्रम नहीं होता, उसी प्रकार अतीत के प्रसंगों का स्मृति में कोई क्रम नहीं होता। इन प्रसंगों को उसी बेतरतीब रूप में प्रस्तुत करना *शेखर : एक जीवनी* की विशेषता है।

अपने दूसरे उपन्यास *नदी के द्वीप* में अज्ञेय ने उपन्यास के प्रचलित परम्परागत शिल्प के साथ प्रत्यग्दर्शन और, विशेष रूप से, पत्र-लेखन तथा डायरी-लेखन प्रणाली का समन्वय किया। पात्रों के द्वारा लिखे पत्रों और कॉपी में लिख कर व्यक्त किये गये विचारों और प्रतिक्रियाओं द्वारा उपन्यासकार ने पात्रों के मस्तिष्क को बिलकुल कार्यरत अवस्था में पकड़ने की कोशिश की है। यों पत्र लेखन शैली का प्रयोग अज्ञेय के पूर्व बेचन शर्मा उग्र और अनूपलाल मंडल आदि उपन्यासकारों ने किया था, पर इस प्रणाली का सार्थक और कलात्मक प्रयोग अज्ञेय ने ही किया। इसी प्रकार डायरी प्रविधि का उपयोग अज्ञेय ने *अपने अपने अजनबी* में किया और यह बिना किसी हिचक के कहा जा सकता है कि इस शैली के पूर्ववर्ती प्रयोगों की तुलना में अज्ञेय का प्रयास अपेक्षाकृत अधिक सार्थक और कलात्मक है।

भाषा प्रयोग की दृष्टि से अज्ञेय को प्रेमचन्द और जैनेन्द्र की तुलना में श्रेष्ठ या विशिष्ट तो नहीं माना जा सकता पर एक सजग, सावधान लेखक के रूप में उनकी गणना अवश्य की जा सकती है। अज्ञेय के उपन्यासों की भाषा में वह वैविध्य नहीं है जो प्रेमचद के उपन्यासों में है, पर उन्हें इसकी जरूरत भी नहीं थी, क्योंकि प्रेमचन्द के उपन्यासों की तरह अपने उपन्यासों में समाज का बहुवर्णी रूप प्रस्तुत करना उपन्यासकार का लक्ष्य नहीं था। पर अज्ञेय की भाषा औपन्यासिक पात्रों की विभिन्न मनःस्थितियों और अनुभूति के दीप्त क्षणों को वाणी देने में समर्थ है। अज्ञेय की भाषा अधिकतर 'लिखित' भाषा है, अतः उसमें कसाव, मितव्ययिता, रचनात्मकता आदि गुणों की प्रधानता है। जहाँ भाषा पात्रों की सोच के रूप में आती है वहाँ भी उसमें कहीं ढीलापन या फिजूलखर्ची नहीं दिखती। दोष के रूप में तत्सम शब्दों के प्रति आकर्षण या मोह दिखाई पड़ता है, पर वह ऐसा नहीं जिसकी उपेक्षा न की जा सके।

इस विवेचन से हिन्दी उपन्यापस में अज्ञेय के अवदान का महत्त्व स्पष्ट हो जाता है। अज्ञेय प्रेमचन्द के बाद हिन्दी उपन्यास को नयी दिशा प्रदान करने वाले दूसरे महत्त्वपूर्ण लेखक हैं और बिना किसी खतरे के यह भी कहा जा सकता है कि जिस दिशा का प्रवर्तन उन्होंने किया उस दिशा में उनसे आगे हिन्दी का कोई दूसरा उपन्यासकार नहीं जा सका है।

अपने समकालीन उपन्यासकारों में अज्ञेय का स्थान कहाँ है, इसे देखने के लिए हमें एक दृष्टि हिन्दी के उन उपन्यासकारों पर डालनी होगी और किंचित् तुलनात्मक दृष्टि भी अपनानी होगी। अज्ञेय के समकालीन उपन्यासकारों में (1940-1961) जैनेन्द्र, भगवतीचरण वर्मा, इलाचन्द्र जोशी, यशपाल, हजारीप्रसाद द्विवेदी, नागार्जुन, फणीश्वरनाथ रेणु, अमृतलाल नागर, वृन्दावनलाल वर्मा, नरेश

मेहता आदि उल्लेखनीय हैं। इनमें भगवतीचरण वर्मा, यशपाल और अमृतलाल नागर विषय की दृष्टि से एक तरह के उपन्यासकार हैं और अज्ञेय से उनकी तुलना के लिए कोई सामान्य आधार नहीं है। शिल्प की दृष्टि से भगवतीचरण वर्मा और यशपाल परम्परागत दृश्यात्मक-परिदृश्यात्मक प्रविधि अपनाने के कारण अज्ञेय से तुलनीय नहीं हैं, पर अमृतलाल नागर ने शिल्प की दृष्टि से *अमृत और विष* में एक नया प्रयोग किया है जो हिन्दी उपन्यास जगत की एक घटना है। इसी प्रकार *मानस का हंस* में प्रत्यग्दर्शन प्रणाली का जैसा प्रयोग नागर जी ने किया है वह अज्ञेय की नकल न होकर मौलिकता लिये हुए है। पर *अमृत और विष* और *मानस का हंस* दोनों 1961 के बाद की रचनाएँ हैं और इस दृष्टि से कदाचित् इस प्रसंग में उनकी चर्चा अनपेक्षित भी हो। जैनेन्द्र ने लगभग बारह वर्षों तक मौन रहने के बाद धड़ल्ले से, एक के बाद एक, उपन्यास लिखने शुरू किये पर वे प्रायः अपने को दुहराते रहे और समकालीन जीवन की कोई सही तसवीर या अज्ञेय की तरह कोई प्रभावशाली 'व़िजन' नहीं दे सके। *जयवर्धन* में एक नया प्रयोग उन्होंने जरूर किया, पर अमूर्त चिन्तन से बोझिल होने के कारण यह उपन्यास कोई गहरा स्थायी प्रभाव नहीं छोड़ पाता। विषय की दृष्टि से इलाचन्द्र जोशी कदाचित् अज्ञेय के सबसे निकट माने जा सकते हैं क्योंकि वे भी अज्ञेय की तरह मनोवैज्ञानिक उपन्यासकार हैं। पर जोशी जी अधिकतर मनोवैज्ञानिक कुण्ठाओं को अपने उपन्यासों का विषय बनाते हैं और उनका प्रायः सैद्धान्तिक ढंग पर चित्रण करते हैं। जोशी जी की दूसरी कमजोरी यह है कि वे अपने विषय के अनुरूप शिल्प का अन्वेषण नहीं कर सके हैं और उनकी भाषा दुर्बल है। इन कारणों से जोशी जी के उपन्यास कलात्मक उपलब्धियों में परिणत नहीं हो सके हैं। नरेश मेहता का 'डूबते मस्तूल' एक बढ़िया मनोवैज्ञानिक उपन्यास है और प्रत्यग्दर्शन प्रविधि का उपयोग भी करता है। पर इसे अज्ञेय की परम्परा का ही उपन्यास माना जा सकता है, कोई उपलब्धि नहीं।

वृन्दावनलाल वर्मा और हजारीप्रसाद द्विवेदी ऐतिहासिक चेतना के उपन्यासकार हैं और अज्ञेय से, विषय की दृष्टि से, उनकी कोई तुलना नहीं हो सकती। शिल्प और भाषा की दृष्टि से वृन्दावनलाल वर्मा में कोई वैशिष्ट्य नहीं है, पर द्विवेदी जी का उपन्यास *बाणभट्ट की आत्मकथा* (1946) इन दृष्टियों से निश्चय ही एक उपलब्धि है। द्विवेदी जी ने उपन्यास की आत्मकथात्मक प्रविधि को एक नयी ऊँचाई दी। बाणभट्ट को अपनी रामकहानी के लेखक के रूप में प्रकल्पित कर द्विवेदी जी ने बड़े कौशल से उस युग की सांस्कृतिक कहानी प्रस्तुत की। द्विवेदी जी की दूसरी विशेषता तत्सम प्रधान, गद्यकाव्यात्मक भाषा को उपन्यास की भाषा में बदल देने में है। अज्ञेय भी तत्सम प्रधान लिखते हैं, पर उनकी भाषा मे वह सजीवता नहीं है जो द्विवेदी जी में है।

इस प्रकार अपने समकालीन उपन्यासकारों में अज्ञेय का विशिष्ट स्थान है।

यद्यपि सामाजिक चेतना की अभिव्यक्ति की दृष्टि से अज्ञेय यशपाल, अमृतलाल नागर, फणीश्वरनाथ रेणु, हजारीप्रसाद द्विवेदी आदि उपन्यासकारों की तुलना में पीछे पड़ जाते हैं, पर अभिव्यक्ति की कला की दृष्टि से अज्ञेय अप्रतिम हैं। शिल्प और भाषा सम्बन्धी स्खलन अन्य उपन्यासकारों की कृतियों में आसानी से मिल जाएँगे पर अज्ञेय के उपन्यासों में ऐसे स्थान ढूँढ़ पाना मुश्किल है।

अज्ञेय का महत्त्व इस बात में भी है कि उन्होंने उपन्यास की जिस धारा का प्रवर्तन किया, शिल्प सम्बन्धी जो प्रयोग किये, उसका अनुकरण तो हुआ पर किसी अन्य उपन्यासकार ने उससे बढ़ कर प्रयोग की दिशा नहीं अपनायी। अज्ञेय हिन्दी के जेम्स जॉयस, फॉकनर, मार्शल प्रूस्त और वर्जीनिया वुल्क नहीं हैं, पर वे उनके पूर्ववर्ती जरूर हैं। इस दिशा में प्रयोग के लिए बहुत अवकाश है, केवल प्रतिभा की जरूरत है।

परिशिष्ट : सहायक ग्रन्थसूची

अज्ञेय, सम्पादक : विद्यानिवास मिश्र, प्र. राजपाल एण्ड सन्ज, दिल्ली 1971; इसकी 'परिचय' शीर्षक भूमिका में '29 पृष्ठों में' अज्ञेय की जीवनी प्रस्तुत की गयी है। यह अज्ञेय की पहली संक्षिप्त, पर प्रामाणिक, जीवनी है।

अज्ञेय और आधुनिक रचना की समस्या, ले. रामस्वरूप चतुर्वेदी, प्र. भारतीय ज्ञानपीठ, दिल्ली, प्र. सं. 1972 ; लेखक के अनुसार 'यह पुस्तक अज्ञेय के साहित्य का एक आरम्भिक अध्ययन प्रस्तुत करती है। पुस्तक में कुल सात अध्याय हैं– 1. अज्ञेय : गैर-रोमैंटिक कविता की सम्भावना, 2. अज्ञेय की काव्यभाषा, 3. कथा साहित्य और व्यक्तित्व के नये आयाम, 4. अकाल्पनिक गद्यवृत्त, 5. साहित्य चिन्तन का रूप, 6. नये साहित्य का आयोजन, 7. अज्ञेय और आधुनिक रचना। इन अध्यायों में अज्ञेय की प्रायः सभी प्रकार की रचनाओं का–कविता, उपन्यास, यात्रा-संस्मरण, साहित्य-चिन्तन, सम्पादन-विवेचन किया गया है। पुस्तक के तीसरे अध्याय 'कथा साहित्य और व्यक्तित्व के नये आयाम' में अज्ञेय के उपन्यासों–*शेखर : एक जीवनी, नदी के द्वीप* और *अपने अपने अजनबी*–का विवेचन है। यों तो अज्ञेय को समझने के लिए पूरी पुस्तक ही पठनीय है, पर अज्ञेय के उपन्यास साहित्य के अध्येताओं के लिए इसका तीसरा अध्याय 'अवश्य पठनीय' है।

अज्ञेय : कथाकार और विचारक : ले. विजय मोहन सिंह, प्र. पारिजात प्रकाशन, पटना, प्रकाशन-काल अमुद्रित; इस पुस्तक में 'अन्तरालों का साहित्य', 'एक कलाकार की कहानी', 'दुःख सबको माँजता है', 'विकास का वृत्त', 'एक दौड़ती लहर का गति-चित्र', 'विवेक की व्याख्या' आदि छह अध्यायों में अज्ञेय के उपन्यासों, कहानियों तथा चिन्तनात्मक निबन्धों पर विचार किया गया है। प्रथम चार अध्यायों में अज्ञेय के उपन्यास साहित्य का विवेचन है जो थोड़ा कच्चा होने के बावजूद पठनीय है।

अज्ञेय का कथा-साहित्य : ले. ओम प्रभाकर, प्र. नेशनल पब्लिशिंग हाउस, दिल्ली, प्र. सं. 1966 ; पुस्तक दो खण्डों में विभक्त है। प्रथम खण्ड (1-99) में अज्ञेय के उपन्यासों का तथा द्वितीय खण्ड (पृ.101-151) में उनकी कहानियों का विवेचन

है। 'उपन्यास' खण्ड में आधुनिक हिन्दी उपन्यास के उद्‌भव और विकास, अज्ञेयपूर्व हिन्दी उपन्यास की स्थिति, आधुनिक हिन्दी उपन्यास में मनोविज्ञान का प्रवेश, अज्ञेय-पूर्व उपन्यासकारों द्वारा गृहीत और प्रयुक्त मनोविज्ञान का स्वरूप, अज्ञेय के उपन्यासों में मनोविज्ञान का निरूपण तथा कथानक, पात्र, कथोपकथन, देशकाल और भाषाशैली की दृष्टि से अज्ञेय के उपन्यासों का विवेचन प्रस्तुत किया गया है। 'कहानियाँ' खण्ड के अन्तर्गत अज्ञेय के कहानी-साहित्य का लगभग उपर्युक्त पद्धति पर ही विवेचन किया गया है।

अज्ञेय की काव्य तितीर्षा : ले. नन्दकिशोर आचार्य, प्र. सूर्य प्रकाशन मन्दिर, बीकानेर, 1970; यह पुस्तक 'काव्य-दर्शन', 'संवेदना की तराश', 'अनुभूति का भाषिक रूपान्तरण' और 'ऐतिहासिक दाय का वहन' नामक चार अध्यायों में अज्ञेय के कवि-कर्म का विवेचन करती है। इसमें अज्ञेय के उपन्यासों पर विचार नहीं किया गया है। पुस्तक पठनीय है।

अज्ञेय की कविता : एक मूल्यांकन : ले. चन्द्रकान्त म. वांदिवडेकर, प्र. सरस्वती प्रेस, इलाहाबाद, 1971; इस पुस्तक में अज्ञेय की कविता का विवेचन किया गया है। पुस्तक तीन खण्डों में विभक्त है। प्रथम खण्ड 'भावभूमि' में अज्ञेय के प्रकृति-काव्य, प्रेम-काव्य, कविता में काव्य विषयक चिन्तन, कवि के आत्मान्वेषण और जीवन-दृष्टि, अज्ञेय की कविता में रहस्यवाद और समाज-सम्पृक्ति का बोध आदि की चर्चा की गयी है। द्वितीय खण्ड 'शिल्प और रूपबन्ध' में अज्ञेय की कविता में प्रकृति-बिम्ब, गुणात्मक बिम्ब, प्रतीक विधान तथा कविता की संरचना का विवेचन किया गया है। तृतीय खण्ड में अज्ञेय की कविता का मूल्यांकन है।

अज्ञेय की काव्य-चेतना : ले. कृष्ण भावुक, प्र. अशोक प्रकाशन, दिल्ली, 1972; इस पुस्तक में कुल चौदह अध्याय हैं। प्रथम अध्याय में अज्ञेय के जीवन और व्यक्तित्व का परिचय दिया गया है। अध्याय 2-9 में अज्ञेय की आठ कविता-पुस्तकों—*चिन्ता, इत्यलम्, हरी घास पर क्षण भर, बावरा अहेरी, इन्द्रधनु रौंदे हुए ये, अरी ओ करुणा प्रभामय, आँगन के पार द्वार* और *कितनी नावों में कितनी बार* की समीक्षा प्रस्तुत की गयी है। शेष पाँच अध्यायों में अज्ञेय की कविता में छायावादी तत्त्व, रहस्यवादी प्रवृत्ति, प्रगतिवादी दृष्टि, प्रयोगवादी रुझान, प्रतीक योजना आदि पक्षों का विवेचन किया गया है।

अज्ञेय के उपन्यास : कथ्य और शिल्प : ले. नन्दकुमार राय, प्र. हिन्दी साहित्य संसार, दिल्ली, प्र. सं. 1973; इस पुस्तक में छह अध्याय हैं : 1. अज्ञेय : जीवन और व्यक्ति के धरातल पर, 2. अज्ञेय : आधुनिक हिन्दी उपन्यास के परिप्रेक्ष्य में, 3. अज्ञेय के उपन्यास : कथा और विश्लेषण, 4. मनोवैज्ञानिक संरचना, 5. शिल्प-सन्धान, 6. प्रयोग, प्रक्रिया और प्रत्यय। प्रथम अध्याय में, केवल दो पृष्ठों में, अज्ञेय के जीवन से सम्बन्धित कुछ सूचनाएँ दी गयी हैं। दूसरे अध्याय में अज्ञेय

के पूर्ववर्ती हिन्दी उपन्यास का सर्वेक्षण और यत्किंचित् मूल्यांकन है। तीसरे अध्याय में अज्ञेय के तीनों उपन्यासों के विषय का विवेचन किया गया है। चौथे अध्याय में अज्ञेय के उपन्यासों में मनोविज्ञान की तलाश की गयी है तथा पाँचवें अध्याय में अज्ञेय के उपन्यासों का 'शिल्प-सन्धान' है। इस क्रम में लेखक ने 'शिल्प' के अन्तर्गत 'कथानक', 'चरित्र-विधान', 'कथोपकथन', 'देशकाल अथवा वातावरण', 'उद्देश्य', 'शिल्प' (?) आदि पर विचार किया है, जो उसकी सोच के उलझाव का द्योतक है। छठे अध्याय में, बहुत संक्षेप में, अज्ञेय पर अस्तित्ववाद और बौद्ध दर्शन का प्रभाव दिखाया गया है।

उपन्यासकार अज्ञेय : ले. केदार शर्मा, प्र. रोशनलाल जैन एण्ड सन्स, जयपुर, 1966; इस पुस्तक में, पाँच अध्यायों में, 'अज्ञेय-पूर्व हिन्दी उपन्यास', 'अज्ञेय और प्रेमचन्द का वस्तु-चयन', 'शेखर : एक जीवनी में कथावस्तु का स्वरूप', 'शेखर : एक जीवनी में मनोवैज्ञानिक यथार्थवाद' तथा 'शेखर के स्वप्नों की मनोवैज्ञानिक व्याख्या' आदि विषय विवेचित हैं। अन्तिम दो अध्याय पठनीय हैं।

प्रयोगवाद और अज्ञेय : ले. शैल सिन्हा, प्र. अशोक प्रकाशन, दिल्ली, 1969; इस पुस्तक में कुल पाँच अध्यायों में प्रयोगवादी काव्यधारा के परिप्रेक्ष्य में अज्ञेय की कविता के विषय, शिल्प-विधान, काव्यभाषा तथा काव्यदृष्टि पर विचार किया गया है।

शिखर से सागर तक : अज्ञेय की जीवन यात्रा, ले. रामकमल राय, प्र. नेशनल पब्लिशिंग हाउस, नयी दिल्ली, 1986; इस पुस्तक में भूमिका ('चुनौती') के अतिरिक्त 'भूमि', 'अंकुर', 'वयःसन्धि : राग-प्रकरण', 'शिक्षा : एक व्यापक अनुभव', 'क्रान्ति की राह पर', 'खुले में जीवन की सम्भावनाओं की तलाश', 'विवाह और विच्छेद : एक कसैला अनुभव', 'धर्मक्षेत्रे-कुरुक्षेत्रे', 'सर्जना का ज्वार/समायोजन का सन्तुलन', 'प्रयाग का तीर्थ-सेवन', 'प्रयाग से दिल्ली', 'प्रयोगवाद से नयी कविता तक', 'प्रथम यूरोप-यात्रा', 'कपिला जी से प्रणय और परिणय', 'प्रभामय करुणा से साक्षात्कार', 'दिल्ली-निवास', 'दिनमान का सम्पादनकाल/समवाय से खुला साक्षात्कार', 'कहीं मुझे तोड़ दो, सागर (इला से सान्निध्य)', 'भारतीय विश्वविद्यालय में एक खण्डित प्रयोग', 'समय के चाक पर', 'ज्ञानपीठ पुरस्कार एवं वत्सल निधि', 'स्वर्णमाल : एक अन्तर्राष्ट्रीय सम्मान', 'अज्ञेय अपने समकालीनों की दृष्टि में', 'अज्ञेय की कुछ रचनाओं के विशिष्ट सन्दर्भ' और 'अज्ञेय की रचनाएँ' शीर्षक से अज्ञेय के साहित्य के सम्बन्ध में महत्त्वपूर्ण सूचनाएँ उपलब्ध करायी गयी हैं। यह अज्ञेय की पहली मुकम्मल जीवनी है और जीवनी के साथ-साथ अज्ञेय के साहित्य पर भी उपयोगी सामग्री से सम्पन्न है। इसकी कमी यह है कि अज्ञेय के प्रति लेखक का भक्ति-भाव जीवनी-लेखक की तटस्थता से बाधक बना है और अनेकत्र बहुत-सी बातें 'गोपनीय' के खाते में डाल दी गयी हैं। अज्ञेय के प्रति ही नहीं, स्वयं अपने प्रति भी लेखक तटस्थ नहीं रह पाया है।

शेखर : एक जीवनी–मूल्यांकन : गोपाल राय, प्र. अनुपम प्रकाशन, पटना, 1971; इस पुस्तक में 'शेखर एक जीवनी : आलोचकों की नजर में', 'शेखर : एक अधूरी कृति', 'शेखर : जीवनी या उपन्यास?', 'शेखर एक जीवनी का प्रतिपाद्य', 'शेखर एक जीवनी का शिल्पविधान', 'शेखर एक जीवनी की भाषा' आदि सात अध्यायों में उपन्यास का विवेचन किया गया है।

अन्य पुस्तकें

अज्ञेय का रचना संसार, सं. गंगा प्रसाद विमल, प्र. सुषमा पुस्तकालय, दिल्ली, 1967

अज्ञेय का काव्य : एक विश्लेषण, ले. दुर्गाशंकर मिश्र, प्र. हिन्दी साहित्य भण्डार, लखनऊ, 1971

❑❑❑